Gente como nós

Os santos e as santas da Bíblia
para todos os dias do ano

CARLOS MESTERS
FRANCISCO OROFINO

Gente como nós

Os santos e as santas da Bíblia
para todos os dias do ano

EDITORA
SANTUÁRIO

DIREÇÃO EDITORIAL:
Pe. Fábio Evaristo R. Silva, C.Ss.R.

CONSELHO EDITORIAL:
Pe. Ferdinando Mancilio, C.Ss.R.
Pe. Marlos Aurélio, C.Ss.R.
Pe. Mauro Vilela, C.Ss.R.
Pe. Victor Hugo Lapenta, C.Ss.R.

COORDENAÇÃO EDITORIAL:
Ana Lúcia de Castro Leite

REVISÃO:
Tatianne Aparecida Francisquetti

DIAGRAMAÇÃO:
Junior dos Santos

CAPA:
Bruno Olivoto
Junior dos Santos

Dados Internacionais de Catalogação na Publicação (CIP)
(Câmara Brasileira do Livro, SP, Brasil)

Mesters, Carlos
    Gente como nós: os santos e as santas da Bíblia para todos os dias do ano / Carlos Mesters, Francisco Orofino. – Aparecida: Editora Santuário, 2017.

    ISBN 978-85-369-0512-9

    1. Bíblia – Leitura 2. Igreja Católica 3. Santos cristãos 4. Santos cristãos – Calendário 5. Santos cristãos – Ensinamentos I. Orofino, Francisco. II. Título.

17-06976   CDD-270.092

Índices para catálogo sistemático:

1. Santos cristãos: Diários 270.092

2ª impressão

Todos os direitos reservados à **EDITORA SANTUÁRIO** — 2019

Rua Padre Claro Monteiro, 342 — 12570-000 — Aparecida-SP
Tel.: 12 3104-2000 — Televendas: 0800 16 00 04
www.editorasantuario.com.br
vendas@editorasantuario.com.br

Introdução

Os santos e as santas da Bíblia

Há várias maneiras de você visitar um país e de entrar em contato com o seu povo. Você pode admirar os grandes monumentos da história, visitar os museus, conhecer de perto os lugares famosos. Aí você entra em contato com o povo por meio dos roteiros turísticos e por meio das suas figuras mais famosas. Mas você também pode sentar no banco da praça e conversar com as pessoas sobre as coisas da vida: o tempo, a família, os problemas, as crianças, a religião, as crenças, a política, o futebol, tudo que dá "pra rir e pra chorar". Aí você entra em contato com o povo por meio das pessoas e por meio da vida comum de todos os dias. É o que nós vamos fazer neste livro.

Vamos entrar em contato com o povo da Bíblia por meio de um encontro com as pessoas que nela aparecem. Um encontro por dia, ao longo dos 365 dias do ano! De cada um, de cada uma, fizemos um breve resumo de sua vida. Assim, no fim do ano, por meio de um breve encontro diário, você terá percorrido a Bíblia inteira e conhecido mais de perto 300 ou mais novos amigos e amigas.

Hoje, muita gente já tem o costume de ler a Bíblia com maior frequência e quer conhecer melhor a vida das pessoas que nela aparecem. Todos já ouvimos falar de Adão e Eva, de Noé, de Abraão e Sara, do rei Davi, para não falar de Jesus, de sua Mãe Maria e de São José. Todo mundo os conhece. Mas você já ouviu falar de Noadias, Cloé, Abdon, Vasti, Agur, Apeles, Aristóbulo, Maria de Roma, Crispo, Taré, Trifosa, Zelfa, Ninfas, Dâmaris, Cássia, Evódia, Síntique, Raab, Pérside? Eles também são da Bíblia. Entre eles, há profetas e profetisas, camponeses da roça e operários da cidade, crianças e jovens, avôs e avós, pais e mães, soldados e comandantes, reis e rainhas, peregrinos e eremitas, empregadas e patroas, mendigos e gente assalariada, ricos e pobres. É o mesmo povo de Deus, ontem e hoje: tanto nas páginas e ruas da Bíblia como nas ruas e páginas da nossa vida.

Diz o livro do Eclesiástico: *"Todos eles foram honrados por seus contemporâneos e glorificados já em seus dias. Alguns deles deixaram um nome que ainda é citado com elogios. Outros não deixaram nenhuma lembrança e desapareceram como se não tivessem existido"* (Eclo 44,7-9). De muitos só conhecemos o nome. De alguns, nem o nome! Mas existiram, e Deus os conhece, acolhe e ama. Graças a Deus!

***

No subtítulo deste livro se diz: *"Os santos e as santas da Bíblia para todos os dias do ano"*. Os calendários católicos trazem para cada dia do ano o nome de um santo ou de uma santa. Mas quase todos eles viveram **depois** de Jesus Cristo. A grande maioria é da Idade Média. Só uns poucos são do Novo Testamento, e quase nenhum do Antigo Testamento. Nem Abraão e Sara aparecem! E você pergunta: *"Então, Abraão e Sara não são santos?"* Claro que são santos, e, por sinal, muito santos, pois são venerados por judeus, cristãos e muçulmanos. Santo ou santa não é só aquela pessoa que foi canonizada pela autoridade da Igreja. Todos aqueles que procuram viver bem, de acordo com os mandamentos de Deus, participam na santidade divina e podem ser chamados de santos ou de santas. O apóstolo Paulo até escreve para a comunidade de Corinto: *"Todos os santos mandam um abraço para vocês!"* (2Cor 13,12). E na Carta aos Colossenses ele os chama de *"santos e amados por Deus"* (Cl 3,12). Foi graças à **santa** fidelidade dos homens e das mulheres do Antigo Testamento que Jesus pôde nascer na plenitude dos tempos e realizar para todos nós as promessas de Deus (cf. Gl 4,4; Ef 1,10). Por isso, neste livro falamos dos santos e das santas da Bíblia, tanto do Antigo como do Novo Testamento, um para cada dia do ano.

Na distribuição dos santos ao longo dos 365 dias do ano, não seguimos a sequência cronológica da história que vai desde o chamado de Abraão e Sara até o Apocalipse. Mas fizemos como faz o calendário. No calendário atual, São Jerônimo (30 de setembro), que viveu no século V lá na Palestina, aparece ao lado de Santa Teresinha (1º de outubro), que viveu na França no século XIX, ambos de épocas e países bem diferentes. Assim, neste livro, você vai encontrar Abraão (14 de janeiro) ao lado de Herodião, um amigo do apóstolo Paulo (13 de janeiro), e dona Maria, mãe de João Marcos, que colocava o salão de sua casa em Jerusalém à disposição de Jesus e da comunidade (5 de junho), ao lado de

Manué e sua esposa, que são os pais de Sansão (4 de junho). E Josué, o sucessor de Moisés (21 de maio), fica bem perto do menino Êutico, que, sentado na janela, dormiu durante o sermão prolongado do apóstolo Paulo e caiu do terceiro andar (24 de maio).

Para facilitar a busca dos nomes e das datas dos santos e santas fizemos dois índices:

* Um índice dos dias dos 12 meses com o nome do santo de cada dia;
* Um índice alfabético dos nomes dos santos com a data de cada santo.

Janeiro

1º de Janeiro

Adão
Pai de todos

"Acima de toda criatura viva está Adão" (Eclo 49,19).

Naqueles tempos antigos havia um provérbio que dizia: *"Como o barro na mão do oleiro, assim o ser humano na mão de Deus"* (cf. Jr 18,6). Deus imitou o oleiro. Ele fez o homem do barro e lhe deu o nome de Adão. O nome *Adão* vem da palavra hebraica *"adamáh"*, que significa *barro*. Deus disse: *"Adão, você é barro e para o barro você vai voltar!"* (Gn 3,19). Adão somos todos nós. Somos de barro, e para o barro vamos voltar. Essa frase define a nossa origem e o nosso destino. Nascemos, vivemos e morremos. Mas com a morte não acaba tudo, pois Deus soprou no barro, e Adão tornou-se um "ser vivente" (Gn 2,7), *"feito à imagem e semelhança de Deus"* (Gn 1,26), *"homem e mulher ele nos fez"* (Gn 1,27).

Somos de barro, sim, mas temos dentro de nós o espírito vivente de Deus. Temos algo da terra e algo de Deus. Enquanto vivemos neste mundo, nossa missão é irradiar a imagem de Deus que existe em nós. Como o barro se deixa moldar pelo oleiro, assim nós devemos deixar-nos moldar pela mão de Deus (cf. Jr 18,1-6), pois dele dependemos em tudo. *"Nele vivemos, nos movemos e existimos"* (At 17,28).

2 de Janeiro

Eva
Mãe de todos

"Eva é a mãe de todos os viventes" (Gn 3,20).

Adão e Eva são iguais diante de Deus. Ambos são feitos de barro, ambos são imagem e semelhança de Deus (cf. Gn 1,26-27). Como mãe de todos nós, Eva é uma imagem do nosso Deus que tem rosto de mãe: *"Pode uma mulher se esquecer do filho que gerou? Ainda que ela se esquecesse, eu nunca me esquecerei de você"* (Is 49,15). Sim, Deus tem rosto de mãe, pois Ele mesmo chegou a dizer: *"Fui eu quem ensinou Efraim a caminhar, eu os tomei em meus braços, mas não reconheceram que eu cuidava deles! Com vínculos humanos eu os atraía, com laços de amor; eu era para eles como os que levantam uma criancinha contra o seu rosto, eu me inclinava para ele e o alimentava"* (Os 11,3-4).

Eva, a mãe de todos, é uma imagem das nossas mães que, por meio do seu amor e carinho, irradiam para nós a imagem de Deus. Nem sempre é fácil irradiar a imagem de Deus. Pois, em todos nós, também renasce a lei sedutora da serpente que se apresenta de mil maneiras. A serpente não segue a lei do amor que Deus colocou em nosso coração, mas segue a lei do seu próprio interesse. Por isso estragamos tanta coisa na vida e no universo. A serpente quer dominar tudo em seu próprio proveito. Mas a ajuda de Deus é mais forte que o poder da serpente. O amor eterno de Deus é a fonte da nossa esperança: *"Eu amei você com amor eterno; por isso, conservo meu amor por você"* (Jr 31,3).

3 de Janeiro

Jetro
Sacerdote de Madiã, sogro de Moisés

"O sogro de Moisés disse: 'O que você está fazendo não é certo'" (Ex 18,17).

O nome *Jetro* significa *proeminente* ou *importante*. Jetro desempenhou um papel muito importante na travessia do povo de Deus pelo deserto. Foi cuidando do rebanho de seu sogro Jetro que Moisés chegou ao Horeb, a montanha de Deus, onde teve a revelação de Deus como Yhwh, Deus-conosco, e onde recebeu sua missão como libertador do povo (cf. Ex 3,1-20). Séfora, filha de Jetro e esposa de Moisés, ia seguir com Moisés para o Egito (cf. Ex 4,20), mas, devido às dificuldades e perigos da missão, Moisés pediu que ela voltasse para a casa do pai Jetro e que lá ficasse até o povo sair do Egito (cf. Ex 18,2). Quando Jetro soube que o povo tinha saído do Egito e já estava acampado no Horeb, ele foi com a filha Séfora e os dois netos, Gerson e Eliezer, ao encontro de Moisés, e a família voltou a se reunir. Nessa ocasião, Jetro percebeu que Moisés, centralizava o poder em suas mãos e decidia tudo sozinho. Ele então sugeriu que Moisés descentralizasse o poder e confiasse as decisões a juízes escolhidos (cf. Ex 18,13-27). Foi o que Moisés fez. Atendeu ao conselho amigo do sogro (cf. Ex 18,24).

A tradição mais comum diz que o sogro de Moisés se chamava Jetro (Jeter) (cf. Ex 3,1; 4,18; 18,1). Uma outra tradição diz que ele se chamava Raguel (cf. Ex 2,18), nome que significa *o que caminha para Deus*. Em outra tradição ainda, ele se chama Hobab, filho de Raguel (cf. Nm 10,29). Devido a essa mistura de nomes, alguns pensam que o nome *Jetro* tenha sido um título ou um apelido dado ao sacerdote Raguel.

4 de Janeiro

Andrônico e Júnia
Um casal atuante na comunidade de Roma

"Andrônico e Júnia são meus parentes e companheiros de prisão" (Rm 16,7).

Andrônico e Júnia eram um casal muito atuante na comunidade de Roma. Eram amigos de Paulo. O nome *Andrônico* significa *vencedor*. E *Júnia* significa *consagrada à deusa Juno*. É bonita a frase com que Paulo define a sua amizade com os dois: *"Saúdem Andrônico e Júnia, meus parentes e companheiros de prisão; eles são apóstolos importantes e se converteram a Cristo antes de mim"* (Rm 16,7). Hoje há muitos casais amigos, muitos Andrônicos e Júnias, que são a alma das comunidades. Eles nos ajudam a descobrir o sentido da vida. Amizade é a força que sustenta a comunidade. Amizade é como o vinho: *"Vinho novo, amigo novo; é quando envelhece que o beberás com gosto"* (Eclo 9,15). A prova de fogo da amizade é estar com o amigo nas provações. Andrônico e Júnia eram *"companheiros de prisão"*. Estiveram com Paulo nas provações. Foi o que Jesus disse dos discípulos: *"Vocês estiveram comigo nas minhas provações!"* (Lc 22,28). No capítulo 16 da Carta aos Romanos, Paulo manda um abraço não só para Júnia e Andrônico, mas para mais de 30 pessoas. Uma comunidade sustentada pela amizade mútua dos seus membros anima a todos! Por isso Paulo diz que a fé da comunidade de Roma era conhecida e admirada nas outras comunidades (cf. Rm 1,8).

Um detalhe significativo: até o século XX, o nome de *Júnia* era sempre escrito como masculino, *Júnio*. Achavam que uma mulher não podia ter o título de *apóstola*. O estudo dos manuscritos antigos mostrou o contrário. Júnia era e continua sendo uma *"apóstola importante"*.

5 de Janeiro

Judas, irmão de Tiago
Apóstolo e líder da Igreja em Jerusalém

"Judas, servo de Jesus Cristo e irmão de Tiago" (Jd 1).

Entre os livros do Novo Testamento há uma pequena carta de um capítulo só, escrita por Judas. Esse Judas se apresenta como *"servo de Jesus Cristo e irmão de Tiago"*. Ele assumiu a coordenação da comunidade de Jerusalém após a morte de Tiago, seu irmão, martirizado a mando do sumo sacerdote Ananus em 62 d.C. No Evangelho de Marcos, o nome deste Judas aparece na lista dos irmãos de Jesus: *"Irmão de Tiago, de Joset, de Judas e de Simão"* (Mc 6,3).

A pequena Carta de Judas é marcada pelas devoções populares dos judeus, com imagens tiradas de alguns livros apócrifos do Antigo Testamento. Isso mostra que a comunidade de Tiago e Judas era formada por judeus-cristãos: *"Eleitos bem-amados em Deus Pai e guardados para Jesus Cristo"* (Jd 1). Na sua carta, Judas lembra os castigos para os que abandonaram o verdadeiro caminho apontado por Jesus (cf. Jd 5 e 15). Conforme uma tradição muito antiga, Judas teria sofrido a perseguição e teria sido martirizado. Seus netos foram enviados a Roma como prisioneiros e apresentados ao imperador Domiciano (81-96 d.C.).

6 de Janeiro

Reis Magos
Pessoas de todas as raças virão e verão a sua glória

"Ele veio reunir todas as nações, e elas verão a minha glória" (Is 66,18).

O Evangelho de Mateus diz que alguns magos, vindos do Oriente, chegaram a Jerusalém perguntando: *"Onde está o recém-nascido rei dos judeus? Nós vimos a sua estrela no Oriente e viemos adorá-lo"* (Mt 2,2). A tradição diz que os magos eram reis: Melchior, rei da Pérsia; Gaspar, rei da Índia; Baltazar, rei da Arábia. A estrela os levou até o rei Herodes, que ficou alarmado e reuniu os doutores da lei para saber o lugar onde nasceria o rei dos judeus. Os doutores consultaram a Bíblia, que lhes deu a seguinte resposta: o rei dos judeus nascerá em Belém (cf. Mt 2,6; Mq 5,1-3). Guiados pela estrela, os magos foram até Belém e encontraram o menino Jesus e sua Mãe. Eles procuravam um rei, e encontraram uma criança pobre deitada numa manjedoura. Um outro talvez tivesse dito: "Não pode ser! Deve ser um engano!" Mas eles acreditaram, se ajoelharam diante da criança e a adoraram. Ofereceram seus presentes: ouro, incenso e mirra (cf. Mt 2,9-11). Foi uma conversão muito grande: acreditar que uma criança pobre era o rei que eles buscavam.

Cada um de nós tem uma estrela pela qual se orienta. Mas nem todas as estrelas servem para mostrar o caminho até a gruta de Belém. Herodes quis aproveitar-se da estrela para matar o menino Jesus. Como discernir as estrelas que aparecem ao longo dos anos da nossa vida? É fazer o que fizeram os magos. Eles consultaram algumas pessoas, e estas foram olhar na Bíblia. São as conversas com pessoas amigas e a leitura da Bíblia que ajudam a descobrir o caminho até a gruta de Belém.

7 de Janeiro

Ciro
Autor de uma política a favor dos oprimidos

"Assim diz Y<small>HWH</small> a Ciro, seu ungido, que ele tomou pela mão" (Is 45,1).

O nome *Ciro* significa *pastor*. Ciro foi o rei da Pérsia de 558 a 528 a.C. Ele derrotou o império da Babilônia, que tinha levado o povo de Deus para o cativeiro. Graças ao decreto de Ciro os exilados puderam retornar para sua própria terra. Eis o texto do decreto: *"Ciro, rei da Pérsia, decreta: Y<small>HWH</small>, o Deus do céu, entregou a mim todos os reinos do mundo. Ele me encarregou de construir para ele um Templo em Jerusalém, na terra de Judá. Todos os que pertencem a esse povo e vivem entre nós podem voltar para lá. E que Y<small>HWH</small>, seu Deus, esteja com eles"* (2Cr 36,23). Assim, após um exílio de mais de 50 anos, os judeus puderam voltar para sua terra. Por isso, ficaram muito agradecidos a Ciro.

Relendo o decreto à luz de sua fé, o povo de Deus reconheceu em Ciro um sinal da presença de Deus. Eles chamaram Ciro de *ungido de Deus*: *"Assim diz Y<small>HWH</small> a Ciro, seu ungido, que ele tomou pela mão"* (Is 45,1). Ciro, ele mesmo, podia até pensar ser o dono do mundo. Na realidade, sem o saber, ele executava o projeto de Deus. Será que nós conseguimos interpretar e reler assim os fatos da nossa vida pessoal e os fatos da história do Brasil e da Igreja dos últimos cem anos?

8 de Janeiro

Josias
Rei bom que jurou fidelidade à aliança

"Josias fez o que é agradável aos olhos de Yhwh" (2Rs 22,2).

Josias é filho do rei Amon e de Idida (cf. 2Rs 22,1). Amon, o pai, governou por só dois anos (642-640 a.C.) e foi assassinado (cf. 2Rs 21,19-23). O povo se revoltou contra os assassinos e aclamou Josias como rei. Josias tinha apenas 8 anos de idade quando foi aclamado rei. Ele reinou por 31 anos, de 640 a 609 a.C. (cf. 2Rs 22,1). Um grupo de regentes liderado pelo sumo sacerdote Helcias tomou conta do governo durante a menoridade de Josias. Aos 18 anos de idade, ele assumiu o governo. Restaurou e purificou o templo, acabou com os pequenos santuários espalhados pelo país, destruiu os ídolos (cf. 2Cr 34,2-11; 2Rs 22,3-7). Concentrou tudo no templo de Jerusalém. Os levitas dos pequenos santuários foram levados para Jerusalém e se tornaram ajudantes dos sacerdotes (cf. 2Rs 23,8-20). No ano 622, 18° ano do governo de Josias, durante a reforma do templo, foi encontrado o "Livro da Lei" (cf. 2Rs 22,8-10). Esse livro, um rascunho do futuro livro do Deuteronômio, começou a orientar todo o trabalho de reforma do governo de Josias. Mas com a morte inesperada do rei Josias em 609 a.C., na guerra contra o Egito (cf. 2Rs 23,29-30), morreu também a reforma.

A Reforma de Josias não obteve o resultado desejado por vários motivos. Era autoritária e violenta. Josias não soube respeitar a religiosidade do povo. Não providenciou o sustento dos muitos levitas que, vindos do interior, viviam agora em Jerusalém. Várias vezes, o livro do Deuteronômio pede para o povo não abandonar o "levita que vive no meio de vocês" (cf. Dt 12,12.19; 14,27.29; 18,6-8). É que muitos levitas caíram na pobreza e dependiam da caridade pública (cf. Dt 16,11-14; 26,11-13). Depois da morte de Josias, tudo voltou a ser como era antes, e voltou pior. Josias era contemporâneo dos profetas Sofonias, Jeremias e Naum. Não consta na Bíblia que Jeremias tenha apoiado a reforma de Josias.

9 de Janeiro

Matusalém
Por mais que se viva, ninguém vence a morte

"Matusalém viveu novecentos e sessenta e nove anos. E morreu" (Gn 5,27).

O nome *Matusalém* significa *homem das profundezas*. Matusalém teve a vida mais longa de todas as pessoas que aparecem na Bíblia: *969 anos!* (cf. Gn 5,27). Mesmo assim, ele morreu! Dentro das genealogias, ele é um descendente de Set, o filho de Adão e Eva que veio substituir Abel, morto por Caim (cf. Gn 5,25-27). Na Bíblia, vida longa é sinal de bênção. Comparando a idade de Matusalém com a idade das pessoas que aparecem nos mitos dos outros povos da antiguidade, a vida de Matusalém até que foi muito breve, pois nos mitos dos outros povos aparecem pessoas que viveram milhares de anos. Mesmo assim, também nos outros povos, o fim de todos é a morte. Como diz o salmo: *"Ninguém é capaz de comprar a vida a troco de dinheiro. É alto demais esse preço"* (Sl 49,8-9).

Ninguém é dono de sua vida. A vida é um dom de Deus. Mesmo os que não acreditam em Deus reconhecem que a vida lhes foi dada. Médico nenhum, remédio nenhum, nada pode prolongar a vida até evitar a morte. Mas quem vive com Deus continua com Deus. Ele morre, sim, mas a morte já não consegue tirar dele a vida com Deus. E isso nos acontece não graças ao próprio esforço e mérito, mas é uma graça de Deus, a maior de todas as graças! A ressurreição de Jesus o confirma.

10 de Janeiro

Nicanor
Um dos sete diáconos

"Homens de boa fama, repletos do Espírito e de sabedoria" (At 6,3).

O nome *Nicanor* significa *vencedor*. Nicanor é um dos sete que, a pedido dos apóstolos, foram escolhidos para atender às necessidades crescentes da primeira comunidade cristã de Jerusalém. É que tinha havido reclamações da parte de um grupo de cristãos de origem grega. Eles diziam que suas viúvas eram deixadas de lado no atendimento diário (cf. At 6,1-6). Foram esses problemas e necessidades bem concretas das primeiras comunidades que fizeram surgir os vários serviços ou ministérios: diáconos, presbíteros, bispos, todos eles servidores da comunidade. Pedro colocou o seguinte critério: devem ser *"pessoas de boa fama, repletas do Espírito e de sabedoria"* (At 6,3). E ele dizia: *"Desse modo, nós [os apóstolos] poderemos dedicar-nos inteiramente à oração e ao serviço da Palavra"* (At 6,4). A comunidade os escolheu, e Pedro os confirmou. Mais tarde, estes primeiros sete foram chamados com o nome oficial de *diáconos* (cf. 1Tm 3,8-13).

Ao longo dos séculos, foram aparecendo outras necessidades, e as comunidades foram dando respostas, suscitando outros serviços, outros ministérios. Hoje são as várias pastorais que procuram responder às necessidades que aparecem nas nossas comunidades: catequese, formação, estudo, círculos bíblicos, saúde, atendimento aos necessitados, doentes e marginalizados, movimento de casais, pastoral da juventude, ação de fé e política etc. Nicanor e seus companheiros estão hoje mais vivos do que nunca. Bem mais que sete!

11 de Janeiro

Rúben
O filho mais velho de Jacó e Lia

"Rúben, tu és meu primogênito, meu vigor" (Gn 49,3).

Rúben é o mais velho dos 12 filhos de Jacó (cf. Gn; 35,23; 46,8). Sua mãe se chamava Lia, irmã de Raquel (cf. Gn 29,31-32). Não se sabe o significado exato do nome *Rúben*. Quando ele nasceu, Lia, a mãe, lhe deu o nome de Rúben dizendo: *"Javé olhou para a minha aflição e agora meu marido me amará"* (Gn 29,32). Rúben e seus 11 irmãos são os 12 patriarcas, dos quais nasceram as 12 tribos de Israel. Como filho mais velho, Rúben tinha uma certa responsabilidade para com os irmãos mais novos. Assim, quando a inveja dos outros irmãos contra José chegou a ponto de eles quererem matá-lo, Rúben quis salvar seu irmão: *"Não vamos derramar o sangue. Vamos jogá-lo numa cisterna"* (Gn 37,22; cf. Gn 42,22.37). Ele pensava poder tirá-lo de lá às escondidas. Mas calculou mal. Na ausência de Rúben, José foi vendido por seus irmãos para ser escravo no Egito (cf. Gn 37,25-28). É o *José do Egito*.

Rúben chegou a dormir com a concubina de seu pai Jacó (cf. Gn 35,22). Jacó soube do fato e não esqueceu. Na bênção para Rúben Jacó disse: *"Rúben, tu és meu primogênito, meu vigor, as primícias de minha virilidade, cúmulo de altivez e cúmulo de força, impetuoso como as águas: não manterás a primazia, porque subiste ao leito de teu pai e profanaste minha cama, contra mim"* (Gn 49,3-4). Por isso, Rúben perdeu o direito de primogênito.

12 de Janeiro

Naum
Profeta que teve a coragem de enfrentar o império

"Yhwh é bom: refúgio seguro nas horas do aperto" (Na 1,7).

O nome *Naum* significa *o consolado*. Naum é o sétimo na lista dos 12 Profetas Menores. Pouco se sabe a respeito de sua vida. No entanto, nas entrelinhas do seu livro, algo transparece a respeito de sua pessoa. Naum tem alma de poeta. Ele sabe encontrar imagens bonitas e apropriadas para transmitir sua mensagem. Ele é o primeiro a usar a expressão *Boa Nova da Paz* (Na 2,1), retomada depois por Isaías (cf. Is 52,7) e proclamada pelos anjos na noite de Natal (cf. Lc 2,14). O livro a ele atribuído começa com um salmo (cf. Na 1,2-8), no qual ele usa imagens fortes para descrever a destruição de Nínive, capital do Império Assírio (cf. Na 2,2–3,19). Essa destruição aconteceu de fato no ano 612 a.C. Daí se conclui que Naum atuou como profeta em torno dos anos 640 a 615 a.C. Era a época em que o povo de Israel estava sendo oprimido pelo império da Assíria.

Naum tem um sentimento muito forte de justiça e de vingança (cf. Na 1,2). Ele sente muita satisfação em descrever a derrota futura do Império Assírio, pois os assírios eram os que mais oprimiam e faziam sofrer o povo de Deus (cf. Na 3,1-7). Ainda estamos longe de Jesus, que mandava amar os inimigos (cf. Mt 5,44) e dizia: *"O Filho do homem não veio para ser servido, mas para servir e dar sua vida em resgate para muitos"* (Mc 10,45).

13 de Janeiro

Herodião
Um dos muitos que atuavam nas comunidades

"Saúdem Herodião, meu parente" (Rm 16,11).

No último capítulo da Carta aos Romanos, Paulo manda uma breve saudação para Herodião: *"Saúdem Herodião, meu parente"* (Rm 16,11). Paulo o chama de *"meu parente"*. O casal Andrônico e Júnia, lembrados na mesma carta, também são chamados de *"meus parentes"* (Rm 16,7). Pode ser que a expressão "meus parentes" seja uma simples expressão da amizade entre os dois, e não de parentesco. Mas se for de parentesco, a família de Paulo adquire um significado muito atual para nós no Brasil. A família de Paulo era de Tarso, na Ásia Menor, atual Turquia (cf. At 22,3). Paulo estudou em Jerusalém e tinha uma irmã casada que morava em Jerusalém (cf. At 23,16). Os três *parentes*, Herodião, Andrônico e Júnia, moram em Roma, a capital. Parece até o que ocorre com a migração no Brasil.

Não sabemos quem foi Herodião. O mesmo acontece com muitos outros nomes que aparecem na Bíblia. O mesmo acontece conosco. Quem nos conhece neste mundo de Deus? Pouca gente. Mas Deus nos conhece e nos acolhe, como conheceu e acolheu Herodião. O nome *Herodião* significa *pequeno filho de herói* ou simplesmente *pequeno herói*. Paulo escreveu a Carta aos Romanos quando estava na comunidade de Corinto, no fim do ano 57 ou começo de 58. Paulo nunca tinha estado em Roma. Mesmo assim, ele manda saudações para mais de 30 pessoas daquela comunidade. Uma delas é Herodião. Sinal de que havia muita comunicação entre as várias comunidades. E eles não tinham celular nem internet!

14 de Janeiro

Abraão
Pai de todos os crentes

"Abraão teve fé em Deus, e isto lhe foi creditado como justiça" (Rm 4,3).

O nome *Abraão* significa *pai de muitas nações* (cf. Gn 17,5). Abraão nasceu em Ur dos Caldeus. O pai dele se chamava Taré (cf. Gn 11,24-32). A esposa de Abraão se chamava *Sara*, que significa *princesa* (cf. Gn 17,15). Abraão e Sara eram migrantes. Vinham andando desde Ur dos Caldeus (atual Iraque). Seguindo o fluxo das migrações daquela época, Abraão, com toda a sua família, passou pela terra de Harã (atual Síria) e de Canaã (atual Palestina) e chegou ao Egito, onde o faraó tentou apropriar-se de Sara, que era muito bonita (cf. Gn 12,10-16). Mas o plano do faraó não deu certo (cf. Gn 12,17-20).

Abraão recebeu a promessa divina de ser pai de um povo, *"fonte de bênção para todas as famílias da terra"* (Gn 12,1-3). Sara, por ser estéril, ofereceu sua empregada Agar para que Abraão pudesse ter um filho (cf. Gn 16,1-2). De Agar nasceu Ismael, cujo nome significa *Deus ouviu*. Mas Deus fez saber a Abraão que a promessa não se realizaria por meio de Ismael, mas sim por meio de um filho de Sara (cf. Gn 17,17-22). Como um homem de 100 anos de idade pode ter um filho de uma mulher estéril de 90 anos? Humanamente falando, é de dar risada (cf. Gn 17,17; 18,12). Mas os dois tiveram fé e o menino nasceu. Chamou-se *Isaque*, que significa *risada*. De Deus não se ri! A Carta aos Hebreus faz o seguinte comentário: *"Pela sua fé, Abraão, submetido à prova, ofereceu Isaque e justamente ele, que havia recebido as promessas, ofereceu seu único filho, do qual fora dito: 'Em Isaque você terá uma descendência que levará o nome de você mesmo'. É que Abraão já acreditava que Deus é capaz de ressuscitar os mortos. Por isso, Abraão recuperou o seu filho. E isso se tornou um símbolo"* (Hb 11,17-19). Por causa dessa sua fé, Abraão é venerado por judeus, cristãos e muçulmanos. Ele é o patriarca dessas três religiões. Sua fé é um desafio para a fé de todos nós!

15 de Janeiro

Nabot
Agricultor explorado que defendeu a posse de sua terra

"Nabot disse: 'Yhwh me livre de ceder a você a herança dos meus pais!'" (1Rs 21,3).

Nabot era um agricultor. Ele tinha um terreno bem ao lado do palácio de Acab, o rei de Samaria (cf. 1Rs 21,1). O rei pediu o terreno para ele poder fazer uma horta. Em troca daria um outro terreno para Nabot, ou pagaria em dinheiro (cf. 1Rs 21,2). Nabot respondeu: *"Yhwh me livre de ceder ao senhor a herança dos meus pais!"* (1Rs 21,3). É que o terreno de uma família era bem mais do que só um pedaço de terra a ser avaliado em dinheiro. Era sobretudo a herança vinda dos antepassados, fonte de identidade, símbolo de pertença ao povo, motivo de gratidão a Deus pelo dom da Terra Prometida. O rei ficou "aborrecido e irritado" com a resposta negativa de Nabot (cf. 1Rs 21,4).

A rainha Jezabel, quando viu o marido aborrecido, apelou para os direitos do rei (cf. 1Rs 21,7), que lhe permitiam tomar as terras dos súditos: *"Ele tomará os vossos campos, as vossas vinhas, os vossos melhores olivais, e os dará aos seus oficiais"* (1Sm 8,14). Foi o que a rainha fez. Convocou uma assembleia, mandou dois fulanos sem escrúpulos denunciar Nabot, acusando-o de maldição *"contra Deus e contra o rei"* (cf. 1Rs 21,10). Nabot foi denunciado e condenado. Foi apedrejado e morto (cf. 1Rs 21,11-14). Quando soube da morte de Nabot, a rainha disse a Acab: *"O terreno é seu! Nabot está morto!"* (cf. 1Rs 21,15-16). Foi aí que o profeta Elias entrou no meio da história e lançou a condenação de Deus contra Acab e contra a rainha Jezabel (cf. 1Rs 21,17-26; 2Rs 9,25-26).

16 de Janeiro

Judite
Mulher corajosa que salvou o seu povo

"Judite era uma viúva muito bonita e atraente" (Jt 8,4.7).

O nome *Judite* significa *mulher judia*. Judite era uma viúva que vivia em Betúlia. Seu marido, Manassés, tinha morrido durante a colheita da cevada (cf. Jt 8,2-3). A história de Judite é uma parábola com muitos detalhes. O general Holofernes, a mando de Nabucodonosor, rei da Babilônia (cf. Jt 2,4), invade a Judeia e quer marchar contra Jerusalém. Mas no meio do caminho está a cidade de Betúlia. A resistência de seus habitantes impede que Holofernes possa chegar até Jerusalém. O general então cerca Betúlia e se prepara para arrasar a cidade resistente (cf. Jt 7,1). Os moradores da cidade caem no desespero. O governador da cidade, Ozias, pede ao povo que resista mais cinco dias. Depois então entregaria a cidade ao general Holofernes. É nessa situação desesperadora que surge Judite. Ela pede confiança ao povo e prepara ardilosamente um plano capaz de derrotar os inimigos do povo de Deus. Ela se enfeita para mostrar toda a sua beleza, vai ao acampamento dos assírios e se apresenta a Holofernes como cúmplice dos invasores. Elogiada pelo general, ela fica três dias no acampamento, sem despertar suspeitas. No quarto dia (cf. Jt 12,10), convidada por Holofernes, ela vai a um banquete na tenda do general. De noite, sendo deixada sozinha com ele, Judite aproveita a oportunidade e corta a cabeça do embriagado e seduzido Holofernes (cf. Jt 13,6-10).

Na manhã do quinto dia, ela volta para Betúlia, carregando dentro de uma sacola a cabeça de Holofernes. O gesto de Judite provoca entusiasmo no povo da cidade. Cheios de coragem, eles passam ao ataque contra os invasores e espalham o pânico entre os inimigos. Vendo-se sem seu chefe, os assírios fogem apavorados. Ela é levada em triunfo até Jerusalém. No caminho, em meio às homenagens, ela canta um hino, conservado até hoje na Bíblia (cf. Jt 16,1-17). Depois de todas essas façanhas e festas, Judite voltou para sua casa em Betúlia, onde passou o resto de sua vida numa velhice feliz e cheia de admiração. Morreu com a idade de 105 anos, respeitada e venerada por todos.

17 de Janeiro

Nemrod
Foi o primeiro a construir cidades

"Nemrod, valente caçador diante de Yhwh" (Gn 10,9).

O nome *Nemrod* vem de *Nimurta*, o deus da caça do povo da Assíria. Nemrod não era israelita. Era a figura mítica de herói popular em todo o Médio Oriente Antigo, simpático ao povo. Ele era, ao mesmo tempo, caçador valente que vivia nas matas e construtor que se sentia em casa nas cidades. A Bíblia diz que Nemrod foi *"um valente caçador diante de Yhwh"* (Gn 10,9). Atribui-se a Nemrod a construção das cidades. *"As capitais do seu reino foram Babel, Arac e Acad, cidades que estão todas na terra de Senaar"* (Gn 10,10). A Bíblia evoca aqui as maiores cidades daquela época. Seria como lembrar hoje: São Paulo, Roma, Nova York, Tóquio e Calcutá. Diz ainda que um descendente de Nemrod é Assur (Assíria), que construiu Nínive (cf. Gn 10,10-12). Nínive era a capital da Assíria. Mais do que isso não sabemos a respeito da figura de Nemrod.

Nemrod tem a mesma ambivalência de todo herói popular: homem que rouba dos grandes e ajuda os pequenos. Um grande mito. Uma espécie de Lampião do antigo Médio Oriente. Figura de pessoa criativa, preocupada com a convivência humana. Já naquela época, ele buscava criar moradias mais seguras e uma convivência mais saudável para o povo.

18 de Janeiro

Pedro em Roma
Pedro – Pedra – Cefas – Simão

"Sou presbítero como eles, testemunha dos sofrimentos de Cristo e participante da glória que vai ser revelada" (1Pd 5,1).

Foi um longo caminho para Pedro chegar a Roma. Sua caminhada começou em Jerusalém. Depois da ressurreição de Jesus (cf. At 1,12; 2,14), ele seguiu para a Samaria (cf. At 8,14), passou por Lida (cf. At 9,32) e Jope (cf. At 9,36). Ele foi chamado para ir até Cesareia (cf. At 10,23-24). Ele esteve em Antioquia (cf. Gl 2,11) e visitou a comunidade de Corinto na Grécia, pois lá alguns diziam: *"Eu sou de Pedro!"* (1Cor 1,12). Finalmente, no início dos anos 60 d.C., ele chegou a Roma. Lá existe a grande Basílica de São Pedro. Dentro dela, na cripta debaixo do altar-mor, se conserva a memória da passagem e do martírio de Pedro. Fora dos muros de Roma, existe até hoje uma outra igreja, bem pequena, cujo nome é *"Quo Vadis?"* Ela se refere a uma tradição, segundo a qual Pedro estava fugindo de Roma com medo da perseguição de Nero, no fim dos anos 60. Saindo da cidade, Pedro teve uma visão de Jesus chegando, carregando a cruz. Ele perguntou: "Para onde o Senhor vai?" (*Quo Vadis?*) Jesus respondeu: "Estou indo para Roma para ser crucificado de novo". Aí Pedro caiu em si, criou coragem, venceu o medo e voltou. Pouco depois, assim diz a tradição, ele foi preso e crucificado de cabeça para baixo.

O nome *Pedro* vem de *pedra*. Pedro foi pedra de duas maneiras. Jesus disse: *"Sobre esta pedra edificarei a minha igreja"* (Mt 16,18). E quando Pedro disse a Jesus para não sofrer na cruz, Jesus respondeu: *"Pedro, você é pedra de tropeço para mim"* (Mt 16,23). Pedra angular e pedra de tropeço. É bom lembrar sempre as duas pedras que existiam na vida de Pedro e existem na vida de cada um de nós.

19 de Janeiro

Ártemas
Mensageiro de Paulo

"Aprender a praticar o bem" (Tt 3,14).

O nome *Ártemas* significa *dádiva de Artemis*, uma divindade grega. Paulo escreve na Carta para Tito: *"Vou mandar Ártemas ou Tíquico encontrar-se com você. Quando eu chegar aí, faça o possível para se encontrar comigo em Nicópolis, onde resolvi passar o inverno"* (Tt 3,12). É só aqui, neste versículo da carta de Paulo para Tito, que o nome de Ártemas aparece. Se Paulo não o tivesse mencionado, nós nem saberíamos que Ártemas existiu. O mesmo vale para várias outras pessoas mencionadas na mesma carta de Paulo: Tíquico, Zeno e Apolo (cf. Tt 3,12-13). O livro do Eclesiástico já dizia: *"Outros não deixaram nenhuma lembrança e desapareceram como se não tivessem existido"* (Eclo 44,9).

O mesmo vale para cada um de nós. Daqui a cem anos, quem ainda se lembrará de nós? Pode até ser que um ou outro ainda seja lembrado, como Ártemas é lembrado na carta de Paulo. E daí? Qual o valor de uma lembrança assim? O importante não é que sejamos lembrados nos livros ou na memória de uma ou outra pessoa. O importante é ser lembrado por Deus, viver na memória de Deus. Jesus disse: *"Fiquem alegres porque os nomes de vocês estão escritos no céu!"* (Lc 10,20) Todos nós somos como Ártemas e tantos outros: alguns são lembrados, outros não são lembrados. Tanto faz! Mas em Deus somos todos lembrados e amados. Graças a Deus!

20 de Janeiro

Taré
Pai de Abraão

*"Esta é a descendência de Taré:
Taré gerou Abrão, Nacor e Arã"* (Gn 11,27).

Taré, o pai de Abraão, era um migrante. Junto com a família, ele saiu de Ur dos Caldeus (atual Iraque). Ele queria chegar à terra de Canaã (atual Palestina), mas morreu no meio do caminho, em Harã (atual Síria). Naquela época, isto é, em torno de 2000 a 1800 a.C., havia um grande movimento migratório vindo da terra de Ur dos Caldeus, terra de Taré e de Abraão, em direção a Harã. A família de Taré e de Abraão era uma das inúmeras famílias migrantes que iam em busca de uma terra melhor.

O que mais existe no mundo de hoje é a migração de gente em busca de uma situação melhor. Metade da cidade de São Paulo é de pessoas que vieram de outros lugares do Brasil e da Europa. A cidade de Volta Redonda foi feita por gente que veio de Minas Gerais em busca de trabalho. À Europa, só no ano de 2015, chegaram mais de um milhão de migrantes, vindos do norte da África e da Síria, fugindo da fome, das guerras e das perseguições. Papa Francisco disse: *"Todos nós somos migrantes"*. Taré, Abraão e Sara estão hoje mais vivos do que nunca.

21 de Janeiro

Vasti
Rainha corajosa da Pérsia

"O rei mandou que a rainha Vasti se apresentasse, e ela recusou" (Est 1,17).

O nome *Vasti* significa *a mais bela*. O livro de Ester conta que Assuero, rei da Pérsia, fez uma festa de sete dias para os grandes do reino (cf. Est 1,5). No último dia, quando o rei e os seus generais já estavam meio alegres por causa do vinho, o rei deu ordem para chamar a rainha Vasti, para que todos os generais pudessem ver e admirar a sua beleza. Mas a rainha se recusou. Ela não quis apresentar-se àqueles homens meio embriagados, para que pudessem admirá-la e se deliciar com a sua beleza (cf. Est 1,10-12). Sinal de muita coragem! O rei ficou furioso e perguntou aos conselheiros: *"Segundo a lei, o que se deve fazer à rainha Vasti por não ter obedecido à ordem do rei Assuero?"* (Est 1,15). Os conselheiros disseram: *"Não foi somente contra o rei que a rainha Vasti agiu mal, mas também contra todos os oficiais e todos os súditos que vivem por todas as províncias do rei Assuero. O comportamento da rainha será conhecido por todas as mulheres, que desprezarão seus maridos"* (Est 1,16-17). Por isso, o rei fez um decreto destituindo Vasti da realeza e mandou procurar uma outra mulher para ser a rainha. Após muita busca e investigação, encontraram a pobre Ester, que foi escolhida e obrigada a ser a nova rainha.

Vasti merece um monumento! Se ela vivesse hoje, jamais apareceria na televisão ou nas revistas para fazer propaganda de produtos de beleza das fábricas ou dos comerciantes.

22 de Janeiro

Noadias
A profetisa que incomodou o governador Neemias

"Quebra a altivez deles pela mão de uma mulher" (Jt 9,10).

O nome *Noadias* significa *adorno* ou *enfeite de* Y<small>HWH</small>. A única vez que Noadias aparece na Bíblia é nesta prece de Neemias: *"Lembra-te, meu Deus, do que Tobias e Sanabalat fizeram! Lembra-te também da profetisa Noadias e dos outros profetas que me tentaram criar medo"* (Ne 6,14). Por que a profetisa Noadias amedrontava o governador Neemias? Ao que tudo indica, Noadias liderava um movimento profético contra o projeto de Neemias de reconstruir o templo de Jerusalém. O profeta Isaías dizia: *"Assim diz* Y<small>HWH</small>*: 'O céu é o meu trono e a terra é o apoio para meus pés. Que tipo de casa vocês poderiam construir para mim? Que lugar poderia servir para meu descanso? Tudo o que existe fui eu que fiz, tudo o que existe é meu – oráculo de Javé. – Eu olho para o aflito e o de espírito abatido, e também para aquele que estremece diante das minhas palavras'"* (Is 66,1-2). Para Noadias, construir um templo bonito e esquecer os aflitos não agrada a Deus.

Tanto ontem como hoje, há muitas profetisas como Noadias. Quem anima hoje o movimento profético das comunidades eclesiais de base? Quem anima as várias pastorais: catequese, visita aos doentes, sacramentos? Na grande maioria das vezes, são as mulheres, mães de família. Como Noadias, também hoje elas incomodam o padre quando este pensa ser o dono de tudo e esquece que o acolhimento aos aflitos é o centro da Boa Nova de Deus. São proféticas! São profetisas! São Noadias! E são muitas!

23 de Janeiro

A moça do perfume
Mulher conhecida na cidade como pecadora

*"Os muitos pecados que cometeu estão perdoados,
porque ela demonstrou muito amor"* (Lc 7,47).

Convidado por Simão, um fariseu, Jesus estava jantando na casa dele. Durante o jantar, uma moça entrou e começou a beijar os pés de Jesus, banhando-os com suas lágrimas (cf. Lc 7,36-38). A moça era conhecida na cidade como pecadora. Deve ter sido uma moça prostituída e, portanto, desprezada e marginalizada. Mas ela teve a coragem de quebrar todas a normas. Ela entrou na casa de Simão, um fariseu, e, chorando, colocou-se aos pés de Jesus, cobrindo-os com beijos, enxugando-os com seus cabelos e banhando-os com perfume. Ela deve ter tido uma fé muito grande em Jesus e uma certeza absoluta de ser acolhida por Ele, pois era necessário ter muita coragem e muita fé para fazer o que ela fez: entrar na casa do fariseu durante o jantar e beijar os pés do hóspede, desafiando a rigidez das atitudes do fariseu.

Jesus acolheu a moça. Ele não retirou o pé, não fez nenhum sinal de impaciência ou de desagrado. Aceitou o gesto da moça. Simão, o fariseu, pensava: *"Se esse homem fosse mesmo um profeta, saberia que tipo de mulher está tocando os pés dele!"* (Lc 7,39). Jesus defendeu a moça contra a crítica do fariseu e disse: *"Os muitos pecados que cometeu estão perdoados, porque ela demonstrou muito amor"* (Lc 7,47).

24 de Janeiro

Matatias
Pai dos cinco irmãos Macabeus

"Deus nos livre de abandonar a Lei e as tradições!" (1Mc 2,21).

Matatias era da tribo de Levi, neto do sacerdote Simeão (cf. 1Mc 2,1). O nome *Matatias* significa *dom de Y*HWH. Ele morava em Modin, na Judeia. Era a época em que os reis helenistas procuravam impor ao povo judeu a religião dos ídolos pagãos. Eles mandavam funcionários nas cidades e povoados para forçar o povo a transgredir a Lei de Deus e a oferecer incenso aos ídolos. Eles chegaram a ponto de matar os judeus que não queriam obedecer (cf. 1Mc 1,57-64). O medo levou muita gente a abandonar a fé em Y*HWH* (1Mc 2,16). Vendo essa desgraça, Matatias exclamou: *"Infeliz de mim! Para que fui nascer? Só para ver a desgraça do meu povo e da Cidade Santa?"* (1Mc 2,7). Quando os funcionários do rei chegaram a Modin, terra de Matatias, para forçar o povo a mudar de religião, eles convidaram Matatias, homem honrado, para dar o exemplo, sacrificando aos ídolos diante de todos (cf. 1Mc 2,17-18). Matatias respondeu publicamente: *"Deus nos livre de abandonar a Lei e as tradições! Não! Nós não vamos obedecer às ordens do rei"* (1Mc 2,21-22). Quando Matatias acabava de falar essas palavras, um judeu se apresentou publicamente para sacrificar aos ídolos diante de todo o povo (cf. 1Mc 2,23). Matatias, numa santa ira, levantou-se e matou tanto o funcionário como o judeu que estava traindo sua religião (cf. 1Mc 2,24-25). Em seguida, convocou a todos para fugir com ele para as montanhas e iniciar a resistência armada, fazendo incursões para derrubar os altares dos ídolos e impedir que o povo seguisse a religião dos dominadores (cf. 1Mc 2,29-48).

No fim, quando ficou velho, Matatias reuniu seus filhos e se despediu de todos com uma mensagem bonita na qual recordava toda a história do povo de Deus e as lutas já feitas em defesa da fé dos antepassados (cf. 2Mc 2,49-68). Depois disso ele abençoou a todos e morreu. *"Todo o Israel lamentou muito a sua morte"* (2Mc 2,70).

25 de Janeiro

Conversão de Saulo
De perseguidor a apóstolo, de Saulo a Paulo

"Deus me escolheu antes de eu nascer e me chamou por sua graça" (Gl 1,15).

A Bíblia usa quatro imagens para descrever a conversão de Paulo na estrada de Damasco-*Queda:* Deus entrou sem mais e derrubou Paulo, que caiu no chão (At 9,4; 22,7; 26,14). *Cegueira:* uma luz o envolveu de tal modo, que ele ficou cego (cf. At 9,8). *Aborto:* "Por último, Jesus apareceu a mim que sou um aborto" (1Cor 15,8). Não foi um nascimento normal. *Laço:* "Procuro apanhá-lo, assim como eu mesmo fui laçado por Ele" (Fl 3,12). Queda, cegueira, aborto, laço! Essas quatro imagens falam por si. Deixam transparecer o que Paulo viveu. Sugerem a ruptura que houve. Trêmulo, fraco e cego, ele foi levado para a cidade de Damasco, onde ficou três dias sem comer, mais morto do que vivo (At 9,8-9). Aí apareceu o *nada* de Paulo, de onde nasceu o *tudo* de Deus! Ele até mudou de nome. Chamava-se *Saulo*, nome do primeiro rei de Israel. Ele deixou de ser rei e se tornou *Paulo*, nome que significa *pequeno, humilde*.

Chamado por Deus, Ananias chegou, colocou a mão em Paulo e disse: *"Paulo, meu irmão!"* (At 9,17). O perseguido acolheu o perseguidor como *irmão!* Naquele momento, Paulo recebeu de graça tudo aquilo que, durante os primeiros 28 anos da sua vida, não tinha conseguido alcançar: sentiu-se justificado, acolhido por Deus. Ele mesmo o deixa transparecer nestas frases das suas cartas: *"Ele me amou e se entregou por mim"* (Gl 2,20). *"Vivo, mas já não sou eu, é Cristo que vive em mim!"* (Gl 2,20). *"Quando me sinto fraco, aí sou forte!"* (2Cor 12,10). *"Por Jesus o mundo é um crucificado para mim"* (Gl 6,14). *"Tudo posso naquele que me fortalece"* (Fl 4,13). *"Nada nos poderá separar do amor de Deus"* (Rm 8,35). *"Fé, esperança, amor. O maior é o amor!"* (1Cor 13,13).

26 de Janeiro

Ananias
O perseguido acolhe o perseguidor

"Ananias, homem piedoso e fiel à Lei, com boa reputação" (At 22,12).

O nome *Ananias* significa Y_HWH_ *compadeceu-se de mim*. Ananias fazia parte da comunidade cristã de Damasco. Deus o chamou para acolher Paulo: *"Prepare-se, vá até a rua que se chama Rua Direita e procure, na casa de Judas, um homem chamado Saulo, apelidado Saulo de Tarso. Ele está rezando"* (At 9,11). Ananias sabia que Saulo, o fariseu, ia para Damasco para perseguir os cristãos e prendê-los (cf. At 9,14). Ananias levou um susto e disse a Deus: *"Mas este homem tem plenos poderes para prender todos os que invocam o teu nome"* (At 9,14). Deus não quis discussão e disse: *"Vá, porque esse homem é o instrumento que eu escolhi para anunciar o meu nome aos pagãos, aos reis e ao povo de Israel"* (At 9,15). A conversão não foi só de Saulo. Também Ananias teve de mudar seu modo de pensar a respeito de Saulo.

Ananias foi e encontrou Saulo rezando na casa de Judas, na Rua Direita. Impôs as mãos sobre ele dizendo: *"Saulo, meu irmão, o Senhor Jesus, que lhe apareceu quando você vinha pelo caminho, me mandou aqui para que você recupere a vista e fique cheio do Espírito Santo"* (At 9,17). Convertido pela palavra que Deus lhe tinha dirigido, Ananias imitou a misericórdia de Deus. O perseguido acolheu o perseguidor como irmão. A caça acolheu o caçador. No gesto de Ananias, Paulo sentiu-se acolhido e perdoado por Deus. Ele recuperou a vista e, em seguida, *"se levantou e foi batizado. Logo depois comeu e ficou forte como antes"* (At 9,18-19).

27 de Janeiro

Abesã
Juiz do povo de Deus

"Depois de Jefté, o juiz em Israel foi Abesã, de Belém" (Jz 12,8).

Abesã era um juiz do povo de Deus. O significado do nome *Abesã* é incerto. O livro dos Juízes diz o seguinte a respeito de Abesã: *"Depois de Jefté, o juiz em Israel foi Abesã, de Belém. Ele teve trinta filhos e trinta filhas. Casou as filhas fora, e trouxe de fora trinta mulheres para seus filhos. Foi juiz em Israel durante sete anos. Depois morreu e foi sepultado em Belém"* (Jz 12,8-10). Abesã era de Belém. Havia duas cidadezinhas com o nome de Belém: uma no sul da Palestina, onde Jesus nasceu, e outra no norte, na Galileia (cf. Js 19,15). Abesã era de Belém do Norte.

Abesã era um dos chamados *Juízes Menores*. Comparado aos outros juízes, ele ficou pouco tempo em serviço. Só sete anos (cf. Jz 12,9). Alguns dos outros ficaram mais de 20 anos: Débora (cf. Jz 5,31) e Gedeão (cf. Jz 8,28). De alguns deles, além da breve informação sobre o tempo de serviço, a Bíblia traz informações curiosas que pertencem mais à imaginação popular. Assim, diz que Abesã *"teve trinta filhos e trinta filhas. Casou as filhas fora, e trouxe de fora trinta mulheres para seus filhos".* Fica para nós a pergunta: por que Abesã casou suas filhas no estrangeiro e por que trouxe mulheres estrangeiras para casar com seus filhos? Talvez, o próprio Abesã pergunte: "Por que será que eles falaram isso de mim?" O povo gostava de exaltar os grandes feitos dos seus líderes. Por meio dessas histórias maravilhosas e meio estranhas, ele revelava e transmitia sua fé inabalável na presença protetora de Deus.

28 de Janeiro

Urias
Profeta do povo de Deus

"Havia um outro profeta. Era Urias, filho de Semeías" (Jr 26,20).

A maior crise do reino de Judá em toda a sua história foi a crise causada pela invasão da Babilônia, entre os anos 610 e 586 a.C. Em tempos difíceis, costumam aparecer profetas e profetisas. Os profetas mais conhecidos dessa época são Sofonias, Naum, Habacuc, Hulda, Jeremias e Baruc. Por meio do livro de Jeremias ficamos sabendo da existência de mais um profeta, Urias, que fazia a mesma pregação que o profeta Jeremias (cf. Jr 26,20-24). O nome *Urias* significa *luz de Y*HWH. Urias era da aldeia de Cariat-Iarim, lugar onde tinha ficado a Arca da Aliança depois que foi devolvida pelos filisteus (cf. 1Sm 7,1). A família de Eleazar daquele lugar foi consagrada para poder tomar conta da Arca da Aliança. Provavelmente, Urias vinha dessa família.

"Da mesma forma que Jeremias" (Jr 26,20), Urias profetizava em nome de YHWH contra os desmandos do rei Joaquim, cuja política indecisa entre o Egito e a Babilônia estava levando o reino de Judá à ruína. Quando as profecias de Urias chegaram aos ouvidos do rei, este ficou com tanta raiva que resolveu matar Urias. Com medo da perseguição, Urias fugiu para o Egito. Mas o rei enviou oficiais e soldados para trazerem Urias de volta, a fim de julgá-lo e condená-lo diante de todo o povo de Judá. Urias foi executado e seu corpo nem foi sepultado, mas "jogado na vala comum" (cf. Jr 26,23). O profeta Jeremias só escapou dessa perseguição porque foi protegido por um alto oficial da corte, chamado Aicam, filho de Safã (cf. Jr 26,24).

29 de Janeiro

Maria de Roma
Uma das animadoras da comunidade de Roma

"Saudações para Maria, que muito trabalhou por vocês" (Rm 16,6).

No último capítulo da Carta aos Romanos, Paulo manda abraços para muita gente. No meio dessa lista de pessoas amigas aparece esta frase: *"Saudações para Maria, que muito trabalhou por vocês"* (Rm 16,6). Quem era essa Maria? Muito provavelmente, era uma judia, pois o nome *Maria* é hebraico e era muito comum entre os judeus, que gostavam de dar às meninas o nome de Maria ou Miriam, irmã de Moisés (Ex 15,20). *Maria* significa Y$_{HWH}$ *é meu Senhor* ou *amada de* Y$_{HWH}$. A respeito das pessoas que, como Maria em Roma, se esforçavam pela comunidade, Paulo diz o seguinte: *"Irmãos, pedimos que tenham consideração para com aqueles que se afadigam em dirigi-los no Senhor e admoestá-los. Vocês devem tratá-los com muito respeito e amor, por causa do trabalho que eles realizam. Vivam em paz entre vocês"* (1Ts 5,12-13).

A Maria, mencionada por Paulo na Carta aos Romanos merece um monumento para representar todas as Marias que hoje trabalham nas comunidades animando a fé e sustentando o trabalho das pastorais. Como Maria em Roma, hoje há muitas Marias que se afadigam pelo bem da comunidade. Tanto nas cidades como no interior, em todo canto existem as Marias que "muito trabalham por todos nós".

30 de Janeiro

Ninfas
Animadora da igreja doméstica

"Saúdem também Ninfas e a igreja que se reúne em sua casa" (Cl 4,15).

O nome *Ninfas* significa *dom das divindades*. Diz o apóstolo Paulo na Carta aos Colossenses: *"Saúdem os irmãos de Laodiceia, como também Ninfas e a igreja que se reúne em sua casa"* (Cl 4,15). A casa de Ninfas era uma das muitas igrejas domésticas, onde as comunidades se reuniam. O Novo Testamento menciona várias mulheres animadoras de igrejas domésticas: Cloé em Corinto (cf. 1Cor 1,11), Ninfas em Laodiceia (cf. Cl 4,15), Lídia em Filipos (cf. At 16,15), Febe em Cencreia perto de Corinto (cf. Rm 16,1), Maria em Roma (cf. Rm 16,6), Trifena e Trifosa em Roma (cf. Rm 16,12), Pérside também em Roma (cf. Rm 16,12), a mãe de Rufo (Rm 16,13), o casal Áquila e Priscila (cf. Rm 16,3-5), o casal Filólogo e Júlia (cf. Rm 16,15). Muitas pessoas abriam sua casa para ser a casa da comunidade, a igreja doméstica (cf. Rm 16,5; 1Ts 5,27).

Naquele tempo, o simples fato de alguém abrir a sua casa para ser igreja doméstica colocava em risco sua vida. Diz a Carta aos Hebreus: *"Lembrem-se dos primeiros dias, depois que vocês foram iluminados: vocês tiveram que suportar uma grande e penosa luta, ora expostos publicamente a insultos e tribulações, ora tornando-se solidários com aqueles que assim eram tratados. De fato, vocês participaram do sofrimento dos prisioneiros e aceitaram com alegria ser despojados dos próprios bens, sabendo que possuíam bens, que são melhores e mais duráveis"* (Hb 10,32-34).

31 de Janeiro

Ismael
Filho de Abraão e Agar

*"Levanta a criança e segura-a firmemente,
porque farei dela uma grande nação"* (Gn 21,18).

Sara, a esposa de Abraão, era estéril, não podia ter filhos. Por isso, apresentou ao marido sua escrava Agar, para que por meio dela ele tivesse um filho. Abraão se uniu a Agar e nasceu um bebê, a quem Abraão deu o nome de Ismael (cf. Gn 16,15-16). O nome *Ismael* significa *Deus ouviu*. O nascimento de Ismael tornou-se motivo de ciúmes e fonte de conflitos entre Sara e Agar. A pedido de Sara, Abraão expulsou Agar junto com o filho Ismael. Sozinha, no meio do deserto, com o nenê chorando nos braços, Agar andou sem rumo. Mas Deus escutou o choro da criança e mandou um anjo dizer a Agar: *"Ergue-te! Levanta a criança e segura-a firmemente, porque farei dela uma grande nação"* (Gn 21,18). A descendência de Ismael cresceu e tornou-se uma grande nação (Gn 25,12-18). São os povos árabes. Ismael é uma ponte entre a Bíblia e o Alcorão, entre judeus e árabes.

Judeus e árabes, ambos são descendentes de Abraão, pai de Ismael e pai de Isaque. Deus fez saber a Abraão que a promessa devia realizar-se não por meio de Ismael, o primogênito, filho de Agar, mas por meio de Isaque, filho de Sara (cf. Gn 17,15-22). Na Carta aos Gálatas, Paulo reflete sobre esse mistério da escolha que Deus fez de Isaque, filho de Sara, e não de Ismael, filho de Agar (cf. Gl 4,21-31).

Fevereiro

1° de Fevereiro

Efron
Dono do campo onde ficava a gruta de Macpela

"A gruta de Macpela tornou-se propriedade de Abraão" (Gn 23,18).

O nome *Efron* significa *nascido em Efrata*. Efron não era israelita. Era heteu, um dos pequenos povos que moravam na Palestina antes da chegada dos israelitas (cf. Ex 7,8). Efron era dono de um pedacinho de terra perto de Hebron, ao sul de Jerusalém. Quando Abraão e Sara, nas suas andanças, passaram por Hebron, Sara acabou falecendo. Ela já estava com 127 anos de idade (cf. Gn 23,1). Morreu em terra estrangeira. Abraão queria ter um pedaço de terra para poder enterrar sua esposa falecida. Foi falar com Efron, dono do campo onde ficava a gruta de Macpela. Era lá naquela gruta que Abraão queria enterrar Sara (cf. Gn 23,3-9). Efron ofereceu o terreno de graça, mas Abraão insistiu em pagar, pois queria tornar-se proprietário de fato. Efron aceitou e disse que o terreno valia 400 siclos de prata, isto é, quatro quilos de prata (cf. Gn 23,15). Diante do conselho reunido dos heteus, Abraão pagou o preço, e, assim, o campo da gruta de Macpela *"tornou-se propriedade de Abraão"* (Gn 23,18). Foi o primeiro pedacinho de terra do que viria a ser a *Terra Prometida*.

Hoje, tanta gente vive em busca de um pedaço de terra, nem que seja, como Abraão, para poder enterrar seus mortos. Poucos são como Efron, dispostos a doar ou a vender um pedaço de terra por um preço justo, para que o povo possa dizer como Abraão: "Este pedaço de terra onde vivo é minha propriedade. Adquiri com meu esforço, trabalho e dinheiro".

2 de Fevereiro

A purificação da Mãe de Jesus

Maria caminhava guiada pela luz de Deus, que nos atrai e nos purifica

*"Maria e José levaram o menino Jesus a Jerusalém
a fim de apresentá-lo ao Senhor"* (Lc 2,22).

A festa de hoje é uma festa de muitas luzes. Por isso foi chamada de Festa de Nossa Senhora das Candeias. Antigamente, era chamada de "Festa da purificação de Maria, a Mãe de Jesus", porque marcava o fim dos 40 dias do resguardo de Maria depois do nascimento de Jesus. A lei dizia: *"Quando uma mulher conceber e der à luz um menino, ela ficará impura durante quarenta dias"* (Lv 12,2-4). Conforme as crenças daquela época, o sangue que sai na hora do parto tornava a mulher impura. Terminado o período da impureza, a mãe devia ir ao templo fazer uma oferta para poder ser purificada (cf. Lv 12,6). Por isso, no 40º dia, Maria e José foram ao templo de Jerusalém fazer a oferta da purificação (cf. Lc 2,22). A lei dizia: *"Se a mulher não tem meios para comprar um cordeiro, então pegue duas rolas ou dois pombinhos: um para o holocausto e outro para o sacrifício pelo pecado. O sacerdote fará por ela o rito pelo pecado, e ela ficará purificada"* (Lv 12,8). Maria e José ofereceram *"um par de rolas ou dois pombinhos"* (Lc 2,24). Não tinham dinheiro para comprar um cordeiro para ser oferecido. Fizeram a oferta dos pobres.

No nosso calendário, o nascimento de Jesus foi fixado no dia 25 de dezembro. Por isso, a purificação de Maria cai no dia 2 de fevereiro, isto é, exatamente 40 dias depois do nascimento de Jesus.

3 de Fevereiro

Cornélio
O primeiro pagão a ser acolhido na comunidade

"Cornélio, centurião romano, homem piedoso e temente a Deus"
(At 10,1-2).

Cornélio era um soldado romano, centurião da coorte (batalhão) Itálica, sediada na cidade de Cesareia, na Palestina (cf. At 10,1). Diz a Bíblia: *"Cornélio era piedoso e, junto com todos os da sua família, pertencia ao grupo dos tementes a Deus; dava muitas esmolas ao povo e orava sempre a Deus"* (At 10,2). Os "tementes a Deus" eram pagãos que se sentiam atraídos pela seriedade da religião dos judeus e frequentavam a sinagoga aos sábados (cf. At 10,2; 13,16; 16,14; 17,4.17). Deus ouviu as orações de Cornélio e mandou que ele chamasse Pedro para saber dele o que devia fazer (cf. At 10,5-8). Também Pedro teve uma visão. Ele viu um lençol cheio de animais puros e impuros descer do céu, enquanto uma voz lhe dizia: *"Levante-se, Pedro, mate e coma!"* Pedro disse: *"Nunca comi nada de profano ou de impuro".* A voz dizia: *"Não chame de impuro o que Deus purificou!"* Isso aconteceu por três vezes (cf. At 10,11-16).

Enquanto Pedro pensava no significado da visão, chegou o pessoal de Cornélio convidando-o para ir com eles. Pedro foi (cf. At 10,23). Chegando à casa de Cornélio, ele entrou e falou a Cornélio sobre Jesus. Enquanto falava, o Espírito Santo desceu sobre todos os que ouviam a fala de Pedro (cf. At 10,44). Aí, Pedro entendeu aquela visão que teve e concluiu: *"Será que podemos negar a água do batismo a estas pessoas que receberam o Espírito Santo, da mesma forma que nós?"* (At 10,47). E mandou que todos fossem batizados em nome de Jesus Cristo. Cornélio é o primeiro pagão batizado, acolhido na comunidade cristã. Ele é o precursor de todos nós, pagãos batizados.

4 de Fevereiro

A samaritana
Ela teve uma longa conversa com Jesus

> *"Senhor, dá-me dessa água, para que eu não tenha mais sede!"* (Jo 4,15).

Não sabemos o nome desta samaritana que conversou com Jesus, mas, de tão conhecida e amada que ela é, o nome *Samaritana* quase virou nome próprio. No contexto do Evangelho de João, ela é a primeira pessoa a quem Jesus revela o seu maior segredo: *"O messias sou eu que estou conversando com você!"* (Jo 4,26). O diálogo entre Jesus e a samaritana foi um diálogo bonito e fecundo, mas não foi um diálogo fácil. Os dois, tanto a samaritana como Jesus, cresceram aprendendo um sobre o outro. Jesus tentou um primeiro contato por meio do trabalho dela, que era buscar água na fonte: *"Me dá de beber!"* Mas não teve resultado (cf. Jo 4,7-15). Depois tentou por meio da vida em família: *"Vai buscar teu marido!"* Resposta seca: *"Não tenho marido!"* Jesus disse: *"Você falou o certo, pois não tem marido. Já teve cinco e o que tem agora não é o seu marido. Nisso você falou a verdade"* (cf. Jo 4,16-18). Aí, a mulher se situou na conversa e tomou a iniciativa: *"Vejo que o senhor é um profeta!"* (Jo 4,19). E logo quis tirar proveito: *"Onde se deve orar? Em Jerusalém, ou aqui na Samaria?"* (cf. Jo 4,20). Jesus colocou os pontos nos "ís" e disse que é em Jerusalém. E completou dizendo: pode ser em qualquer lugar, contanto que seja em espírito e verdade (cf. Jo 4,21-24). A mulher disse: *"Eu sei que o Messias vai ensinar estas coisas"*. Jesus respondeu: *"O Messias sou eu que estou falando com você!"* (cf. Jo 4,25-26).

Neste momento, chegaram os apóstolos que foram comprar comida no povoado: *"Mestre, come alguma coisa"* (Jo 4,31). Jesus disse: *"Tenho um alimento para comer que vocês não conhecem"* (Jo 4,32). Durante a conversa com a samaritana, Jesus tinha acabado de descobrir a imensa colheita já madura entre os samaritanos (cf. Jo 4,35). E a samaritana acabava de despertar para aspirações mais profundas dentro dela mesma: *"Será que ele é o Messias?"* (Jo 4,29). O povo da Samaria convidou Jesus, e Ele ficou dois dias com eles. No fim, disseram à samaritana: *"Já não acreditamos por causa daquilo que você disse. Agora, nós mesmos ouvimos e sabemos que este é de fato o Salvador do mundo"* (Jo 4,42).

5 de Fevereiro

Ló
Sobrinho de Abraão

"A mulher de Ló olhou para trás e virou estátua de sal" (Gn 19,26).

Ló era um sobrinho de Abraão (cf. Gn 11,27). Taré, o pai de Abraão e avô de Ló, migrou de Ur dos Caldeus, sua terra natal (atual Iraque), para a terra de Canaã, levando consigo as famílias de Abraão e de Ló. Taré se estabeleceu em Harã (atual Síria) (cf. Gn 11,31). Depois da morte de Taré, as famílias de Abraão e de Ló continuaram a viagem e chegaram à terra de Canaã (Palestina) (cf. Gn 12,4-5). As duas famílias adquiriram muitos bens, muitas ovelhas, mas a terra era pouca. Por isso, decidiram separar-se. Ló foi para a região do Jordão e das cidades de Sodoma e Gomorra. Abraão ficou na serra, perto de Hebron (cf. Gn 13,1-14).

O povo das cidades de Sodoma e Gomorra não prestava. Deus disse a Abraão: *"O grito contra Sodoma e Gomorra é muito grande! Seu pecado é muito grave!"* (Gn 18,20). E disse que as cidades seriam destruídas. Abraão interveio e pediu que as cidades não fossem destruídas se nelas existissem ao menos dez justos (cf. Gn 18,22-33). Mas não havia dez justos. Por isso, Sodoma e Gomorra iam ser destruídas. Dois anjos foram à casa de Ló em Sodoma (cf. Gn 19,1-11) e mandaram que ele saísse com a mulher e as duas filhas. Mandou que não olhassem para trás, pois um terremoto iria destruir tudo (cf. Gn 19,17). Eles saíram e subiram a serra em direção a Hebron. Mas a mulher de Ló olhou para trás. Na mesma hora ela virou uma estátua de sal, que está lá até hoje (cf. Gn 19,26). Era a explicação popular para a origem de um pequeno morro de sal perto do Mar Morto, que tinha o aspecto de uma mulher petrificada.

6 de Fevereiro

Cloé
Animadora da comunidade de Corinto

"Alguns da casa de Cloé me informaram que existem brigas entre vocês"
(1Cor 1,11).

Cloé aparece só uma vez na Bíblia; é na Carta aos Coríntios. Paulo escreve: *"Alguns da casa de Cloé me informaram que existem brigas entre vocês"* (1Cor 1,11). O nome *Cloé* significa *folhagem nova* ou *planta viçosa*. Cloé era uma mulher muito atuante na comunidade. Ela percebeu que havia divisões entre os vários grupos da comunidade: uns se diziam de Paulo, outros de Apolo, outros de Pedro e até de Cristo (cf. 1Cor 1,12-13). Não sabendo como ajudar, ela se comunicou com Paulo para saber o que fazer para resolver o problema. Além de Cloé, a própria comunidade também tinha enviado uma carta, levando a Paulo várias outras questões. Queriam saber o que é melhor: casar ou não casar (cf. 1Cor 7,1-40). Queriam saber se podiam comprar e comer a carne fresca que vinha do culto aos deuses pagãos (cf. 1Cor 8,1-13); a maneira de proceder nas assembleias litúrgicas (cf. 1Cor 11,2-34); o problema dos carismas ou dons do Espírito (cf. 1Cor 12,1–14,40); a maneira de entender a fé na ressurreição da carne (cf. 1Cor 15,1-58). Corriam ainda outros boatos a respeito da comunidade de Corinto. Havia casos de imoralidade pública (cf. 1Cor 5,1-13); de pessoas abusando da liberdade que Cristo lhes deu com relação à lei (cf. 1Cor 6,12-20); e de pessoas recorrendo ao tribunal pagão para resolver brigas internas entre cristãos (cf. 1Cor 6,1-11).

A resposta de Paulo para Cloé e para a comunidade a respeito de todos esses problemas é a primeira Carta aos Coríntios. Graças à preocupação de Cloé em ajudar a sua comunidade, temos até hoje essa carta tão boa e tão concreta de Paulo aos Coríntios. Valeu a pena Cloé ter se preocupado em buscar uma luz para resolver os problemas da comunidade.

7 de Fevereiro

Cetura
Gerou seis filhos para Abraão

"Abraão tomou uma outra mulher chamada Cetura" (Gn 25,1).

Diz a Bíblia: *"Abraão tomou uma outra mulher chamada Cetura. Esta gerou para ele Zamrã, Jecsã, Madã, Madiã, Jesboc e Sué"* (Gn 25,1-2; cf. 1Cr 1,32-33). São seis filhos. O nome *Cetura* significa *incenso* ou *resina perfumada*. A esposa de Abraão era Sara, que lhe deu Isaque (cf. Gn 21,1-3). A pedido de Sara, uma empregada de Sara, chamada Agar, gerou para Abraão o menino Ismael (cf. Gn 16,1-2.15-16). Quer dizer que Abraão teve três mulheres: Sara, Agar e Cetura. Como entender esse costume tão diferente das convicções que nós temos hoje a respeito do relacionamento entre homem e mulher no casamento?

A Bíblia traz várias genealogias para descrever a evolução da humanidade desde Adão até Abraão (cf. Gn 10,1-32; 11,10-26). Essas genealogias são uma maneira de comunicar que todas as raças humanas têm a *mesma* origem e a *mesma* obrigação de viver na fraternidade como irmãos e irmãs. Todos eles são criaturas do *mesmo* Deus. Mas os costumes não são os mesmos em todas as épocas, culturas e religiões. Errando e acertando, o povo de Israel foi discernindo o que Deus pede dos que querem ser fiéis a Ele. Só aos poucos, ao longo dos séculos, eles foram percebendo como deve ser o relacionamento entre homem e mulher no casamento. Em Jesus aparece com mais clareza o ideal da vida humana como Deus o imaginou. No Sermão da Montanha, Ele deu um resumo da sua mensagem (cf. Mt 5,1–7,29) e falou do relacionamento entre homem e mulher no casamento (cf. Mt 5,27-28.31-32).

8 de Fevereiro

Resfa
Mãe trágica e corajosa

Protegeu os cadáveres dos filhos, dia e noite, contra aves e feras
(cf. 2Sm 21,10).

A Bíblia traz algumas histórias escabrosas. A história de Resfa é uma delas. O nome *Resfa* significa *brasa acesa*. Resfa era uma concubina do rei Saul e teve dois filhos com ele: Armoni e Meribaal (cf. 2Sm 21,8). Saul era uma pessoa violenta. Ele matou muita gente da cidade de Gabaão e não respeitou a aliança de paz que, desde os tempos de Josué, existia entre os gabaonitas e os israelitas (cf. Js 9,3-15.19). A tragédia da vida de Resfa tem a ver com essa violência de Saul contra os gabaonitas. É a seguinte:

Na época de Davi, alguns anos depois de Saul, houve uma seca prolongada. Davi achava que era um castigo de Deus pelo fato de Saul ter rompido a aliança de paz com o povo de Gabaão e de ter matado tantos gabaonitas (cf. 2Sm 21,1). Por isso, Davi chamou os gabaonitas e perguntou o que ele devia fazer para restabelecer a paz. Disseram: *"Entreguem a nós sete dos filhos de Saul e nós quebraremos seus ossos diante de Javé, em Gabaão, na montanha de Javé"* (2Sm 21,6). Davi mandou entregar sete dos filhos de Saul. Entre eles estavam Armoni e Meribaal, os dois filhos de Resfa (cf. 2Sm 21,8). Os gabaonitas quebraram os ossos deles na montanha e os largaram por lá a céu aberto, *"desde o início da colheita da cevada até o dia em que a chuva do céu caiu sobre eles"* (2Sm 21,10). Resfa pegou um pano de saco e o estendeu sobre a rocha onde estavam os corpos quebrados. E ela ficou ali, dia e noite, protegendo os cadáveres, espantando as aves e as feras (cf. 2Sm 21,10). Resfa, mãe trágica e corajosa! Só Deus mesmo para dar-lhe algum consolo. Moral da história: a Bíblia conta, sem erros, os erros que as pessoas cometeram.

9 de Fevereiro

Zorobabel
Reconstruiu o altar, o templo e a cidade

"As mãos de Zorobabel lançaram os fundamentos deste Templo" (Zc 4,9).

Zorobabel era um descendente longínquo de Davi (cf. 1Cr 3,19), neto do último rei Jeconias, que tinha sido levado por Nabucodonosor para o cativeiro na Babilônia (cf. 1Cr 3,17). Zorobabel nasceu no cativeiro. Seu nome significa *semente da Babilônia* ou *nascido na Babilônia*. Quando Ciro, o rei da Pérsia, deu licença para o povo voltar para a Palestina, Zorobabel foi um dos primeiros a retornar para a pátria (cf. Esd 2,2). Junto com o sacerdote Josué e outros, ele começou a reconstruir o altar (cf. Esd 3,2). Dois anos depois começaram a reconstrução do templo e das muralhas de Jerusalém (cf. Esd 3,7-13; 5,2; Ag 1,8.12-14; 2,4). Queriam reeditar o passado. Conseguiram reconstruir o altar, o templo e a cidade de Jerusalém. Mas, para reeditar o passado, faltava restaurar a monarquia. Zorobabel, como descendente de Davi e neto do último rei Jeconias, era o candidato preferido. O profeta Ageu já o aclamava: *"Eu tomarei você, Zorobabel, meu servo, filho de Salatiel, e farei de você um selo, pois você é o meu escolhido!"* (Ag 2,23). O profeta Zacarias era da mesma opinião (cf. Zc 4,7-10). Mas o projeto da restauração da monarquia não teve futuro. Abortou! Dario, o rei da Pérsia, o impediu. Ele não queria uma monarquia independente na fronteira com o Egito, seu eterno inimigo.

Lição da história: é muito importante não esquecer o passado. Mas não é bom querer reeditar o passado, tal qual, ao pé da letra. Isso seria o mesmo que impedir o nascimento do futuro! Faz abortar o nascimento do novo que está em gestação na história.

10 de Fevereiro

Jacó
Filho de Isaque e Rebeca e pai dos 12 patriarcas

"Jacó era um homem tranquilo, que morava em tendas" (Gn 25,27).

Rebeca estava grávida dos gêmeos Esaú e Jacó. Esaú nasceu primeiro, mas Jacó saiu atrás segurando o calcanhar do irmão. Daí o nome *Jacó*, que significa *o que segura o calcanhar* (cf. Gn 25,26). Esaú era caçador. Jacó tomava conta das ovelhas (cf. Gn 25,27). Isaque, o pai, gostava mais de Esaú. Rebeca, a mãe, gostava mais de Jacó. Num momento de muita fome, Esaú vendeu para Jacó, pelo preço de um prato de comida, seu direito de primogênito (cf. Gn 25,29-34). Rebeca conseguiu que Isaque desse a Jacó a bênção de filho primogênito (cf. Gn 27,1-29). Quando Esaú soube disso, ficou com tanta raiva que quis matar Jacó (cf. Gn 27,30-45). Mas Rebeca, a mãe, interveio e fez com que Isaque mandasse Jacó procurar uma esposa em Harã, na terra de seus parentes (cf. Gn 27,46; 28,1-5). Estando em Harã, na casa de Labão, Jacó viu Raquel, filha de Labão. Foi amor à primeira vista. Jacó a pediu em casamento. Labão, o pai, concordou, mas só em troca de sete anos de trabalho (cf. Gn 29,18). No fim dos sete anos, em vez de Raquel, Jacó recebeu Lia, a irmã mais velha de Raquel (cf. Gn 29,23-25). Jacó teve que trabalhar outros sete anos para conseguir Raquel (cf. Gn 29,26-30). Depois desses 14 anos, Jacó, já casado com Raquel, decidiu voltar para a Palestina, sua terra natal (cf. Gn 31,1-21; 33,18-20).

Já bem velho, quando soube que José, seu filho preferido, era vice-rei do Egito, Jacó foi morar no Egito levando consigo toda a família (cf. Gn 46,1-27; 47,27). Foi lá que ele morreu (cf. Gn 49,33). Seu corpo foi levado de volta para a terra de Canaã para ser enterrado na gruta de Macpela em Hebron (cf. Gn 49,29-32; 50,13). Jacó teve 12 filhos. São os 12 patriarcas das 12 tribos de Israel.

11 de Fevereiro

Isabel
Esposa de Zacarias, mãe de João Batista

"Quando Isabel ouviu a saudação de Maria, a criança se agitou em seu ventre"
(Lc 1,41).

Foi Zacarias, marido de Isabel, que recebeu do anjo Gabriel a notícia de que Isabel, sua esposa, já idosa e estéril, ia ter um filho, a quem ele, Zacarias, devia dar o nome de João (cf. Lc 1,13). Zacarias teve dificuldade em crer na palavra do anjo: *"Como é que vou saber se isso é verdade? Sou velho e minha mulher é de idade avançada"* (Lc 1,18). O anjo disse: *"Eu sou Gabriel. Estou sempre na presença de Deus, e foi ele que me mandou dar esta boa notícia para você!"* (Lc 1,19). O anjo Gabriel deu um sinal para Zacarias: você vai ficar mudo até que se realizem estas coisas, *"porque você não acreditou nas minhas palavras, que se cumprirão no tempo certo"* (Lc 1,20). Uns dias depois dessa visão do anjo Gabriel, Zacarias voltou para sua casa, e Isabel, sua esposa ficou grávida (cf. Lc 1,24). Diz a Bíblia que ela se escondeu durante cinco meses dizendo: *"Eis o que o Senhor fez por mim, nos dias em que ele se dignou tirar-me da humilhação pública!"* (Lc 1,25). Por que *cinco* meses? É que, depois de cinco meses, a barriga, por si mesma, revela a gravidez ao povo.

Um mês depois, *"no sexto mês"*, Isabel recebeu a visita de Maria, que vinha lá de Nazaré (cf. Lc 1,39-45). Nesse encontro as duas mulheres grávidas experimentaram a presença de Deus, e Maria entoou o cântico que nós até hoje cantamos: *"O Senhor fez em mim maravilhas, santo é o seu nome"* (Lc 1,49). E Isabel disse: *"Você é bendita entre as mulheres e bendito é o fruto do teu ventre"* (Lc 1,42), o que até hoje rezamos na Ave-Maria. Evocando a diferença de atitude entre Maria e Zacarias, seu marido, Isabel disse: *"Bem-aventurada você, Maria, que acreditou, pois vai acontecer o que o Senhor lhe prometeu"* (Lc 1,45). O menino que nasceu de Isabel é João Batista. O menino de Maria é Jesus.

12 de Fevereiro

Demas
Colaborador de Paulo na equipe missionária

"Demas manda saudações" (Cl 4,14).

O nome *Demas* aparece três vezes nas cartas de Paulo: na carta para os colossenses (cf. Cl 4,14), na carta para Filêmon (cf. Fm 24) e na carta para Timóteo (cf. 2Tm 4,10). Quando escreveu as cartas para os colossenses e para Filêmon, Paulo estava na prisão em Éfeso (cf. Cl 4,10.18; Fm 1.9.10.13.23). Quando escreveu a carta para Timóteo, ele estava na prisão em Roma, já perto da sua morte (cf. 2Tm 1,8.16; 4,16). Nas saudações que ele manda para os colossenses e para Filêmon, Paulo menciona Demas entre os seus colaboradores. Ele escreve: *"Saudações de Epafras, meu companheiro de prisão em Jesus Cristo, como também de Marcos, Aristarco, Demas e Lucas, meus colaboradores"* (Fm 23-24; cf. Cl 4,14). Pelos nomes, a gente percebe que os colaboradores da equipe missionária de Paulo não eram judeus de nascimento, mas sim cristãos que vieram do paganismo. Na carta para Timóteo, já no fim da sua vida, Paulo escreve: *"Demas me abandonou. Preferiu o mundo presente e foi para Tessalônica"* (2Tm 4,10). Pode ser que se trate de um outro Demas, ou então que Demas, por não querer ou não poder acompanhar Paulo a Roma, tenha abandonado a equipe missionária e voltado para sua comunidade de origem, em Tessalônica. Nada mais sabemos sobre ele.

O nome *Demas* é uma abreviação de Demétrio, nome que significa *consagrado à deusa Deméter*. Não sabemos onde Demas se converteu nem quando entrou na equipe missionária coordenada por Paulo.

13 de Fevereiro

Ágabo
Profeta do povo de Deus

"Desceu da Judeia um profeta chamado Ágabo" (At 21,10).

Ágabo é um dos primeiros profetas do Novo Testamento. Seu nome significa *gafanhoto*. Ele aparece duas vezes nos Atos dos Apóstolos. A primeira vez foi em Antioquia, onde Paulo e Barnabé tinham trabalhado durante mais de um ano, no início da missão de Paulo (cf. At 11,25-26). Diz a Bíblia: *"Naqueles dias, alguns profetas desceram de Jerusalém a Antioquia. Apresentou-se um deles, chamado Ágabo, o qual começou a anunciar, por meio do Espírito, que estava para vir uma grande fome sobre toda a terra"* (At 11,27-28). A fome veio, e os discípulos da comunidade de Antioquia fizeram uma coleta e mandaram uma ajuda para os irmãos e irmãs que viviam na Judeia (cf. At 11,29-30).

A segunda vez foi em Cesareia, no fim da missão de Paulo, pouco antes de ele ser preso na praça do templo em Jerusalém. Diz a Bíblia: *"Desceu da Judeia um profeta, chamado Ágabo. Vindo ter conosco, ele tomou o cinto de Paulo e, amarrando-se de pés e mãos, declarou: 'Isto diz o Espírito Santo: o homem a quem pertence este cinto, assim o prenderão em Jerusalém os judeus, e o entregarão às mãos dos gentios'"* (At 21,10-11). Foi o que aconteceu. Paulo foi preso na praça do templo em Jerusalém (cf. At 21,27-36). Mais do que isso a Bíblia não informa a respeito do profeta Ágabo.

14 de Fevereiro

Zelfa e Bala
Matriarcas do povo de Deus

"José ajudava os filhos de Bala e Zelfa, mulheres de seu pai" (Gn 37,2).

Zelfa e Bala eram empregadas de Labão. O nome *Zelfa* significa *furiosa*. *Bala* significa *despreocupada*. Labão deu Zelfa como empregada para Lia, sua filha mais velha (cf. Gn 29,24), e Lia a deu como esposa para Jacó (cf. Gn 30,9). Labão deu Bala como empregada para Raquel, sua outra filha (cf. Gn 29,29), e também Raquel a deu como esposa para Jacó (cf. Gn 30,3). Cada uma das duas empregadas gerou dois filhos para Jacó. Os filhos de Zelfa eram Gad e Aser. Os filhos de Bala, eram Dã e Neftali (cf. Gn 35,24-26). Por isso, essas duas empregadas também são matriarcas do povo de Deus. Mais do que isso a Bíblia não nos informa sobre estas duas mulheres.

Mais tarde, ao falar da história de José, a Bíblia dá esta notícia curiosa. Ela diz que José, o primeiro filho de Raquel, *"ajudava os filhos de Zelfa e de Bala, mulheres de seu pai"* (Gn 37,2). Nas entrelinhas dessa ajuda de José para as duas mulheres transparece algo sobre a vida de Zelfa e de Bala que quase nos faz chorar. As duas eram escravas, sem liberdade para dispor da sua própria vida. Eram doadas e trocadas de dono conforme o querer do patrão ou da patroa. Eram usadas para gerar filhos, prazer e dinheiro aos donos. A notícia de que José, filho de Raquel, *"ajudava os filhos de Zelfa e de Bala"* talvez seja um gesto de ternura e de reconhecimento para com estas duas filhas de Deus, exploradas pelos outros. No fim, junto com toda a família de Jacó, Zelfa e Bala foram para o Egito, onde morreram (cf. Gn 46,7.26-27).

15 de Fevereiro

Zenas
O jurista da comunidade dos cristãos

"Esforça-te por ajudar a Zenas, o jurista" (Tt 3,13).

Na carta para Tito, Paulo pede com insistência: *"Esforça-te por ajudar a Zenas, o jurista, e a Apolo, de modo que nada lhes falte"* (Tt 3,13). É só isso que sabemos de Zenas, o jurista. O nome *Zenas* significa *presente de Zeus*, divindade suprema dos gregos. Na recomendação de Paulo, Zenas, o jurista, aparece junto com Apolo. Provavelmente é Apolo, o orador que aparece nos Atos (cf. At 18,24-28) e de quem Paulo fala na Carta aos Coríntios (cf. 1Cor 1,12). Depois do pedido em favor de Zenas e de Apolo, Paulo traz a seguinte recomendação: *"Todos os da nossa gente precisam aprender a praticar o que é bom, de modo que se tornem aptos a atender às necessidades urgentes e, assim, não fiquem infrutíferos"* (Tt 3,14). Paulo quer que o pessoal da comunidade cuide bem tanto do jurista como do orador. Por quê?

Essa preocupação de Paulo para com o jurista Zenas talvez seja uma resposta para o problema que ele mesmo tinha mencionado na Carta aos Coríntios. Nessa carta ele criticava os cristãos que buscavam resolver suas questões jurídicas internas recorrendo aos tribunais dos pagãos. Paulo escreve: *"Quando alguém de vocês tem uma questão com outro, como ousam levar o caso para ser julgado pelos pagãos, e não pelos membros da comunidade?"* (1Cor 6,1). *"Vocês tomam como juízes pessoas que não têm autoridade na Igreja. Digo isso para que vocês se envergonhem. Será que entre vocês não existe ninguém suficientemente sábio para servir de juiz entre os irmãos?"* (1Cor 6,4-5). Zenas deve ter sido esse cristão *suficientemente sábio para poder servir de juiz entre os irmãos*. Não era necessário eles chamarem alguém de fora para resolver as brigas internas da comunidade. Isso não se faz. Essa recomendação de Paulo permanece muito atual até hoje.

16 de Fevereiro

Joel
Profeta em Judá

*"Palavra de Y*HWH *dirigida a Joel, filho de Fatuel"* (Jl 1,1).

Todas as informações que temos a respeito do profeta Joel estão no livro a ele atribuído. O nome *Joel* significa Y*HWH é Deus*. Joel atuava em Judá depois do exílio na Babilônia, mais ou menos na segunda metade do século VI a.C. Mas é difícil saber a época exata do seu nascimento e o lugar da sua residência. Também não sabemos sua profissão nem onde ele atuava. Sua pregação está voltada à denúncia dos erros do povo de Judá e, sobretudo, dos habitantes de Jerusalém. Joel iniciou sua pregação profética durante uma violenta praga de gafanhotos (cf. Jl 1,2-12) que estava devastando o país a ponto de a alegria das pessoas ter desaparecido (cf. Jl 1,12). Diante desse flagelo, o profeta Joel convoca todo o povo para uma séria revisão de vida. Ele condena o culto vazio presidido pelos sacerdotes do templo de Jerusalém (cf. Jl 1,9.13). Joel interpreta a praga dos gafanhotos como uma antecipação do Dia de Y*HWH*, o dia do Juízo Final, e pede a todos, povo, líderes e sacerdotes, uma sincera celebração penitencial: *"Voltem para Y*HWH*, vosso Deus, pois ele é piedade e compaixão!"* (Jl 2,13). Numa visão do futuro, Joel garante que as perdas com os gafanhotos serão compensadas, pois Deus sempre nos abençoa com seus dons (cf. Jl 2,25-27).

Numa das suas visões, o profeta Joel descreve a vinda futura do Espírito Santo: *"Depois disso, derramarei o meu espírito sobre todos os viventes, e os filhos e filhas de vocês se tornarão profetas; entre vocês, os velhos terão sonhos e os jovens terão visões! Nesses dias, até sobre os escravos e escravas derramarei o meu espírito!"* (Jl 3,1-2). No dia de Pentecostes, Pedro diz ao povo: *"Aqui está acontecendo aquilo que o profeta Joel anunciou: 'Nos últimos dias, diz o Senhor, eu derramarei o meu Espírito sobre todas as pessoas. Os filhos e filhas de vocês vão profetizar, os jovens terão visões e os anciãos terão sonhos. E, naqueles dias, derramarei o meu Espírito também sobre meus servos e servas, e eles profetizarão'"* (At 2,16-18).

17 de Fevereiro

Simeão
Patriarca do povo de Deus

"Simeão e Levi, suas espadas são instrumentos de violência" (Gn 49,5).

O nome *Simeão* significa *Deus ouviu*. Simeão é o segundo filho que Jacó teve com Lia. Lia não era amada pelo marido e, no nascimento dos três primeiros filhos, deixou transparecer seu problema. No nascimento de Rúben, ela disse: *"Y<small>HWH</small> viu minha aflição; agora meu marido me amará"*. No nascimento de Simeão, ela disse: *" Y<small>HWH</small> ouviu que eu não era amada e me deu também este"*. No nascimento de Levi, o terceiro filho, ela disse: *"Desta vez meu marido se sentirá ligada a mim, porque lhe dei três filhos"* (Gn 29,32-34). Simeão também teve uma irmã, que se chamava Dina, filha de Jacó e Lia (cf. Gn 30,21; 34,1).

Dina, a irmã de Simeão, foi violentada por Siquém, um cananeu, filho de Hemor, chefe da região (cf. Gn 34,2). Siquém gostava de Dina e pediu a Jacó e aos irmãos dela para tê-la como esposa. Simeão e seus irmãos, usando de artimanhas, disseram: "A condição para você poder casar com Dina é que vocês todos façam a circuncisão" (cf. Gn 34,14-17). Eles aceitaram a condição e fizeram a circuncisão (cf. Gn 34,20-24). Mas, dois dias depois, Simeão e Levi entraram na cidade e mataram todos os homens que ainda estavam convalescendo da operação da circuncisão, sem condições de se defenderem (cf. Gn 34,25-29). Jacó, o pai, soube e não gostou. Na bênção para seus 12 filhos, Jacó diz a respeito de Simeão: *"Simeão e Levi são irmãos, levaram a cabo a violência de suas intrigas. Que minha alma não entre em seu conselho, que meu coração não se una ao seu grupo, porque na sua cólera mataram homens, em seu capricho mutilaram touros"* (Gn 49,5-6).

18 de Fevereiro

Melquisedec
Rei e sacerdote de Jerusalém

"Melquisedec, rei de Salém, era sacerdote do Deus Altíssimo" (Gn 14,18).

O nome *Melquisedec* significa *rei da justiça*. Ele era "rei de Salém, sacerdote do Deus Altíssimo" (cf. Gn 14,18). Melquisedec aparece duas vezes no Antigo Testamento: no livro de Gênesis e no Salmo 110. O livro de Gênesis menciona o encontro de Melquisedec com Abraão (cf. Gn 14,18-20), dizendo: *"Bendito seja Abraão pelo Deus Altíssimo que fez o céu e a terra"* (Gn 14,19). Abraão pagou a ele o dízimo, a décima parte de tudo (cf. Gn 14,20).

O Salmo 110 fala do sacerdócio *"segundo a ordem de Melquisedec"* (Sl 110,4). Essa expressão é retomada pelo autor da Carta aos Hebreus, que vê em Melquisedec o modelo do sacerdócio de Jesus. Ele diz: *"Traduzido, o nome Melquisedec significa 'rei de justiça'; além disso, ele é rei de Salém, isto é, 'rei de paz'. Sem pai, sem mãe, sem genealogia, sem começo nem fim de vida como o Filho de Deus, Melquisedec permanece sacerdote para sempre. Vejam como Melquisedec era grande: Abraão, o patriarca, lhe deu a décima parte daquilo que havia de melhor nos despojos. Segundo a lei de Moisés, os descendentes de Levi, que se tornam sacerdotes, devem cobrar o dízimo do povo, isto é, dos seus irmãos, embora estes também sejam descendentes de Abraão. Melquisedec, porém, que não era descendente de Levi, cobrou de Abraão a décima parte e abençoou aquele que havia recebido as promessas de Deus. Ora, sem dúvida, quem é abençoado é inferior àquele que o abençoa"* (Hb 7,2-7).

19 de Fevereiro

Narciso
Animador da comunidade em Roma

"Saudai os da casa de Narciso" (Rm 16,11).

"Saudai os da casa de Narciso." Essa frase de Paulo na Carta aos Romanos é a única informação que temos a respeito de Narciso. Embora pequena, ela é importante, pois deixa transparecer que na casa de Narciso se reunia uma comunidade. O contexto do mesmo capítulo 16 da Carta aos Romanos mostra que a comunidade de Narciso fazia parte de uma rede de comunidades. Pois, além do grupo que se reunia na casa de Narciso (cf. Rm 16,11), havia em Roma vários outros grupos que se reuniam nas casas das pessoas: na casa de Áquila e Priscila (cf. Rm 16,3-5); na casa de Aristóbulo (cf. Rm 16,10); os que estavam com Asíncrito, Flegonte, Hermes, Pátrobas e Hermas (cf. Rm 16,14); os da casa de Filólogo e Júlia, Nereu e sua irmã e Olimpas (cf. Rm 16,15). Além deles, Paulo ainda menciona outras pessoas. Ele fala de *"Maria, que muito fez por vocês"* (Rm 16,6); *"de Trifena e Trifosa, que se afadigaram no Senhor"* (Rm 16,12); da *"querida Pérside, que muito se afadigou no Senhor"* (Rm 16,12). Seriam outros três grupos. Ao todo, oito grupos! Parece com algumas das nossas cidades, onde há numerosas comunidades bem ativas, como as de Roma, algumas delas até com vários grupos, movimentos e pastorais, que se reúnem regularmente nas casas do povo.

No fim, Paulo pede: *"Saudai-vos uns aos outros com o ósculo santo. Todas as igrejas de Cristo vos saúdam"* (Rm 16,16). Sinal de que, como hoje, não só os grupos da mesma comunidade, mas também as igrejas ou comunidades das várias cidades se comunicavam entre si.

20 de Fevereiro

Dina
Filha de Jacó e Lia

Violentada por Siquém, Dina foi vingada por Simeão e Levi (cf. Gn 34,2-26).

Dina é a única filha de Jacó e Lia de que temos conhecimento. Ela nasceu depois que Jacó e Lia já tinham voltado de Harã e tinham fixado moradia perto da cidade de Siquém, na Palestina, num terreno que Jacó tinha comprado por cem moedas de prata de Hemor, o chefe da cidade de Siquém (cf. Gn 33,18-20). Lia, sua mãe, já tinha gerado seis filhos para Jacó (cf. Gn 30,20-21). O nome *Dina* significa *força da lei*.

A Bíblia diz que, certo dia, *"Dina saiu para ver as mulheres do país"* (Gn 34,1). Siquém, filho de Hemor, o chefe da cidade de Siquém, viu Dina, gostou dela, levou-a consigo para casa, dormiu com ela e a violentou (cf. Gn 34,1-2). Siquém apaixonou-se por Dina e falou com Hemor, seu pai, para ele interceder junto ao pai e aos irmãos de Dina para ele poder recebê-la como sua esposa. E mandou dizer: *"Pagamos qualquer preço!"* (Gn 34,12). Os irmãos, sabendo que Dina tinha sido violentada, responderam com falsidade: *"Aceitamos sob uma condição: que vocês todos sejam circuncidados"* (Gn 34,15). Eles aceitaram a condição. Mas, no terceiro dia depois da operação da circuncisão, Simeão e Levi mataram todos os homens da cidade. O pai soube e criticou a violência assassina dos dois filhos. Mas eles responderam ao pai: *"Por acaso nossa irmã Dina pode ser tratada como prostituta?"* (Gn 34,31).

21 de Fevereiro

Joana
Seguidora de Jesus

Bem cedo de madrugada, ela foi ao túmulo de Jesus (cf. Lc 24,1.10).

O nome *Joana* significa *consoladora*. Joana aparece duas vezes no Evangelho de Lucas. Na primeira vez, é quando Lucas informa que, ao lado dos 12 apóstolos, havia também um grupo de discípulas que seguiam Jesus. *"Elas ajudavam a Jesus e aos discípulos com os bens que possuíam"*. Uma delas é *"Joana, mulher de Cuza, alto funcionário de Herodes"* (Lc 8,3). Na outra vez, Joana aparece entre as mulheres que, na manhã do primeiro dia da semana após a morte de Jesus, foram ao sepulcro com perfumes para embalsamar o corpo de Jesus (cf. Lc 24,1). Elas encontraram o túmulo aberto, e dois anjos lhes apareceram, dizendo que Jesus tinha ressuscitado (cf. Lc 24,5-6).

Joana é uma das muitas mulheres na Bíblia das quais conhecemos apenas o nome ou, muitas vezes, nem o nome. Apenas sabemos que elas seguiam Jesus e procuravam servir a Ele e aos discípulos (cf. Mc 15,40-41). Hoje são muitas as *Joanas* no Brasil que seguem Jesus e que, com os seus bens, servem à comunidade e ajudam como podem. Deus ama e conhece todas elas como a palma da sua mão (cf. Is 49,16). Sem se darem conta, elas irradiam para todos nós o amor que recebem de Deus. Distribuem de graça o que de graça receberam.

22 de Fevereiro

Sara
Matriarca do povo de Deus

"Sua mulher Sarai não se chamará mais Sarai, mas Sara" (Gn 17,15).

Sara nasceu na terra de Ur dos Caldeus, onde casou-se com Abraão (cf. Gn 11,29). O nome *Sarai* significa *minha princesa*. Mas Deus disse que o nome dela devia ser *Sara*, isto é, simplesmente *princesa* e não *minha princesa*. Agora ela é princesa para todo o povo. Taré, o pai de Abraão, levou toda a família consigo e *"os fez sair de Ur dos Caldeus para que fossem à terra de Canaã"* (cf. Gn 11,31). Por causa da fome, Abraão e Sara continuaram a viagem e migraram para o Egito (cf. Gn 12,10). Sara era muito bonita, a ponto de Abraão ficar com medo de ela ser roubada pelo faraó e ele mesmo a ser eliminado. Por isso pediu a Sara que ela dissesse: "Sou irmã de Abraão". Assim Abraão passaria bem por ser irmão de uma mulher bonita (cf. Gn 12,10-13). Por três vezes, a Bíblia menciona essa preocupação de que os grandes poderiam roubar as mulheres dos pequenos: duas vezes com Sara, mulher de Abraão (cf. Gn 12,10-20; 20,2-18) e uma vez com Rebeca, mulher de Isaque (cf. Gn 26,7-11).

Sara era bonita, mas era estéril (cf. Gn 11,30). Por isso ela ofereceu a Abraão sua empregada Agar para ele poder ter um filho (cf. Gn 16,1-2). De Agar nasceu Ismael (cf. Gn 16,15-16). Mas, por intermédio de três anjos (cf. Gn 18,1-2), Deus fez saber a Abraão que a promessa se realizaria não por meio de Ismael, mas por intermédio de um filho de Sara (cf. Gn 18,9-13). Sara ouviu a conversa e deu risada: *"Agora que estou velha e velho está o meu marido, ainda vou ter o prazer?"* (Gn 18,12). Mas o menino nasceu e recebeu o nome de Isaque, que significa *risada* (cf. Gn 21,1-7). De Deus não se ri! Sara pediu a Abraão que mandasse embora Agar e o filho dela, para que a herança e a promessa de Deus ficassem só para Isaque (cf. Gn 21,8-10). Abraão não gostou muito, mas obedeceu (cf. Gn 21,11-14). Sara viveu 127 anos e morreu em Hebron, no sul da terra de Canaã (cf. Gn 23,1-2).

23 de Fevereiro

José de Arimateia
Um exemplo de coragem

> *"Chegou José de Arimateia, que também esperava o Reino de Deus"*
> (Mc 15,43).

José era um judeu nascido em Arimateia, cidadezinha próxima de Ramá, um pouco ao norte de Jerusalém. Os Evangelhos o descrevem como uma pessoa rica (cf. Mt 27,57) e importante membro do Sinédrio, o supremo tribunal da época (cf. Mc 15,43). Homem bom e justo (cf. Lc 23,50), José esperava o Reino de Deus. Simpatizando com os ensinamentos de Jesus, ele tornou-se um discípulo, mas às escondidas (cf. Jo 19,38). Na votação feita pelo Sinédrio propondo a execução de Jesus, José teve a coragem de votar contra (cf. Lc 23,51). Teve coragem também para pedir o corpo de Jesus. Diz a Bíblia: *"José encheu-se de coragem, foi a Pilatos e pediu o corpo de Jesus"* (Mc 15,43). Era proibido tirar da cruz o corpo de um crucificado. Pedindo o corpo de Jesus, José poderia ser acusado de ser um cúmplice do criminoso executado na cruz. Depois que teve a licença de Pilatos, José retirou o corpo de Jesus da cruz, envolveu-o num lençol de linho que ele mesmo tinha comprado e depositou-o num túmulo, cavado numa rocha (cf. Mc 15,46). Pode ter sido o túmulo que José tinha cavado para si mesmo (cf. Mt 27,60). As mulheres, que tinham seguido Jesus desde a Galileia, testemunharam esse gesto corajoso de José (cf. Mc 15,47). Depois desse episódio, não sabemos mais nada da vida de José.

Da mesma forma, até hoje os ensinamentos de Jesus são capazes de tocar o coração de gente importante e rica, como um dia tocaram o coração de José de Arimateia. São pessoas capazes de gestos de coragem em defesa dos mais pobres e excluídos.

24 de Fevereiro

Matias
Apóstolo de Jesus Cristo

"A sorte caiu em Matias, que foi juntado ao número dos onze apóstolos"
(At 1,26).

O nome *Matias* significa *dom de Y<small>HWH</small>*. Ele aparece uma única vez na Bíblia. Foi quando Pedro propôs aos outros apóstolos que completassem o número dos 12 apóstolos. Pedro dizia: *"Judas era do nosso grupo e participava do nosso ministério"* (At 1,17). Mas Judas traiu Jesus e se matou. Ficou vago um lugar que devia ser preenchido. Para justificar sua proposta, Pedro invocou a Escritura que diz: *"Que um outro ocupe o seu cargo"* (At 1,20; Sl 109,8). Todos aceitaram a proposta de Pedro. A pessoa escolhida tinha de satisfazer à seguinte exigência. Devia ser, assim dizia Pedro, *"um daqueles que nos acompanharam durante todo o tempo em que o Senhor vivia no meio de nós, desde o batismo de João até o dia em que foi levado ao céu"* (At 1,21-22). E Pedro completou: *"É preciso que um deles se junte a nós para testemunhar a ressurreição"* (At 1,22). Foram apresentados dois candidatos: *"José, chamado Barsabás e apelidado o Justo, e Matias"* (At 1,23). Todos rezaram, invocaram a luz do Espírito Santo e lançaram a sorte, e o eleito foi Matias, que assim se tornou um dos 12 apóstolos (cf. At 1,26).

Essa escolha do substituto de Judas foi a primeira grande decisão da Igreja nascente. Estavam reunidas em torno de 120 pessoas (cf. At 1,15). A preocupação deles era completar o número das 12 testemunhas da ressurreição. Da mesma maneira que o fundamento do Antigo Testamento era o testemunho das 12 tribos, assim, no Novo Testamento, o fundamento do anúncio da ressurreição devia ser o testemunho dos 12 apóstolos.

25 de Fevereiro

Gedeão
Juiz do povo de Deus

"O Anjo de YHWH apareceu a Gedeão quando ele estava debulhando o trigo"
(Jz 6,12).

Gedeão era filho de Joás, do clã de Abiezer, da tribo de Manassés. O nome *Gedeão* significa *lutador de espada*. Em algumas passagens ele é chamado de Jerubaal, um apelido honroso que lhe foi dado por ele ter destruído o altar de Baal (cf. Jz 6,32). Gedeão recebeu sua missão por meio do anúncio de um anjo, quando ele estava debulhando o trigo dentro de casa. É que, naquela época, Israel era oprimido pelos madianitas. Por isso, para não serem roubados pelo inimigo, eles escondiam sua colheita dentro das casas. O anjo disse a Gedeão: *"YHWH está contigo, valente guerreiro! Vá e com suas próprias forças salve Israel dos madianitas!"* (Jz 6,12.14). No local desse anúncio, Gedeão construiu um altar a YHWH, dando-lhe o nome de *"YHWH é Paz!"* (cf. Jz 6,24). Diante dos desafios e provocações de Gedeão, os madianitas reuniram suas forças e acamparam na planície de Jezrael. Gedeão convocou todo o Israel, cerca de 32 mil guerreiros. Mas Deus disse que era muita gente e Gedeão mandou 22 mil de volta para casa. Deus continuou dizendo que ainda eram muitos guerreiros. Após um teste no riacho, bebendo água, Gedeão ficou com apenas 300 guerreiros (cf. Jz 7,1-8). Com esse pequeno exército, Gedeão venceu os madianitas, matou seus chefes e libertou Israel (cf. Jz 7,9-25).

O povo quis fazê-lo rei, mas Gedeão não aceitou dizendo: *"Só YHWH é o nosso rei!"* (cf. Jz 8,22-23). Ele se retirou para sua casa em Efra de Abiezer. Lá ele teve 70 filhos, já que teve muitas mulheres (cf. Jz 8,30), e lá ele ficou até morrer.

26 de Fevereiro

José Barsabás
Discípulo de Jesus, desde o começo

"José, chamado Barsabás e apelidado o Justo" (At 1,23).

Hoje, quando um menino nasce num *domingo*, alguns pais o chamam de *Domingos*. José nasceu num *sábado*. Por isso, foi chamado *Bar-sabas*, isto é, *filho do sábado*. Deram a ele o apelido de *Justo*. Ser *justo* significa ser *acolhido por Deus*. José Barsabás e Matias eram os dois candidatos que foram apresentados pela comunidade para completar o número dos 12 apóstolos. Judas, depois de ter traído Jesus, tinha se enforcado. Sobraram 11 apóstolos. Era necessário completar o número 12. Por isso, depois da ascensão de Jesus, os apóstolos voltaram para Jerusalém e se reuniram na mesma sala onde Jesus tinha celebrado a ceia pascal com eles (cf. At 1,13). Eram mais ou menos umas 120 pessoas (cf. At 1,15). Todos eles tinham os mesmos sentimentos e eram assíduos na oração junto com Maria, a Mãe de Jesus (cf. At 1,14).

Pedro se levantou e disse que eles deviam encontrar um substituto para Judas e, assim, completar o número 12 (cf. At 1,16-20). Eles rezaram, jogaram a sorte e o escolhido foi Matias, e não José Barsabás (At 1,26). É só isso e tudo isso que sabemos a respeito de José Barsabás. Pois sendo um dos candidatos, José Barsabás era um dos que tinham acompanhado Jesus *"desde o batismo de João até o dia em que foi levado ao céu"* (At 1,22). Devido a essa sua caminhada com Jesus desde o início, José era apto para fazer parte dos Doze que deviam ser testemunhas da ressurreição de Jesus.

27 de Fevereiro

Rebeca
Matriarca do povo de Deus

"Isaque introduziu Rebeca em sua tenda e a recebeu por esposa" (Gn 24,67).

Num dos capítulos mais longos da Bíblia se descreve como o servo de Abraão foi encontrar Rebeca para ser a esposa de Isaque (Gn 24,1-67). Perguntaram a ela: *"Você quer partir com esse homem?"* Ela respondeu: *"Quero!"* (Gn 24,58). O servo levou-a até Isaque, que introduziu Rebeca em sua tenda e a recebeu por esposa. *"Isaque amou Rebeca, consolando-se assim da morte de Sara, sua mãe"* (Gn 24,67). Rebeca era muito bonita, e o rei Abimelec queria roubá-la, mas Deus o impediu (cf. Gn 26,1-11).

Rebeca era estéril, mas Isaque rezou por ela, e Deus atendeu à prece. Ela ficou grávida dos gêmeos Esaú e Jacó (cf. Gn 25,21-22). As duas crianças já brigavam entre si quando ainda estavam dentro do seio da mãe. Rebeca pensou: *"Se é assim, para que viver?"* E ela foi rezar (Gn 25,22). Deus disse: *"Dentro de você há duas nações, dois povos! Eles vão lutar entre si: o mais novo vai ganhar e o mais velho vai servir ao mais novo"* (Gn 25,23). Para mostrar que a salvação não depende das obras, mas da livre escolha de Deus, o apóstolo Paulo faz o seguinte comentário: *"Quando ainda não haviam nascido e nada tinham feito de bem ou de mal, foi-lhe dito: 'O maior servirá ao menor, conforme está escrito: Amei a Jacó e aborreci a Esaú'"* (Rm 9,11-12). Com muito jeito, Rebeca conseguiu que Isaque, o marido, desse a bênção de primogênito para Jacó, e não para Esaú (cf. Gn 27,1-46). Rebeca morreu e foi enterrada junto a Isaque, seu marido, no túmulo que fica na gruta de Macpela (cf. Gn 49,31).

28 de Fevereiro

Servo de Abraão
O servo mais velho, servo de confiança

"Você escolherá uma esposa para o meu filho Isaque" (Gn 24,4).

Não conhecemos o nome deste empregado de Abraão. Sabemos apenas que era uma pessoa de muita confiança, pois *"era o servo mais velho de sua casa, que administrava todas as suas propriedades"* (Gn 24,2). Abraão o chamou e mandou que ele fosse à terra de seus parentes escolher uma esposa para Isaque, seu filho. Sinal de muita confiança. O servo jurou fidelidade e viajou para a terra de Abraão. Num longo e bonito capítulo, a Bíblia conta como foi essa viagem do servo. Ele cumpriu com fidelidade sua missão e trouxe Rebeca, a prometida esposa para Isaque (cf. Gn 24,1-47).

Como este servo, há muitas outras pessoas, tanto na Bíblia como na nossa vida, das quais não sabemos nem o nome, mas que prestaram algum serviço que ficou na memória. Por exemplo, não sabemos o nome dos pastores que visitaram o menino Jesus em Belém. Os magos que vieram do Oriente para visitar o recém-nascido rei dos judeus não têm nome na Bíblia. Hoje, na rua, pedimos informações e as pessoas ajudam de boa vontade, mas não sabemos seu nome; no trem ou no ônibus, uma pessoa mais jovem levanta para você poder sentar, mas você não conhece seu nome; no pronto-socorro, as enfermeiras lhe dão remédio, e elas mesmas, pela sua bondade e carinho, são um remédio e ficam na nossa memória, mas não sabemos o nome delas. São muitos os servos e as servas anônimos que, como o servo de Abraão, são fiéis em servir ao povo.

29 de Fevereiro

Cordeiro de Deus
A imagem do servo fiel

"Eis o cordeiro de Deus que tira o pecado do mundo" (Jo 1,29).

"Eis o Cordeiro de Deus que tira o pecado do mundo" (Jo 1,29). Com essas palavras João Batista apresentou Jesus ao povo. No Antigo Testamento, o profeta Isaías dizia a respeito do Servo de Deus: *"Maltratado, ele resignou-se, e não abriu a boca. Como um cordeiro que se deixa levar ao matadouro, como uma ovelha de que se corta a lã, ele ficava mudo e não abria a boca"* (Is 53,7). Lá no cativeiro, o povo perdeu todos os grandes títulos e privilégios do passado: povo rei, povo eleito, povo maior que os outros povos. Lá eles descobriram que a sua missão não era ser grande e poderoso, mas sim ser humilde e servidor, ser o servo de Deus *"que não quebra a cana rachada, nem apaga o pavio de vela que ainda solta um pouco de fumaça"* (Is 42,3). O Servo de Deus, mesmo perseguido, não persegue. Não retribui na mesma moeda. Ele tem uma única preocupação: *"Encontrar uma palavra de conforto para quem está desanimado"* (Is 50,4). O Servo sofria e todos diziam: "Castigo de Deus. Ele deve ser um grande pecador!" (cf. Is 53,4). Na realidade eram nossas as culpas que Ele carregava (cf. Is 53,5). Igual a um *cordeiro* levado ao matadouro, Ele não abre a boca (cf. Is 53,7).

Jesus é o novo cordeiro pascal, cujo sangue passado nas portas das casas é sinal de salvação para o povo (cf. Ex 12,7-14). Na última ceia, lavando os pés dos discípulos, Jesus assume essa missão de Servo (cf. Jo 13,14). E ao distribuir o pão, Jesus disse: *"Isto é o meu corpo entregue por vocês"* (Mc 14,22). Naquele momento, lá fora, a morte de Jesus estava sendo tramada, e dentro dele essa morte estava sendo assumida com as palavras *"entregue por vocês"*. Já era a luz da ressurreição revelando o sentido do cordeiro pascal e o sentido de tudo aquilo que Jesus tinha vivido e ensinado naqueles anos todos. Naquele momento, Jesus assumiu ser o cordeiro que tira o pecado do mundo.

Março

1° de Março

Débora
Empregada de Rebeca

"Débora morreu e foi enterrada sob o Carvalho-dos-Prantos"
(Gn 35,8).

Débora era uma empregada de Rebeca, a esposa de Isaque. Abraão tinha mandado um servo à terra dos seus parentes, Harã (atual Síria), para procurar uma esposa para seu filho Isaque. O empregado foi e, perto da fonte, ele encontrou Rebeca buscando água (cf. Gn 24,15-16). Ele falou com o pai dela e comunicou o pedido de Abraão. *"Então eles chamaram Rebeca e lhe disseram: 'Você quer partir com este homem?' E ela respondeu: 'Quero'. Então eles deixaram partir Rebeca, junto com a sua empregada"* (Gn 24,58). Essa empregada de Rebeca é *Débora*, nome que significa *abelha*. Débora passou a vida inteira ao lado de Rebeca, sua patroa, mas o nome dela só é mencionado na hora da sua morte. Diz a Bíblia: *"Então morreu Débora, a ama de Rebeca, e foi enterrada abaixo de Betel, sob o carvalho que se chama Carvalho-dos-Prantos"* (Gn 35,8).

Assim foi a vida desta moça. Foi empregada doméstica, foi serva, foi escrava, foi acompanhante silenciosa, a vida inteira. Vida simples, anônima. O nome dela só é lembrado na hora da morte. Assim foi e continua sendo a vida de muitas empregadas domésticas. Há muitas Déboras, abelhas trabalhadoras. Ninguém as conhece e elas mesmas não se impõem. Às vezes, nem a patroa as conhece, nem se interessa em conhecer bem a sua empregada doméstica. Mas Deus conhece as suas Déboras, e elas sabem disso.

2 de Março

Tabita
Coordenadora da Igreja de Jope

"Tabita praticava muitas boas obras e dava grandes esmolas" (At 9,36).

Tabita fazia parte da comunidade cristã da cidade de Jope, bem no começo da história da Igreja. Logo depois da sua ressurreição, Jesus tinha aparecido aos discípulos dizendo: *"Vão pelo mundo inteiro e anunciem a Boa Notícia para toda a humanidade"* (Mc 16,15). E eles foram. Aos poucos, o testemunho dos cristãos atraía cada vez mais discípulos e discípulas. Muita gente aderia à Boa Nova e entrava nas comunidades, que cresciam em força e em número. Uma dessas comunidades ficava na cidadezinha de Jope, no litoral do mar Mediterrâneo, onde morava Tabita. O nome *Tabita* quer dizer *Gazela*. Em algumas Bíblias, Tabita é chamada de *Dorcas*, que é a tradução grega da palavra aramaica *Tabita*. Tabita *"praticava muitas boas obras e dava grandes esmolas"* (At 9,36). Mas ela ficou doente e acabou morrendo. Mandaram chamar o apóstolo Pedro. Quando Pedro chegou, eles o levaram para onde estava a falecida. Pedro rezou, pegou a mão dela e disse: *"Tabita, levante-se!"* Então, Tabita abriu os olhos, viu Pedro e sentou-se (cf. At 9,40). E todos se alegraram.

Como Tabita, muitas pessoas renasceram e continuam renascendo para uma vida nova a partir da Boa Nova de Deus que Jesus nos trouxe. Desde *Talita*, ressuscitada por Jesus (cf. Mc 5,41), e *Tabita,* a quem Pedro deu vida nova, até hoje, em nossas comunidades, há muitas *Tabitas* e *Talitas* que renasceram e continuam renascendo para uma vida nova, colocando-se a serviço dos irmãos e das irmãs.

3 de Março

Josué, sacerdote
Voltou do cativeiro e reorganizou o povo

"Então Josué, filho de Josedec, começou a reconstruir o altar" (Esd 3,2).

O nome *Josué* significa *salvação de Deus* ou *Deus salva*. Nome muito frequente. Aparece 260 vezes na Bíblia, desde o livro do Êxodo até a Carta aos Hebreus. *Josué* é um nome hebraico que, na forma grega, passou a ser *Jesus*. O Josué cuja memória hoje lembramos é o sumo sacerdote que, depois do cativeiro, por volta de 520 a.C., voltou para Jerusalém para reconstruir a vida do povo. Diz a Bíblia: *"Então Josué, filho de Josedec, com seus irmãos sacerdotes, e Zorobabel, filho de Salatiel, e seus irmãos, começaram a reconstruir o altar do Deus de Israel, para nele oferecerem holocaustos, conforme está escrito na lei de Moisés, homem de Deus"* (Esd 3,2). Naquele momento tão difícil da sua história, depois do cativeiro que durou mais de 50 anos, o povo voltou para a sua terra natal com o desejo de recomeçar a vida, restaurando o altar, o templo e a cidade de Jerusalém. Queriam reconstruir o passado do jeito que o tinham conhecido antes do cativeiro, a saber: uma monarquia com território próprio e independência política. Mas não conseguiram.

É muito importante restaurar a vida orientando-se pela memória do passado, pois quem perde a memória do seu passado perde a sua identidade e o rumo da sua missão. Porém, que passado? A fidelidade criativa ao passado é a marca registrada da história do povo de Deus. Sem essa fidelidade, que também leva em conta os apelos que vêm da situação presente, a Bíblia jamais teria nascido. Mas reconstruir o passado copiando-o ao pé da letra, sem olhar os apelos do presente, em vez de abrir, fecha o caminho rumo ao futuro. Eles não se deram conta de que, naquele contexto político internacional do pós-exílio, era inviável e impossível querer reconstruir na Palestina uma monarquia com território próprio e independência política. O projeto de Josué e Zorobabel abortou. A monarquia não voltou. Foram os discípulos do profeta Isaías que souberam retomar a caminhada do passado de maneira criativa, como vida nova para a nova situação em que eles se encontravam depois do retorno do cativeiro.

4 de Março

Nicolau
Um dos sete diáconos

"Nicolau de Antioquia, um pagão que seguia a religião dos judeus" (At 6,5).

O nome *Nicolau* significa vitória do povo ou *povo vencedor*. Nicolau é o último na lista dos sete diáconos (cf. At 6,5). A palavra *diácono* significa *servidor, empregado*. No início, o diaconato ainda não era um ministério instituído, mas um simples serviço, nascido das necessidades da comunidade. Os diáconos surgiram porque os 12 apóstolos já não davam conta de coordenar tudo sozinhos. Eles até corriam o perigo de perder o rumo da sua própria missão como apóstolos, a saber: *"Dedicar-nos inteiramente à oração e ao serviço da Palavra"* (At 6,4). Então, a pedido de Pedro, a comunidade escolheu *"sete homens de boa fama, repletos do Espírito e de sabedoria"* (At 6,3). Os apóstolos confirmaram a escolha e impuseram as mãos sobre eles. Um dos sete era *"Nicolau, prosélito de Antioquia"* (At 6,5). Os outros seis eram judeus de nascimento. Os *prosélitos* eram pagãos que já frequentavam a sinagoga e se aplicavam ao estudo da lei de Deus. Foram esses pagãos prosélitos como Nicolau que, aos poucos, acabaram se tornando a maioria dos membros das comunidades cristãs.

Uma nota: o Apocalipse de João menciona duas vezes um grupo de dissidentes, chamados *nicolaítas* (cf. Ap 2,6.15). Alguns estudiosos acham que se trata de seguidores deste Nicolau. Mas os estudos feitos até agora não permitem confirmar essa opinião a respeito de Nicolau.

5 de Março

Aarão
Sacerdote, irmão de Moisés

"Você tem seu irmão Aarão, o levita. Sei que ele fala bem" (Ex 4,14).

Os irmãos Aarão e Moisés, filhos de Jocabed e Amran, eram da tribo de Levi. A missão de Moisés era tirar o povo do Egito. Mas ele teve medo e apresentou várias desculpas. Uma desculpa era: *"Não sei falar. Sou gago!"* (Ex 4,10). Aí, Deus respondeu: *"Você tem seu irmão Aarão, o levita. Sei que ele fala bem. Ele está vindo ao seu encontro e ficará alegre em ver você. Você vai falar com ele e transmitirá a ele as mensagens. Eu estarei na sua boca e na dele e ensinarei a vocês o que deverão fazer. Ele falará ao povo no seu lugar: ele será a sua boca, e você será um deus para ele"* (Ex 4,14-16). Foi assim que Aarão entrou na história como ajudante e porta-voz de Moisés. Deus disse ainda a Moisés: *"Você falará tudo o que eu mandar, e seu irmão Aarão falará ao faraó, para que este deixe os filhos de Israel partirem de sua terra"* (Ex 7,2). Moisés dava a Aarão o conteúdo da fala, e Aarão explicava tudo ao faraó e ao povo.

Assim começou a missão destes dois irmãos levitas que, junto com sua irmã Miriam, ou Maria, marcaram a história do povo de Deus: Moisés, como líder e coordenador da caminhada. Aarão, como sacerdote e animador da fé e das celebrações. Maria, como profetisa, para orientar e corrigir a caminhada (cf. Ex 15,20). Coordenar, celebrar, orientar. Pastor, Sacerdote, Profetisa. Os três se completam. Até hoje é assim. Um sem os outros dois não funciona. E quando um deles se desvia, perdendo o rumo, os outros dois o ajudam a retomar a caminhada (cf. Nm 12,1-16).

6 de Março

Levi
Patriarca do povo de Deus

Lia concebeu outra vez e deu à luz um filho que chamou de Levi (cf. Gn 29,34).

A palavra *Levi* ou *Levita* significa *aquele que se apega*. É o nome do terceiro filho de Jacó e Lia. Quando o menino nasceu, a mãe disse: *"Desta vez meu marido vai se apegar a mim!"* (Gn 29,34). Ela sabia que Jacó, o marido, gostava mais de Raquel, sua irmã, do que dela. Levi é o patriarca da tribo de Levi ou dos Levitas. Sabemos muito pouco sobre a vida dele. Junto com seu irmão Simeão, ele foi um dos vingadores de Dina, a irmã deles, que tinha sido violentada por Siquém (cf. Gn 34,25). Na Bíblia, a palavra *Levi* ou *Levita* indica não só a pessoa de Levi, mas também a função das pessoas que se dedicam ao culto a Deus. Por isso, os responsáveis pela liturgia, pela manutenção do santuário, pelo canto são chamados *Levitas*.

Na hora da distribuição da terra entre as 12 tribos, a tribo de Levi não recebeu terra. A herança deles, assim diz a Bíblia, era o próprio Deus (cf. Js 13,33; 14,3-4; 18,7; Dt 18,1-2; Nm 18,20-21; Eclo 45,2-7; Ez 44,28). A missão deles era ser testemunha de Deus e irradiar no meio do povo a presença do Deus vivo. Por isso, não podiam viver confinados num território, separados das outras tribos. Os levitas viviam no meio do povo, ao redor dos pequenos santuários de romaria, onde recebiam o povo e animavam as celebrações. Por exemplo, em *Siquém*, onde Abraão recebeu a promessa da terra (cf. Gn 12,6-8); em *Hebron*, lugar do enterro de Sara e Abraão (cf. Gn 13,18; 23,1-20; 25,7-10); em *Bersheba*, onde Abraão fez um altar e Isaque cavou poços (cf. Gn 21,32-34; 22,19; 26,23-25); em *Betel*, onde Jacó teve a visão da escada até o céu (cf. Gn 28,11-19; 1Sm 7,16; 2Rs 2,3), e vários outros santuários.

7 de Março

Hur
Segurou os braços de Moisés na hora da prece

"Moisés, Aarão e Hur subiram ao topo da colina" (Ex 17,10).

Hur era um dos encarregados de resolver as questões da coordenação do povo quando Moisés estivesse ausente (cf. Ex 24,14). O nome *Hur* significa *criança*. Ele aparece com destaque num momento de grande perigo. Foi quando o povo tinha acabado de sair do Egito e andava pelo deserto, sofrendo de fome e sede. O desânimo os levava a querer voltar para o Egito, onde, assim diziam, *"tínhamos comida em abundância"* (Ex 16,3). Além disso, nesse momento de desânimo, eles eram atacados pelos amalecitas (cf. Ex 17,8). Josué, ajudante de Moisés, organizou o povo para a luta, enquanto Moisés, Aarão e Hur subiam a montanha para rezar e invocar a proteção divina (cf. Ex 17,10). Moisés rezava levantando os braços para o alto. Mas a luta demorava muito e Moisés cansava. Seus braços tornavam-se pesados. Quando ele descia os braços, assim diz a Bíblia, o povo sofria a derrota. Então, Aarão e Hur sustentaram os braços de Moisés, um de cada lado (cf. Ex 17,12). Enquanto os braços permaneciam levantados, o povo vencia. Aarão e Hur ficaram segurando os braços de Moisés até a noite. Foi assim que o povo, liderado por Josué, venceu a batalha (cf. Ex 17,13). Foi ajudando Moisés na oração mantendo seus braços levantados para Deus, que Hur deu a sua contribuição para a vitória do povo de Deus. Depois dessa batalha, Moisés recebeu a ordem de escrever tudo num livro (cf. Ex 17,14).

E assim sempre será na nossa travessia pelo deserto da vida. Inspirados no livro que descreve essa difícil vitória do povo, aprendemos que não é pela própria força, mas pela força da fé em Deus, alimentada pela oração comunitária, que se pode vencer na vida.

8 de Março

Rosa
Empregada na casa de dona Maria

"Pedro bateu na porta e uma empregada, chamada Rosa, foi abrir" (At 12,13).

Rosa era empregada na casa de dona Maria, mãe de João Marcos, o evangelista. Era o período das perseguições, bem no começo da história das primeiras comunidades cristãs. Na comunidade de Jerusalém, Tiago, o irmão de João, já tinha sido morto pelo rei Herodes (cf. At 12,2). Pedro tinha sido preso pela terceira vez (cf. At 12,3-4). Para ter força e coragem, a comunidade continuava unida em oração na casa de dona Maria, mãe de Marcos (cf. At 12,5.12). Os cristãos já não tinham muita esperança de ver Pedro solto. Mas, de repente, lá na prisão, um anjo aparece, tira as algemas de Pedro e o liberta. Pedro pensou que fosse um sonho, mas era realidade. Ele estava em liberdade (cf. At 12,7-11).

Então, Pedro foi diretamente para a casa de dona Maria, onde sabia que a comunidade estava reunida em oração (cf. At 12,12). Bateu na porta. Rosa, a empregada, foi até a porta e perguntou: "Quem é?" Do lado de fora, Pedro respondeu: "Sou eu!" Rosa reconheceu a voz de Pedro. Sua alegria foi tanta que, em vez de abrir a porta, voltou correndo para dentro para contar que Pedro estava ali, junto à porta. Os outros disseram: "Você está ficando louca!" Mas ela insistia: "É Pedro, sim!" Eles disseram: "Então deve ser o seu anjo!" (cf. At 12,15) Pedro, entretanto, continuava batendo na porta. Por fim, eles foram abrir, e era Pedro mesmo. E eles ficaram sem palavras, agradecendo a Deus. Tiveram que dar razão à empregada Rosa. O significado do nome *Rosa* é *rosa,* a rainha das flores. Santa Rosa, rainha e padroeira das empregadas domésticas, rogai por nós!

9 de Março

Miqueias
Profeta camponês

*"Que Y*HWH *me leve para a luz e eu contemple a sua justiça"* (Mq 7,9).

Miqueias é o sexto na lista dos doze Profetas Menores. Ele atuou como profeta entre os anos 725 e 700 a.C. Seu nome significa *quem é como Y*HWH*?*. Homem do interior, sua linguagem é simples e direta. Não usa meio-termo e vai direto ao assunto. Ele identifica-se com o povo da roça, explorado pelos grandes (cf. Mq 2,1-2). Ele mesmo um lavrador, observava como as terras dos pobres eram invadidas (cf. Mq 2,2). Ele denuncia a dominação dos grandes sobre o povo trabalhador e indica as causas: exploração, latifúndio, propinas, corrupção, vontade de ganhar dinheiro sem preocupação com os pobres (cf. Mq 2,8-11; 3,3; 3,9-11; 6,10-12). Miqueias alimentava sua fé a partir das histórias do seu povo, que ele ouvia em casa, desde criança, e que ele aprofundava nas reuniões da comunidade local (cf. Mq 5,1-4a).

Miqueias é solidário com o povo que sofre, mas, ao mesmo tempo, sente uma certa vergonha de ter irmãos do *mesmo* povo que oprimem e exploram os outros. Ele sente até uma certa responsabilidade pelos erros cometidos por estes seus irmãos opressores e pede perdão: *"Devo suportar a cólera de Javé, porque pequei contra ele, até que ele julgue a minha causa e me faça justiça, até que me leve para a luz e eu contemple a sua justiça"* (Mq 7,9). Aos que se arrependem dos erros ele indica o bom caminho: *"Ó homem, já lhe foi explicado o que é bom e o que Y*HWH *exige de você: praticar o direito, amar a misericórdia, caminhar humildemente com o seu Deus"* (Mq 6,8).

10 de Março

Judá
Patriarca do povo de Deus

"'Dou graças a Deus.' Por isso, ela o chamou Judá" (Gn 29,35).

Judá é o quarto filho de Jacó e Lia. Diz a Bíblia: *"Lia concebeu outra vez, deu à luz um filho e disse: 'Desta vez louvarei ao Senhor!' E, por isso, ela o chamou Judá"* (Gn 29,35). O significado do nome *Judá* é *louvado seja Deus* ou *aquele que louva a Deus*. O nome Judá aparece 840 vezes no Antigo Testamento e dez vezes no Novo Testamento. Judá é, de todos os 12 filhos de Jacó, o mais conhecido. Na Bíblia, todas as pessoas chamadas de Judá, Judas ou Judite receberam o seu nome em memória deste patriarca. Na divisão do país, Judá ficou com a parte sul. Ao redor dele ficaram as tribos de Simeão e de Benjamim, formando juntos o reino do Sul, o reino de Judá, com a capital em Jerusalém. Essas três tribos receberam as promessas de Deus a respeito do templo e da dinastia de Davi (cf. 2Sm 7,8-16; 1Rs 11,31-39). Por meio de Judá se realizaram as profecias. Jesus é chamado *"Leão da tribo de Judá"* (Ap 5,5).

A Bíblia lembra o caso que Judá teve com sua nora Tamar, ocasião em que o patriarca não fez um papel muito bonito (cf. Gn 38,24). (Veja Tamar, lembrada no dia 27 de março.)

11 de Março

Crescente
Membro da equipe missionária de Paulo

"Crescente partiu para a Galácia" (2Tm 4,10).

Crescente aparece uma única vez na Bíblia. É na segunda carta de Paulo a Timóteo. O nome *Crescente* é latino e significa *aquele que cresce*. Não sabemos quem foi Crescente. Provavelmente, era um escravo romano que aderiu à fé cristã. A carta na qual Paulo menciona Crescente nos dá uma ideia de como era o trabalho missionário feito em equipe. Veja o que Paulo escreve para Timóteo: *"Procure vir logo ao meu encontro, pois Demas me abandonou, preferindo o mundo presente. Ele partiu para Tessalônica, Crescente para a Galácia, Tito para a Dalmácia. Somente Lucas está comigo. Procure Marcos e traga-o com você, porque ele pode ajudar-me no ministério. Mandei Tíquico para Éfeso. Quando você vier, traga-me o manto que deixei em Trôade, na casa de Carpo. Traga também os livros, principalmente os pergaminhos. Alexandre, o ferreiro, me causou muitos males"* (2Tm 4,9-14). Só nesta única frase aparecem, além do próprio Paulo e Timóteo, oito pessoas de cinco cidades ou regiões geográficas diferentes. A carta diz que Crescente viajou para a Galácia, a região onde Paulo, mais de 20 anos antes, numa das suas viagens missionárias (cf. At 16,6; 18,23), tinha fundado uma comunidade que recebeu a Carta aos Gálatas.

Quando Paulo escreveu a Segunda carta a Timóteo, ele estava preso em Roma, já perto da morte. Ele escreve: *"Na minha primeira defesa no tribunal, ninguém ficou ao meu lado; todos me abandonaram. Que Deus não ponha isso na conta deles!"* (2Tm 4,16). Essas palavras deixam transparecer que a vida em equipe nem sempre era fácil e que os problemas e as decepções eram muitas. Um consolo para nós, para que não desanimemos.

12 de Março

Jocabed e Amram
Mãe e pai de Moisés

> *"Jocabed gerou para Amram: Aarão, Moisés e Maria, irmã deles"* (Nm 26,59).

O livro do Êxodo diz: *"Certo homem da casa de Levi foi tomar por esposa uma descendente de Levi, a qual concebeu e deu à luz um filho"* (Ex 2,1-2). O filho se chamava Moisés. O pai se chamava Amram. Diz o livro dos Números: *"A mulher de Amram se chamava Jocabed, filha de Levi, que lhe nasceu no Egito. Ela gerou para Amram: Aarão, Moisés e Maria, irmã deles"* (Nm 26,59). *Jocabed* significa *glória de* YHWH. *Amram* significa *Deus é sublime*.

Alguém pergunta: "Mas se havia a ordem da parte do faraó de matar todos os meninos do povo de Israel (cf. Ex 1,15-16), como é que Moisés pôde sobreviver?" Moisés sobreviveu graças à coragem das parteiras Sefra e Fua (Ex 1,15-22) e graças à esperteza de Jocabed, sua mãe, e de Miriam, sua irmã (cf. Ex 2,1-11). Essas quatro mulheres conseguiram que Moisés fosse escondido e colocado num cesto de papiro, boiando no rio (cf. Êx 2,2-3). O nenê foi encontrado pela filha do faraó e por ela adotado como se fosse filho. Nem a filha do faraó, nem suas servas, denunciaram a presença de um menino hebreu na corte do próprio faraó! Resumindo: graças à esperteza e à solidariedade dessas mulheres, Moisés sobreviveu, foi educado e teve uma formação que o ajudou na libertação do povo da escravidão do Egito (cf. Ex 2,4-10).

13 de Março

Sízigo
Líder e ministro na comunidade de Filipos

"E a você, Sízigo, meu fiel companheiro" (Fl 4,3).

No final da Carta aos Filipenses, abrindo as saudações para vários membros da comunidade, Paulo os chama: *"Meus queridos e amados irmãos, minha alegria e minha coroa"* (Fl 4,1). Entre essas pessoas lembradas pelo apóstolo está Sízigo. Paulo o chama de *"meu fiel companheiro"* (Fl 4,3). Muito provavelmente, Sízigo era membro da equipe missionária de Paulo, *"junto com Clemente e meus outros colaboradores"* (Fl 4,3). O nome *Sízigo* é um apelido, que significa *"aquele que está comigo na mesma canga"*, uma imagem que dá a ideia de dois bois, ou dois escravos, trabalhando juntos, debaixo da mesma canga. Um apelido apropriado para um bom companheiro de trabalho e de luta.

O motivo para Paulo lembrar o nome de Sízigo é que havia um problema de convivência na comunidade de Filipos. Duas lideranças, Evódia e Síntique, brigaram entre si por um motivo que não conhecemos. Paulo pede que as duas *"façam as pazes no Senhor"* (Fl 4,2). Para ajudá-las nesse processo de reconciliação, ele pede que Sízigo, líder e ministro da mesma comunidade de Filipos, dê a sua contribuição. Ele escreve: *"E a você, Sízigo, meu fiel companheiro, peço que as ajude, porque elas me ajudaram na luta pelo Evangelho, junto com Clemente e meus outros colaboradores. Seus nomes estão no livro da vida"* (Fl 4,3).

14 de Março

Sefra e Fua
As duas parteiras do povo de Deus

"As parteiras temeram a Deus, e ele deu a elas uma família numerosa"
(Ex 1,21).

Sefra e Fua eram parteiras. Com medo de que os hebreus estrangeiros residentes no Egito pudessem aliar-se aos inimigos do Egito, o faraó tinha baixado um decreto obrigando as parteiras dos hebreus a matar os meninos que nascessem. Podiam deixar vivas as meninas (cf. Ex 1,16). A resistência a essa ordem absurda do faraó veio da parte das mulheres, a começar com as duas parteiras dos hebreus, *"das quais uma se chamava Sefra e a outra Fua"* (Ex 1,15). *"As parteiras, porém, temeram a Deus e não fizeram o que o rei do Egito lhes havia ordenado; e deixaram os meninos viver. Então o rei do Egito chamou as parteiras e lhes disse: 'Por que vocês fizeram isso, deixando os meninos viver?' Elas responderam ao faraó: 'As mulheres hebreias não são como as egípcias: são cheias de vida, e dão à luz antes que as parteiras cheguem'"* (Ex 1,17-19). Foi muita coragem e esperteza da parte das mulheres, tanto da mãe Jocabed e da irmã Maria (cf. Ex 2,1-10), quanto das duas parteiras Sefra e Fua (cf. Ex 1,15-22). Se Moisés pôde viver, estudar, crescer, se formar e tornar-se um líder capaz de libertar o seu povo da opressão do faraó, ele o deve a essas quatro mulheres, cujo nome a Bíblia conservou e cuja memória merece ser celebrada.

Se hoje temos tantas lideranças boas nas comunidades, nos movimentos sociais e nos partidos políticos, o devemos às Sefras e às Fuas, às Jocabeds e às Marias de hoje: mães, irmãs, tias e avós, empregadas e madrinhas, tantas!

15 de Março

Longino
A primeira profissão de fé no Crucificado

"Realmente, esse homem era mesmo Filho de Deus!" (Mc 15,39).

Os Evangelhos informam que um soldado romano, com a patente de centurião (cf. Mc 15,39), montava guarda ao pé da cruz de Jesus. A tradição posterior informa que o nome desse soldado era *Longino*. Longino é, até hoje, um santo muito venerado e invocado pelo povo. Quando ele viu como Jesus tinha morrido, exclamou em alta voz: *"Realmente, esse homem era mesmo Filho de Deus"* (Mc 15,39). Essa profissão de fé de um pagão logo após a morte de Jesus na cruz mostra que a proposta do Evangelho de Marcos alcançou o seu objetivo. Pois Marcos escreveu o seu Evangelho para mostrar que *"Jesus Cristo é o Filho de Deus"* (Mc 1,1). Agora, no fim, exatamente na hora da morte na cruz, Longino, um pagão, reconhece que Jesus Cristo é realmente o Filho de Deus (cf. Mc 1,1; 15,39).

O Evangelho de João acrescenta que um soldado, quando viu que Jesus já estava morto, não quebrou as pernas dele, mas furou o coração com uma lança. Do coração aberto de Jesus saiu sangue e água (cf. Jo 19,34). Sangue e água: símbolos da Eucaristia e do Batismo.

16 de Março

Mulher que ungiu Jesus
A primeira pessoa a aceitar um crucificado como o Messias

"Ela derramou perfume em meu corpo, preparando-o para a sepultura"
(Mc 14,8).

Era a semana antes da Páscoa em Jerusalém. Os adversários de Jesus tinham decidido matá-lo ainda antes do dia da grande festa (cf. Mc 14,1-2). Jesus estava na casa de Simão, o leproso (cf. Mc 14,3). Durante a refeição, uma mulher entrou e ungiu a cabeça de Jesus com um perfume. Perfume caríssimo. Judas reclamou: *"Podíamos vender esse perfume por trezentos denários e dar para os pobres!"* (Mc 14,5) Trezentos denários: o salário de 300 dias! Era muito dinheiro. Jesus defendeu a mulher: *"Ela derramou perfume em meu corpo, preparando-o para a sepultura"* (Mc 14,8). A mulher sabia que Jesus ia ser morto na cruz. Sabia que um crucificado não recebia sepultura nem podia ser ungido, pois ficava na cruz até apodrecer e os animais comerem o cadáver. Por isso, ela o fez antes. A mulher aceitava Jesus como Messias *crucificado*. Algo que Pedro e os apóstolos tinham certa dificuldade em aceitar, pois eles criticaram Jesus quando ele falou da sua morte na cruz (cf. Mc 8,31-33).

Jesus não concordou com a crítica de Judas e citou para ele a Bíblia, que diz: *"Entre vocês não pode haver pobres, e mesmo havendo um só pobre, você deve abrir a mão e dar a ele o que está faltando"* (cf. Dt 15,7-8). É como se Jesus dissesse a Judas: "Você, Judas, faça o que diz a lei de Deus. Você mesmo dê esmola do seu próprio bolso, e não queira fazer caridade com o dinheiro desta moça!" E acrescentou: *"Onde o Evangelho for pregado, o gesto dela será lembrado"* (Mc 14,9). Não sabemos o nome dela! Deus queira que o nome dela seja o nome de todos nós!

17 de Março

Isaque
Patriarca do povo de Deus

"Irmãos, como Isaque, vocês são filhos da promessa" (Gl 4,28)

Isaque é filho de Abraão e Sara e é chamado de *o filho da promessa*. Diz o apóstolo Paulo na Carta aos Gálatas: *"Irmãos, como Isaque, vocês são filhos da promessa"* (Gl 4,28). Deus tinha prometido a Abraão: *"Sara vai dar-lhe um filho!"* (Gn 17,19). Era difícil crer nessa promessa, pois Abraão tinha 100 anos de idade e Sara já estava quase com 90 anos (cf. Gn 17,17). Humanamente falando, já não era possível nascer um filho desses dois velhinhos! Os dois até deram risada de incredulidade (cf. Gn 17,17; 18,12). Mas os dois tiveram fé na promessa divina e, apesar da impossibilidade humana, o menino nasceu, e deram a ele o nome de *Isaque*, que significa *risada*. De fato, quando Isaque nasceu, Sara disse: *"Deus me deu motivo de riso, e todos os que o souberem vão rir de mim"* (Gn 21,6). Isaque, Risada! Pode ser risada de descrença. Os dois não acreditavam. Pode ser risada de deboche: todos vão rir de mim! Mas pode ser e ficou sendo risada de alegria: Sara ficou feliz e riu! Por isso, Isaque é chamado de filho da promessa. Pois humanamente falando não era possível um menino nascer de Sara. Só mesmo pela fé dos dois na promessa divina. Paulo tem razão em dizer: Isaque é o filho da promessa. E como Isaque, todos nós somos filhos e filhas da promessa.

Um dos capítulos mais longos da Bíblia (cf. Gn 24,1-67) descreve como Rebeca se tornou esposa de Isaque. Isaque aparece na Bíblia como o filho de um grande pai, Abraão. E como o pai de um grande filho, Jacó. Isaque viveu 180 anos e morreu (cf. Gn 35,28-29).

18 de Março

Simão Cireneu
Ajudou Jesus a carregar a cruz

"Passava por ali um homem chamado Simão Cireneu" (Mc 15,21).

Simão Cireneu era um judeu da cidade de Cirene, atual Líbia, no norte da África (cf. At 2,10). Ele estava chegando do campo no exato momento em que Jesus e os outros dois condenados à morte de cruz estavam sendo levados para o Calvário. Diz a Bíblia: *"Passava por ali um homem chamado Simão Cireneu, pai de Alexandre e Rufo. Ele voltava do campo para a cidade. Então os soldados obrigaram Simão a carregar a cruz de Jesus"* (Mc 15,21). Provavelmente, os soldados tinham medo de que Jesus morresse antes de ser crucificado, devido à grande perda de sangue na flagelação. Simão não se ofereceu para ajudar a carregar a cruz. Ele foi obrigado. Oferecer-se para carregar a cruz de um condenado à cruz era motivo de gozação por parte do povo. Mas, pelo jeito, tal gesto marcou a vida de Simão e acabou por convertê-lo, tanto a ele como a toda a sua família.

Seus dois filhos, Alexandre e Rufo, são lembrados no Evangelho de Marcos (Mc 15,21). Rufo e sua mãe também aparecem na Carta aos Romanos. Paulo escreve: *"Saúdem Rufo, o eleito do Senhor, e sua mãe, que é também minha mãe"* (Rm 16,13). Sinal de que a família inteira aderiu à mensagem de Jesus. Alguns acham que este Simão Cireneu é o mesmo que aparece no conselho da comunidade de Antioquia, já que seu companheiro Lúcio também era da cidade de Cirene (cf. At 13,1).

19 de Março

José, esposo de Maria
Pai e protetor de Jesus

"E, conforme se pensava, ele era filho de José" (Lc 3,23).

José vivia em Nazaré, na Galileia. O nome *José* era muito frequente. Significa *que Deus acrescente* ou *que Deus faça crescer*. A sua família era de Belém da Judeia, no sul (cf. Lc 2,4). É que, no século anterior ao nascimento de Jesus, tinha havido uma migração de muita gente da Judeia, no sul, para a Galileia, no norte. Isso significa que a família de José era descendente de migrantes. Foram de Belém para a Galileia em busca de melhores condições de vida. Por profissão, José era carpinteiro. A palavra grega *"técton"* (cf. Mt 13,35) sugere um artesão habilidoso. Mas tudo mudou em sua vida quando sua noiva, Maria, apareceu grávida. Sendo um homem justo (cf. Mt 1,19), José não quis denunciá-la perante o conselho dos anciãos da cidade. Preferiu abandoná-la em segredo, trazendo para si a culpa. Assim salvaria Maria da morte por apedrejamento (cf. Mt 1,19) e evitaria a morte da criança que estava no seio de Maria. Sinal de muita coragem e de muito amor. Mas um anjo lhe disse: *"José, filho de Davi, não tenha medo de receber Maria como esposa, porque ela concebeu pela ação do Espírito Santo. Ela dará à luz um filho, e você lhe dará o nome de Jesus, pois ele vai salvar o seu povo dos seus pecados"* (Mt 1,20-21).

José assumiu Maria e a criança, tornando-se pai e protetor de Jesus. Para salvar Jesus das ameaças de Herodes, fugiu para o Egito com Jesus e Maria (cf. Mt 2,13-14). Para escapar do cruel Arquelau, o filho de Herodes, viajou de Belém para Nazaré (cf. Mt 2,19-23). Sempre protegendo Jesus e Maria. Não temos nenhuma fala de José nos textos evangélicos. José é o fiel e silencioso protetor de Jesus.

20 de Março

Mulher adúltera
Absolvida por Jesus

"Quem não tiver pecado atire a primeira pedra!" (Jo 8,7).

Certa vez, levaram até Jesus uma mulher, pega em flagrante adultério, para ver o que Ele ia dizer. Sob a aparência de fidelidade à lei, usam a mulher para ter argumentos contra Jesus. Eles a colocam no meio da roda entre Jesus e o povo. Conforme a lei, essa mulher deveria ser apedrejada (cf. Lv 20,10; Dt 22,22.24). Sob a aparência de fidelidade a Deus, eles manipulam a lei e a pessoa da mulher para poder apanhar Jesus numa cilada. Se Jesus dissesse "Apliquem a lei", eles diriam: "Ele não é tão bom como parece, porque mandou matar a pobre da mulher". Se dissesse "Não matem", diriam: "Ele não é tão bom como parece, porque nem sequer observa a lei!" Parecia um beco sem saída. Mas Jesus não se apavora nem fica nervoso. Pelo contrário. Calmamente, como quem é dono da situação, Ele se inclina e começa a escrever no chão com o dedo. Quem fica nervoso são os adversários. Eles insistem para que Jesus dê a sua opinião. Então, Jesus se levanta e diz: "Quem não tiver pecado atire a primeira pedra!" E, inclinando-se, torna a escrever no chão.

A resposta de Jesus surpreendeu a todos e derrubou os adversários. Eles foram embora, um depois do outro, a começar pelos mais velhos. Aconteceu o contrário do que eles queriam. A pessoa condenada pela lei não era a mulher, mas eles mesmos, que pensavam ser fiéis à lei. No fim, Jesus ficou sozinho com a mulher no meio da roda. Jesus se levanta e olha para a mulher: "Mulher, onde estão eles? Ninguém te condenou?" Ela responde: "Ninguém, Senhor!" E Jesus: "Nem eu te condeno! Vai, e de agora em diante não peques mais!" A experiência que Jesus tem de Deus não permite que alguém use a lei de Deus para condenar o irmão ou a irmã, quando ele mesmo ou ela mesma é pecador ou pecadora. Este episódio, melhor do que qualquer outro ensinamento, revela que Deus é Boa Notícia para o ser humano, que Jesus é fonte de água viva para quem a Ele recorre e que Ele é a luz que faz aparecer a verdade.

21 de Março

Moisés
O libertador de Israel

*"Moisés, um homem de bem, estimado por todos,
amado por Deus e pelos homens"* (Eclo 45,1).

Moisés era da tribo de Levi. Seu nome aparece 838 vezes na Bíblia. Sinal de sua importância na história do povo de Deus. O nome *Moisés* é de origem egípcia e significa *nascido de* ou *filho de*. Nos meios populares, porém, seu nome era interpretado como *tirado das águas* (cf. Ex 2,10). Moisés foi criado por Jocabed, sua mãe (cf. Ex 2,1-9); foi adotado pela filha do faraó e recebeu formação na corte egípcia (cf. Ex 2,10). Diz a Bíblia: *"Passaram os anos. Moisés cresceu e saiu para ver seus irmãos. E notou que eram submetidos a trabalhos forçados. Viu também que um dos seus irmãos hebreus estava sendo maltratado por um egípcio. Olhou para um lado e para outro e, vendo que não havia ninguém, matou o egípcio e o enterrou na areia"* (Ex 2,11-12). Nesse momento, em Moisés, o sangue foi mais forte que a formação recebida. Por ter tomado partido dos irmãos oprimidos, Moisés era procurado pela polícia do faraó. Ele fugiu para a terra de Madiã. Lá ele casou-se com Séfora, uma das sete filhas de Jetro, e teve dois filhos, Gérson e Eliezer (cf. Ex 18,2-4). Ao tomar conta das ovelhas de Jetro no monte Horeb, Moisés recebeu de Deus a missão de libertar o seu povo da escravidão do Egito. Diante do medo de Moisés e para confirmá-lo na missão, Deus lhe revelou o seu nome dizendo: *"Vai! Estou com você"*. E insistiu, repetindo: *"Estou que Estou!"* E concluiu: *"Este é o meu Nome. Sob este nome quero ser invocado!"* (Ex 3,7-15). O nome Y$_{HWH}$ significa *estou com você*. Ocorre mais de 6.000 vezes na Bíblia. Ao assumir esse nome, Deus exprime o compromisso que Ele assumiu diante de Moisés e de todos nós: "Vai! Certissimamente estou com você!" Moisés foi e enfrentou o faraó, buscando libertar os hebreus da opressão dos egípcios.

O Eclesiástico assim resume a atuação de Moisés: *"Deus fez surgir de Jacó um homem de bem, que foi estimado por todos, amado por Deus e pelos homens: foi Moisés, cuja lembrança é uma bênção. Deus o tornou glorioso como os santos e o engrandeceu, provocando temor entre os inimigos"* (Eclo 45,1-2).

22 de Março

Epafrodito
Companheiro de Paulo e membro da Igreja de Filipos

"Tenho de sobra, depois que Epafrodito me trouxe o que vocês me mandaram"
(Fl 4,18).

Paulo define Epafrodito como *"irmão e companheiro de trabalho e de luta"* (Fl 2,25). O nome *Epafrodito* significa *simpático* ou *encantador*. Se Paulo o descreve como "irmão e companheiro de luta", é sinal de que Epafrodito, durante algum tempo, fez parte da equipe missionária de Paulo. Depois das andanças missionárias junto com Paulo e sua equipe, Epafrodito fixou residência na comunidade de Filipos, servindo como pessoa de ligação entre Paulo e a comunidade de Filipos (cf. Fl 2,25-30). Foi ele que levou o pacote com os donativos da comunidade de Filipos para Éfeso, onde Paulo estava preso no pretório (cf. Fl 1,13). Não sabemos o que havia nesse pacote, mas devem ter sido gêneros de primeira necessidade, tais como comida, alguma roupa e dinheiro. Paulo confirmou que, depois da chegada dessa doação vinda de Filipos, ele não precisava de mais nada (cf. Fl 4,15-18).

Epafrodito deve ter sido uma pessoa de saúde fraca. Pois, convivendo com Paulo na prisão, *"ficou doente e quase morreu"* (Fl 2,27). Graças a Deus, ele ficou bom e, junto com Timóteo, pôde retornar a Filipos (Fl 2,10), levando as boas notícias de Paulo contidas na Carta aos Filipenses.

23 de Março

Mulher encurvada
Sofredora há mais de 18 anos

*"Cada um solta o jumento para dar de beber,
e eu não posso ajudar esta filha de Abraão?"* (Lc 13,15-16).

Lucas não soube dizer o nome desta senhora que foi atrás de Jesus em busca de cura. Havia 18 anos, um mal-estar fazia com que ela ficasse curvada, sem poder endireitar-se. Foi num sábado, na celebração semanal da comunidade, que ela encontrou Jesus. Vendo-a, Jesus colocou as mãos sobre ela e disse: *"Mulher, você está livre de sua doença!"* (Lc 13,12). Imediatamente a mulher se endireitou e ficou boa. Agradecida, ela começou a louvar a Deus (cf. Lc 13,13). O coordenador da comunidade ficou furioso, porque Jesus tinha feito uma cura em dia de sábado. E gritou: *"Gente, há seis dias para trabalhar. Venham nesses dias para serem curados, mas não em dia de sábado!"* (Lc 13,14). O contraste é grande. De um lado, a bondade de Jesus, que não aguenta ver o povo sofrer e cura a mulher com o toque de suas mãos. Do outro lado, a atitude do coordenador da comunidade, que só olha a lei e não percebe o problema das pessoas nem a bondade e a humanidade de Jesus.

A reação de Jesus foi imediata: *"'Hipócritas! Cada um de vocês não solta do curral o boi ou o jumento para dar-lhe de beber, mesmo que seja em dia de sábado? Aqui está uma filha de Abraão que Satanás amarrou durante dezoito anos. Será que não deveria ser libertada dessa prisão em dia de sábado?' Essa resposta deixou confusos todos os inimigos de Jesus. E toda a multidão se alegrava com as maravilhas que Jesus fazia"* (Lc 13,15-17).

24 de Março

Gabriel
Arcanjo mensageiro de Deus

"No sexto mês, o anjo Gabriel foi enviado por Deus a Nazaré" (Lc 1,26).

O nome *Gabriel* significa *poder de Deus* ou *Deus é poderoso*. Gabriel aparece pela primeira vez no livro de Daniel (cf. Dn 8,16), como o intérprete que explica a Daniel a visão do bode e do carneiro de quatro chifres (cf. Dn 8,1-12). Gabriel veio anunciar "o tempo do fim", ou o *tempo final*, que precede o fim dos tempos (cf. Dn 8,17). Depois, este mesmo Gabriel interpreta para Daniel a visão das 70 semanas, preditas por Jeremias (cf. Dn 9,2.24). No Novo Testamento, Gabriel é o anjo enviado por Deus para anunciar a Zacarias o nascimento de João Batista (cf. Lc 1,11-20). Depois, ele é enviado por Deus para anunciar a Maria o nascimento de Jesus (cf. Lc 1,26-38). Ao apresentar-se a Zacarias, Gabriel diz: *"Eu sou Gabriel. Estou sempre na presença de Deus, e ele me mandou dar esta boa notícia para você!"* (Lc 1,19). Por essa apresentação, a tradição considera Gabriel *"um dos sete anjos que estão sempre prontos para estar na presença do Senhor glorioso"* (Tb 12,15).

Gabriel é venerado pelos muçulmanos, já que foi ele quem ditou o Alcorão para Maomé. Gabriel simboliza todas as pessoas que se sentem animadas por Deus para transmitir uma palavra de ânimo para os outros. Como Gabriel, há muitos anjos de Deus entre nós.

25 de Março

Anunciação
O anjo anunciou a Maria e ela concebeu do Espírito Santo

"O anjo disse a Maria: 'Alegra-te, cheia de graça! O Senhor está contigo!'"
(Lc 1,28).

A festa da Anunciação cai no dia 25 de março, exatamente nove meses antes da festa do Natal do dia 25 de dezembro. Depois do *sim* de Maria ao anjo, *"a palavra se fez carne e começou a habitar no meio de nós"* (Jo 1,14). Começou a gestação de Jesus no seio de Maria, sua Mãe. O anúncio do nascimento de Jesus a Maria (cf. Lc 1,26-38) foi precedido pelo anúncio do nascimento de João Batista a Zacarias (cf. Lc 1,5-25).

Lucas ressalta as diferenças entre os dois anúncios. O mensageiro para os dois é o mesmo: o anjo Gabriel. Zacarias é um velho sacerdote que estava rezando no templo, o recinto mais sagrado da religião dos judeus. Maria é uma jovem leiga que estava em sua casa, na distante aldeia de Nazaré, periferia do país. Ambos receberam de Deus a mesma mensagem: vai nascer um menino! O velho sacerdote não conseguiu acreditar e ficou mudo. A jovem Maria acolheu e aceitou sua difícil missão. Ambos louvaram a Deus: o *Magnificat* de Maria (cf. Lc 1,46-55) e o *Benedictus* de Zacarias (cf. Lc 1,68-79). Por meio do anúncio do anjo Gabriel, Deus revelou sua predileção pelos pobres e por aquelas pessoas que teimam em permanecer fiéis a Deus, mesmo que a religião oficial lhes complique a vida. O amor pelos pobres transparece tanto no cântico de Maria, na visita a Isabel (cf. Lc 1,46-56), quanto no cântico de Zacarias, por ocasião da circuncisão de João Batista (cf. Lc 1,67-79).

26 de Março

Sóstenes
Membro da equipe missionária de Paulo

"Paulo e o irmão Sóstenes à Igreja de Deus em Corinto" (1Cor 1,1).

Sóstenes era um judeu que morava em Corinto, onde ocupava o cargo de chefe da sinagoga (cf. At 18,17). Paulo iniciou seus trabalhos de evangelização em Corinto na sinagoga coordenada por Sóstenes. Provavelmente, foi naquela ocasião que Sóstenes iniciou seu processo de conversão. É que os judeus de Corinto *"se insurgiram em massa contra Paulo e o levaram diante do tribunal dizendo: 'Este homem induz o povo a adorar a Deus de modo contrário à Lei'"* (At 18,12-13). Mas, antes que Paulo pudesse fazer a sua defesa, o procônsul Galião, que presidia o tribunal, achou que Paulo estava sendo acusado sem nenhum motivo e o libertou sem mais (cf. At 18,14-16). Então os judeus, provavelmente por acharem que Sóstenes, o chefe da sinagoga, não tinha elaborado bem o libelo da acusação, o espancaram diante do tribunal (cf. At 18,17). Pode ter sido essa surra de seus próprios irmãos que levou Sóstenes a sair de Corinto e a juntar-se à equipe missionária de Paulo. Pois ele estava com Paulo em Éfeso quando chegou por lá uma delegação da Igreja de Corinto, com uma carta pedindo orientações para várias questões e problemas da comunidade (cf. 1Cor 7,1ss).

Talvez por Sóstenes ser de Corinto e conhecer bem a mentalidade e os problemas dos coríntios, Paulo pediu a colaboração dele na elaboração das respostas. Assim, ele assina juntamente com Paulo a Primeira Carta aos Coríntios. Eis como começa a carta de Paulo aos Coríntios: *"Paulo, apóstolo de Jesus Cristo por vontade e chamado de Deus, e o irmão Sóstenes, à Igreja de Deus que está em Corinto"* (1Cor 1,1-2). Nessa introdução, Paulo chama Sóstenes de "irmão". Sinal de que ele se integrou bem nos trabalhos missionários. O nome *Sóstenes* significa *forte, robusto*. Nada mais sabemos de suas atividades nem dos lugares por onde andou e que evangelizou.

27 de Março

Tamar
Uma estrangeira membro do povo de Israel

Judá disse: "Tamar é mais honesta do que eu!" (Gn 38,26).

O nome *Tamar* significa *palmeira*. A história de Tamar é uma história triste. Ela era uma mulher cananeia que foi escolhida por Judá para casar-se com seu filho Her. Judá tinha três filhos: Her, Onã e Sela. Her veio a falecer sem ter filho (cf. Gn 38,7). Então, conforme a lei da época, Judá entregou Tamar para Onã, seu segundo filho, que também morreu sem filho (cf. Gn 38,8-10). Era obrigação de Judá dar Sela, o terceiro filho, em casamento para Tamar. Alegando que seu filho Sela ainda era menor, Judá mandou Tamar de volta para a casa do pai dela: *"Viva como viúva na casa de seu pai e espere que cresça meu filho Sela"* (Gn 38,11). Tamar então voltou para a casa de seu pai. Mas, quando Sela cresceu e se tornou adulto, Judá negou o casamento dele com Tamar (cf. Gn 38,14). De longe, Tamar observava a trapaça de Judá e procurou um jeito de conseguir os seus direitos. No dia em que Judá foi tosquiar as ovelhas, Tamar se disfarçou de prostituta. Judá dormiu com ela e, como pagamento, prometeu a ela um cabrito do rebanho. Tamar então pediu, como garantia de pagamento, *"o anel de selo e o cajado"* de Judá (cf. Gn 38,15-18). Depois, quando Judá mandou o cabrito para recuperar o anel e o cajado, a "prostituta" tinha desaparecido. Três meses depois vieram dizer a Judá que sua nora Tamar estava se prostituindo, pois estava grávida (cf. Gn 38,24).

A pena prevista na lei era a mulher ser queimada viva. Quando agarraram Tamar para ser queimada, ela mandou dizer a Judá: *"Estou grávida do dono destes pertences"*. E devolveu o anel e o cajado. Judá os reconheceu e disse: *"Ela é mais honesta do que eu, pois eu não lhe dei meu filho Sela"* (Gn 38,26). E Judá a recebeu em sua casa, pois era um filho do próprio Judá que estava crescendo no seio dela. Tamar foi mãe de Farés e Zara (cf. Gn 38,27-30). Tamar, mulher estrangeira, entrou na genealogia de Jesus (cf. Mt 1,3).

28 de Março

Tola
Juiz do povo de Deus

"Tola foi juiz em Israel durante vinte e três anos" (Jz 10,2).

No dia 3 de abril lembramos o juiz Samgar, mencionado na Bíblia com apenas uma frase (cf. Jz 3,31). O mesmo vale para este juiz chamado Tola. Dele se diz o seguinte: *"Depois de Abimelec, surgiu Tola, filho de Fua, filho de Dodo, para libertar Israel. Ele era da tribo de Issacar e morava em Samir, na região montanhosa de Efraim. Foi juiz em Israel durante vinte e três anos. Depois morreu e foi sepultado em Samir"* (Jz 10,1-2). Apesar de breve, nas entrelinhas transparecem algumas informações importantes a respeito da missão dos juízes em Israel.

O texto começa dizendo: *"Depois de Abimelec, surgiu Tola para libertar Israel"*. Este Abimelec não era juiz, mas um impostor. Ele queria mudar o sistema dos juízes e introduzir a monarquia. Queria ser rei. O próprio nome dele o revela. *Abi-melec* significa *meu pai é rei*. Mas ele não conseguiu realizar seu intento. O povo resistiu (cf. Jz 9,1-57). O texto diz que Tola "surgiu". Tola recebeu a função de juiz não como herança de seu pai. O pai dele não era juiz. Tola *surgiu*, se levantou "para libertar Israel". Ele ajudava o povo a manter-se na liberdade e fez isso durante 23 anos. Os juízes não eram nomeados por algum poder maior, mas *surgiam*, e o povo os aceitava por causa da liderança que exerciam. Os Juízes eram libertadores do povo, e não funcionários de uma instituição.

29 de Março

Gerson e Eliezer
Filhos de Moisés e Séfora

"Disseram a Moisés: sua mulher e seus dois filhos estão aí" (Ex 18,6).

Fugindo da fúria do faraó, Moisés encontrou refúgio na casa de Jetro, sacerdote na terra de Madiã, onde hoje é a Arábia (cf. Ex 2,15-16). Jetro tinha sete filhas. Ele deu sua filha Séfora em casamento a Moisés (cf. Ex 2,21). Ela deu à luz um menino que Moisés chamou de Gerson porque *"sou um migrante em terra estrangeira"*. O nome *Gerson* significa *de nação estrangeira*. Isso porque Moisés, quando Gerson nasceu, sentia-se como um exilado, fora do Egito, onde tinha se criado (cf. Ex 2,22). Séfora e Gerson acompanharam Moisés em sua viagem para o Egito (cf. Ex 4,20). Mais tarde, provavelmente no Egito, Séfora teve um segundo filho, que foi chamado de Eliezer, nome que significa *aquele a quem Deus socorre* (cf. Ex 18,4). Devido às dificuldades e ameaças do faraó, Moisés resolveu colocar sua família em segurança e os mandou de volta para Madiã, na casa de Jetro (cf. Ex 18,2).

Anos depois, sabendo que o povo tinha saído do Egito e já estava acampado na montanha de Deus, o Horeb, Jetro tomou Séfora e os dois meninos e foi ao encontro de Moisés. Uma festa marcou o reencontro da família (cf. Ex 18,1-12). O livro das Crônicas (cf. 1Cr 23,15-17) diz que Gerson e Eliezer tiveram descendência, cujos nomes ficaram registrados. O primogênito de Gerson chamava-se Subael, e o primogênito de Eliezer chamava-se Roobias.

30 de Março

Asíncrito e Flegonte
Membros da comunidade de Roma

"Saúdem Asíncrito e Flegonte e os irmãos que vivem com eles" (Rm 16,14).

A relação de nomes que Paulo elenca no capítulo 16 da Carta aos Romanos surpreende pelo grande número de pessoas lembradas pelo apóstolo. Pois, àquela altura, Paulo ainda não tinha estado em Roma. Ao todo, são 37 nomes! Sinal de uma Igreja viva e atuante. Entre esses nomes lembrados, junto com muitos outros, estão os de Asíncrito e Flegonte. Paulo escreve: *"Saúdem Asíncrito, Flegonte, Hermes, Pátrobas, Hermas e os irmãos que vivem com eles"* (Rm 16,14). Além dessa indicação, não sabemos mais nada a respeito destes dois cristãos, nem qual o ministério ou serviço que eles exercem na comunidade de Roma. *Asíncrito* significa *o que não questiona*. *Flegonte* significa *o fervoroso*. Ambos são nomes que demonstram sua origem grega, mas também mostram a fidelidade dos dois à proposta de Jesus. Além de Asíncrito e Flegonte, Paulo cita outros três nomes na mesma frase – Hermes, Pátrobas e Hermas – e acrescenta: *"E todos os cristãos que vivem com eles"* (Rm 16,14). Sinal de que Asíncrito e Flegonte faziam parte de uma grande comunidade.

É como hoje. Inúmeras pessoas estão engajadas em serviços e ministérios nas nossas comunidades. Como na carta de Paulo aos romanos, seus nomes são lembrados de passagem, quando se trata de fazer um relatório dos trabalhos comunitários ou de comunicar algum evento que aconteceu na comunidade. Para quem não é da comunidade, é apenas um nome que a gente esquece logo. Para quem é da comunidade, é um nome amigo que a gente guarda no coração e não esquece. Ninguém trabalha na comunidade para ser lembrado nos escritos ou nos comunicados paroquiais. Trabalha, isto sim, como Jesus, para fazer da sua vida um serviço aos irmãos e às irmãs: *"Eu não vim para ser servido, mas para servir"* (Mc 10,45).

31 de Março

Amós
O primeiro profeta a ter um livro com sua mensagem

"Y<small>HWH</small> me tirou de trás do rebanho e me ordenou profetizar" (Am 7,15).

Amós é o terceiro na lista dos 12 Profetas Menores. O nome *Amós* é a abreviação de *Amasias*, nome que significa Y<small>HWH</small> *é forte*. De fato, Amós tem uma força profética intensa. A Palavra de Deus é comparada por ele a um leão que ruge (cf. Am 1,2), tal a força de suas denúncias. Amós nasceu em Técua, uma pequena cidade de Judá, ao sul de Belém. Lá ele era agricultor e vaqueiro. Cuidava dos sicômoros e tocava o gado (cf. Am 1,1; 7,14). Foi de lá que Deus o enviou ao santuário do rei em Betel, no tempo do rei Jeroboão II (783-743 a.C.). Em sua denúncia, Amós revela todo o seu desprezo pelos ricaços e pelas madames que viviam numa boa, enquanto o povo passava fome e dificuldades (cf. Am 4,1-3). Como todo camponês, sua linguagem é simples, direta e sincera. Suas visões inspiram-se na vida dura do campo, em meio à semeadura e à colheita (cf. Am 3,10; 4,1-2; 5,10-13; 6,4-6; 8,4-6).

Um dado interessante é o fato de Amós ter pronunciado suas palavras *"dois anos antes do terremoto"* (Am 1,1). Não sabemos quando foi esse terremoto. Mas é significativo que Amós tinha predito que o santuário de Betel seria danificado e que muitos não conseguiriam escapar dessa destruição (cf. Am 9,1-4). Para o povo, o terremoto foi a confirmação divina das palavras de Amós. Seus discípulos reuniram seus ensinamentos em um livro, que acabou por se tornar um dos livros proféticos.

Abril

April

1° de Abril

Esaú
Filho de Isaque e Rebeca

"Esaú tornou-se hábil caçador, homem rude" (Gn 25,27).

Rebeca, a mãe de Esaú, era estéril (cf. Gn 25,21). Mas Isaque, o marido, rezou por ela, e ela engravidou. Teve os gêmeos Esaú e Jacó, que já brigavam entre si quando ainda estavam na barriga da mãe (cf. Gn 25,22). Esaú nasceu primeiro, mas Jacó saiu agarrado no calcanhar do irmão (cf. Gn 25,24-26). O nome *Esaú* significa *ruivo* ou *peludo*. Esaú tornou-se um hábil caçador, homem rude, enquanto Jacó era homem mais tranquilo, morando em tendas (cf. Gn 25,27). Isaque, o pai, gostava mais de Esaú. Rebeca gostava mais de Jacó (cf. Gn 25,28). Certa vez, quando voltava da caça com muita fome, Esaú vendeu para Jacó, por um prato de comida, o seu direito de primogênito. Com muita artimanha, Rebeca, a mãe, conseguiu que Isaque desse a bênção de primogênito para Jacó. Esaú, quando soube, ficou com tanta raiva que queria matar o irmão (cf. Gn 27,41). Jacó teve que fugir para Harã, a terra de Rebeca, sua mãe, no nordeste do país (atual Iraque) (cf. Gn 28,1-5).

Quando Jacó, depois de vários anos no estrangeiro, voltou para a terra natal, Esaú foi ao encontro dele. Jacó ficou desconfiado e se preparou para evitar o pior. Mas Esaú o acolheu com alegria, e os dois irmãos fizeram as pazes (cf. Gn 32,4-22; 33,1-11). Esaú teve duas mulheres, Judite e Basemat, que não eram israelitas. Elas eram motivo de amargura para Isaque e Rebeca (cf. Gn 26,34-35; 27,46). Mais tarde, Esaú tomou uma terceira mulher, Maelet, uma israelita (cf. Gn 28,8-9). Esaú tornou-se o pai do povo dos edomitas (cf. Gn 36,1-43).

2 de Abril

Vítimas da violência
Tantos e tantas, ontem e hoje!

"Matarás homens e mulheres, crianças e recém-nascidos" (1Sm 15,3).

Quem compra um aparelho importante recebe um manual de uso que o acompanha. Se ele observar bem o que o manual manda, o aparelho funciona bem e presta o serviço que dele se espera. Deus colocou um manual de uso em nós, seres humanos. É a lei de Deus, os Dez Mandamentos, que se manifesta em nós por meio da nossa consciência e que, no Paraíso Terrestre, é simbolizada pela árvore do conhecimento do bem e do mal (cf. Gn 2,9.17). Adão e Eva não seguiram o manual de Deus (cf. Gn 3,1-7), e a vida humana desandou. Caim matou Abel (cf. Gn 4,8), e o desejo de vingança entrou no mundo. Lamec disse: *"Caim é vingado sete vezes, mas Lamec setenta e sete vezes"* (Gn 4,24). Adão e Eva, Caim, Abel e Lamec somos todos nós.

De lá para cá, são muitas as vítimas da vingança e da violência. Só as duas grandes guerras do século XX mataram mais de cem milhões de pessoas! Muitas guerras foram feitas. Algumas até são feitas em nome de Deus, tanto por cristãos como por judeus e muçulmanos. São os dilúvios que nós mesmos provocamos. No Brasil, a cada ano, milhares de pessoas, na sua maioria jovens e negros, são assassinadas, tanto pela polícia como pelos traficantes e outros assassinos. A guerra mata milhões de pessoas, a fome mata mais ainda. Jesus na cruz, quando estava sendo assassinado pelos soldados, não retrucou com violência, como Lamec, mas disse: *"Pai, perdoa! Eles não sabem o que estão fazendo"* (Lc 23,34). Jesus manda perdoar, não sete vezes, nem 77 vezes, mas setenta vezes sete vezes (cf. Mt 18,22). O contrário de Lamec!

3 de Abril

Samgar
Juiz do povo de Deus

"Depois de Aod, veio Samgar, filho de Anat" (Jz 3,31).

São poucas as notícias do livro dos Juízes sobre o juiz Samgar. Apenas uma única frase: *"Depois de Aod, veio Samgar, filho de Anat. Ele, com uma vara de tocar bois, derrotou seiscentos filisteus. Também ele salvou Israel"* (Jz 3,31). O nome *Samgar* significa *filho de Anat*. Anat era uma divindade pagã. Como entender a afirmação de que Samgar, com uma vara de tocar os bois, derrotou 600 filisteus? Aqui não se trata de uma informação histórica exata. Trata-se de uma história popular para nos fazer sentir algo do calor da vivência da fé do povo e para mostrar como Deus conduz o seu povo e o salva por meios inacreditáveis nos momentos mais difíceis. Nessa maneira de transmitir a fé, aplica-se o ditado: *"Quem conta um conto aumenta um ponto"*. Aumenta, sim! Mas não para enganar. Ele aumenta para fazer crescer a fé na grandeza e no poder de Deus, que conduz o seu povo, tanto ontem como hoje.

Qual a fé que animava os juízes? Durante os 40 anos no deserto, nasceu no povo a fé em Deus como libertador que fazia o povo sentir-se irmão e irmã, uns dos outros, livres da dominação do faraó. A organização que daí nasceu é a organização igualitária do tempo dos juízes, feita de clãs e de tribos, impedindo assim a concentração do poder na mão de um só. A liderança dos juízes não era hereditária, propriedade de uma única família, mas nascia de atos de coragem que obtinham a aprovação popular. Foi assim que Samgar se tornou juiz do seu povo.

4 de Abril

Filhas de Salfaad
Mulheres em busca dos seus direitos

"As filhas de Salfaad falaram corretamente" (Nm 27,7).

Diz a Bíblia: *"Salfaad, filho de Héfer, não teve filhos, mas apenas filhas; estes são os nomes das filhas de Salfaad: Maala, Noa, Hegla, Melca e Tersa"* (Nm 26,33). Cinco filhas. Elas eram da tribo de Manassés (cf. Nm 26,29). Por ocasião da distribuição das terras, elas se apresentaram e disseram a Moisés: *"Nosso pai morreu no deserto. Não era do grupo que se formou contra Y*HWH*, do grupo de Coré; mas morreu pelo seu próprio pecado e sem ter filhos. Por que haveria de desaparecer o nome do nosso pai do seu clã? Visto que ele não teve filhos, dai-nos uma propriedade no meio dos irmãos do nosso pai"* (Nm 27,3-4). É que, naquele tempo, só os filhos participavam na divisão da herança. As filhas não participavam.

O que elas queriam evitar era o surgimento do latifúndio. Alguém da família de Salfaad dizia: *"Se elas (as filhas) se casarem com um membro de outra tribo dos filhos de Israel, a parte que lhes pertence será subtraída da parte dos nossos pais. A parte da tribo à qual vão pertencer será acrescida, e a parte que nos foi dada por sorte será reduzida"* (Nm 36,3). Moisés levou o caso delas diante de Y*HWH*. Eis a resposta de Deus: *"As filhas de Salfaad têm razão. Dê para elas uma propriedade como herança entre os irmãos do pai delas. Transmita a elas a herança do pai"* (Nm 27,7). Assim, graças à sua iniciativa, estas cinco moças conseguiram salvaguardar o direito das mulheres como herdeiras da propriedade da família e impediram que uma tribo enriquecesse à custa das outras tribos (cf. Nm 36,2-12; 27,8-11). Parabéns!

5 de Abril

Eliacim
O servo honesto

"Naquele mesmo dia chamarei o meu servo Eliacim, filho de Helcias" (Is 22,20).

Eliacim era o administrador do palácio do rei de Judá (cf. 2Rs 18,18). Ele foi nomeado no lugar de Sobna (cf. Is 22,15-20). Sobna era um corrupto. Ele tinha se aproveitado da sua posição no governo para enriquecer e construir uma casa muito bonita e um túmulo que ficasse na memória do povo (cf. Is 22,15-19). Sobna foi afastado da sua posição no governo e passou a ser um simples escrivão (cf. 2Rs 19,2). Para a posição de Sobna foi nomeado Eliacim. As palavras do profeta Isaías falam por si. Elas são a sua melhor apresentação:

"Vou convocar o meu servo Eliacim, filho de Helcias. Vou vesti-lo com a túnica que pertencia a você [Sobna], vou firmar-lhe a cintura com o cinturão que você usava; colocarei nas mãos dele o poder que era seu. E ele será como um pai para os habitantes de Jerusalém e para a casa de Judá. Colocarei a chave da casa de Davi sob a responsabilidade dele: quando ele abrir, ninguém poderá fechar; quando ele fechar, ninguém poderá abrir. Vou fincá-lo como prego em lugar firme, e o desempenho do seu cargo será de prestígio para a casa do seu pai" (Is 22,20-23).

6 de Abril

Miqueias de Jemla
Profeta de Y<small>HWH</small>

> *"Há ainda um profeta, pelo qual se pode consultar Iahweh: é Miqueias, filho de Jemla"* (1Rs 22,8).

Josafá, rei de Judá, visitou Acab, rei de Israel. Acab convidou-o para que juntos recuperassem a cidade de Ramot de Galaad (cf. 1Rs 22,1-4). Josafá concordou, mas pediu que se consultasse um profeta de Y<small>HWH</small> (cf. 1Rs 22,5). Acab chamou 400 profetas. Todos eles diziam: *"Podem ir! Vocês vão ganhar essa guerra!"* (cf. 2Rs 22,6). Josafá não ficou satisfeito e insistiu em consultar um outro profeta, um profeta de Y<small>HWH</small> (cf. 1Rs 22,7). Acab disse que só havia o profeta chamado Miqueias de Jemla, *"mas este nunca profetiza o bem para mim, mas só desgraça"* (1Rs 22,8). Josafá insistiu em chamar Miqueias. O rei Acab mandou chamá-lo. O empregado que foi chamar Miqueias disse a ele: "Todos os profetas são a favor do rei. Faça você o mesmo". Miqueias disse: *"O que Y<small>HWH</small> me disser, é isso que eu vou anunciar!"* (1Rs 22,14).

O rei Acab perguntou: *"Miqueias, devemos ir a Ramot de Galaad ou devemos desistir?"* Miqueias respondeu: *"Podem ir!"* (1Rs 22,15). O rei disse: *"Quantas vezes devo dizer que você me diga somente a verdade?"* (1Rs 22,16). Então Miqueias disse: *"Eu vi todo o Israel disperso pelas montanhas como um rebanho sem pastor!"* (1Rs 22,17). Acab disse então a Josafá: *"Não te falei? Ele só profetiza o mal para mim"* (1Rs 22,18). Miqueias completou sua fala dizendo que Deus tinha mandado um espírito de mentira naqueles outros 400 profetas para eles enganarem o rei Acab (cf. 1Rs 22,19-23). Acab mandou prender Miqueias até que ele e Josafá voltassem da guerra. Miqueias disse: *"Se você voltar são e salvo da guerra, é porque Y<small>HWH</small> não falou por mim"* (1Rs 22,28). Os dois reis foram derrotados, e Acab foi morto na batalha. O profeta Miqueias tinha razão.

7 de Abril

Set
Terceiro filho de Adão e Eva

"Deus me deu um outro descendente no lugar de Abel, que Caim matou"
(Gn 4,25).

"Adão se uniu à sua mulher. Ela deu à luz um filho e lhe pôs o nome de Set, dizendo: 'Deus me concedeu um outro descendente no lugar de Abel, que Caim matou'" (Gn 4,25). O nome *Set* significa *Deus deu* ou *dom de Deus*. Em Set, que veio no lugar de Abel, renasce no ser humano a consciência e o desejo em direção a Deus e ao bem, que era a marca da vida de Abel, assassinado por Caim. Em todos nós existe um Abel que quer fazer o bem. Mas existe também um Caim que mata e se afasta de Deus. A Bíblia diz que *"Caim se retirou da presença de Y$_{HWH}$"* (Gn 4,16).

Nas muitas guerras dos últimos cem anos, Caim matou milhões de pessoas. No mesmo período, a fome, o crime e a escravidão mataram muito mais. Caim continua vivo, matando mais do que nunca. Ao mesmo tempo, no mundo inteiro, renasce o Set *"no lugar de Abel, que Caim matou"*, e ele convoca seus irmãos e suas irmãs para retomarem o caminho de Abel em direção ao bem, em direção a Deus. Fica para nós a pergunta muito séria: quem prevalece no mundo de hoje? A descendência de Caim, que mata, ou a descendência de Abel, que renasceu em Set e que quer o bem? Quem prevalece em mim? Caim ou Abel?

8 de Abril

Mulher do fluxo de sangue
Mulher sofredora há mais de 12 anos

"Ela sentiu no corpo que estava curada da doença" (Mc 5,29).

É o Evangelho de Marcos que traz o retrato mais bonito e mais completo da cura desta mulher sofredora (cf. Mc 5,25-34). Havia 12 anos, ela sofria de uma hemorragia irregular. Gastou toda a sua fortuna em tratamento médico e, em vez de ficar melhor, *"piorava sempre mais!"* (Mc 5,26). O sangue constante a tornava impura e impedia o convívio normal com as pessoas. Pois o catecismo daquela época dizia: "A pessoa tocada por uma pessoa impura torna-se impura". Mas a fé em Jesus levou a mulher a dizer o contrário: *"Basta eu tocar só na roupa dele para eu ficar curada"* (Mc 5,28). Conforme o catecismo ela deveria dizer: "Se eu tocar nele, é Ele, Jesus, quem vai ficar impuro". Levada pela fé em Jesus, a mulher se misturou à multidão, chegou perto de Jesus e tocou na roupa dele. No mesmo instante *"ela sentiu no corpo que estava curada da doença"* (Mc 5,29). Jesus percebeu e perguntou: *"Quem foi que me tocou?"* (Mc 5,30). Os discípulos reagem: *"A multidão te comprime e tu perguntas: Quem foi que me tocou?"* (Mc 5,31). A mulher, cheia de medo, caiu aos pés de Jesus e contou toda a verdade (cf. Mc 5,33). Medo por quê? É que uma pessoa impura que contamina os outros do jeito que ela tinha feito, metendo-se no meio da multidão, podia ser apedrejada. Jesus falou: *"Minha filha, tua fé te curou! Vai em paz e fique curada desta doença!"* (Mc 5,34).

É bonita esta reação de Jesus quando diz: *"Minha filha, tua fé te curou"*. Jesus não diz "Fui eu que te curei", mas diz: *"Tua fé te curou!"* Parece que o próprio Jesus ficou admirado vendo o poder imenso da fé que existe nas pessoas.

Maria de Cléofas
Seguidora de Jesus

"Perto da cruz de Jesus, estavam sua mãe, a irmã de sua mãe, Maria, mulher de Cléofas, e Maria Madalena" (Jo 19,25).

Maria de Cléofas, às vezes, é chamada de mãe de Tiago, irmão de Jesus (cf. Mt 27,56; Mc 15,47). Seu nome *Maria* vem de Maria, a profetisa, irmã de Moisés (cf. Ex 15,20). O nome *Maria* tem mais de 60 explicações, mas o sentido mais provável é *Y$_{HWH}$ é meu Senhor* ou *amada de Y$_{HWH}$*. Maria de Cléofas estava junto à cruz de Jesus (cf. Mt 27,56) e ajudou no enterro dele (cf. Lc 23,55). Depois que Jesus foi enterrado, ela e Maria Madalena ficaram perto do sepulcro (cf. Mt 27,61). No primeiro dia da semana, domingo, ela foi bem cedo ao sepulcro junto com as outras mulheres para terminar o embalsamento do corpo de Jesus. Mas elas não o encontraram, porque Jesus tinha ressuscitado. Enquanto voltavam para a cidade, Jesus apareceu a elas (cf. Lc 24,10; Mt 28,1ss).

Assim, Maria de Cléofas é testemunha três vezes: testemunha da morte de Jesus na cruz; testemunha do lugar do enterro de Jesus; testemunha da ressurreição de Jesus. Foram ela e as outras mulheres que receberam a ordem (*ordenação*) de comunicar a Boa Nova da ressurreição aos discípulos. Maria e Cléofas devem ter sido um casal bem atuante nas comunidades durante os primeiros anos da Igreja depois da morte e ressurreição de Jesus.

10 de Abril

Ezequiel
Profeta do povo de Deus

*"Veio a palavra de Y<small>HWH</small> ao sacerdote Ezequiel,
filho de Buzi, na terra dos caldeus, junto ao rio Cobar"* (Ez 1,3).

O profeta Ezequiel era de família sacerdotal, filho do sacerdote Buzi (cf. Ez 1,3). Ele era casado, mas não sabemos o nome da esposa (cf. Ez 24,18). Na primeira deportação do povo, em 598 a.C., ele foi levado para o cativeiro da Babilônia. Foi lá no cativeiro, estando perto do rio Cobar, que Ezequiel foi chamado para ser profeta (cf. Ez 1,3). O nome *Ezequiel* significa *Deus me dê força*. A primeira fase da sua atuação como profeta é marcada por ameaças e denúncias – algumas até bem fortes e estranhas – contra o povo infiel que continuava em Jerusalém. É que eles não tinham tirado nenhuma lição do primeiro cativeiro do ano 598 a.C., e continuavam na mesma infidelidade de antes. Ezequiel tem profecias muito fortes de anúncio da destruição contra o povo da cidade de Jerusalém que não queria converter-se (cf. Ez 1 a 24).

Depois do segundo cativeiro e da destruição total de Jerusalém no ano 587 a.C., Ezequiel anima o povo e anuncia profecias de esperança. Algumas delas estão entre as mais bonitas de toda a Bíblia. Por exemplo, a visão dos ossos secos que retomam a vida sob o sopro do Espírito de Deus (cf. Ez 37,1-14); a visão da água que sai de baixo do templo e vai aumentando, descendo para o vale de Jericó, irrigando tudo e fazendo com que até o Mar Morto retome a vida (cf. Ez 47,1-2); a grandiosa visão do novo templo, descrita em todas as suas minúcias (cf. Ez 40,1-48). Algumas das visões de Ezequiel vão influenciar a literatura apocalíptica até o Novo Testamento: por exemplo, a visão da guerra de Gog e Magog (cf. Ap 20,8; Ez 38,1–39,29).

11 de Abril

Antipas
Mártir da comunidade de Pérgamo

"Antipas, minha testemunha fiel, que foi morto no meio de vocês" (Ap 2,13).

Antipas era da cidade de Pérgamo. O nome *Antipas* é uma abreviação de Antipater, que significa *imagem do pai*. Antipas é mencionado no livro do Apocalipse, na mensagem que João dirige para a comunidade de Pérgamo. A mensagem diz o seguinte: *"Escreve ao Anjo da Igreja em Pérgamo: assim diz aquele que tem a espada afiada, de dois gumes. 'Sei onde moras: é onde está o trono de Satanás. Tu, porém, seguras firmemente o meu nome, pois não renegaste a minha fé, nem mesmo nos dias de Antipas, minha testemunha fiel, que foi morto junto a vós, onde Satanás habita'"* (Ap 2,12-13). O mártir Antipas é chamado de *"minha testemunha fiel"*. A palavra *mártir* é uma palavra grega que significa *testemunha*. Antipas testemunhou sua fé com a própria vida. Ele foi morto na cidade de Pérgamo, onde estava *"o trono de Satanás"* (Ap 2,13).

Pérgamo era a capital e sede do governo da Província da Ásia Menor (atual Turquia). Augusto, o imperador de Roma, tinha mandado construir ali um templo dedicado à deusa Roma e ao próprio imperador. É por isso que o Apocalipse diz que a cidade de Pérgamo era "trono de Satanás". Nela a propaganda do Império Romano era particularmente forte (cf. Ap 13,13-14), e era mais forte também a perseguição contra os cristãos que se recusavam a prestar culto divino ao imperador. Apesar das perseguições, a comunidade cristã de Pérgamo professava corajosamente o Nome de Jesus e não renegou sua fé, nem mesmo na perseguição, em que Antipas foi morto.

12 de Abril

Agur
Sábio em Israel

"Palavras de Agur, filho de Jaces, de Massa" (Pr 30,1).

Não se sabe quem foi o sábio Agur. O nome dele não é hebraico. Agur significa *o que teme a Deus* ou *servo de Deus*. Provavelmente, Agur era membro de uma tribo árabe. Suas palavras de sabedoria eram conservadas e divulgadas em todo o Médio Oriente. A Bíblia as conservou no Livro dos Provérbios (cf. Pr 30,1-14 ou 30,1-33). Sinal de que os sábios israelitas eram pessoas abertas. Sabiam apreciar a sabedoria que vinha dos outros povos, mesmo sendo de outra religião ou de outra raça e cultura. Deixemos que o próprio Agur se apresente, falando da sua vida. Eis as palavras dele:

"Palavras de Agur, filho de Jaces, de Massa. Ele falou o seguinte: "'Ó Deus, estou cansado. Estou cansado, ó Deus, e desfaleço, porque sou o mais ignorante dos homens, e não tenho inteligência humana. Não aprendi a sabedoria e não cheguei a compreender a Ti, o Santo. Quem subiu até o céu, e daí desceu? Quem recolheu o vento na mão? Quem recolheu o mar na túnica? Quem fixou os confins do mundo? Qual é o seu nome e sobrenome? Você sabe? Cada palavra de Deus é comprovada. Deus é um escudo para quem nele se abriga. Não acrescente nada às palavras dele, porque ele o questionaria, e a sua fraude seria descoberta. Eu te peço duas coisas, ó Deus, e não me negues isto antes de eu morrer: afasta de mim a falsidade e a mentira. Não me dês riqueza, nem pobreza. Concede-me apenas o meu pedaço de pão, para que, saciado, eu não te renegue, dizendo: Quem é Y$_{HWH}$? Ou então, reduzido à miséria, chegue a roubar e profanar o nome do meu Deus'" (Pr 30,1-9).

13 de Abril

Dâmaris
Cristã de Atenas

"Alguns abraçaram a fé, entre eles estava Dâmaris" (At 17,34).

Dâmaris, uma senhora da Grécia, escutou a pregação de Paulo em Atenas, gostou e se converteu. Ela aderiu à mensagem da ressurreição (cf. At 17,34). Mais do que isso a Bíblia não informa a respeito de Dâmaris. Mas nas entrelinhas transparece uma notícia muito bonita. Paulo tinha chegado a Atenas, o centro do paganismo. Viu os templos em honra de muitos deuses (cf. At 17,16). Viu ali um pequeno altar dedicado ao *"Deus desconhecido"* (At 17,23). Alguns filósofos que tinham escutado Paulo falar sobre a ressurreição achavam que ele fosse um pregador de divindades estrangeiras: *Jesus e Anastasis* (Jesus e Ressurreição) (cf. At 17,18). Convidado para falar no areópago, o centro jurídico e intelectual da cidade, Paulo mencionou o altar ao "Deus desconhecido" e se apresentou dizendo: *"Vim falar em nome desse Deus desconhecido"* (At 17,23). Ele falou do desejo de Deus que existe em todo ser humano: *"Nele vivemos, nos movemos e existimos"* (At 17,28). Mas quando Paulo falou da ressurreição, os filósofos começaram a debochar: *"Depois a gente escuta mais!"* (At 17,32). O preconceito da filosofia platônica os impediu de aceitar a ressurreição. Só poucas pessoas aceitaram a mensagem. Entre elas estava Dâmaris (cf. At 17,34). O nome *Dâmaris* significa *implorada a Deus pelo povo*.

Dâmaris deve ter sido uma mulher instruída, pois ela estava entre os filósofos no areópago. Ela deve ter sido uma pessoa profundamente religiosa que buscava a Deus na vida. Foi o que a tocou na mensagem de Paulo. O desejo profundo de Deus ajudou-a a superar o preconceito filosófico e a aceitar a mensagem da ressurreição.

14 de Abril

Azeviche, Cássia e Rola
As três filhas de Jó

"Não havia no mundo inteiro mulheres mais bonitas que as filhas de Jó"
(Jó 42,15).

A Bíblia diz: *"Não havia no mundo inteiro mulheres mais bonitas que as filhas de Jó"* (Jó 42,15). Como entender essa afirmação a respeito das três filhas de Jó? O livro de Jó é um teatro que traz um debate muito sério e muito bonito sobre a imagem de Deus que todos nós temos na cabeça e no coração. O catecismo da época de Jó dizia: *"Todo sofrimento é castigo de Deus pelo pecado"*. No teatro, Jó é o grande sofredor que discute com três amigos sobre o significado de tanto sofrimento na nossa vida. No debate do teatro, os três amigos defendem o catecismo daquela época e dizem a Jó: *"Jó, você sofre porque pecou. Deus está te castigando!"* Jó critica esse Deus e diz: *"Vocês pretendem defender a Deus usando mentiras e injustiças sobre a vida humana"* (Jó 13,7). Mas, ao longo do debate, Jó deve ter tido uma experiência de Deus que o ajudou a desmascarar a falsa imagem de Deus. Ele experimentou Deus como um Pai amoroso que acolhe e perdoa. Assim, no fim do debate, Jó resume a descoberta nesta confidência tão bonita que ele dirige a Deus: *"Eu te conhecia só de ouvir falar de Ti. Mas agora meus olhos te viram: por isso, eu me retrato e me arrependo sobre pó e cinza"* (Jó 42,5-6).

Na sentença final depois do teatro, Jó, que criticava a Deus, é aprovado *"porque falou bem de Deus"*. Os três amigos, que defendiam a Deus com unhas e dentes, foram reprovados *"porque falaram mal de Deus"* (cf. Jó 42,7-9). Jó criticava não a Deus, mas sim a falsa imagem de Deus que o catecismo daquela época colocava na cabeça e no coração das pessoas. Por isso, ele recebe tudo de volta, em dobro (cf. Jó 42,11-12). A beleza das três filhas de Jó é um símbolo da paz e do bem-estar interior que Jó experimentou ao descobrir a verdadeira face do seu Deus (cf. Jó 42,15).

15 de Abril

Aristarco
Membro da equipe missionária de Paulo

"Aristarco, companheiro de Paulo na viagem" (At 19,29).

Aristarco era um pagão convertido de Tessalônica, na Macedônia (cf. At 20,4; 19,29). O nome *Aristarco* significa *excelente soberano*. Na carta para a comunidade de Colossas, Paulo escreve: *"Aristarco, meu companheiro de prisão, manda saudações"* (Cl 4,10). E na Carta a Filêmon ele chama Aristarco de *"meu colaborador"* (Fm 24). Aristarco ficou envolvido naquele tumulto em Éfeso, provocado pelo comerciante Demétrio contra Paulo. Demétrio, um ourives, agitou a cidade inteira contra os cristãos. É que, por causa da pregação de Paulo, estava diminuindo o lucro de Demétrio na compra e venda de imagens das divindades (cf. At 19,23-27). Eles arrastaram Aristarco e Gaio, dois companheiros de Paulo, e encheram o anfiteatro de gente (cf. At 19,28-29). *"Um gritava uma coisa, outro gritava o contrário, e a confusão era geral na assembleia. A maioria nem mesmo sabia por que estava ali"* (At 19,32). No fim, o secretário da cidade conseguiu acalmar os ânimos (cf. At 19,35-41). No dia seguinte, Paulo viajou junto com sete companheiros: *"Sópatros, filho de Pirro, da Bereia; Aristarco e Segundo, de Tessalônica; Gaio de Derbe; Timóteo, Tíquico e Trófimo, da província da Ásia"* (At 20,4). Aristarco era um deles.

Mais do que isso a Bíblia não informa a respeito de Aristarco. Mas juntando esses poucos dados a gente consegue o seguinte perfil deste cristão da primeira hora: colaborador de Paulo, membro da comunidade de Tessalônica, conhecido da comunidade de Colossas, pois mandou um abraço para eles; atuava com Paulo na comunidade de Éfeso, onde foi envolvido no tumulto. Não tinha medo de se expor na hora das dificuldades, pois ele foi arrastado pela multidão junto com Gaio. Esteve preso junto com Paulo. Não sabemos todos os detalhes concretos, mas só isso já nos dá uma ideia de que Aristarco era um cristão missionário muito atuante. Hoje, temos muitos *Aristarcos* nas nossas comunidades. Graças a Deus!

16 de Abril

Filipe
Diácono e evangelista

"As multidões seguiam com atenção tudo o que Filipe dizia" (At 8,6).

Filipe era um dos sete diáconos que foram escolhidos para servir à mesa (cf. At 6,2-6). O critério da escolha era este: deviam ser pessoas *"de boa fama, repletos do Espírito e de sabedoria"* (At 6,3). O nome *Filipe* significa *amador de cavalos*. Era um nome muito comum naquele tempo e ocorre várias vezes na Bíblia. É o nome de um dos doze apóstolos (cf. Mc 3,18) e de um dos sete diáconos (cf. At 6,5). O diácono Filipe também é chamada de *evangelista* (cf. At 21,8).

O que a Bíblia mais informa a respeito de Filipe não é o serviço às mesas, para o qual foi escolhido e aprovado por Pedro e pela comunidade, mas sim a sua atividade como evangelista. Ele era alguém que anunciava e irradiava a Boa Nova de Jesus. Anunciou a Boa Nova em Samaria e converteu o mago Simão (cf. At 8,5-13); converteu o ministro de Candace, rainha da Etiópia (cf. At 8,26-39); andou anunciando a Boa Nova nas redondezas de Cesareia, onde ele morava (cf. At 8,40). Filipe tinha quatro filhas solteiras que eram profetisas (cf. At 21,9). Ele abriu sua casa para hospedar Paulo e seus sete companheiros (cf. At 21,8; 20,4) que passaram vários dias na casa de Filipe no fim de última viagem missionária de Paulo. Um dos companheiros de Paulo era o evangelista Lucas, que relatou essa viagem de Paulo usando a primeira pessoa do plural (cf. At 21,10). Foi na casa de Filipe que chegou o profeta Ágabo para dizer que Paulo iria ser preso em Jerusalém (cf. At 21,10-11). Filipe era um missionário muito ativo. Como ele, há muitos Filipes hoje nas nossas comunidades.

17 de Abril

Eneias
Membro da comunidade de Lida

"Eneias, Jesus Cristo está te curando" (At 9,34).

Numa de suas viagens missionárias, o apóstolo Pedro percorria as cidades da antiga Filisteia, no litoral mediterrâneo da Palestina (cf. At 9,32-43). Eram cidades com população de origem grega, mas onde viviam muitos judeus. Nessa viagem ele foi à cidade de Lida, onde havia uma comunidade de seguidores de Jesus. Um deles era Eneias. Não sabemos a causa, mas Eneias estava paralítico, entrevado numa cama, havia oito anos (cf. At 9,33). Pedro chegou e disse a Eneias: *"Eneias, Jesus Cristo está curando você! Levante-se e arrume sua cama!"* (At 9,34). No mesmo instante, Eneias levantou-se, completamente curado. Jesus curou Eneias por meio da ação evangelizadora de Pedro. Por isso, diante do que aconteceu com Eneias, *"todos os habitantes de Lida e da região do Saron se converteram ao Senhor"* (At 9,35). Nada mais sabemos sobre Eneias. Seu nome significa *o louvável*. O nome dele vem do grande herói Eneias que aparece na história da fundação da cidade de Roma, escrita pelo poeta Virgílio.

Até hoje, por meio das ações evangelizadoras da Igreja, Jesus continua vivo e atuante, curando e salvando as pessoas de suas paralisias, doenças e problemas, colocando-as de novo a serviço do Reino. Este testemunho de convivência tão humana e humanizadora das comunidades é o que mais irradia para todos a Boa Nova do Reino de Deus que Jesus nos trouxe.

18 de Abril

Issacar
Patriarca do povo de Deus

"'Deus pagou meu salário, porque dei minha serva ao meu marido.'
E o chamou Issacar" (Gn 30,18).

Issacar é o quinto filho de Lia e Jacó. Depois do quarto filho, Lia tinha ficado estéril e Jacó já não ligava mais para ela (cf. Gn 29,35). Por isso, para compensar, Lia tinha dado ao marido sua escrava Zelfa, para ele poder ter mais filhos por meio da escrava (cf. Gn 30,9). Zelfa teve dois filhos com Jacó: Gad e Aser (cf. Gn 30,10-13). A Bíblia diz que Rúben, o filho mais velho de Lia, foi ao campo e trouxe para a mãe um remédio caseiro feito de mandrágoras que favorecia a fertilidade das mulheres. Raquel, a irmã mais nova de Lia e esposa estéril de Jacó, pediu o remédio caseiro e disse a Lia: *"Se você der o remédio para mim, aí você pode dormir com Jacó esta noite"* (Gn 30,15). Lia aceitou a troca. Ela dormiu com Jacó e ficou grávida do quinto filho, a quem deu o nome de Issacar, porque, assim ela disse, *"Deus pagou meu salário, por eu ter dado minha serva ao meu marido"* (Gn 30,18). Ela interpretou a gravidez e o nascimento de Issacar como uma recompensa ou um salário da parte de Deus por ela ter dado sua escrava Zelfa a Jacó, e agora recebeu em troca um filho. O nome *Issacar* significa *recompensa* ou *salário*.

Issacar, junto com os outros 11 filhos de Jacó, aparece no livro do Apocalipse, no recenseamento das 12 tribos de Israel. Eram ao todo 144 mil assinalados do povo de Deus: 12 mil para cada tribo (cf. Ap 7,5-8).

19 de Abril

Tímon
Diácono do povo de Deus

> *"Escolheram sete homens cheio de fé e do Espírito Santo;
> entre eles estava Tímon"* (At 6,5).

Tímon é um dos sete diáconos que foram escolhidos *"para servir às mesas"* (At 6,2). É que tinha havido uma reclamação da parte dos cristãos de origem grega, chamados helenistas. Estes achavam que as suas viúvas eram esquecidas na distribuição diária dos alimentos. Diante dessa reclamação, Pedro reuniu a comunidade e mandou que escolhessem *"sete homens de boa reputação, cheios do Espírito e de sabedoria"* (At 6,3). Pedro tinha dito: *"Não convém que nós deixemos de lado a Palavra de Deus para servir às mesas"* (At 6,2). Eles, os apóstolos, poderiam então *"dedicar-se mais à oração e ao ministério da Palavra"* (At 6,4). A comunidade escolheu sete pessoas e as apresentou aos apóstolos. Todos rezaram e impuseram as mãos sobre eles (cf. At 6,6). Impor as mãos significava enviá-los para a missão para a qual tinham sido escolhidos.

Todos os sete, menos Nicolau, são judeus com nomes gregos (cf. At 6,5). Isso significa que, a partir daquele momento, os cristãos de origem grega começaram a ter uma organização própria. Eles foram escolhidos para servir às mesas, mas o que se vê nos Atos dos Apóstolos é que as pessoas eleitas para servir às mesas aparecem fazendo de tudo, atendendo às várias necessidades que iam aparecendo na vida das comunidades. No texto dos Atos que descreve a escolha dos sete, ainda não aparece o termo *diácono*. A palavra que se usa é *diaconein*, servir. Ainda não era uma instituição, mas apenas a tarefa de servir, um serviço. Pouco a pouco tornou-se uma instituição, um ministério.

20 de Abril

Tito
Companheiro, colaborador e amigo de Paulo

"Deus colocou no coração de Tito o mesmo zelo por vocês" (2Cor 8,16).

Paulo chama Tito de *"meu verdadeiro filho na fé comum"* (Tt 1,4). Tito era um pagão convertido de Antioquia. Provavelmente, era um dos "tementes a Deus" (At 10,2; 13,16) ou "adoradores de Deus" (At 17,4.17), pagãos que se sentiam atraídos pela mensagem de Deus do Antigo Testamento e frequentavam as celebrações nas sinagogas aos sábados. Muitos deles se converteram após ouvirem a pregação e o testemunho de Paulo. Depois da sua conversão, Tito entrou na equipe missionária de Paulo e o acompanhou na viagem até Jerusalém (cf. Gl 2,1). Os dois eram muito amigos (cf. 2Cor 2,13; 7,6). Paulo fez de Tito seu mensageiro e porta-voz e o encarregou de várias missões, algumas até bem penosas e delicadas: apaziguar a situação tensa na comunidade de Corinto (cf. 2Cor 7,5-7.15); organizar em Corinto a coleta pelos pobres de Jerusalém (cf. 2Cor 8,6.16); ser mensageiro de Paulo para a comunidade de Corinto (cf. 2Cor 8,23) e para Dalmácia (cf. 2Tm 4,10); organizar a comunidade em Creta (cf. Tt 1,5). Tito era para Paulo *"meu companheiro e colaborador junto a vós"* (2Cor 8,23). Tito recebeu uma carta de Paulo que até hoje está na Bíblia. O nome *Tito* significa *pombo selvagem*.

Paulo foi preso em Jerusalém porque os adversários diziam que ele tinha levado Trófimo, um pagão, para dentro do templo (cf. At 21,9). Nessa mesma viagem, Tito também foi com Paulo até Jerusalém. Provavelmente, ele estava junto com Trófimo quando Paulo foi preso.

21 de Abril

O nome de Deus
Centro de toda a revelação

"Vai! Eu estou contigo!" (Ex 3,12).

O nome Y<small>HWH</small> ocupa um lugar central na Bíblia. Ocorre mais de 6 mil vezes no Antigo Testamento. Para ser exato: 6.828 vezes! Sem falar dos inúmeros nomes que terminam em *-ia* ou *-ias*, uma abreviação do nome divino Y<small>HWH</small>: Eli-*ias*, Isai-*ías*, Zacari-*ias*, Mari-*ia* etc. Nome divino muito antigo, anterior ao povo de Deus. Em hebraico esse nome de Deus se escreve com estas quatro letras: YHWH. Não se sabe o seu sentido exato, nem a sua pronúncia correta. Foi a experiência da libertação do Egito, vivida e aprofundada ao longo dos séculos, que foi dando um sentido novo e sempre atual a esse nome antigo. O novo sentido está verbalizado no diálogo entre Deus e Moisés (cf. Ex 3,7-15), que Deus conclui dizendo: *"Este é o meu Nome para sempre. Sob este Nome serei invocado de geração em geração".* Deus já não quer ter outro nome, a não ser este: Y<small>HWH</small>, que significa *Estou contigo, Emanuel, Deus conosco. "Ele está no meio de nós."* No passado, ainda na época do Antigo Testamento, para evitar que esse nome sagrado fosse pronunciado sem o devido respeito, combinaram de pronunciar aquelas quatro letras – Y<small>HWH</small> – como *Adonai,* que quer dizer *Senhor.* Era para reverenciar o mistério de Deus que nele se revela e se esconde. Por isso, algumas das nossas Bíblias, até hoje, escrevem *Senhor*, em vez de Y<small>HWH</small> ou Javé.

O nome Y<small>HWH</small> é a expressão do solene compromisso que Deus assumiu consigo mesmo de estar sempre no meio do seu povo para libertá-lo da opressão, da "casa da escravidão". Ele quer ser Y<small>HWH</small>, presença amiga. O profeta Isaías dizia: *"Sim, Y<small>HWH</small>, o teu nome e a lembrança de ti resumem todo o desejo da nossa alma"* (Is 26,8). Poder invocar esse Nome é a raiz da prece. Rezar e celebrar o Nome é permitir que o mistério desse Nome nos envolva, nos compenetre e nos santifique. Jesus manda rezar: *"Santificado seja o teu Nome"* (Mt 6,9). Maria rezava: *"Seu Nome é santo"* (Lc 1,49). Na missa o sacerdote diz: *"O Senhor esteja convosco!"* E nós respondemos com toda a força: *"Ele está no meio de nós!"* Ele é Y<small>HWH</small>.

22 de Abril

Tobit e Ana
Exemplo de casal fiel e piedoso

"Tobit morreu em paz na idade de cento e doze anos" (Tb 14,1).

Tobit pertencia ao povo de Israel, membro da tribo de Neftali. Essa tribo foi uma das primeiras tribos a sofrer o exílio, ainda na época dos assírios, em torno do ano 720 a.C. Tobit é o exemplo do israelita exilado que, mesmo vivendo em Nínive, longe de sua pátria, não deixava de observar os preceitos da lei de Moisés. O nome *Tobit* significa *Deus é bom*. Ele ajudava seus irmãos na fé e praticava obras de piedade, inclusive sepultando os mortos. Foi após ter enterrado um morto que Tobit, dormindo ao relento, recebeu no olho o excremento de um passarinho e ficou cego (cf. Tb 2,9-10). Por causa da sua cegueira acabou pobre e desamparado. Seu único apoio eram sua mulher Ana e seu filho Tobias. Ana, cujo nome significa *graça* ou *misericórdia*, começou a trabalhar fora, para ajudar na manutenção da casa (cf. Tb 2,11). Desesperado, Tobit *"soluçando e chorando, começou a rezar"* (Tb 3,1). *"No mesmo instante, o Deus da glória escutou a oração de Tobit"* (Tb 3,16) e enviou o arcanjo Rafael para curar os olhos de Tobit. Foi assim:

Tobit se lembrou de uma quantia em dinheiro que ele tinha deixado com Gabael, que morava em Rages, perto de Ecbátana, no reino da Média (cf. Tb 4,1). Por isso, ele enviou para lá seu filho Tobias para receber o dinheiro (cf. Tb 4,20-21). Junto com Tobias ia o anjo Rafael, sem Tobias saber que se tratava de um anjo de Deus. Na ida, Rafael o guiou, o ajudou e o protegeu, até ele chegar à casa de Gabael. Na volta para casa, Rafael fez com que Tobias, além do dinheiro e de sua nova esposa, Sara, trouxesse também o remédio para curar a cegueira do pai Tobit. Seguindo os conselhos de Rafael, Tobias aplicou o remédio sobre os olhos do pai, e ele ficou curado da cegueira (cf. Tb 11,11-13). No leito de morte, Tobit transmite a seu filho Tobias muitos conselhos para poder sobreviver à dura realidade do exílio (cf. Tb 14,3-11).

23 de Abril

Mardoqueu
Judeu da tribo de Benjamim

"Na cidadela de Susa havia um judeu chamado Mardoqueu" (Est 2,5).

Mardoqueu, um judeu da tribo de Benjamim, tinha sido levado para o cativeiro na Babilônia (cf. Est 2,5-6). Três acontecimentos ligados entre si marcam a informação da Bíblia a respeito deste homem. O primeiro é da época em que Vasti, rainha da Pérsia, tinha sido deposta como rainha (cf. Est 1,10-22). Mardoqueu tinha uma prima chamada Ester, órfã de pai e mãe, que ele adotou como filha (cf. Est 2,5-7). O rei mandou escolher uma nova rainha. Entre todas as candidatas, Ester, a prima de Mardoqueu, foi a escolhida para ser a rainha no lugar de Vasti (cf. Est 2,17). Mardoqueu aconselhou-a para não revelar sua origem judia (cf. Est 2,10-11). O segundo acontecimento é de quando Mardoqueu era funcionário da corte do rei e descobriu que dois funcionários estavam planejando um atentado contra o rei. Ele informou a Ester, a rainha, e Ester informou ao rei (cf. Est 2,21-23). Assim, o rei escapou do atentado e salvou sua vida.

O terceiro é de quando o funcionário Amã tinha sido elevado à mais alta dignidade do reino (cf. Est 3,1). Todos deviam dobrar os joelhos diante dele e adorá-lo. Mardoqueu, como judeu fiel, não dobrava os joelhos diante de Amã. Por isso Mardoqueu foi denunciado, e Amã quis vingar-se, não só de Mardoqueu, mas de todos os judeus que se recusavam a adorá-lo. Amã conseguiu um decreto real de extermínio do povo judeu (cf. Est 3,7-11). Mardoqueu soube e avisou Ester, pedindo para ela avisar o rei. Ora, foi nesses mesmos dias que o rei descobriu, por acaso, que ele tinha sido salvo daquele atentado graças à iniciativa de Mardoqueu (cf. Est 6,1-2). Essa coincidência fez com que Ester conseguisse a salvação do povo judeu e a condenação de Amã (cf. Est 7,1-7). Amã morreu na mesma forca que ele já tinha preparado para Mardoqueu (cf. Est 7,9-10). Mardoqueu foi elevado à mais alta dignidade do reino (cf. Est 8,15-17). O nome *Mardoqueu* significa *propriedade de Marduc*, principal divindade da Babilônia.

24 de Abril

Hermes e Pátrobas
Animadores da comunidade em Roma

"Saúdem Hermes e Pátrobas e os irmãos que vivem com eles" (Rm 16,14).

No último capítulo da Carta aos Romanos, Paulo manda saudações e recados para muitas pessoas. Entre elas aparece este grupo de pessoas. Ele diz: *"Saúdem Asíncrito, Flegonte, Hermes, Pátrobas, Hermas e os irmãos que vivem com eles"* (Rm 16,14). São cinco pessoas e mais os irmãos que vivem com eles. Quem eram estes cinco? Quem eram Hermes e Pátrobas? Não sabemos. Mas adivinhamos algo muito importante. Se Paulo os destaca no meio dos outros irmãos, é porque eles, junto com Asíncrito, Flegonte e Hermas, destacavam-se no serviço e na vivência comunitária.

O mesmo acontece hoje. Nas nossas comunidades, algumas pessoas se destacam pela maneira de viver o Evangelho, de conviver com os outros, de servir aos pobres, de animar as pastorais, de lutar pela justiça, de combater a corrupção. E quando alguém manda uma carta para a comunidade, lembra o nome destes que se destacam e manda um abraço para eles. Foi o que o apóstolo Paulo fez na Carta aos Romanos. Tanto Paulo como nós lembramos o nome só de alguns. Lembrar o nome de todos é impossível. Só Deus lembra o nome de todos e de todas. Graças a Deus! Se hoje, 24 de abril, lembramos apenas o nome de Hermes e Pátrobas, não é porque esquecemos os outros, mas porque os outros também vão ser lembrados em outros dias. Veja na lista alfabética o dia dos outros.

25 de Abril

Marcos
Evangelista

"Traga Marcos, ele me é muito útil no ministério" (2Tm 4,11).

Marcos, também chamado João Marcos, era filho de dona Maria, que colocava sua casa em Jerusalém a serviço de Jesus e da comunidade (cf. At 12,12). Marcos era sobrinho de Barnabé (cf. Cl 4,10). Alguns acham que Marcos era aquele menino que fugiu nu por ocasião da prisão de Jesus no Horto das Oliveiras (cf. Mc 14,51-52). Quando a seca anunciada por Ágabo gerou muita fome em Jerusalém, Barnabé e Paulo levaram uma ajuda da comunidade de Antioquia para Jerusalém. Na volta Marcos foi com eles para Antioquia (cf. At 12,25). Quando a comunidade de Antioquia resolveu enviar Paulo e Barnabé em viagem missionária, Marcos foi com eles. Depois de visitar Chipre, Marcos voltou para Jerusalém (cf. At 13,13). Quando Paulo convidou Barnabé para uma segunda viagem, Barnabé quis levar Marcos, seu sobrinho, mas Paulo não quis. *"Ele era de opinião que não deviam levar consigo uma pessoa que se havia separado deles na Panfília e não os acompanhara no trabalho"* (At 15,38). Deu briga entre os dois. Diz a Bíblia: *"Houve desacordo entre eles, a tal ponto que tiveram de separar-se um do outro"* (At 15,39). Aí, Barnabé e Marcos foram para a região de Chipre, e Paulo, com Silas, para a região da Cilícia e da Ásia Menor (cf. At 15,36-41). Mais tarde, a briga entre Paulo e Barnabé por causa de Marcos já não existia, pois na carta a Timóteo Paulo diz: *"Traga Marcos, porque ele pode ser muito útil"* (2Tm 4,11).

Pelo que transparece no Evangelho que ele escreveu, Marcos era uma pessoa prática, servidora. Ele diz muitas vezes que Jesus falava ao povo e que o povo gostava de ouvi-lo (cf. Mc 1,21-22.39; 2,2.13; 3,8; 4,1-2.33; 5,21; 6,2.6; etc.), mas raramente traz um discurso de Jesus. Pedro considera Marcos como um filho (cf. 1Pd 5,13). A tradição diz que Marcos era intérprete de Pedro e que ele teria escrito o seu Evangelho relatando os casos que Pedro contava sobre Jesus. Marcos aparece em várias cartas, recebendo ou mandando saudações (cf. Cl 4,10; 2Tm 4,11; 1Pd 5,13). O nome *Marcos* significa *servo de Marte*.

26 de Abril

Segundo
Companheiro de viagem de Paulo

"Segundo era um dos companheiros de viagem de Paulo" (At 20,4).

Segundo foi companheiro de Paulo no trajeto final da segunda viagem missionária, desde a Grécia até a Síria. O livro dos Atos dos Apóstolos informa o seguinte: depois que soube da conspiração dos judeus contra a sua vida, Paulo *"tomou a decisão de voltar pela Macedônia. Foram seus companheiros de viagem: Sópatros, filho de Pirro, de Bereia; Aristarco e Segundo, de Tessalônica; Gaio, de Derbe, e Timóteo; e ainda Tíquico e Trófimo, da Ásia"* (At 20,3-4). É só isto que sabemos de Segundo: era "de Tessalônica". Os outros companheiros – Sópatros, Aristarco, Gaio, Timóteo, Tíquico e Trófimo – aparecem em outros lugares dos escritos do Novo Testamento. Mas este Segundo aparece só aqui. Não sabemos quem ele era. Mesmo assim sabemos uma coisa muito importante: ele era companheiro de viagem de Paulo; era um dos sete companheiros da equipe missionária; era pessoa de muita confiança que não tinha medo de riscos, pois a viagem era perigosa.

Perigosa por quê? Em Éfeso houve uma conspiração contra Paulo da parte dos judeus (cf. At 20,3). É que Paulo estava levando para Jerusalém uma grande soma de dinheiro, fruto da coleta feita entre as comunidades da Grécia para os pobres de Jerusalém. Por isso, o grupo teve que armar um esquema de proteção. Eles se dividiram em dois grupos para confundir os perseguidores. Diz a Bíblia: *"Houve uma conspiração dos judeus contra ele* [Paulo]*, pouco antes do seu embarque para a Síria. Estes seguiram à frente, e nos aguardaram em Trôade. Quanto a nós, deixamos Filipos por mar após os dias dos Pães sem fermento. Cinco dias depois, fomos encontrá-los em Trôade, onde permanecemos uma semana"* (At 20,3-6). Segundo fazia parte desse grupo. O nome *Segundo* provavelmente se refere ao fato de ele ter sido um escravo. Escravo não recebia nome; recebia um número. Entre os cristãos, *Segundo* deixou de ser um número e passou a ser um *irmão*, acolhido na comunidade pelos irmãos e irmãs.

27 de Abril

Balaão
Vidente e profeta

"Oráculo de Balaão, filho de Beor, oráculo do homem de olhar penetrante"
(Nm 24,3).

Balaão era um vidente estrangeiro (cf. Nm 24,1). Viveu no século XIII a.C., a época em que o povo de Deus andava pelo deserto rumo à Terra Prometida. Apesar de estrangeiro, Balaão aparece como profeta que fala em nome de Yhwh, em favor do povo de Deus (cf. Nm 22,5–24,24). O nome *Balaão* significa *aquele que devora*. Balaão era uma figura popular, conhecida em toda a parte do Médio Oriente. Sua atuação como vidente entrou no imaginário do povo. Chegaram a dizer que até o jumento dele era capaz de falar (cf. Nm 22,22-35). Balaão se apresentava como *"o homem de olhar penetrante"* (Nm 24,3.15). Ele era consultado pelos reis para saberem como resolver seus problemas. Assim, em torno do ano 1200 a.C., depois da vitória dos israelitas sobre os amonitas, Balac, o rei de Moab, ficou preocupado com o avanço de Israel e chamou Balaão para rogar uma praga contra Israel (cf. Nm 22,6). Mas em vez de praga, Balaão rogou uma bênção, três vezes (cf. Nm 23,7-11; 24,3-9; 24,15-17). O rei Balac reclamou. Balaão respondeu: *"Como posso amaldiçoar, se Deus não amaldiçoa?"* (Nm 23,8). Inúmeras vezes Balaão afirma que só diz e faz o que Deus manda fazer e falar: *"Não farás senão aquilo que eu te disser"* (Nm 22,20.35.38; 23,3.12.26; 24,13).

Em outro lugar da Bíblia, aparece uma tradição bem diferente, na qual Balaão nem parece ser o mesmo. Ele seduz Israel para a idolatria, apoia a luta dos madianitas contra os israelitas (cf. Nm 31,8.16) e é morto por Israel por ser um inimigo (cf. Nm 31,8; Js 13,22).

28 de Abril

Booz
Homem honesto e justo

"Por acaso, Rute foi parar num dos campos de Booz" (Rt 2,3).

Booz, ou Boaz, era membro do clã de Elimeleque, em Belém de Judá. Seu nome significa *nele há força*. Ele era parente de Noemi. Como parente de uma viúva pobre e sem filhos, Booz era, ao mesmo tempo, o *goêl* de Noemi. Ser *goêl* implicava duas coisas: o dever de socorrer o parente em situação difícil, tal como escravidão por dívidas ou perda da terra familiar (cf. Lv 25,23-25) e o dever ou direito do resgate das propriedades (cf. Rt 2,20). Além disso, como parente próximo, Booz também podia valer-se da lei do levirato (cf. Dt 25,5-10) para garantir uma descendência para Noemi (cf. Rt 4,5). Aconselhada por Noemi, Rute vai pedir a Booz (cf. Rt 3,9-18) que ele cumpra esse seu dever de *goêl* e assim seja respeitado o direito dos pobres. Noemi e Rute, as duas pobres viúvas, não buscam favores dos ricos, mas sim a observância das leis que garantem seus direitos. Rute está defendendo os direitos de Noemi diante da sociedade de Belém.

Booz já tinha demonstrado sua admiração pelas ações de Rute em defesa de sua sogra Noemi (cf. Rt 2,11). Agora ele se encanta com Rute e resolve enfrentar a sociedade de Belém para garantir a propriedade de Noemi. Graças à amizade de Rute e ao amor que une Booz e Rute em casamento, Noemi consegue de volta seus direitos. Ela conseguiu a garantia de, na sua velhice, ter terra, pão e descendência. Booz e Rute fizeram triunfar os direitos dos pobres.

29 de Abril

Tíquico
Companheiro de viagens de Paulo

"Tíquico, o irmão querido e fiel ministro no Senhor" (Ef 6,21).

Para conhecer de perto quem foi Tíquico, nada melhor do que estes dois testemunhos de Paulo a respeito deste seu companheiro de viagens. Ele diz na Carta aos Efésios: *"Desejo que também vocês fiquem sabendo qual é a minha situação e o que estou fazendo. Tíquico, o irmão querido e fiel ministro no Senhor, dará todas as notícias. Eu o envio, para que vocês fiquem sabendo notícias nossas e sejam reconfortados"* (Ef 6,21-22). E na Carta aos Colossenses ele diz: *"O querido irmão Tíquico, ministro fiel e companheiro no Senhor, dará a vocês todas as informações a meu respeito. É com essa finalidade que eu o envio, para animá-los e para que vocês saibam de tudo a nosso respeito"* (Cl 4,7-8).

Tíquico era um cristão de Éfeso, na Ásia Menor (atual Turquia), um dos que acompanharam Paulo na sua última viagem de Éfeso para Jerusalém (cf. At 20,4). Era uma pessoa de muita confiança, pois, quando Paulo estava preso em Roma e todos estavam querendo notícias, ele mandou Tíquico para as comunidades de Éfeso (cf. Ef 6,21; 2Tm 4,12) e de Colossas (cf. Cl 4,7-9) para informá-los a respeito da sua situação como prisioneiro em Roma. Tíquico também foi enviado para Creta onde Tito era o coordenador da comunidade (cf. Tt 3,12). O nome *Tíquico* significa *felizardo*. E era mesmo!

30 de Abril

Daniel
Profeta em Israel

"Entre os jovens escolhidos estava Daniel" (Dn 1,6).

O nome *Daniel* era muito comum nas antigas culturas do Oriente Médio. O nome *Daniel* significa *Deus é meu juiz* ou *Deus me fez justiça*. Provavelmente, o nome *Daniel* do autor do livro é um pseudônimo, um nome simbólico. Simboliza todos os judeus que foram levados para o exílio e não perderam sua fé, suas tradições e suas raízes judaicas. Na pessoa de Daniel os judeus daquela época se reconhecem. É que com o Daniel do livro acontece tudo aquilo que estava acontecendo com muitos judeus. Era a história deles! Daniel foi deportado para a Babilônia junto com seu povo; foi convocado para ser empregado na casa real; depois de um treinamento de três anos, recebeu um posto na corte real; seu nome *Daniel* foi mudado para *Baltazar* (cf. Dn 1,7), nome que significa *que Deus proteja o rei*; mesmo morando e trabalhando para os dominadores, Daniel nunca se deixou envolver nos rituais babilônicos e permaneceu sempre fiel na observância dos costumes e leis judaicas. Por essa sua fidelidade, Deus o favoreceu com sabedoria, inteligência e bondade. Ele tinha o dom de interpretar sonhos e sinais misteriosos. O Daniel do livro prestou serviços a Nabucodonosor e Baltazar, reis da Babilônia, a Dario, rei dos medos, e a Ciro, rei da Pérsia.

Como dissemos, Daniel simboliza todos os judeus que foram levados para o exílio e não perderam sua fé, suas tradições e suas raízes judaicas. Muitos exilados resistiram bravamente a todas as propostas de adesão ao império e à idolatria. Essa fidelidade gerou muitos mártires. Daniel foi jogado na cova dos leões, mas foi salvo milagrosamente. Pois Deus, em sua bondade, sempre recompensa seus eleitos e suas eleitas.

Maio

1° de Maio

Caleb
Líder da tribo de Judá

"Da tribo de Judá foi enviado Caleb, filho de Jefoné" (Nm 13,6).

O nome *Caleb* significa *cão*. Caleb foi um dos líderes mais importantes da tribo de Judá durante a conquista da terra de Canaã, em torno do ano 1200 a.C. Ele era um dos exploradores enviados por Moisés para fazerem um reconhecimento da terra de Canaã. Para essa tarefa tinham sido escolhidos 12 líderes, um de cada tribo (cf. Nm 13,1-20). Caleb foi o representante da tribo de Judá (cf. Nm 13,6). Essa exploração durou 40 dias (cf. Nm 13,25). Na volta, 10 dos 12 exploradores deram um relato alarmante, dizendo que a terra era habitada por gigantes poderosos que viviam em cidades fortificadas (cf. Nm 13,28-29). Diante desse relatório, o povo desanimou e se revoltou contra Moisés. Caleb criticou o relatório dos 10 companheiros e tentou reanimar o povo (cf. Nm 13,30-33), dizendo que o relatório deles era mentiroso; que a terra era boa e que eles poderiam vencer facilmente as dificuldades. Mas o medo tinha se instalado no povo, e eles já não queriam entrar na terra (cf. Nm 14,1-4). Caleb e Josué insistiram mais uma vez (cf. Nm 14,7-9), mas o povo, em seu medo, quase os apedrejou (cf. Nm 14,10). Diante dessa revolta do povo, Deus garantiu que apenas Josué e Caleb poderiam entrar na Terra Prometida (Nm 14,30-31). Todos os outros iriam morrer antes (cf. Nm 14,20-23).

De fato, Caleb conseguiu para sua família um pedaço de terra na área reservada para a tribo de Judá (cf. Js 14,6-15; 15,13-20). Ele escolheu Hebron para sua residência, lugar abençoado pela memória de Abraão e futura capital de Judá (cf. Gn 23,2; 2Sm 2,1-4). A descendência de Caleb está registrada no livro das Crônicas (cf. 1Cr 2,18-21).

2 de Maio

Jeremias
Profeta do povo de Deus

"Palavras de Jeremias, filho de Helcias, um dos sacerdotes de Anatot" (Jr 1,1).

O nome *Jeremias* significa Y$_{HWH}$ *exalta*. Jeremias foi profeta num dos períodos mais difíceis da história do povo de Deus. Ele nasceu por volta do ano 650 a.C. em Anatot, um pequeno santuário de romaria, uma légua ao norte de Jerusalém, lugar para onde, 300 anos antes, o rei Salomão tinha exilado o sumo sacerdote Abiatar (cf. 1Rs 2,26). A missão de Jeremias começou aos 24 anos de idade, no 13º ano do reinado de Josias (626 a.C.), e se estendeu até o final do governo de Godolias (582 a.C.) (cf. Jr 1,1; 25,3). Desde a idade de 24 anos até a morte, aos 67 anos de idade. Ao todo, foram 43 anos de muita luta, dor e sofrimento. Num momento de maior aflição, ele chegou a fazer esta trágica afirmação: *"Desde o décimo terceiro ano de Josias, filho de Amon, rei de Judá, até hoje, há vinte e três anos, eu estou recebendo a palavra de Javé e transmitindo para vocês, sem parar, mas vocês não escutaram"* (Jr 25,3). Depois desses 23 anos, foram outros 20 anos! Atuando quase todo o tempo na cidade de Jerusalém, Jeremias foi testemunha dos erros políticos dos reis de Judá na época do avanço do império da Babilônia contra o povo de Deus. Jeremias aconselhava o povo e o rei a não resistirem contra Nabucodonosor, pois só assim a cidade de Jerusalém não seria destruída e o povo não seria massacrado (cf. Jr 38,17-23). Mas não escutaram o conselho de Jeremias.

Durante o cerco da cidade, Jeremias foi preso pelo rei Sedecias, acusado de ser um agente babilônico que minava a resistência dos soldados (cf. Jr 37,11-21; 38,4-13). Depois que a cidade caiu na mão da Babilônia (586 a.C.), Jeremias foi libertado. Ele seguiu com Godolias, o novo governador, para Masfa, agora transformada em capital da província de Judá (cf. Jr 40,6). Quando Godolias foi assassinado pelos judeus rebeldes, estes fugiram para o Egito, levando consigo o velho profeta Jeremias (cf. Jr 43,4-7). Foi lá que ele morreu. A força que o sustentava era o amor a Deus e ao povo. Era a sedução da sua vida, mais forte que a vontade de largar tudo: *"Seduziste-me, Senhor, e eu me deixei seduzir. Derrubaste-me e venceste. Agora sirvo de piada o dia todo e todo mundo dá risada de mim"* (Jr 20,7). Mas ele não desanimava, pois *"o Senhor está comigo qual valente guerreiro"* (Jr 20,11).

3 de Maio

Tiago, irmão do Senhor
Apóstolo e líder da Igreja em Jerusalém

"Não vi nenhum outro apóstolo, a não ser Tiago, o irmão do Senhor" (Gl 1,19).

O nome *Tiago* é a forma portuguesa para *Jacó*. Não se sabe o significado exato do nome *Jacó* (Tiago). Uma explicação popular, referindo-se à história do nascimento de Esaú e Jacó, dizia que o nome *Jacó* significa *aquele que segura o calcanhar* (cf. Gn 25,26). No grupo dos Doze havia dois Tiagos: Tiago, irmão de João, filho de Zebedeu (cf. Mc 1,19; 3,17) e Tiago, filho de Alfeu (cf. Mc 3,18). O terceiro Tiago, de que fazemos memória hoje, é o assim chamado *"irmão do Senhor"*, ou seja, ele era considerado um irmão de Jesus de Nazaré. O povo dizia a respeito de Jesus: *"Esse homem não é o carpinteiro, o filho de Maria e irmão de Tiago, de Joset, de Judas e de Simão? E suas irmãs não moram aqui conosco?"* (Mc 6,3). O NT distingue sempre "os Doze" e "os irmãos do Senhor" (cf. At 1,13-14; 1Cor 9,5; 15,5-8).

Tiago, o irmão de Jesus, também chamado de *"o Justo"*, foi a maior autoridade cristã em Jerusalém, desde a morte de Jesus até sua própria morte, em 62 a.C. Foi ele quem presidiu o Concílio de Jerusalém (cf. At 15,13-21) e enviou a carta dos conciliares para Antioquia (cf. At 15,22-30). A ele é atribuída a Carta de Tiago, na qual ele se apresenta como *"servo de Deus e do Senhor Jesus Cristo"* (Tg 1,1). Quem nos conta a morte de Tiago é o historiador judeu chamado Flávio José. Ele diz que o sumo sacerdote Ananus, devido à ausência do governador romano, "reuniu os juízes do Sinédrio, trazendo a eles, entre outros presos, certo homem chamado Tiago, irmão de Jesus, chamado o Cristo. Acusou-os de transgressão da Lei e determinou que fossem apedrejados. Tal ato ofendeu os habitantes da cidade, já que eles eram considerados justos e observadores da Lei" (Flávio José, Antiguidades Judaicas).

4 de Maio

Enós
O primeiro a encontrar Deus na vida

*"Este foi o primeiro a invocar o nome de Y*HWH*"* (Gn 4,26).

A Bíblia diz que Set, o terceiro filho de Adão e Eva, veio *"no lugar de Abel que Caim matou"*. Set teve um filho a quem deu o nome de Enós. O nome *Enós* é simbólico; significa *ter humanidade* ou *ser muito humano*. Ele *"foi o primeiro a invocar o nome de Y*HWH*"* (Gn 4,26). Essa afirmação sugere que a fé em Deus nasce e renasce quando procuramos ser *Enós*, isto é, quando procuramos *ser muito humanos*. Ou seja, na mesma medida em que procuramos ser mais humanos, Deus cresce em nós e descobrimos melhor quem é o Deus que vive em nós. Em Jesus, o humano cresceu tanto a ponto de identificar-se com o divino: Jesus, o filho do homem, é Deus, filho de Deus. Como dizia o papa Leão Magno: Jesus foi tão humano como só Deus pode ser humano.

Jesus é a revelação plena e definitiva de Deus para nós. Seu nome é Emanuel, Deus Conosco (cf. Mt 1,23). *"Quem vê a mim, vê o Pai"* (Jo 14,9). *"Eu e o Pai somos um"* (Jo 10,30; 14,10). A fé em Deus faz com que possamos ser *Enós*, ser humanos, cada vez mais humanos. O mesmo acontece na convivência ao longo da nossa vida. Na mesma medida em que você convive com uma pessoa amiga, você acaba conhecendo melhor essa pessoa e vai percebendo melhor todo o significado da sua amizade. O nome YHWH é o centro da nossa fé. Nas celebrações dizemos: "O Senhor esteja convosco!" E respondemos: "Ele está no meio de nós". Quanto mais humanos (*Enós*), tanto mais perto de Deus.

5 de Maio

Abiatar
Sacerdote de Y<small>HWH</small>

> *"Abiatar contou a Davi que Saul tinha assassinado os sacerdotes de Y<small>HWH</small>"*
> (1Sm 22,21).

O nome *Abiatar* significa *meu Pai é generoso*. Abiatar era de uma família sacerdotal que vivia ao redor do pequeno santuário de romaria de Nob, na parte sul da Palestina. Quem chefiava a família era seu pai Aquimelec. Certo dia, Davi e seu grupo, quando fugiam da perseguição do rei Saul, pediram proteção e comida aos sacerdotes do santuário de Nob (cf. 1Sm 21,2-10). Os sacerdotes atenderam ao pedido e deram ao grupo água e comida. Mas lá estava um espião, que foi contar tudo ao rei Saul dizendo que a família de Aquimelec tinha passado para o lado de Davi (cf. 1Sm 22,9). Saul então massacrou todos os sacerdotes de Y<small>HWH</small> que oficiavam no santuário de Nob (cf. 1Sm 22,11-19). Apenas Abiatar escapou da matança (cf. 1Sm 22,20-23) e buscou refúgio junto de Davi, levando consigo o efod que permitia ao sacerdote consultar Y<small>HWH</small> (cf. 1Sm 23,6; 30,7).

Quando mais tarde Davi se torna rei, Abiatar passa a chefiar os sacerdotes de Y<small>HWH</small> no santuário de Jerusalém (cf. 2Sm 8,17). Depois, na luta pela sucessão de Davi, Abiatar ficou do lado de Adonias (cf. 1Rs 1,7.19.25; 2,22) contra Salomão, ambos filhos de Davi. Adonias perdeu e Salomão ocupou o trono do pai Davi. Por isso, na represália contra seus adversários, Salomão, o novo rei, castigou Abiatar e o depôs do seu cargo no templo de Jerusalém. Abiatar foi enviado para o exílio em Anatot, um pequeno povoado uma légua ao norte de Jerusalém (cf. 1Rs 2,26). O profeta Jeremias será um longínquo descendente deste sacerdote Abiatar (cf. Jr 1,1).

6 de Maio

Evódia e Síntique
Lideranças da comunidade de Filipos

"Peço a Evódia e a Síntique que façam as pazes no Senhor" (Fl 4,2).

Na comunidade cristã de Filipos havia muitas lideranças femininas. Os Atos dos Apóstolos relatam como essa comunidade foi fundada e cresceu a partir da conversão de Lídia e suas companheiras, durante a segunda viagem missionária de Paulo (cf. At 16,13-14). Na Carta aos Filipenses, Paulo exorta duas dessas líderes a se reconciliarem. Ele escreve: *"Peço a Evódia e a Síntique que façam as pazes no Senhor"* (Fl 4,2). Não sabemos o motivo que levou Evódia e Síntique a se estranharem na vida comunitária. Mas todos sabemos que, muitas vezes, até hoje, brigas por motivos fúteis podem levar uma comunidade a se dividir. Por isso mesmo, Paulo pede encarecidamente que as duas façam as pazes. O nome *Evódia* significa *a que escolhe um bom caminho*, e *Síntique* significa *encontro*. De certo modo, Paulo, no seu pedido, sugere que as duas levem a sério o significado de seu nome. Elas devem descobrir o *bom caminho* (Evódia) para se *encontrarem* (Síntique) e se reconciliarem.

Na Carta aos Filipenses, Paulo diz que Evódia e Síntique trabalharam com ele, ajudando-o na luta pelo Evangelho junto com os outros companheiros da equipe. As duas foram tão importantes nesse trabalho de evangelização que seus nomes já estão no livro da vida. *"Elas me ajudaram na luta pelo Evangelho, junto com Clemente e os meus outros colaboradores. Seus nomes estão no livro da vida"* (Fl 4,3).

7 de Maio

Miriam
A profetisa da libertação do povo de Deus

"Cantai a Y$_{HWH}$, pois de glória se vestiu! Atirou no mar cavalo e cavaleiro!"
(Ex 15,21).

Miriam, irmã de Moisés e de Aarão, é filha de Jocabed e Amram (cf. Nm 26,59). Ela é mais velha que Moisés. Foi a esperteza dela e da mãe que salvou a vida de Moisés (Ex 2,1-10), pois a ordem do faraó era para matar os meninos hebreus (Ex 1,16). O grande momento de Maria foi quando ela tomou a iniciativa de congregar as mulheres e puxou o canto da vitória na travessia do Mar Vermelho: *"Cantai a Y$_{HWH}$, pois de glória se vestiu! Atirou no mar cavalo e cavaleiro"* (Ex 15,20-21). Esse versículo é considerado uma das passagens mais antigas de toda a Bíblia. Aqui Míriam é chamada de *"profetisa"* (Ex 15,20). Ela é a primeira mulher a receber esse título. O nome *Maria* ou *Miriam* significa *amada de Y$_{HWH}$* ou *Y$_{HWH}$ é meu Senhor*. Graças a esta Maria, irmã de Moisés, milhares de meninas, depois dela até hoje, receberam o nome de Maria. Inclusive a Mãe de Jesus foi chamada de Maria por causa de Maria, a irmã de Moisés.

Durante a travessia dos 40 anos pelo deserto em direção à Terra Prometida, Miriam e Aarão criticaram Moisés quando a excessiva liderança dele se tornou autoritária (cf. Nm 12,1-16). Isso mostra que tanto o sacerdócio (Aarão) quanto a profecia (Miriam) fazem bem em questionar e criticar o abuso do poder do governo (Moisés) quando este se torna autoritário.

8 de Maio

Miguel
O arcanjo que está diante do trono de Deus

"Miguel e seus anjos guerrearam contra o Dragão" (Ap 12,7).

O nome *Miguel* significa *"quem é como Deus?"*. No Antigo Testamento, o arcanjo Miguel aparece como o principal instrumento de Deus na luta contra Satanás. Ele representa as forças do povo de Deus no confronto com seus inimigos e perseguidores. No livro de Daniel, ele é *"um dos príncipes supremos"* (Dn 10,13) que ajudam o povo de Deus a combater o bom combate. Nos escritos rabínicos, Miguel é o arcanjo defensor de Israel (cf. Dn 12,1), que está diante do trono de Deus. Nas tradições populares antigas, Satanás ou *Satan* é visto como o acusador ou promotor, que nos acusa diante de Deus, o Juiz, e o mantém informado a respeito dos nossos crimes e pecados.

Visto que Jesus, nosso advogado ou defensor, expiou os nossos pecados e crimes, não há mais necessidade de um acusador, de um Satan. Por isso, nos escritos do Novo Testamento, Miguel aparece como aquele que enfrenta e vence o Satanás. No Apocalipse, Miguel é o comandante dos exércitos celestes contra o Dragão. *"Esse grande dragão é a antiga serpente, é o chamado diabo ou Satanás"* (Ap 12,9). Miguel, com seus anjos, expulsa o Satan do céu e proclama a vitória (cf. Ap 12,7-12). Vencido por Miguel e expulso do céu, o Satanás é jogado na terra, causando uma perseguição violenta contra os seguidores de Jesus, que, por sua morte e ressurreição, fez o Satanás perder o seu emprego de acusador no céu (cf. Ap 12,12-17). O Apocalipse lembra que ainda estamos travando nosso combate contra o Dragão e seus seguidores. Que São Miguel Arcanjo nos proteja e assista neste combate.

9 de Maio

Sópatros
Membro da equipe missionária de Paulo

"Sópatros, filho de Pirro, da Bereia" (At 20,4)

O nome *Sópatros* significa *salvador de seu pai.* Sópatros fazia parte da equipe missionária de Paulo. Ele é o primeiro da lista dos sete companheiros de viagem (cf. At 20,4-5). Depois do tumulto em Éfeso contra a ação missionária de Paulo (cf. At 19,23-41), Sópatros, junto com os outros da equipe, acompanhou Paulo na longa viagem de Éfeso até Jerusalém. Passando pela Macedônia, eles visitaram as comunidades daquela região. Chegaram à Grécia, onde ficaram três meses (cf. At 20,3). Na Grécia houve uma conspiração contra Paulo (cf. At 20,3). Eles embarcaram para a Síria e, passando por Trôade e Mileto, visitando sempre as comunidades (cf. At 20,7-38), chegaram finalmente a Jerusalém (cf. At 21,15-17).

Paulo sempre trabalhou em equipe. No início era com Barnabé e Marcos (cf. At 13,4-5). Depois, a equipe foi crescendo e entraram Silas e Timóteo (cf. At 15,40; 16,3). No fim eram sete: Sópatros, Aristarco, Segundo, Gaio, Timóteo, Tíquico e Trófimo (cf. At 20,4). Pelo jeito de Lucas descrever a viagem na primeira pessoa do plural, conclui-se que, a partir de Trôade, ele também começou a fazer parte da mesma equipe. Ele escreve: *"**Eles** partiram antes de nós e nos esperavam em Trôade. **Nós** zarpamos de Filipos"* (At 20,5-6). O próprio Jesus sempre trabalhou em equipe. A primeira coisa que Ele fez foi chamar discípulos (cf. Mc 1,16-20). Ele os chamou *"para que pudessem estar com ele e para enviá-los a pregar"* (Mc 3,14). A missão da equipe missionária, de qualquer equipe missionária, sempre é dupla: *estar com Jesus*, viver em comunidade, e *ser enviada a pregar*, ser comunidade missionária.

10 de Maio

Jó
Homem íntegro e reto, que teme ao Senhor

"Viste meu servo Jó? Na terra não existe nenhum outro como ele" (Jó 1,8).

Jó não é *judeu*. Ele é de Hus, um lugar situado na Arábia (cf. Jó 1,1). Naquela época, extrapolando os limites e fronteiras das raças, dos povos e das nações, a figura de Jó era conhecida como modelo universal de justiça (cf. Jó 1,1.8; 2,3; Ez 14,14). O livro de Jó é um teatro que traz um debate muito sério entre Jó e seus três amigos sobre o sentido do sofrimento e sobre a imagem de Deus que trazemos na cabeça e no coração. No teatro, Jó representa os sofredores. O catecismo da época dizia: *"Todo sofrimento é castigo de Deus por algum pecado que a pessoa fez"*. Por isso, Jó, os sofredores, além do sofrimento, tinham a consciência pesada de estarem sendo castigados por Deus como pecadores. O teatro é uma crítica a esse modo de pensar. No início, antes de abrir o pano, o autor do teatro faz saber que o sofrimento de Jó não é castigo de Deus (cf. Jó 1,1–2,10). Mas o Jó do teatro não sabe disso. Ele pensa que Deus o está castigando por algum pecado. No teatro, Jó aparece como o sofredor que critica essa imagem do Deus que castiga; os três amigos aparecem como os defensores do catecismo da época (cf. Jó 2,11-13). O teatro é uma longa discussão. Os três amigos defendem que o sofrimento é castigo de Deus pelo pecado (cf. Jó 4,2-9). Jó responde: *"Vocês, para defender a Deus, contam mentiras sobre a vida humana"* (Jó 13,7). Jó não aceita essa imagem de Deus castigador e sustenta a sua inocência.

Ao longo do debate, Jó tem uma experiência de Deus e descobre o mistério. Ele diz a Deus: *"Eu te conhecia só de ouvir falar de Ti. Mas agora meus olhos te viram: por isso, eu me retrato e me arrependo sobre pó e cinza"* (Jó 42,5-6). Com essa frase termina o teatro, fecha o pano e vem a sentença final: Jó, que criticava a Deus o tempo todo, é aprovado *"porque falou corretamente de Deus"*. Os três amigos, que defendiam a Deus com unhas e dentes, foram reprovados *"porque falaram mal de Deus"* (cf. Jó 42,7-9). Moral da história: Jó criticava não a Deus, mas sim a falsa imagem de Deus que estava na cabeça e no coração do povo. Jó teve a coragem de desmascarar essa falsa imagem de Deus e do sofrimento e, assim, abriu a porta para uma nova imagem de Deus e um novo sentido para o sofrimento.

11 de Maio

Filipe
Apóstolo de Jesus Cristo

"Jesus encontrou Filipe e disse: 'Siga-me!'" (Jo 1,43)

Filipe era natural de Betsaida (cf. Jo 1,44; 12,21), da mesma cidade de Pedro e André (cf. Jo 1,44). O nome *Filipe* é grego e significa *amigo dos cavalos*. Provavelmente, Filipe era pescador como os outros. Isso chama a nossa atenção: num grupo de 12, cinco eram pescadores profissionais. Quase a metade. Jesus dizia a eles: *"Farei de vocês pescadores de homens!"* (Mc 1,17). No Evangelho de João, Filipe é o único apóstolo chamado diretamente por Jesus (cf. Jo 1,43). Logo após ser chamado, Filipe vai chamar Natanael, convidando-o a seguir Jesus (cf. Jo 1,45). Quando acontece a multiplicação dos pães no Evangelho de João (cf. Jo 6,1-12), Jesus provoca Filipe e pergunta: *"Onde vamos arrumar pão para tanta gente?"* (Jo 6,5). Pois havia ali uma multidão acampada. Filipe responde: *"Nem o salário de duzentos dias de trabalho seria o suficiente para alimentar uma multidão tão grande"* (cf. Jo 6,5-7).

Em outro episódio, alguns gregos procuram Filipe, pessoa espontânea de fácil relacionamento, para ele ser o intermediário em vista de um encontro deles com Jesus (cf. Jo 12,21). E durante a última ceia, na conversa de Jesus com seus discípulos, Filipe expressa todo o desejo de uma pessoa que segue Jesus: *"Senhor, mostra-nos o Pai e isso nos basta!"* (Jo 14,8). Jesus então esclarece a Filipe e a todos nós: *"Filipe, quem me vê, vê o Pai"* (Jo 14,9). Nada sabemos das atividades de Filipe após a ressurreição de Jesus.

12 de Maio

Tiago, filho de Alfeu
Apóstolo de Jesus Cristo

*Jesus constituiu o grupo dos doze;
entre eles está Tiago, filho de Alfeu (cf. Mc 3,14.18).*

Tiago, filho de Alfeu, foi escolhido por Jesus para fazer parte do grupo dos Doze (cf. Mc 3,18). Entre os Doze temos Mateus, chamado Levi, que também era filho de Alfeu (cf. Mc 2,14). Provavelmente Mateus e Tiago eram irmãos. No Evangelho de Marcos, este Tiago, filho de Alfeu, é chamado Tiago "Menor" (cf. Mc 15,40). Por isso, o outro Tiago, o filho de Zebedeu e irmão de João, para diferenciá-lo, costuma ser chamado de Tiago "Maior". Além desses dois Tiagos, o Menor e o Maior, os Evangelhos mencionam o Tiago que é "irmão de Jesus". Tiago Menor, filho de Alfeu, não é mencionado em nenhum episódio relacionado com a vida pública de Jesus. Nada sabemos a respeito da vida dele. Mas o seu nome consta em todas as listas dos 12 apóstolos. Também não sabemos nada das atividades deste Tiago Menor após a ressurreição de Jesus.

Para Tiago, bem como para todos que seguem Jesus, ficou a promessa: *"Eu garanto a vocês: quem tiver deixado casa, irmãos, irmãs, mãe, filhos, campos, por causa de mim e da Boa Notícia, vai receber cem vezes mais. Agora, durante esta vida, vai receber casas, irmãos, irmãs, mãe, filhos e campos, junto com perseguições. E, no mundo futuro, vai receber a vida eterna"* (Mc 10,29-30).

13 de Maio

Raab
Prostituta em Jericó

"Pela fé, a prostituta Raab não morreu, porque acolheu os espiões de Israel"
(Hb 11,31).

Raab era uma prostituta que tinha uma casa na cidade de Jericó. Quando Josué mandou seus espiões sondarem as defesas dos cananeus em Jericó, Raab os escondeu da polícia no terraço de sua casa, cobrindo-os com feixes de linho que ali estavam amontoados. Dando uma pista falsa para a polícia, Raab salvou a vida deles (cf. Js 2,4-5). Por isso, ela e sua família foram poupadas quando os israelitas conquistaram e destruíram a cidade (cf. Js 6,17-25). Posteriormente, Raab e todos os seus familiares foram adotados como membros do povo de Deus, pois ela aparece na genealogia de Jesus (cf. Mt 1,5). Não sabemos o significado do nome Raab.

Por sua coragem e dedicação ao povo de Israel, Raab foi muito lembrada nas primeiras comunidades cristãs, que também estavam acolhendo gente que vinha de fora do povo. A Carta de Tiago lembra seus gestos (cf. Tg 2,25) e a Carta aos Hebreus destaca sua fé (cf. Hb 11,31). No Evangelho de Mateus, o nome de Raab consta na genealogia de Jesus, como mãe de Booz, esposo de Rute (cf. Mt 1,5). Entre os rabinos, Raab era considerada esposa de Josué e símbolo dos prosélitos, aqueles pagãos que queriam assumir a religião de Israel.

14 de Maio

Sulamita
A esposa no Cântico dos Cânticos

"O que vocês olham na Sulamita quando ela baila?" (Ct 7,1).

Sulamita é o nome dado à esposa cantada e celebrada por sua beleza no Cântico dos Cânticos. O nome *Sulamita* costuma ser entendido como *a moça que veio de Sulam*, um lugar desconhecido, poético. Pode ser que o nome seja uma lembrança de Abisag, a moça bonita que veio de Sunam para acompanhar o rei Davi na sua velhice (cf. 1Rs 1,3-15; 2,17). Sulamita é considerada o exemplo da beleza feminina, descrita em versos no livro Cântico dos Cânticos. Esse livro, também chamado de *O mais belo Cântico*, reúne uma série de cantigas populares que cantam a beleza do amor humano como sendo uma *"faísca de Y$_{HWH}$"* (Ct 8,6).

O Cântico dos Cânticos canta o amor humano na sua dimensão mais misteriosa e mais atraente: o amor, essa força indestrutível, capaz de unir duas pessoas para o que der e vier. A Sulamita simboliza essa união total no amor que supera todas as barreiras, vence todos os obstáculos. Inclusive a própria morte. O verdadeiro amor enfrenta e vence tudo e todos. Diz o Cântico: *"O amor é forte, é como a morte! Cruel como o abismo é a paixão. Suas chamas são chamas de fogo, uma faísca de Javé! As águas da torrente jamais poderão apagar o amor, nem os rios afogá-lo. Quisesse alguém dar tudo o que tem para comprar o amor seria tratado com desprezo"* (Ct 8,6-7).

15 de Maio

Aicam
Alto oficial da corte de Judá

O rei deu a ordem a Aicam, filho de Safã: consulte Y<small>HWH</small> por mim e pelo povo
(cf. 2Rs 22,12).

Aicam era um alto oficial na corte do reino de Judá, a serviço do rei Josias (640-609 a.C.). Aicam deve ter sido uma pessoa de muita importância, já que, quando o livro da lei de Deus foi encontrado no templo, o rei Josias enviou uma delegação de altos oficiais, encabeçada pelo sumo sacerdote Helcias, para consultar a profetisa Hulda sobre a veracidade do livro (cf. 2Rs 22,11-20; 2Cr 34,19-28). Aicam, filho de Safã, fazia parte dessa delegação. Sinal de que ele era um dos ministros de total confiança do rei.

Mais tarde, já sob os governos do rei Joaquim (609-597 a.C.) e de Sedecias (597-586 a.C.), Aicam protegeu e escondeu o profeta Jeremias da violenta perseguição aos profetas promovida pelo rei Sedecias (cf. Jr 26,24). O nome *Aicam* significa *meu irmão é exaltado*. Não sabemos quando Aicam morreu. Na invasão babilônica, seu filho Godolias, nomeado governador de Judá, continuou a proteger o profeta Jeremias (cf. Jr 39,14).

16 de Maio

Nereu e Olimpas
Membros da comunidade cristã de Roma

"Nereu, sua irmã Olimpas e todos os cristãos que vivem com eles" (Rm 16,15).

Paulo escreve na Carta aos Romanos: *"Saúdem Filólogo e Júlia, Nereu e sua irmã Olimpas e todos os cristãos que vivem com eles"* (Rm 16,15). Segundo essa saudação de Paulo, na casa do casal Filólogo e Júlia viviam vários cristãos sob a coordenação desse casal. Entre eles estavam Nereu e sua irmã Olimpas. Isso significa que a casa de Filólogo e Júlia era o local de reunião da comunidade cristã, uma casa transformada em igreja. Nereu e Olimpas têm nome grego relacionado aos deuses. Sinal de que vieram do mundo pagão e se converteram para Cristo. O nome *Nereu* significa *divindade do mar*. *Olimpa* significa *presente do Olimpo*, o lugar onde moravam os deuses pagãos. O nome dos outros cristãos que viviam com eles na mesma casa não é mencionado por Paulo. Nada mais sabemos da vida dessas pessoas nem de suas condições sociais.

O que sabemos é que o engajamento de Nereu e de Olimpas na comunidade cristã de Roma era tão acentuado e participativo que Paulo lembrou o nome dos dois quando mandou saudações para as Igrejas em Roma. E convém lembrar que Paulo, quando escreveu a Carta aos Romanos, ainda não tinha estado em Roma. Significa que a notícia a respeito da fé da comunidade de Roma já era *"celebrada em todo o mundo"* (Rm 1,8).

Benjamim
Patriarca do povo de Deus

"Raquel deu-lhe o nome de Benoni, mas o pai o chamou Benjamim" (Gn 35,18).

Benjamim foi o último filho de Jacó. Nasceu de um parto difícil de Raquel, sua mãe (cf. Gn 35,16-20). Raquel morreu logo após o parto e foi enterrada no caminho de Éfrata, onde fica Belém. Nas dificuldades e dores do parto, sentindo que ia morrer, Raquel quis chamar o menino de *Benoni*, que significa *filho da minha infelicidade*. Foram suas últimas palavras. Mas ao ver o menino, o pai Jacó mudou o nome para Benjamim, que significa *filho da minha felicidade*. Sendo Benjamim seu filho caçula, Jacó tinha uma predileção por ele. Não queria que nada lhe acontecesse. Por isso, Benjamim não foi com seus irmãos buscar trigo no Egito (cf. Gn 42,3). Mas José, irmão de Benjamim, que era ministro do faraó no Egito, exigiu que os irmãos trouxessem o menino na próxima viagem em busca de pão. Só após muita insistência dos irmãos, Jacó permitiu que Benjamim viajasse com eles para o Egito (cf. Gn 42,36-38). Foi diante de todos os irmãos, incluindo Benjamim, seu irmão por parte de pai e mãe, que José acabou se revelando (cf. Gn 43,29-34; 44,22-34; 45,14-15).

A tribo de Benjamim permaneceu fiel à tribo de Judá e à casa de Davi. Depois de todas as guerras e todos os exílios, sobraram apenas as tribos de Judá, Levi e Benjamim (cf. Esd 1,5; 4,1). O apóstolo Paulo era da tribo de Benjamim (cf. Rm 11,1; Fl 3,5).

18 de Maio

Cláudia
Membro da comunidade de Roma

"Cláudia e todos os irmãos enviam-lhe saudações" (2Tm 4,21).

Entre os nomes lembrados por Paulo na sua Segunda Carta a Timóteo está o nome de Cláudia. Ele escreve: *"Êubulo, Pudente, Lino, Cláudia e todos os irmãos enviam-lhe saudações"* (2Tm 4,21). O nome *Cláudia* mostra que ela pertencia a uma das famílias mais importantes de Roma. Os imperadores Cláudio (41-54 d.C.) e Nero (54-68 d.C.) pertenciam a essa família. Nada mais sabemos a seu respeito, nem que funções ela exercia na comunidade. Mas esta Cláudia fazia parte do pequeno grupo de pessoas amigas de Paulo. Elas pediram que Paulo mandasse um abraço para Timóteo, que, naquele momento, estava organizando a comunidade em Éfeso (cf. 2Tm 4,21).

A Segunda Carta a Timóteo é uma das últimas cartas de Paulo. Ela foi escrita quando o apóstolo estava preso em Roma (cf. 2Tm 1,8), por volta do ano 67, pouco antes da sua morte. As condições de sua prisão eram bastante duras. Houve interrogatórios e tortura (cf. 2Tm 1,12; 2,9; 3,11-12). Paulo sente-se só e abandonado (cf. 2Tm 1,15; 4,9-10; 4,16). Sua sentença será pronunciada em breve e então haverá a execução. Paulo se prepara para sua viagem definitiva (cf. 2Tm 4,6-8). É nessa situação que Paulo escreve para Timóteo, mostrando fé e firmeza diante de uma situação humanamente desesperadora. Mas ele encontra apoio neste pequeno grupo solidário, formado por cristãos das comunidades, do qual fazia parte Cláudia, uma cristã de Roma.

19 de Maio

Mulher que elogiou Jesus
Uma mulher do meio do povo

"Feliz o ventre que te trouxe e os peitos que te alimentaram" (Lc 11,27).

Não sabemos o nome desta mulher. Tradições antigas sugerem que ela tenha sido uma vizinha de Maria em Nazaré. Ela teria tido um filho da mesma idade de Jesus, chamado Dimas. Quando ouviu Jesus falar de modo tão bonito sobre Deus e sobre a vida, agradando ao povo simples que o escutava, ela disse espontaneamente para Jesus ouvir: *"Feliz o ventre que te trouxe e os peitos que te alimentaram"* (Lc 11,27). Ela elogiou Maria, sua vizinha lá de Nazaré. Jesus reagiu na hora e disse: *"Mais felizes são aqueles que ouvem a Palavra de Deus e a põem em prática!"* (Lc 11,28). É o elogio mais bonito de Jesus para sua Mãe. É o resumo de tudo aquilo que ele aprendeu dela. O que Jesus observava na vida de Maria, sua Mãe, era a felicidade dela de poder ouvir e praticar a Palavra de Deus, todos os dias da sua vida.

Essas palavras de Jesus a respeito de sua Mãe são a chave que Lucas nos oferece para saber como ler e entender os relatos da infância de Jesus (Lc 1 e 2). Lucas vê em Maria o modelo de como a comunidade deve relacionar-se com a Palavra de Deus. No Antigo Testamento, o povo era visto como a Filha de Sião. No Novo Testamento, Maria é a nova Filha de Sião, o novo modelo do povo de Deus, da Igreja. Os episódios do Evangelho da infância de Jesus mostram como Maria ouvia e colocava em prática a Palavra de Deus.

20 de Maio

Abdon
Juiz do povo de Deus

"Abdon foi juiz em Israel durante oito anos" (Jz 12,14).

Abdon é considerado um dos Juízes Menores. Eles são chamados "menores" não por serem juízes de menor importância, mas porque as informações sobre eles no texto bíblico são poucas. O nome *Abdon* significa *escravozinho*. Ele foi juiz em Israel com um mandato de oito anos. Exercendo seu ministério de juiz, Abdon foi "escravozinho" de Deus e do povo. O nome de seu pai era Hilel e ele era natural de Faraton, que fica *"na terra de Efraim, na região montanhosa dos amalecitas"* (Jz 12,15). Morando numa região de fronteira com os amalecitas, um povo adversário de Israel, Abdon deve ter adquirido aptidões para liderar o povo de Israel.

Abdon tinha uma família numerosa. *"Ele teve quarenta filhos e trinta netos, que montavam setenta jumentos"* (Jz 12,14). Muita gente! Abdon vivia do comércio, já que tinha uma tropa de 70 jumentos. Seu mandato terminou com sua morte e ele foi enterrado nas terras da família (cf. Jz 12,15). (Para ter uma visão mais completa deste período bíblico, veja os outros Juízes Menores: Otoniel, Aod, Samgar, Débora, Barac, Gedeão, Tola, Jair, Jefté, Abesã, Elon e Sansão.)

21 de Maio

Josué
Sucessor de Moisés e líder do povo

"Valente na guerra foi Josué, sucessor de Moisés na atividade profética"
(Eclo 46,1).

Coube a Josué, como sucessor de Moisés e líder do povo de Israel, conduzir os israelitas na fase final da longa travessia de 40 anos pelo deserto até a Terra Prometida. Ao introduzir o povo na Terra Prometida, Josué guerreou contra os reis cananeus, dividiu a terra entre as tribos e levou o povo a renovar seu compromisso com Yhwh (cf. Js 24,1-28). Josué obteve a confiança de Moisés quando ainda era jovem (cf. Ex 33,11; Nm 11,28). Seu nome era Oseias (cf. Nm 13,8.16). Mas Moisés mudou seu nome para *Josué*, que significa *salvação de Yhwh* ou *Ywhw salva*. Josué convocou e coordenou a grande assembleia das 12 tribos em Siquém, na qual foi renovada a aliança entre Deus e o povo (cf. Js 24,1-28).

O livro do Eclesiástico assim resume a vida de Josué: *"Conforme o significado de seu nome, ele foi grande para a salvação dos escolhidos do Senhor, castigando os inimigos revoltados e instalando Israel em seu território"* (Eclo 46,2). Josué foi um dos 12 espiões que Moisés enviou para fazer uma avaliação da terra de Canaã (cf. Nm 13,1-33). Diante do falso relatório dos outros dez espiões, Josué apoiou o protesto de Caleb (cf. Nm 13,30; 14,6). Por isso lhe foi garantida uma porção na terra de Israel (cf. Nm 14,30.38). Essa porção foi a aldeia de Tamnat-Sare, perto de Betel, ao norte de Jerusalém, onde ele morreu e foi sepultado (cf. Js 24,29-30). A narrativa da sucessão de Moisés e a escolha de Josué estão narradas em Nm 27,15-23 e Dt 31,14-23.

22 de Maio

Lamuel
Sábio rei de Massa

"Estas são as palavras de Lamuel, rei de Massa" (Pr 31,1).

Lamuel não pertencia ao povo de Israel. Ele era rei de um país estrangeiro, chamado Massa, um pequeno reino da tribo ismaelita ao norte da atual Arábia (cf. Gn 25,14; 1Cr 1,30). Os ensinamentos de Agur (cf. Pr 30,1-14) e de Lamuel (cf. Pr 31,1-9), ambos de Massa (cf. Pr 30,1; 31,1), mesmo sendo de outros povos, foram acolhidos e assumidos pelos sábios de Israel como verdadeira sabedoria, na qual atua o Espírito de Deus.

Na verdade, as palavras que Lamuel transmitia não eram dele. Ele mesmo diz *"que elas lhe foram ensinadas por sua mãe"* (cf. Pr 31,1). Naquela época, a mãe era a única professora que uma criança tinha na vida. Todos os ensinamentos – a língua, a tradição, a religião – eram transmitidos pelas mães para seus filhos e suas filhas. Os provérbios de Lamuel formam um conjunto de sábios conselhos maternos para que seu filho, quando fosse rei, soubesse governar o povo de Massa com justiça e sabedoria. O nome *Lamuel* significa *para quem é Deus*.

23 de Maio

Jeú
Profeta do povo de Deus

> *"Então Y<small>HWH</small> dirigiu sua palavra a Jeú, filho de Hanani"* (1Rs 16,1).

O nome *Jeú* significa *o único Deus é Y<small>HWH</small>*. Não sabemos de onde veio este profeta, nem quanto tempo durou sua missão. Ele teve uma atividade profética intensa num período difícil da história de Israel. Foi na época da divisão das 12 tribos (931 a.C.), que levou à criação dos dois reinos: Israel, no norte, e Judá, no sul. Nos anos seguintes à divisão, houve muita luta política, tanto entre os dois reinos como em cada um deles. Em Israel, no norte, o general Baasa derrotou e aniquilou a casa real de Jeroboão e se tornou rei no lugar dele. Então *"a palavra de Y<small>HWH</small> foi dirigida a Jeú, filho de Hanani"* (cf. 1Rs 16,1). O profeta Jeú investe com força e coragem contra o general Baasa, anunciando o fim de seu governo e de sua dinastia, pois a mudança do rei Jeroboão (931-910 a.C.) para o agora rei Baasa (909-886 a.C.) não significou nenhuma mudança nas péssimas políticas do país. Pelo contrário! Ficou pior.

O profeta Jeú também atuou no reino de Judá, no sul, durante o governo de Josafá (870-848 a.C.) (cf. 2Cr 19,1-3). Ele denunciou as atividades de Josafá que contrariavam os desejos de Y<small>HWH</small>: *"O vidente Jeú, filho de Hanani foi ao seu encontro e disse: 'como você pode amar os que odeiam Y<small>HWH</small>?'"* (cf. 2Cr 19,2). Segundo o mesmo livro das Crônicas, todos esses episódios estariam escritos num livro chamado "História de Jeú, filho de Hanani" (cf. 2Cr 20,34). Mas esse livro não chegou até nós.

24 de Maio

Êutico
Jovem membro da comunidade de Trôade

"Um jovem, chamado Êutico, estava sentado na janela" (At 20,9).

Êutico era um jovem membro da comunidade cristã em Trôade. Seu nome significa *o próspero*. "No primeiro dia da semana", ele estava participando de uma celebração na comunidade. Quem estava presidindo era o apóstolo Paulo (cf. At 20,7-12). Era o último encontro da comunidade com Paulo, que ia viajar logo no dia seguinte junto com a equipe missionária. Diz a Bíblia: *"No primeiro dia da semana, estávamos reunidos para a fração do pão. Paulo, que devia partir no dia seguinte, dirigia a palavra aos fiéis e prolongou o discurso até a meia-noite. Havia muitas lâmpadas na sala superior, onde estávamos reunidos"* (At 20,7-8). Nessa hora, *"um jovem chamado Êutico, que estava sentado na beirada da janela, acabou adormecendo"* (cf. At 20,9). Ao adormecer, ele se desequilibrou e caiu do terceiro andar. Quando o levantaram, estava morto. Então Paulo desceu, inclinou-se sobre Êutico, abraçou-o e disse: *"Não se preocupem, porque ele está vivo!"* Depois disso, Paulo subiu de volta para o salão e presidiu a Eucaristia, partindo e comendo o pão. Quanto a Êutico, *"eles o levaram vivo e sentiram-se muito confortados"* (At 20,12).

Naquela época ainda não havia o *domingo*. O dia que para nós é o *domingo*, para eles, era o "primeiro dia da semana" ou *primeira-feira*. Não era feriado, mas um dia normal de trabalho. Por isso as celebrações dos cristãos eram feitas na noite de sábado para o *primeiro dia da semana*. Depois, esse "primeiro dia" ou *primeira-feira* passou a ser chamado "Dia do Senhor", em latim "Dies Domini". Daí vem o nome atual de *domingo*.

25 de Maio

Maria, mãe de Tiago
Seguidora de Jesus

> *"Ali estavam algumas mulheres. Entre elas Maria, mãe de Tiago e de Joset"*
> (Mc 15,40).

O Evangelho de Marcos, ao fazer a narrativa da Paixão de Jesus, conta que muitas mulheres acompanharam Jesus para celebrar a Páscoa em Jerusalém. Essas mulheres já faziam parte do movimento de Jesus na Galileia, seguindo-o e servindo-o com seus bens (cf. Mc 15,41). Entre elas estava Maria, conhecida como *"a mãe de Tiago, o menor, e de Joset"* (cf. Mc 15,40.47). Ela era chamada assim para diferenciá-la das muitas outras Marias. No Evangelho de Mateus, ela é simplesmente chamada de "a outra Maria" (cf. Mt 27,61). Sinal de que as duas Marias (Maria Madalena e Maria, mãe de Tiago e Joset) estavam sempre juntas. Elas foram testemunhas da morte de Jesus (cf. Jo 19,25) e do seu enterro no túmulo, no qual José de Arimateia colocou o corpo de Jesus (cf. Mc 15,47). As duas, junto com Salomé, foram também as primeiras testemunhas da ressurreição de Jesus (cf. Mt 28,9-10).

Chama atenção o grande número de mulheres com o nome de Maria nas passagens do Novo Testamento. Na época de Jesus, os mais ricos colocavam em seus filhos nomes de heróis gregos (Herodes, Alexandre etc.). E os mais pobres colocavam em seus filhos nomes dos heróis bíblicos (José, Judas, Tiago, Josué, Maria, Raquel etc.). É provável que em cada casa houvesse uma filha chamada Maria, lembrando a grande profetisa e líder do povo por ocasião do Êxodo: Miriam ou Maria, a irmã de Moisés (cf. Ex 15,20-21).

26 de Maio

Esdras
Sacerdote que ajudou na reorganização do povo

"Esdras era um escriba, doutor na Lei de Moisés" (Esd 7,6).

O nome Esdras é uma adaptação do nome Ezra, que significa *Deus é [meu] socorro*. Ele vivia na Babilônia, junto à colônia dos judeus deportados por Nabucodonosor. Lá ele estudou e se especializou na lei de Deus (cf. Esd 7,6.10). Mas também se tornou conselheiro do governo persa para as questões judaicas no império (cf. Esd 7,14). Ele foi enviado pelo governo imperial para Jerusalém, com a missão de reorganizar a comunidade judaica a partir da lei de Deus, que passou a ser considerada também lei do Rei (cf. Esd 7,12-26). Diz o texto da carta de Artaxerxes, rei da Pérsia, para Esdras: *"Quanto a você, Esdras, de acordo com a sabedoria do seu Deus, a qual você tem nas mãos, nomeie magistrados e juízes, que apliquem a justiça para todo o povo do lado ocidental do rio Eufrates, para todos os que conhecem a lei do seu Deus. E a ensine para os que não a conhecem. Quem não obedecer à lei do seu Deus, que é a lei do rei, será castigado rigorosamente, com morte ou exílio, multa ou prisão"* (Esd 7,25-26).

Esdras viajou para Jerusalém com uma caravana de 1.500 judeus deportados (cf. Esd 8,1-14). A estes se juntaram, mais tarde, levitas e servidores do templo que habitavam em Cásfia (cf. Esd 8,16-17). Chegando a Jerusalém, Esdras promulgou a lei e obrigou os habitantes de toda a província a observá-la, renovando assim a Aliança com Deus (cf. Esd 9–10). Com essas medidas, Esdras e o governador Neemias acabaram com o casamento entre judeus e mulheres estrangeiras. Cumprida a sua missão, Esdras retornou para a Babilônia. Ele escreveu um relatório sobre sua viagem e missão, prestando contas ao Império Persa. Vários trechos desse relatório fazem parte do livro de Esdras em nossas Bíblias.

27 de Maio

Judas Tadeu
Um dos 12 apóstolos de Jesus

"Senhor, por que vais manifestar-te a nós e não ao mundo?" (Jo 14,22).

Judas Tadeu era um dos 12 apóstolos. O nome dele nem sempre é o mesmo. Às vezes, ele é chamado *Tadeu* (cf. Mt 10,3; Mc 3,18), outras vezes, o nome dele é *Judas, filho de Tiago* (cf. Lc 6,16). A tradição posterior juntou os dois nomes, e assim ele passou a ser *Judas Tadeu*. O nome Judas vem de Judá. Nome muito frequente naquele tempo. A tradição atribui a ele a autoria da Carta de Judas. Tadeu aparece na lista dos Doze em Marcos e Mateus (cf. Mt 10,3; Mc 3,18). Mas na lista dos Doze em Lucas (cf. Lc 6,16; At 1,13), no lugar de Tadeu, quem aparece é Judas, aqui chamado de "filho de Tiago". O nome *Tadeu* significa *o corajoso*. Hoje ele é conhecido, amado e celebrado pelo povo como São Judas Tadeu.

Durante a última ceia, Judas perguntou a Jesus: "Senhor, por que vais manifestar-te a nós e não ao mundo?" Essa pergunta de Judas teve uma resposta bonita que merece ser citada integralmente: *"Se alguém me ama, guarda a minha palavra, e meu Pai o amará. Eu e meu Pai viremos e faremos nele a nossa morada. Quem não me ama, não guarda as minhas palavras. E a palavra que vocês ouvem não é minha, mas é a palavra do Pai que me enviou. Essas são as coisas que eu tinha para dizer estando com vocês. Mas o Advogado, o Espírito Santo, que o Pai vai enviar em meu nome, ele ensinará a vocês todas as coisas e fará vocês lembrarem tudo o que eu lhes disse"* (Jo 14,23-26).

28 de Maio

Apeles
Membro da comunidade cristã em Roma

"Saúdem Apeles, que provou ser bom cristão" (Rm 16,10).

Entre os nomes lembrados por Paulo nas suas saudações para as comunidades da cidade de Roma, está o nome de Apeles. Paulo escreve: *"Saúdem Apeles, que provou ser um bom cristão"* (Rm 16,10). Paulo o destaca como "um bom cristão". Não sabemos em qual ocasião Apeles provou ser, de fato, um bom cristão. Mas o testemunho da sua vida como bom cristão chegou até Paulo. O nome *Apeles* é uma abreviação de Apolônio, que significa *consagrado ao deus Apolo*. Também pode significar uma pessoa nascida na cidade de Apolônia, perto de Tessalônica, na Macedônia. Paulo esteve em Apolônia por ocasião de sua segunda viagem (cf. At 17,1). Isso sugere que Apeles era um grego que se converteu do paganismo quando a equipe missionária de Paulo, Silas e Timóteo passou pela cidade, antes de chegar a Tessalônica. Não sabemos como Apeles foi parar em Roma. Mas Paulo o conhecia bem a ponto de ressaltar o testemunho fiel dele.

Apeles deve ter sido um dedicado missionário. Também hoje encontramos missionários e missionárias, verdadeiros cristãos que, saindo de sua cidade, seguem evangelizando até a Amazônia e outras regiões distantes. Essas pessoas enfrentam muitos perigos e desafios para levar a proposta de Jesus. Mas, nesses desafios missionários, comprovam a veracidade de sua fé e mostram que são, como Apeles, "bons cristãos".

29 de Maio

Jefté
Juiz do povo de Deus

"Jefté, o galdita, era um guerreiro valente" (Jz 11,1).

Jefté foi juiz em Israel por seis anos. Ele era filho de uma prostituta. Seu nome significa *que Y$_{HWH}$ liberte*. Seus irmãos o expulsaram de casa para que ele não recebesse a herança do pai. Expulso de casa, Jefté se refugiou na terra de Tob e lá começou a reunir um bando de agricultores sem terras. Ele estava nessa condição de chefe de bando quando os amonitas declararam guerra a Israel, tentando recuperar as terras perdidas na região de Galaad, do outro lado do Jordão. Foi então que os anciãos de Galaad foram chamar Jefté para ser o comandante das tropas na guerra contra os amonitas. Jefté aceitou, foi aclamado pelo povo e prestou juramento no santuário de Masfa, na presença de Y$_{HWH}$ (cf. Jz 11,11). Antes da guerra, Jefté tentou um acordo com o rei dos amonitas. Mas o rei não aceitou e atacou Israel. Jefté comandou toda a guerra até a destruição total das cidades dos inimigos (cf. Jz 11,33).

Antes de iniciar a batalha, num momento de angústia, Jefté fez um voto imprudente: caso fosse vitorioso na guerra, ele ofereceria a Y$_{HWH}$ a primeira pessoa que saísse para saudá-lo no retorno para casa. Quando Jefté, vitorioso nas batalhas, voltou para sua casa, a primeira pessoa que saiu para saudá-lo foi sua filha única. Ela comandava as mulheres que, com cantos e instrumentos, saudavam os guerreiros que voltavam do combate. Jefté lamentou sua promessa, mas achava que devia cumpri-la. A filha lhe disse: *"'Pai, se você fez promessa a Javé, cumpra o que prometeu, porque Javé concedeu a você vingar-se dos inimigos'. E ela pediu ao pai: 'Conceda-me apenas isto: deixe-me andar dois meses pelos montes, chorando com minhas amigas, porque vou morrer virgem'. Jefté lhe disse: 'Vá'. E ele deixou-a andar por dois meses. Ela foi pelos montes com suas amigas, chorando porque ia morrer virgem"* (Jz 11,36-38). Depois que a filha voltou, o pai cumpriu a promessa e sacrificou sua filha única (cf. Jz 11,39). Moral da história: nunca devemos fazer promessas insensatas.

30 de Maio

Filha de Jefté
Vítima de uma infeliz promessa de seu pai

"Foi justamente sua filha que saiu para recebê-lo" (Jz 11,34)

Triste história, a da filha de Jefté! Não sabemos nem o seu nome nem a sua idade. Ela era a filha única do juiz Jefté. Quando seu pai partiu para a guerra contra os amonitas, ele fez a Y_HWH_ uma promessa num momento de insegurança: *"Se entregares os amonitas em meu poder, quando eu voltar vitorioso da guerra contra eles, a primeira pessoa que sair para me receber na porta de casa pertencerá a Y_HWH_, e eu a oferecerei em holocausto"* (cf. Jz 11,30). Era costume naquela época que os guerreiros, quando voltassem das batalhas, fossem saudados pelas moças da aldeia com cantos e instrumentos. Foi justamente a filha de Jefté a primeira pessoa a sair à frente de todas para saudar o pai vitorioso, dançando ao som dos tamborins. Ela era sua única filha, já que Jefté não tinha outros filhos e filhas. Assim que viu sua filha, Jefté lançou um longo lamento e rasgou suas vestes. Ele achava que não podia voltar atrás, pois era uma promessa a Y_HWH_. A filha aceitou o seu triste e trágico destino. Ela disse ao pai: *"'Pai, se você fez promessa a Javé, cumpra o que prometeu, porque Javé concedeu a você vingar-se dos inimigos'. E ela pediu ao pai: 'Conceda-me apenas isto: deixe-me andar dois meses pelos montes, chorando com minhas amigas, porque vou morrer virgem'. Jefté lhe disse: 'Vá'. E ele deixou-a andar por dois meses. Ela foi pelos montes com suas amigas, chorando porque ia morrer virgem"* (Jz 11,36-38).

Por dois meses a filha de Jefté, com suas amigas, ficou andando pelos montes, chorando sua virgindade, que não chegou à maternidade. Depois voltou para casa e seu pai cumpriu sua promessa. *"Daí começou um costume em Israel: todos os anos as moças israelitas saem, por quatro dias, para chorar a filha de Jefté, o galdita"* (Jz 11,40). Triste história desta menina, cuja morte foi causada por uma promessa impensada de seu pai e pela falsa concepção de que tais promessas desumanas deviam ser cumpridas.

31 de Maio

Agar
Matriarca do povo de Deus

*"Sarai, mulher de Abrão, não lhe dava filhos;
mas tinha uma escrava egípcia chamada Agar"* (Gn 16,1).

Sara, a esposa de Abraão, tinha uma escrava egípcia, chamada Agar. O nome *Agar* significa *a fugitiva*. Sara era estéril, não podia ter filhos. Por isso ofereceu a Abraão sua escrava Agar, para que, por meio dela, ele pudesse ter um filho e tornar-se pai de um povo, conforme a promessa de Deus (cf. Gn 12,1-3). Abraão aceitou a proposta de Sara, e Agar ficou grávida (cf. Gn 16,2-4). Vendo que estava grávida, Agar perdeu o respeito por Sara, sua patroa. Por isso, Sara começou a maltratar Agar. Agar não aguentou mais e fugiu para o deserto (cf. Gn 16,6). Grávida, sozinha, no meio do deserto, ela invocou a Deus, e este lhe disse: *"Você está grávida e vai dar à luz um filho a quem deve dar o nome de Ismael"* (Gn 16,11). O nome *Ismael* quer dizer *Deus ouviu*.

Nasceu o menino Ismael. Sara ficou com inveja e pediu que Abraão mandasse Agar embora junto com o menino dela. Abraão não gostou, mas atendeu ao pedido de Sara. De novo sozinha, andando pelo deserto, Agar ficou sem água. Colocou o menino no chão, distanciou-se dele e disse: *"Não quero ver o menino morrer"* (Gn 21,16). A criança começou a chorar. Deus ouviu o choro da criança (cf. Gn 21,17) e disse a Agar: *"Levante-se! Pegue o menino e segure-o firme, pois eu farei dele uma grande nação"* (Gn 21,18). Deus abriu os olhos de Agar e ela viu um poço com água. Encheu o cantil, deu de beber ao menino, que renasceu. Agar invocou a Deus e disse: *"Tu és o Deus que me vê, pois eu vi Aquele que me vê"* (Gn 16,13). Agar é a primeira pessoa na Bíblia que viu Deus face a face. Seu filho Ismael é o pai dos edomitas (cf. Gn 36,9).

Junho

1º de Junho

Oded
Profeta do povo de Deus

*"Havia lá um profeta de Y*HWH *de nome Oded"* (2Cr 28,9).

Oded é um profeta pouco conhecido. Ele vinha da Samaria, cujo povo era considerado herético pelo povo de Judá. Sua atuação se deu por ocasião da guerra que houve entre Samaria, no norte, e Judá, no sul. O exército de Samaria venceu a guerra e matou muita gente. A Bíblia diz que mataram 120 mil homens, fizeram 200 mil prisioneiros, entre homens, mulheres e crianças, e levaram imensos despojos para casa (cf. 2Cr 28,6-8). O profeta Oded reconheceu que Samaria merecia ganhar a guerra, mas eles exageraram na vingança: *"Vocês massacraram com tal furor que chegou até o céu!"* (2Cr 28,9). O profeta também criticou a intenção de levar os irmãos de Judá, no sul, para serem escravos deles em Samaria, no norte (cf. 2Cr 28,10).

A crítica do profeta deu resultado. Até alguns chefes militares de Samaria disseram aos que tinham trazido os prisioneiros: *"Não tragam para cá esses prisioneiros, porque seríamos culpados diante de Y*HWH. *Vocês procuram aumentar ainda mais os nossos pecados e faltas, quando nossa culpa já é pesada, e o furor da ira de Javé ameaça Israel!"* (2Cr 28,13). Por isso, assim diz a Bíblia: *"Os soldados entregaram os prisioneiros e os despojos para os chefes e para toda a comunidade. Foram indicados nominalmente homens para cuidarem dos prisioneiros. Com as roupas e sandálias dos despojos, eles vestiram os que estavam nus; deram comida e bebida para eles, curaram seus ferimentos, montaram em burros todos os que não podiam andar e os levaram até Jericó, a cidade das palmeiras, para junto dos irmãos deles. Em seguida, voltaram para Samaria"* (2Cr 28,14-15). Sim, a crítica do profeta deu resultado!

2 de Junho

O leproso
Ele gritava de longe, sem tocar em Jesus

"Basta o senhor querer para eu ficar curado" (Mc 1,40).

Assim diz a Bíblia: *"Um leproso chegou perto de Jesus e pediu de joelhos: 'Se queres, tu tens o poder de me purificar'. Jesus ficou cheio de ira, estendeu a mão, tocou nele e disse: "Eu quero, fique purificado"'* (Mc 1,40-41). Algumas Bíblias traduzem *"Jesus ficou cheio de compaixão"*. A tradução correta é *"cheio de ira"*. Então, por que Jesus ficou com raiva? É que na atitude do pobre leproso transparecia o erro da doutrina que os doutores ensinavam ao povo a respeito de Deus. Eles diziam: "Um leproso que toca nos outros faz o outro ficar impuro diante de Deus". Por isso, eles obrigavam os leprosos a viverem separados do convívio humano e criavam neles a consciência de serem impuros, pecadores diante de Deus. Era por isso que o leproso tinha dito: *"Se queres, tu tens o poder de purificar-me"*. Ou seja: *"Basta o senhor querer para eu ficar curado!"* É como se ele dissesse: "Se o senhor tiver medo de tocar em mim, faça por controle remoto. Basta o senhor querer!" A raiva de Jesus era causada por ver um filho de Deus sentindo-se obrigado a viver separado dos outros por causa da má interpretação que os doutores faziam da lei de Deus. Pois, para Jesus, Deus é um Pai bondoso que acolhe a todos, sobretudo os doentes e os marginalizados como os leprosos.

A reação de Jesus é bonita. Ele cura a doença do corpo e também a doença da alma que fazia o leproso sentir-se impuro e pecaminoso diante de Deus. Primeiro, Jesus toca no leproso, dando a entender: *"Para mim, você não é impuro nem me faz ficar impuro!"* E em seguida Ele diz: *"Eu quero, fique purificado"* (Mc 1,41).

3 de Junho

Tércio
Escrivão do apóstolo Paulo

"Eu, Tércio, que escrevi esta carta, mando uma saudação no Senhor" (Rm 16,22).

Tércio mesmo se apresenta quando, como escrivão, estava escrevendo a carta de Paulo aos Romanos: *"Eu, Tércio, que escrevi esta carta, mando uma saudação no Senhor"* (Rm 16,22). Tércio era um escrivão, no sentido literal da palavra. Ele sabia escrever. Naquela época, escrever era muito complicado. Muito mais complicado do que hoje. Exigia toda a atenção da pessoa. Por isso, Paulo ditava as cartas, e Tércio escrevia. Assim, Paulo podia pensar e organizar bem o pensamento. No fim da carta, quando Paulo começava a mandar abraços para várias pessoas, Tércio aproveitou uma deixa e também mandou um abraço: *"Eu Tércio, que escrevi esta carta, mando uma saudação para vocês no Senhor"* (Rm 16,22). Mandar uma saudação no Senhor é sinal de que o escrivão Tércio era um cristão.

Naquela época, já tinha acontecido de alguém se aproveitar do nome de Paulo para mandar uma carta falsa para a comunidade de Tessalônica, como se fosse de Paulo (cf. 2Ts 2,2). Por isso, em algumas cartas, no fim, Paulo assina de próprio punho, para mostrar: *"É a minha letra"* (2Ts 3,17). Podem confiar! No fim da Carta aos Gálatas, ele até toma a caneta na mão e escreve: *"Vejam com que letras grandes estou escrevendo a vocês de meu próprio punho"* (Gl 6,11). Ele fez o mesmo na carta para Filêmon (cf. Fm 19). E na Carta aos Romanos, o recado de Tércio deixa bem claro que a carta é de Paulo.

4 de Junho

Manué e esposa
Os pais de Sansão

"Tu és estéril e não tiveste filhos, mas conceberás e darás à luz um filho"
(Jz 13,3).

Manué e sua esposa eram pessoas muito simples. Retrato perfeito de tantos casais de hoje, cuja fé simples e forte parece até tronco de árvore. Ninguém derruba. A esposa de Manué teve uma visão de um anjo, que lhe disse: *"A senhora é estéril, mas vai ter um filho"* que será *"consagrado a Deus desde o seio materno"* (cf. Jz 13,3.5). A mulher contou a aparição ao marido. Manué pediu a Deus que o anjo viesse de novo para saber dele o que eles deveriam fazer com o menino que ia nascer. O anjo apareceu de novo à mulher, e ela chamou o marido. Manué chegou e perguntou: *"Foi você que falou com minha mulher?"* Respondeu: *"Fui eu, sim"* (cf. Jz 13,11). Manué perguntou: *"Quando nascer esse menino, como é que deve ser a vida dele e que trabalho deve fazer?"* (Jz 13,12). O anjo explicou tudo para ele.

Manué não sabia que se tratava de um anjo de Deus e disse: *"Permita que a gente prepare um cabrito para o senhor"* (Jz 13,15). O anjo respondeu que ele podia preparar o cabrito, mas que ele mesmo não iria comer: *"Ofereça-o em holocausto para Deus"* (Jz 13,16). Enquanto Manué preparava o cabrito, de repente ele viu o anjo subir na fumaça do fogo em direção a Deus, e eles não o viram mais (cf. Jz 13,20). Aí Manué se deu conta de que aquele senhor era um anjo de Deus e disse: *"Mulher, nós vamos morrer porque vimos a Deus"* (Jz 13,22). A mulher respondeu: *"Se Yhwh nos quisesse matar, não teria aceito o holocausto e a oferta, nem nos teria mostrado tudo o que vimos, nem nos teria comunicado essas coisas"* (Jz 13,23). Tempos depois, a mulher ficou grávida e deu à luz um filho, ao qual deu o nome de Sansão. *"O menino cresceu e Javé o abençoou"* (Jz 13,24).

5 de Junho

Maria
A mãe de João Marcos

"Pedro dirigiu-se à casa de Maria, a mãe de João Marcos" (At 12,12).

Maria era um nome muito comum. Significa *amada de Yhwh* ou *Yhwh é meu Senhor*. As mães daquela época gostavam de dar às filhas o nome da irmã de Moisés, a profetisa Maria ou Miriam (cf. Nm 26,59; Ex 15,20). É por isso que a Mãe de Jesus se chama Maria. Maria, a mãe de João Marcos, tinha uma grande sala no andar superior da sua casa (cf. At 1,13), que ela colocava à disposição de Jesus quando Ele ia a Jerusalém. Por meio do salão da sua casa, Maria prestou um serviço muito grande à Igreja, do qual nós nos beneficiamos até hoje.

Era lá, na *"sala de cima, onde costumavam hospedar-se"* (At 1,13), que Jesus se reunia muitas vezes com os discípulos, quando ia a Jerusalém para as romarias e grandes festas. Foi lá, no salão de dona Maria, que Jesus mandou preparar a Páscoa e celebrou a Eucaristia (cf. Lc 22,12; Mc 14,15). Era lá que os apóstolos estavam reunidos, com as portas fechadas, com medo dos judeus, quando Jesus apareceu ressuscitado (cf. Jo 20,19). Foi lá que eles elegeram Matias para ocupar o lugar vazio de Judas (cf. At 1,13-26). Era lá que eles estavam reunidos em oração junto com Maria, a Mãe de Jesus, quando chegou o Espírito Santo no dia de Pentecostes (cf. At 2,1). Foi para lá que Pedro foi depois de ser solto da prisão (cf. At 12,12-13). Hoje, há muitas Marias que colocam o espaço de sua casa a serviço da comunidade.

6 de Junho

Zacarias
Profeta que foi morto a pedradas por ordem do rei Joás

"O Espírito de Deus apoderou-se de Zacarias, filho do sacerdote Joiada"
(2Cr 24,20).

O nome *Zacarias* significa *lembra-te de Yhwh*. Esse nome era muito comum naquele tempo. Aparece mais de 60 vezes na Bíblia, tanto no AT como no NT. Muitos pais davam esse nome aos filhos, para que se lembrassem de Yhwh e Yhwh se lembrasse deles. O Zacarias que lembramos hoje era o filho de Josaba e do sacerdote Joiada (cf. 2Cr 22,11). Ele viveu na época de Joás, rei de Judá (835-796 a.C.). Época complicada e conturbada. Atália, a rainha de Judá e mãe de Ocozias, tinha mandado matar todos os filhos do rei Ocozias, que tinha sido assassinado por Jeú no ano 841 a.C. (cf. 2Cr 22,9). Assim, ela se tornou rainha de Judá (841-833 a.C.). O único filho de Ocozias que escapou foi o nenê Joás, de apenas 1 ano de idade (cf. 2Cr 22,10-11). É que Josaba, a mãe de Zacarias, era empregada no palácio do rei. Ela conseguiu esconder o menino. Assim, durante seis anos, Zacarias e Joás cresceram juntos. Seis anos depois, os anciãos deram um golpe: depuseram Atália e aclamaram Joás como rei. Ele tinha apenas 7 anos (cf. 2Cr 24,1). Joás começou bem o seu governo (835-796 a.C.). Ele teve a ajuda de Joiada, o pai de Zacarias. Os dois conseguiram restaurar e purificar o templo.

Mas, depois da morte de Joiada, o rei Joás mudou o rumo do seu governo, e tudo voltou para trás (cf. 2Cr 24,17-19). Nesse segundo período do governo de Joás, o Espírito de Deus se apoderou do profeta Zacarias, que dizia ao rei e seus ministros: *"Por que é que vocês estão desobedecendo aos mandamentos de Javé? Vocês vão se arruinar"* (2Cr 24,20). O pessoal se reuniu então contra Zacarias, e por ordem do rei Joás o apedrejaram no pátio do templo de Yhwh. Esquecido da generosidade que lhe havia testemunhado Joiada, pai de Zacarias, Joás matou Zacarias, seu irmão de criação, filho de Joiada e Josaba. Ao morrer, Zacarias exclamou: *"Yhwh o verá e pedirá contas a vocês!"* (cf. 2Cr 24,20-22).

7 de Junho

Obed-edom
Hospedeiro da Arca da Aliança

> *"A Arca de Y*HWH *ficou três meses na casa de Obed-Edom"* (2Sm 6,11).

Obed-Edom entrou na história por causa do medo do rei Davi de levar a Arca de Deus para sua casa em Jerusalém. A Arca tinha sido capturada pelos filisteus (cf. 1Sm 4,11). Durante os sete meses (cf. 1Sm 6,1) em que ela ficou com os filisteus, estes tiveram muitas doenças. Achavam que fosse por causa da Arca (cf. 1Sm 5,1-12). Por isso, resolveram devolvê-la. Colocada numa carroça, a arca foi levada para a cidade de Bet-Sames (cf. 1Sm 6,1-12). O povo de Bet-Sames se alegrou, mas ficou com medo: *"Quem pode ficar na presença de Y*HWH*, o Deus santo? Para onde podemos mandar a Arca para nos livrarmos dela?"* (1Sm 6,20). Os habitantes da cidade de Cariat-Iarim buscaram a Arca e a colocaram na casa de Abinadab, no alto da colina (cf. 1Sm 7,1).

Anos depois, quando Davi virou rei, ele resolveu levar a Arca para Jerusalém. Colocaram a Arca novamente numa carroça nova e, numa procissão de muita dança, iniciaram o retorno da Arca (cf. 2Sm 6,1-3). Um senhor, chamado Oza, andava ao lado da Arca. Numa sacudida, Oza estendeu a mão para segurar a Arca. Na mesma hora ele morreu fulminado (cf. 2Sm 6,4-7). Aí, Davi ficou com medo: *"Como é que a Arca de Y*HWH *vai poder ficar na minha casa?"* (2Sm 6,9). Não quis mais a Arca em Jerusalém e levou-a para a casa de Obed-Edom, onde ela ficou por três meses. *"Y*HWH *abençoou Obed-Edom e toda a sua família"* (2Sm 6,11). Quando soube disso, Davi levou a Arca de Deus da casa de Obed-Edom para a Cidade de Davi, em Jerusalém (cf. 2Sm 6,12).

8 de Junho

Jael
Mulher corajosa

"Bendita seja entre as mulheres, Jael, a mulher de Héber, o quenita" (Jz 5,24).

Jael, mulher de Héber, morava numa tenda perto do Monte Tabor, na região da Galileia. Era em torno do ano de 1200 a.C., na época em que as tribos de Israel, depois dos 40 anos no deserto, vinham chegando, instalando-se na terra de Canaã. Jabin, o rei de Canaã, com medo de que as tribos de Israel fossem invadir e ocupar seu território, mandou que Sísara, o general do seu exército, atacasse e derrotasse Israel (cf. Jz 4,1-3). Diante do avanço de Sísara, a profetisa Débora mandou que Barac reunisse as tribos de Israel para atacar Sísara (cf. Jz 4,4-10). Barac reuniu 10 mil soldados no Monte Tabor. Quando Sísara soube disso, foi com todos os seus soldados e mais 900 carros de ferro (cf. Jz 4,3) atacar a tropa de Barac. Barac, com seus 10 mil homens, caiu em cima das tropas de Sísara. Os carros de ferro eram pesados e não serviram para nada naquele terreno pantanoso. Sísara teve que descer do seu carro e fugiu a pé. Correu e entrou na casa de Jael. Ela o acolheu dizendo: *"Fique aqui comigo, meu senhor. Não tenha medo".* Sísara entrou e ela o escondeu debaixo de um tapete. Sísara pediu um pouco de água. Jael deu leite morno para ele beber e dormir. Vencido pelo cansaço, Sísara dormiu profundamente. Jael pegou uma estaca da tenda, apanhou um martelo. De mansinho, aproximou-se dele e cravou-lhe a estaca na têmpora até penetrar na terra. E assim Sísara morreu.

Quando chegou Barac perseguindo Sísara, Jael saiu ao seu encontro e disse: *"Venha comigo e eu lhe mostrarei o homem que você está procurando"* (Jz 4,22). Ele entrou na tenda de Jael e viu Sísara morto no chão, com a estaca na têmpora (cf. Jz 4,18-22). O Cântico de Débora diz: *"Que Jael seja bendita entre as mulheres"* (Jz 5,24).

9 de Junho

Zabulon
Patriarca do povo de Deus

"'Deus me deu um grande presente.' E o chamou de Zabulon" (Gn 30,20).

Zabulon é o sexto filho de Lia e Jacó. Diz o livro de Gênesis a respeito de Zabulon: *"Lia concebeu novamente e gerou um sexto filho para Jacó. Disse Lia: 'Deus me deu um belo presente; desta vez meu marido me honrará, pois lhe dei seis filhos'; e o chamou de Zabulon"* (Gn 30,19-20). Na bênção das 12 tribos, Moisés diz o seguinte a respeito da tribo de Zabulon: *"Zabulon! Sê feliz em tuas expedições"* (Dt 33,18). No Novo Testamento, quando Jesus inicia o anúncio da Boa Nova do Reino de Deus, Mateus comenta: *"Terra de Zabulon, terra de Neftali, caminho do mar, região do outro lado do rio Jordão, Galileia dos que não são judeus! O povo que vivia nas trevas viu uma grande luz; e uma luz brilhou para os que viviam na região escura da morte"* (Mt 4,15-16). Além desses seis filhos, Lia deu mais dois filhos a Jacó por meio da sua empregada Zelfa. Os oito filhos de Jacó com Lia e sua escrava são: Rúben, Simeão, Levi, Judá, Gad, Aser, Issacar e Zabulon. Os outros quatro são filhos de Jacó por intermédio de Raquel e de Bala, sua empregada. De Raquel, são José e Benjamim. Da empregada Bala, são Dã e Neftali. Jacó teve ainda uma filha chamada Dina.

Essas histórias das 12 tribos de Israel são histórias populares, transmitidas oralmente durante séculos para o povo conhecer melhor a sua origem e as ligações que uniam entre si as 12 tribos. A consciência da origem comum ajuda a reforçar os laços de amizade e de solidariedade nos momentos de crise e de guerra. Explica também as rivalidades que foram surgindo entre as tribos. Por exemplo, a Bíblia diz que Jacó amava mais a Raquel do que a Lia (cf. Gn 29,30). Diz também que as duas brigavam entre si pela preferência do marido (cf. Gn 30,14-15).

10 de Junho

Trófimo
Companheiro de viagem de Paulo

"Deixei Trófimo doente em Mileto" (2Tm 4,20).

O nome de Trófimo aparece três vezes no Novo Testamento, em três lugares diferentes: a primeira vez em Éfeso; a segunda vez em Jerusalém; a terceira, em Mileto. Essas três passagens nos mostram quem era Trófimo. Em *Éfeso* houve um tumulto muito grande contra Paulo e contra os cristãos (cf. At 19,23-41). Depois do tumulto, Paulo viajou para a Grécia, via Macedônia (cf. At 20,1), levando consigo sete companheiros. Um deles era Trófimo (cf. At 20,4). Trófimo era companheiro de viagem de Paulo. Em *Jerusalém*, na praça do templo, Paulo foi agredido pelos judeus que o acusavam de ter introduzido um pagão no templo (cf. At 21,27). É que eles tinham visto Trófimo andando com ele na cidade (cf. At 21,29). Trófimo não era judeu, mas um pagão batizado. Em *Mileto*, Paulo tinha feito uma reunião com os animadores das comunidades da região de Éfeso (cf. At 20,17-18). Chegando depois a Roma, pouco antes da sua morte, Paulo escreve para Timóteo: *"Deixei Trófimo doente em Mileto"* (2Tm 4,20). Trófimo ficou na equipe de Paulo até que a doença o obrigou a ficar parado em Mileto.

Trófimo era de Éfeso (cf. At 21,29). Provavelmente, ele era dos assim chamados "tementes a Deus" (cf. At 10,22; 13,26) ou "adoradores de Deus" (cf. At 16,14; 17,4.17). Eram pagãos que frequentavam a sinagoga aos sábados e liam muito a Bíblia. Eles não se faziam judeus, porque a circuncisão e as muitas normas legais os mantinham afastados. Mas tudo mudou para eles com a chegada da Boa Nova de Deus que Jesus nos trouxe. Paulo chegava às sinagogas e dizia: "Para vocês terem parte na salvação anunciada pelos profetas não são necessárias nem a circuncisão nem a observância das leis e normas. É necessária, isto sim, a fé em Jesus" (cf. Rm 3,27-30; 4,1-3). Aí, muitos deles se tornaram cristãos. Trófimo deve ter sido um deles.

11 de Junho

Barnabé
Líder na comunidade de Jerusalém

"Barnabé tomou Paulo consigo e o apresentou aos apóstolos" (At 9,27).

Barnabé era um levita da ilha de Chipre. Ele se chamava José, mas os apóstolos lhe deram o nome de *Barnabé*, que significa *filho da consolação*. Barnabé foi um dos primeiros que se converteram e entraram na comunidade cristã. Ele foi uma presença muito atuante na Igreja de Jerusalém. O nome dele aparece 37 vezes só nos Atos dos Apóstolos. Ele era tio de João Marcos, o evangelista (cf. Cl 4,10), e parente de dona Maria, a mãe de João Marcos, que colocava o salão da sua casa à disposição de Jesus. Barnabé chegou a vender um campo que possuía e colocou o dinheiro da venda nas mãos dos apóstolos (cf. At 4,36-37). Quando Paulo, depois da sua conversão, chegou a Jerusalém, ele teve dificuldade em ser aceito, pois tinha sido perseguidor da Igreja. Foi Barnabé que o acolheu e o apresentou aos apóstolos (cf. At 9,27). Mais tarde, a pedido dos apóstolos, Barnabé foi ver a comunidade de Antioquia, onde, pela primeira vez, os pagãos tinham sido acolhidos na comunidade (cf. At 11,22). Barnabé foi, viu e gostou. Ele chamou Paulo, que estava em Tarso, e os dois trabalharam mais de um ano em Antioquia (cf. At 11,22-26). Foi Barnabé, junto com Paulo, que fez a primeira grande viagem missionária (cf. At 13,1-14). Os dois deram uma contribuição muito positiva no primeiro Concílio de Jerusalém, a favor da entrada de pagãos na comunidade (cf. At 15,1-2.12).

Quando, depois do Concílio de Jerusalém, Paulo convidou Barnabé para visitar as comunidades, Barnabé disse que ia levar consigo Marcos, seu sobrinho. Paulo recusou, pois Marcos os tinha abandonado na primeira viagem (cf. At 13,13; 15,38). Deu briga. Barnabé foi com Marcos para Chipre, e Paulo, com Silas, para as outras comunidades (cf. At 15,36-40). Mais tarde, houve reconciliação entre Paulo e Marcos (cf. 1Tm 4,11).

12 de Junho

Viúva de Sarepta
A mulher pobre que acolheu o profeta Elias

"Levante-se, vá para Sarepta. Porque eu ordenei a uma viúva que dê comida para você" (1Rs 17,9).

A viúva de Sarepta é chamada assim porque ela morava na cidade de Sarepta, na terra de Sidônia. Aconteceu na época do profeta Elias, quando a fome já durava mais de três anos. Até o profeta Elias ficou sem comida e sem água. Deus mandou que ele fosse para Sarepta, onde uma viúva iria ajudá-lo (cf. 1Rs 17,8-9). Elias foi e encontrou a viúva. Ele pediu um pedaço de pão. Ela disse: *"Tenho apenas um punhado de farinha numa vasilha e um pouco de azeite na jarra"* (1Rs 17,12). Elias disse: *"Vá! Mas primeiro prepare um pãozinho para mim. Depois você faz também para você e para o filho"* (1Rs 17,13). Ela foi e fez a partilha como Elias tinha pedido. Diz a Bíblia: *"A vasilha de farinha não se esvaziou e a jarra de azeite não acabou"* (1Rs 17,16). Se houvesse partilha no Brasil, aconteceria entre nós o mesmo milagre: não haveria mais fome, haveria comida para todos, e ainda sobraria para muita gente fora do Brasil.

O filho da viúva de Sarepta ficou muito doente e morreu (cf. 1Rs 17,17). Ela reclamou com Elias: *"Você veio à minha casa para reavivar a lembrança das minhas faltas e causar a morte do meu filho!"* Elias respondeu: *"Dá-me teu filho"* (cf. 1Rs 17,18-19). Elias levou o menino para o quarto e rezou a Deus. Em seguida, esquentou o menino deitando sobre ele, e a vida voltou. Ele o devolveu à mãe, e ela disse: *"Agora sei que você é um homem de Deus e que a palavra de Yhwh habita em sua boca"* (1Rs 17,24). Foi essa viúva que deu o título mais bonito ao profeta: *homem de Deus, em cuja boca habita a Palavra de Deus*.

13 de Junho

Habacuc
Profeta, forte na denúncia, mais forte na confiança

"Escreva esta visão e grave-a com clareza em tabuinhas" (Hab 2,2).

O profeta Habacuc é o oitavo na lista dos 12 Profetas Menores. O nome dele significa *hortelã*. Como na maior parte dos 12 Profetas Menores, sabemos muito pouco a respeito da vida dele. Não sabemos quem foram os pais de Habacuc. Muito provavelmente, ele foi contemporâneo de Naum e de Jeremias, que atuaram em torno do ano 600 a.C. Nas entrelinhas dos três capítulos atribuídos a Habacuc, transparece uma pessoa de muita fé, muito íntima de Deus, a ponto de ele conversar com Deus e até questioná-lo a respeito da situação em que se encontrava o povo de Deus. Eis o que ele diz a Deus: *"Teus olhos são puros demais para ver o mal; tu não aguentas contemplar a injustiça. Então, por que ficas olhando os traidores e te calas quando um ímpio devora alguém mais justo do que ele?"* (Hab 1,13). Habacuc está cansado de ver o povo sofrendo como vítima de tantas injustiças. Ele não entende por que Deus não intervém para acabar com a injustiça. Habacuc é um profeta que não se conforma com a situação de corrupção e de injustiça. Ele pergunta a Deus: *"Até quando?"* (Hab 1,2).

Habacuc é forte na denúncia. É mais forte ainda na confiança e na esperança. Veja este testemunho tão bonito da sua vida: *"Ainda que a figueira não brote e não haja fruto na parreira; ainda que a oliveira negue seu fruto e o campo não produza colheita; ainda que as ovelhas desapareçam do curral e não haja gado nos estábulos, eu me alegrarei em Javé e exultarei em Deus, meu salvador. Meu Senhor Javé é a minha força, ele me dá pés de gazela e me faz caminhar pelas alturas"* (Hab 3,17-19). Habacuc, muito obrigado!

14 de Junho

Eliseu
Profeta do povo de Deus

"Disse Eliseu a Elias: 'Que me seja dada uma dupla porção do teu espírito!'" (2Rs 2,9).

A pedido de Deus, o profeta Elias chamou Eliseu para ser profeta em seu lugar (cf. 1Rs 19,16). Diz a Bíblia: *"Elias passou perto dele e lançou sobre ele seu manto. Eliseu abandonou seus bois, correu atrás de Elias"* (1Rs 19,19-20). Depois houve o seguinte diálogo. Eliseu disse: *"Deixa-me abraçar meu pai e minha mãe, depois te seguirei".* Elias respondeu: *"Vá, mas volte logo. Quem o está impedindo de ir?"* (1Rs 19,20). Eliseu foi, tomou uma junta de bois e a imolou. Serviu-se da lenha do arado para cozinhar a carne e deu-a ao pessoal para comer numa festa de despedida. Depois levantou-se e seguiu Elias (cf. 1Rs 19,19-21). Perto do fim da sua vida, Elias disse a Eliseu: *"Peça o que quiser que eu o farei por você, antes de ser arrebatado da sua presença".* E Eliseu respondeu: *"Que me seja dada uma dupla porção do teu espírito!"* (2Rs 2,9). Naquele tempo, o filho mais velho recebia dos pais uma dupla porção da herança (cf. Dt 21,17). Eliseu tinha consciência de ser o filho mais velho, o sucessor, que devia continuar a missão do pai Elias. Elias respondeu: *"Você pediu uma coisa difícil: todavia, se me enxergar quando eu for arrebatado da sua presença, isso lhe será concedido"* (2Rs 2,10). Elias foi arrebatado e Eliseu gritou: *"Meu pai, meu pai! Carro e cavalaria de Israel!"* (2Rs 2,12). Como se dissesse: "Estou te vendo!" Eliseu pegou o manto que Elias tinha deixado no chão e voltou. Bateu com o manto no rio Jordão e gritou: *"Onde está o Deus de Elias?"* (2Rs 2,14). O rio se abriu e Eliseu passou a pé enxuto. E os irmãos profetas disseram: *"O espírito de Elias repousa sobre Eliseu!"* (2Rs 2,15).

A Bíblia narra muitos milagres de Eliseu. Ele purifica a água contaminada de Jericó (cf. 2Rs 2,19-22), ensina a viúva como pagar suas dívidas (cf. 2Rs 4,1-7), devolve a vida ao filho falecido da Sunamita (cf. 2Rs 4,8-37), purifica a panela envenenada (cf. 2Rs 4,38-41), provoca a multiplicação dos pães (cf. 2Rs 4,42-44), cura a lepra de Naamã da Síria (cf. 2Rs 5,1-17), faz boiar o machado que caiu no rio Jordão (cf. 2Rs 6,1-7). São histórias populares, muito bonitas, que não devem ser lidas ao pé da letra. São expressão da fé do povo no poder de Deus. Eis como o livro do Eclesiástico resume a vida de Eliseu: *"Nada era difícil demais para ele e, mesmo morto, ainda profetizou. Durante a vida realizou prodígios e, depois de morto, suas obras foram maravilhosas"* (Eclo 48,14-15).

15 de Junho

Irmãos profetas
As confrarias proféticas do povo de Deus

"Os irmãos profetas que moravam em Betel, em Jericó" (2Rs 2,3.5).

Desde os tempos de Samuel, havia confrarias de irmãos profetas em Israel. Chegavam a dizer: *"Até Saul está entre os profetas!"* (1Sm 19,24). Havia várias comunidades de *irmãos profetas* (cf. 1Sm 19,18): em Ramá (cf. 1Sm 19,22), em Betel (cf. 2Rs 2,3), em Jericó (cf. 2Rs 2,5), em Guigal (cf. 2Rs 4,38), na região montanhosa de Efraim (cf. 2Rs 5,22). Alguns deles eram casados (cf. 2Rs 4,1). Eram numerosos, pois um grupo de 50 irmãos profetas, junto com Eliseu, acompanhou Elias na sua última viagem até o rio Jordão (cf. 2Rs 2,7). E, pelo que parece, o grupo crescia cada vez mais, pois o lugar onde alguns deles moravam já não dava para abrigar a todos (cf. 2Rs 6,1). Quem são estes *irmãos profetas*?

Eles eram os animadores da fé do povo. Viviam ao redor daqueles pequenos santuários de romaria espalhados pelo país. Havia centros de romaria em Siquém (cf. Gn 12,6-8), em Hebron (cf. Gn 13,18), em Bersheba (cf. Gn 21,32-34), em Betel (cf. Gn 28,11-19), em Masfa (cf. Gn 31,44-54), em Guilgal (cf. Js 4,19-24; 5,2-12), em Jericó (cf. Js 5,13-15), em Silo (cf. 1Sm 1,1–2,10), no Carmelo (cf. 1Rs 18,20-40) e em vários outros lugares. Antes da chegada dos israelitas havia ali, naqueles mesmos *lugares altos*, os profetas de Baal. Mas o testemunho de Elias no santuário do Monte Carmelo venceu as pretensões dos profetas de Baal e obteve grande aceitação popular. Ele fez com que, nesses centros de romaria, os profetas de Y$_{HWH}$ se reanimassem (cf. 1Rs 18,16-46). Pela sua maneira de viver, os irmãos profetas irradiavam a fé, em Deus e levavam o povo a um novo compromisso com a sua fé, que se concretizava numa nova maneira de conviver. Como sugere o profeta Malaquias a respeito da ação do profeta Elias: eles procuravam reconduzir o coração dos pais para os filhos e dos filhos para os pais (cf. Ml 3,23-24; Eclo 48,10). Ou seja, eles procuravam refazer a vida familiar, a vida em comunidade, como expressão da fé renovada em Deus.

16 de Junho

Sansão
Juiz do povo de Deus

*"O menino Sansão cresceu, Y*HWH *o abençoou
e o espírito de Y*HWH *começou a impeli-lo"* (Jz 13,24-25).

Sansão nasceu para ser um *nazireu*, isto é, um consagrado a Deus. Não podia cortar os cabelos, nem tomar bebida alcoólica (cf. Jz 13,5). Apaixonou-se por uma mulher filisteia (cf. Jz 14,1-2). Os pais não gostaram, mas Sansão disse: *"É dela que eu gosto"* (cf. Jz 14,3). Sansão aparece na Bíblia como um herói popular. São muitas as histórias da Bíblia sobre Sansão: ele estraçalhou um leão (cf. Jz 14,5-6); matou 30 homens para pagar uma aposta perdida com 30 filisteus (cf. Jz 14,12-20); capturou 300 raposas, amarrou tochas acesas nos rabos e mandou-as aos trigais dos filisteus para queimar toda a colheita, por vingança, porque eles tinham dado sua mulher para um outro homem (cf. Jz 15,1-5); deixou-se amarrar para ser entregue aos filisteus, mas, quando chegou aos filisteus, rebentou as cordas como se fossem papel e matou mil filisteus com uma queixada de burro (cf. Jz 5,9-20); em Gaza, dormiu com uma prostituta e, quando quiseram prendê-lo, arrancou as portas da cidade e as largou no alto da montanha perto de Hebron (cf. Jz 16,1-4). Ninguém sabia de onde vinha aquela força tão grande. Foi Dalila, sua mulher, que conseguiu arrancar dele o segredo. A força de Sansão estava nos seus cabelos compridos de nazireu, de consagrado a Deus. Dalila o fez dormir e cortou-lhe os cabelos sem ele perceber. Sansão perdeu a força e foi preso pelos filisteus, que vazaram os olhos dele. Cego, como se fosse um jumento, Sansão teve que girar o moinho (cf. Jz 16,4-21). Mas os cabelos cresceram de novo, e Sansão recuperou a força. Numa festa ao deus Dagon, os filisteus colocaram Sansão como troféu no templo deles. Eles não perceberam que o cabelo de Sansão tinha crescido. Estando no templo, à vista de todos, Sansão empurrou as duas colunas centrais e fez desabar tudo em cima do povo. *"Desse modo, ao morrer, Sansão matou muito mais gente do que tinha matado durante toda a sua vida"* (Jz 16,30).

A essas histórias sobre Sansão se aplica aquilo que diz o povo: "Quem conta um conto aumenta um ponto! Quem canta um canto aumenta outro tanto". Aumenta não para enganar, mas para fazer perceber melhor a mensagem dos fatos, a saber: a força que nasce quando uma pessoa se consagra totalmente a Deus.

17 de Junho

Quarto
Membro da comunidade de Corinto

"O irmão Quarto" (Rm 16,23).

Deste *Quarto* só sabemos o nome, nada mais. Ele é o último das 35 pessoas que, no capítulo 16 da Carta aos Romanos, por intermédio de Paulo, recebem ou mandam saudações. Quarto aparece nesta frase de Paulo*: "Saudações de Gaio, que está hospedando a mim e a toda a comunidade. Erasto, que é o administrador da cidade, e o irmão Quarto também mandam saudações"* (Rm 16,23). Quarto talvez tenha sido um escravo de Erasto, o *quarto* numa fila de muitos. O mesmo se diz de *Segundo*, que aparece nos Atos dos Apóstolos como membro da equipe que acompanhava Paulo nas viagens (cf. At 20,4). Seria o *segundo* de vários escravos.

Disso se podem tirar duas conclusões. A *primeira*: na sociedade romana daquela época, os escravos eram tratados como *números*. Não tinham valor como pessoas. Recebiam um número: *Segundo* (cf. At 20,4; veja 26 de abril); *Tércio* ou terceiro (cf. Rm 16,22; veja 3 de junho); e aqui *Quarto*. Nada mais que um número, como hoje se conta o gado. A *segunda* conclusão é esta: na comunidade cristã, os escravos eram tratados como gente e eram acolhidos como irmãos. *Quarto* é o irmão que manda saudações aos outros. *Segundo* era membro da equipe missionária de Paulo. *Tércio* era o escrivão da Carta aos Romanos. Essa reintegração dos excluídos na convivência humana é o começo de uma revolução social que continua até hoje.

18 de Junho

Levita de Judá
Sacerdote da tribo de Dan

"Micas dizia: 'Y$_{HWH}$ vai me favorecer, pois tenho este levita como sacerdote'"
(Jz 17,13).

"Sou levita de Belém de Judá e estou de viagem para me estabelecer onde puder" (Jz 17,9). Foi com essa frase que o levita se apresentou a Micas, um senhor da região de Efraim que vivia à procura de proteção divina (cf. Jz 17,1-4). Micas respondeu ao levita: "'Então, fique comigo e seja para mim como pai e sacerdote. Eu lhe darei dez moedas de prata por ano, além de roupa e comida'. O levita concordou em ficar com Micas, e este o tratou como um filho" (Jz 17,10-11). É que Micas tinha construído em sua casa um pequeno oratório com uma estátua e um ídolo de metal. Ele acolheu o levita e o instalou como sacerdote do seu santuariozinho, dizendo: *"Agora estou certo de que Y$_{HWH}$ vai me favorecer, pois tenho este levita como sacerdote"* (Jz 17,12-13). A palavra *levita* geralmente indica uma pessoa que é "membro da tribo de Levi". Mas também pode indicar "uma pessoa ligada ao culto", independentemente de ela ser da tribo de Levi. Era o caso deste "levita de Judá" (cf. Jz 17,9).

Pouco depois, passaram na casa de Micas cinco homens da tribo de Dam, que estavam à procura de terra para sua tribo (cf. Jz 18,1-2). Pediram ao levita: *"Consulte a Deus para saber se nossa viagem vai dar certo"*. O levita respondeu: *"Podem ir em paz. A viagem de vocês está sob os cuidados de Y$_{HWH}$"* (Jz 18,5-6). Tempos depois, eles voltaram com 600 homens armados para tomar posse da sua terra na cidade de Laís. Entraram na casa de Micas e levaram consigo o levita, as estátuas e o ídolo de metal. O levita reclamou: *"O que estão fazendo?"* (Jz 18,18). Responderam: *"'O que é melhor: ser sacerdote na casa de uma única pessoa ou ser sacerdote de uma tribo?' O levita gostou, pegou o efod, a estátua e o ídolo e foi com eles"* (Jz 18,19-20).

19 de Junho

Abdias
Empregado do rei Acab

"Escondi cem profetas de Y$_{HWH}$ numa gruta e lhes forneci pão e água"
(1Rs 18,13).

Abdias era empregado do rei Acab (cf. 1Rs 18,5). O nome dele significa *servo de Y$_{HWH}$*. Esta história aconteceu no terceiro ano da seca que castigava o país (cf. 1Rs 18,1). Estava faltando água até para os cavalos e os jumentos do rei Acab. Então, o rei mandou Abdias procurar um lugar onde houvesse água para os cavalos e as mulas (cf. 1Rs 18,5). O rei não estava preocupado com o povo que sofria com a seca, mas só com os cavalos (exército) e os jumentos (comércio). Foi nessa ocasião que o profeta Elias encontrou Abdias e mandou que ele chamasse o rei Acab. Abdias deu uma resposta bonita que diz tudo a respeito da sua pessoa. Ele disse ao profeta Elias:

"Que pecado eu cometi para que o senhor me entregue nas mãos de Acab, para ele me matar? Pela vida de Y$_{HWH}$, o seu Deus: não há nação, nem reino, aonde meu patrão não tenha mandado procurar pelo senhor. E quando diziam: 'Elias não está aqui', meu patrão fazia o reino e a nação jurarem que não haviam encontrado o senhor. E agora, o senhor me manda dizer ao meu patrão que Elias está aqui. Quando eu sair daqui, o espírito de Y$_{HWH}$ transportará o senhor não sei para onde. Eu irei informar Acab, e ele, não o encontrando, me matará. E seu servo teme a Javé desde a juventude. Por acaso, não contaram ao senhor o que fiz quando Jezabel estava matando os profetas de Y$_{HWH}$? Escondi numa gruta cem profetas de Y$_{HWH}$, em grupos de cinquenta, e providenciei pão e água para eles. E agora, o senhor me manda dizer ao meu patrão: 'Elias está aqui'. Ele vai me matar!" (1Rs 18,9-14). Elias tranquilizou Abdias dizendo: *"Pela vida de Y$_{HWH}$ dos exércitos, a quem sirvo: hoje mesmo eu vou me apresentar diante do rei Acab"* (1Rs 18,15).

20 de Junho

Sunamita
A mulher que hospedava o profeta Eliseu

*"Eliseu disse a seu servo Giezi: 'Chame a sunamita'.
O servo a chamou, e ela se apresentou a Eliseu"* (2Rs 4,12).

Não sabemos o nome desta senhora. Ela é chamada Sunamita porque morava na cidade de Sunam. O profeta Eliseu passava muitas vezes na casa dela. Aí, ela disse ao marido. *"Olha: sei que é um santo homem de Deus este que passa sempre por nossa casa. Façamos para ele, no terraço, um quarto de tijolos, com cama, mesa, cadeira e lâmpada; assim, quando vier à nossa casa, ele se acomodará lá"* (2Rs 4,9-10). Foi o que fizeram. Eliseu ficou agradecido e perguntou: *"O que podemos fazer por você?"* Ela respondeu: *"Vivo no meio do meu povo!"* É como se dissesse: "Não preciso de nada. Meu povo é a minha proteção". Aí, o servo disse a Eliseu: "Ela não tem filhos e o marido já é idoso". Então, Eliseu disse a ela: *"Daqui a um ano, nesta mesma data, a senhora terá um filho nos braços"* (2Rs 4,16). De fato, no ano seguinte, o filho nasceu, para a alegria da mãe.

Tempos depois, o menino da Sunamita ficou muito doente e morreu (cf. 2Rs 4,17-20). A mãe levou o menino para o quarto de Eliseu, colocou-o na cama do profeta e viajou para encontrar Eliseu no Monte Carmelo. Chegando lá, ela disse amargurada: *"Eu não pedi um filho. Apenas pedi para você não me enganar!"* (2Rs 4,28). Eliseu foi com ela até a casa dela na cidade de Sunam, subiu ao quarto onde estava o menino morto e deitou-se sobre ele, corpo colado ao corpo. Fez isso sete vezes. O menino voltou a viver e Eliseu o devolveu à mãe. Agradecida, a Sunamita jogou-se aos pés de Eliseu. Depois saiu com o menino vivo (cf. 2Rs 4,32-37).

21 de Junho

Samuel
Último juiz do povo de Deus

"Samuel disse: 'Fala, Senhor, que o teu servo escuta'" (1Sm 3,10).

Samuel é filho de Ana e Elcana (cf. 1Sm 1,19-20). Ana era estéril, não podia ter filhos. Rezou muito. Deus atendeu à prece, e o menino nasceu. Ana o chamou de Samuel, dizendo: *"Eu o pedi a Deus"* (1Sm 1,20). O nome *Samuel* significa *Deus ouviu*. Conforme a promessa que tinha feito, Ana entregou o menino Samuel ao sacerdote Eli, para ele ser criado no santuário (cf. 1Sm 1,11.26-28). Certa noite, o menino ouviu uma voz que dizia: *"Samuel! Samuel!"* Ele pensou que fosse Eli e correu até o quarto dele: *"Estou aqui. O senhor me chamou?"* Eli respondeu: *"Chamei não, menino. Vai dormir!"* Isso aconteceu por três vezes (cf. 1Sm 3,1-8). Aí, Eli orientou Samuel: *"Se chamar de novo, você deve dizer: 'Fala, Senhor, que teu servo escuta!'"* (1Sm 3,10). Assim, o velho orientou o jovem. E o jovem Samuel foi orientando o velho Eli com as profecias que recebia de Deus. As duas gerações se ajudando mutuamente (cf. 1Sm 3,13-18)! Samuel cresceu e tornou-se um grande profeta que ajudou o povo na transição do sistema dos juízes para o sistema dos reis (cf. 1Sm 3,19-21).

Samuel tinha dois filhos, Joel e Abias. Mas eles não imitavam o exemplo do pai. Eram gananciosos. *"Deixavam-se subornar e fizeram desviar o direito"* (1Sm 8,3). Por isso, os anciãos do povo foram falar com Samuel e disseram: *"Queremos um rei para que exerça a justiça entre nós"* (1Sm 8,5). Samuel não gostou e mostrou para eles os direitos de um rei: "Este será o direito do rei que reinará sobre vocês", e com muitos detalhes mostrou os direitos do rei e os perigos e defeitos da monarquia (cf. 1Sm 8,11-18). Mas não adiantou. *"Queremos um rei como todas as nações"* (cf. 1Sm 8,20). Samuel atendeu ao pedido do povo e ajudou na eleição e na consagração tanto de Saul (cf. 1Sm 10,17-24) como de Davi (cf. 1Sm 16,1-13). Mais tarde, depois de quatro séculos, a história deu razão a Samuel. Os 400 anos da monarquia (1000-600 a.C.) terminaram na tragédia do cativeiro na Babilônia.

22 de Junho

Eli
Sacerdote do santuário de Silo

"O menino Samuel servia a Y<small>HWH</small> sob as ordens de Eli" (1Sm 3,1).

Eli era sacerdote no santuário de Silo, aonde o povo ia em romaria nas grandes festas ao longo do ano (cf. 1Sm 1,3.9). Foi no santuário de Silo que Eli consolou Ana, quando ela, angustiada, rezava a Deus para ter um filho (cf. 1Sm 1,17). Conforme a profecia de Eli para Ana, nasceu o filho Samuel. Depois que o desmamou, Ana o entregou a Eli, para que ele pudesse crescer na casa de Deus (cf. 1Sm 1,26-28). Foi Eli que orientou o menino para responder ao chamado de Deus com estas palavras: *"Fala, Senhor, teu servo escuta!"* (cf. 1Sm 3,1-9). Eli tinha dois filhos que não prestavam. Eles se beneficiavam da sua função como sacerdotes em Silo e exploravam o povo (cf. 1Sm 2,12-17). Eli falava com eles, mas não adiantou nada (cf. 1Sm 2,22-25). Veio até um profeta para dizer a Eli que o sacerdócio seria tirado dele e da sua família e que seus dois filhos iriam morrer (cf. 1Sm 2,27-36). Foi o que aconteceu.

A Arca da Aliança foi roubada pelos filisteus na vitória deles sobre o exército israelita. Nessa guerra morreram os dois filhos de Eli (cf. 1Sm 4,10-11). Um rapaz foi comunicar a Eli a morte dos dois filhos e a captura da arca pelos filisteus. Quando ouviu a notícia, Eli caiu da cadeira, quebrou o pescoço e morreu (cf. 1Sm 4,12-18). *"Enquanto isso, o jovem Samuel crescia e era estimado por Y<small>HWH</small> e pelo povo"* (1Sm 2,26).

23 de Junho

Simeão
Membro do conselho da Igreja de Antioquia

*"Na Igreja de Antioquia havia profetas e mestres;
entre eles Simeão, chamado o Negro"* (At 13,1).

Dizem os Atos dos Apóstolos: *"Havia profetas e mestres na Igreja de Antioquia. Eram eles: Barnabé, Simeão, chamado o Negro, Lúcio, da cidade de Cirene, Manaém, companheiro de infância do governador Herodes, e Saulo"* (At 13,1). Simeão fazia parte desse grupo de profetas e doutores da Igreja de Antioquia. O nome Simeão era um diminutivo de Simão. Se vivesse hoje, seria chamado Simãozinho. Ele tinha o apelido de *Negro*. Muito provavelmente era um africano ou descendente de africanos. O mesmo vale para Lúcio, outro membro da mesma equipe, que era de Cirene, cidade no norte da África. A equipe animadora da comunidade de Antioquia era muito variada. Barnabé era da ilha de Chipre (cf. At 4,36); Simeão e Lúcio eram africanos. Manaém foi companheiro do governador Herodes; e Saulo, ou Paulo, era de Tarso, na Ásia Menor (cf. At 22,3).

A comunidade de Antioquia era muito dinâmica. Foi lá que, pela primeira vez, os pagãos foram evangelizados e admitidos na comunidade (cf. At 11,19-22). Foi de lá também que saiu a iniciativa das viagens missionárias por toda aquela região da Síria, Ásia Menor, Macedônia e Grécia. Diz a Bíblia: *"Certo dia, eles estavam fazendo uma reunião litúrgica com jejum, e o Espírito Santo disse: 'Separem para mim Barnabé e Saulo, a fim de fazerem o trabalho para o qual eu os chamei'. Então eles jejuaram e rezaram; depois impuseram as mãos sobre Barnabé e Saulo e se despediram deles"* (At 13,2-3). Foi um novo Pentecostes. O Espírito Santo os empurrava para a missão. Eram todos leigos. Sem esperar a opinião dos apóstolos de Jerusalém, impuseram as mãos em Barnabé e Paulo e os enviaram em missão.

24 de Junho

João Batista
Profeta que apontou o Messias

"Esta é a minha alegria, e ela é muito grande.
É preciso que ele cresça e eu diminua" (Jo 3,29-30).

Isabel, a mãe de João, era estéril, não podia ter filhos (cf. Lc 1,7). O anjo disse a Zacarias, marido de Isabel: *"Sua prece foi ouvida. Isabel, sua esposa, vai ter um filho e você lhe dará o nome de João"* (Lc 1,13). O nome *João* significa *consolador* ou *Deus é propício*. Depois que cresceu, João foi viver no deserto (cf. Lc 1,80) e começou a anunciar a chegada do dia do Senhor, a realização das profecias (cf. Lc 3,7-14). Ele se apresentava ao povo dizendo: *"Eu sou a voz do que clama no deserto. Preparem o caminho do Senhor"* (Lc 3,4; Jo 1,23). *"Depois de mim vem alguém do qual não sou digno de desamarrar as sandálias!"* (Mc 1,7; Lc 3,16). Muita gente aceitava a mensagem de João e se fazia batizar por ele (cf. Mc 1,5). Jesus era um deles. João não queria e dizia: *"Eu é que deveria ser batizado por você!"* (Mt 3,14). Mas Jesus insistiu e foi batizado. Na hora do batismo, o céu se abriu, o Espírito apareceu em forma de pomba e uma voz disse: *"Tu és o meu filho amado; em ti encontro o meu agrado"* (Mc 1,11). Por isso, João o apontava – *"Eis o cordeiro de Deus que tira o pecado do mundo!"* (Jo 1,29) – e mandava que seus discípulos seguissem a Jesus (cf. Jo 1,35-37). Quando informaram a João que Jesus também estava batizando e que muita gente ia atrás dele (cf. Jo 3,26), João deu esta resposta tão bonita: *"Sou como o amigo do noivo que vive à espera da chegada do noivo. Quando ouve a voz do noivo, ele se enche de alegria. Esta é a minha alegria, e ela é muito grande. É preciso que ele cresça e eu diminua"* (Jo 3,29-30).

"O rei Herodes tinha mandado prender João, amarrá-lo e colocá-lo na prisão. Fez isso por causa de Herodíades, com a qual ele se tinha casado, apesar de ela ser a mulher do seu irmão Filipe. João dizia a Herodes: 'Não é permitido você se casar com a mulher do seu irmão'" (Mc 6,17-18). Herodíades ficou com raiva de João e queria matá-lo. Na festa do aniversário de Herodes, a filha de Herodíades dançou e agradou tanto a Herodes que ele disse à moça: "Peça o que quiser e eu darei a você". A mãe disse à filha: "Peça ao rei a cabeça de João Batista". Foi o que aconteceu, e o rei mandou cortar a cabeça de João e dar à menina (cf. Mc 6,21-29).

25 de Junho

O carcereiro
Converteu-se diante do testemunho de Paulo e Silas

"Ordenaram ao carcereiro que os guardasse com toda a segurança" (At 16,23).

Paulo e Silas estavam na prisão da cidade de Filipos, na Macedônia. Os magistrados tinham dado ordem ao carcereiro de *"guardá-los com toda a segurança"* (cf. At 16,23). Por isso, ele *"os levou para o fundo da prisão e prendeu os pés deles no tronco"* (At 16,24). Paulo e Silas foram presos porque tinham curado uma moça com espírito de adivinhação que dava muito lucro aos patrões dela (cf. At 16,16-18). Por terem perdido a fonte de seu lucro, os patrões conseguiram que Paulo e Silas fossem açoitados e presos. Durante a noite, lá na prisão, Paulo e Silas rezavam e cantavam (cf. At 16,25).

De repente um terremoto sacudiu os alicerces da prisão, as portas se abriram e as correntes dos presos se soltaram (cf. At 16,26). Quando viu isso, o carcereiro pensou que os prisioneiros tivessem fugido, e ele já ia suicidar-se. Pois a lei dizia: "Se o preso escapa, quem morre é o carcereiro". Paulo gritou: *"Não faça isso! Estamos todos aqui!"* (At 16,28). O carcereiro pegou uma tocha e entrou na prisão. Ficou impressionado com o testemunho de Paulo e Silas. Levou-os para fora, lavou as feridas deles e perguntou: *"O que devo fazer para ser salvo?"* (At 16,30). Paulo respondeu: *"Crê no Senhor Jesus e serás salvo, tu e a tua casa"* (At 16,31). Paulo falou sobre Jesus para o carcereiro e seus familiares. Em seguida, o carcereiro foi batizado com toda a sua família. Ele levou Paulo e Silas para sua casa e preparou um jantar para eles (cf. At 16,32).

26 de Junho

Lino
Membro da comunidade de Roma

"Lino e todos os irmãos te saúdam!" (2Tm 4,21).

Lino aparece uma única vez na Bíblia; é na segunda carta de Paulo a Timóteo. Nessa carta Paulo diz a Timóteo: *"Procure vir antes do inverno. Êubulo, Pudente, Lino, Cláudia e todos os irmãos enviam-lhe saudações. O Senhor esteja com o seu espírito. A graça esteja com todos vocês"* (2Tm 4,21-22). Paulo estava em Roma, preso, já perto da morte, sem muita esperança de ser solto (cf. 2Tm 4,6-8). Lino era um cristão da comunidade de Roma. Ele aparece junto com três outros cristãos, lembrados por Paulo na sua carta: Êubulo, Pudente e Cláudia. Não sabemos quem foi Lino, nem quem foram os três companheiros que são nomeados na carta, mas se Paulo, já velho e perto da morte, entre tantos irmãos e irmãs, menciona esses quatro, é porque eram pessoas que faziam parte do círculo mais estreito das suas amizades.

Segundo uma tradição posterior da Igreja de Roma, confirmada por Santo Irineu e pelo historiador Eusébio de Cesareia, Lino tornou-se o sucessor de Pedro como bispo de Roma.

27 de Junho

Ana e Elcana
Os pais do profeta Samuel

*"Ana disse: 'Eu o entrego a Y*HWH *por toda a vida, para que pertença a ele'"*
(1Sm 1,28).

Ana era casada com Elcana. Além de Ana, Elcana tinha uma outra mulher chamada Fenena (cf. 1Sm 1,2). Fenena tinha vários filhos, e Ana não tinha nenhum. Por isso, Fenena humilhava Ana. Ana chorava e sofria muito. Elcana a consolava e dizia: *"Ana, por que você chora tanto e não come nada? Por que você está triste? Por acaso, eu não sou melhor para você do que dez filhos?"* (1Sm 1,8). Todos os anos eles iam em romaria para o santuário de Silo. Lá em Silo, Ana entrava no santuário e rezava a Deus pedindo com insistência um filho: *"Senhor, se me deres um filho homem, eu o consagrarei a Ti por todos os dias da sua vida"* (1Sm 1,11). Enquanto rezava, Ana apenas movia os lábios. Não dava para ouvir o que dizia. O sacerdote Eli olhou, pensou que Ana estivesse embriagada e disse: *"Até quando você ficará embriagada?"* Ana disse: *"Não, senhor. Não bebi vinho. Eu sou uma mulher atribulada. Estou desafogando minha dor diante de Y*HWH*"*. E ela contou para ele o problema que a fazia sofrer. Eli disse: *"Vá em paz. Que Deus lhe conceda o que está pedindo"*. Ana respondeu: *"Que esta sua serva possa encontrar sempre o seu favor"* (cf. 1Sm 1,12-18). Consolada e em paz, Ana voltou para casa.

No ano seguinte, o menino nasceu, e ela o chamou de Samuel, dizendo: *"Eu o pedi a Deus"* (1Sm 1,20). Depois que o menino desmamou, Ana o levou até o santuário. O menino ainda era muito pequeno. Ana disse a Eli: *"Desculpe, senhor. Eu sou aquela mulher que esteve aqui fazendo um pedido a Deus. O que eu pedia era este menino. Y*HWH *atendeu ao meu pedido. Agora, eu o entrego a Y*HWH *por toda a vida, para que pertença a Ele"* (cf. 1Sm 1,24-28). Para mostrar sua gratidão Ana entoou um cântico muito bonito (cf. 1Sm 2,1-10). Foi nesse cântico que se inspirou Maria, a Mãe de Jesus, na visita que ela fez à sua prima Isabel (cf. Lc 1,46-55).

28 de Junho

Naamã
Comandante do exército da Síria

"Agora sei que não há Deus em toda a terra, a não ser em Israel!" (2Rs 5,15).

Naamã, comandante do exército do rei de Aram (atual Síria), era leproso (cf. 2Rs 5,1). A empregada da sua esposa era uma menina israelita que tinha sido capturada numa das guerras de Aram contra Israel. A menina disse à patroa: *"Olha, bastaria meu patrão se apresentar ao profeta de Samaria! Ele o livraria da lepra"* (2Rs 5,3). Ela se referia ao profeta Eliseu, que vivia no Monte Carmelo, pois ela tinha ouvido falar dos milagres e curas que Eliseu realizava. Naamã falou como o rei de Aram e este lhe deu uma carta para o rei de Israel e mais *"trezentos e cinquenta quilos de prata, sessenta e oito quilos de ouro e dez roupas de festa"* (2Rs 5,5). Na carta, o rei de Aram dizia ao rei de Israel: *"Estou lhe mandando meu servo Naamã, para que você o cure da lepra"* (2Rs 5,6). O rei de Israel ficou bravo e disse: *"Por acaso sou um deus, que possa dar a morte e a vida, para que esse me mande um homem para eu curá-lo de lepra? Vai ver que ele anda buscando pretextos contra mim!"* (2Rs 5,7).

Quando o profeta Eliseu soube disso, mandou chamar Naamã. Quando Naamã parou na frente da casa de Eliseu, este nem saiu de casa, mas mandou um empregado dizer ao general: *"Vá e tome banho sete vezes no rio Jordão!"* (2Rs 5,10). Naamã ficou tão desapontado que quase voltou para casa. Mas um empregado lhe disse: *"Se ele tivesse mandado fazer uma coisa difícil, o senhor certamente o faria. Mas ele só mandou: 'Lave-se e você ficará curado!'"* (2Rs 5,13). Naamã aceitou o conselho do empregado e foi até o rio Jordão. Tomou banho sete vezes no rio Jordão e ficou curado. Ele exclamou: *"Agora sei que não há Deus em toda a terra a não ser em Israel!"* (2Rs 5,15).

29 de Junho

Pedro
Apóstolo de Jesus Cristo

"Pedro disse: 'Senhor, Tu sabes tudo; Tu sabes que eu te amo'" (Jo 21,17).

Simão Pedro era filho de Jonas (cf. Mt 16,17). Não sabemos o nome da mãe dele. Ele e seu irmão André eram pescadores lá de Betsaida (cf. Jo 1,44), uma cidadezinha que ficava no lado norte do lago de Genesaré. Simão Pedro era casado e morava na casa da sogra em Cafarnaum (cf. Mc 1,29-30). No primeiro encontro que teve com Jesus, ele estava pescando, e Jesus o chamou: *"Segue-me e vou fazer de você pescador de homens"*. Pedro largou tudo e seguiu Jesus (cf. Mc 1,16-17). Naquele primeiro encontro, Jesus mudou o nome dele para *Cefas* (cf. Jo 1,42), que quer dizer *pedra*. Daí vem o nome *Pedro*, com o qual ele é conhecido até hoje. Pedro foi testemunha dos milagres e das pregações de Jesus. Andou com Ele por todo canto. Junto com André e João, Pedro foi testemunha da transfiguração (cf. Mc 9,2-8), da ressurreição da filha de Jairo (cf. Mc 5,37-42) e da angústia de Jesus no Horto (cf. Mc 14,33). Ele aparece em primeiro plano no lava-pés (cf. Jo 13,6-11) e no pagamento do imposto do templo (cf. Mt 17,24-27). Ele é chamado a ser pedra fundamental da Igreja: *"Você é Pedra e sobre esta pedra edificarei a minha Igreja"* (Mt 16,18). Mas Pedro também foi pedra de tropeço. Ele achava que Jesus não devia sofrer: *"Deus não permita tal coisa, Senhor! Que isso nunca te aconteça!"* (Mt 16,22). Jesus respondeu a Pedro: *"Afasta-te de mim, Satanás. Você é pedra de tropeço para mim"* (Mt 16,23).

Pedro era muito espontâneo. Mostrava grande coragem, mas na hora "H" ele voltava atrás. Por exemplo, na hora de andar sobre as águas, quase se afogou (cf. Mt 14,28-30). No Horto das Oliveiras, dizia a Jesus: "Nunca te negarei!" (cf. Mt 26,33-34), mas pouco depois negou Jesus três vezes (cf. Mt 26,69-75). Por isso, Jesus perguntou três vezes: "Pedro, você me ama?" Na terceira vez, Pedro chorou e disse: *"Senhor, Tu sabes tudo; Tu sabes que eu te amo"* (Jo 21,17). Jesus disse a Pedro: *"Eu rezei por você, para que não desfaleça a sua fé. E você, uma vez confirmado, confirme os seus irmãos"* (Lc 22,32). Pedro está firme, não por causa dele mesmo, mas por causa da oração de Jesus.

30 de Junho

Paulo
Apóstolo de Jesus Cristo

"Vivo, mas já não sou eu que vivo. É Cristo que vive em mim!" (Gl 2,20).

Paulo nasceu em Tarso, na Cilícia (cf. At 22,3). Ele era da tribo de Benjamim (cf. Rm 11,1). Na vivência da fé, era fariseu e, como ele mesmo diz, "dos mais rigorosos" (cf. At 26,5). Estudou em Jerusalém com o doutor Gamaliel (cf. At 22,3). O primeiro contato com a Boa Nova de Jesus foi aos 28 anos de idade e foi de oposição radical (cf. At 26,9-11). Ele chegou a perseguir os cristãos e a aprovar a morte de Estêvão (cf. At 8,1; 22,4; Gl 1,13-14). Mas a graça foi mais forte (cf. At 9,3-19). Depois da conversão, durante 13 anos, dos 28 aos 41 anos de idade, ele permaneceu na Arábia e em Tarso, na terra dele, deixando amadurecer a mudança radical que nele se operou (cf. Gl 1,17-24; At 9,26-30). Barnabé foi buscá-lo lá em Tarso, e os dois trabalharam juntos durante um ano e meio na comunidade de Antioquia (cf. At 11,25-26).

Dos 41 aos 53 anos de idade, Paulo foi o missionário itinerante. Andou pela Palestina, Síria, Ásia Menor, Macedônia, Grécia. Chegou a ir até Roma. Ele mesmo descreve o que viveu: *"Fui flagelado três vezes; uma vez fui apedrejado; três vezes naufraguei; passei um dia e uma noite em alto-mar. Fiz muitas viagens. Sofri perigos nos rios, perigos por parte dos ladrões, perigos por parte dos meus irmãos de raça, perigos por parte dos pagãos, perigos na cidade, perigos no deserto, perigos no mar, perigos por parte dos falsos irmãos. Mais ainda: morto de cansaço, muitas noites sem dormir, fome e sede, muitos jejuns, com frio e sem agasalho. E isso para não contar o resto: a minha preocupação cotidiana, a atenção que tenho por todas as igrejas"* (2Cor 11,25-28). Aos 53 anos de idade foi preso: dois anos em Cesareia (cf. At 23,23-24) e mais dois em Roma (cf. At 28,30-31). Ele foi solto, mas pouco sabemos do resto da vida dele. Na Segunda Carta a Timóteo, novamente preso em Roma, já perto da morte, Paulo descreve como encarava o fim da sua vida: *"Quanto a mim, meu sangue está para ser derramado em libação, e chegou o tempo da minha partida. Combati o bom combate, terminei a minha corrida, conservei a fé. Agora só me resta a coroa da justiça que o Senhor, justo Juiz, me entregará naquele Dia; e não somente para mim, mas para todos os que tiverem esperado com amor a sua manifestação"* (2Tm 4,6-8).

Julho

Ester
Moça pobre, chamada a ser rainha da Pérsia

"Ester alcançara graça diante de todos os que a viram" (Est 2,15).

Ester era uma menina pobre, que não conheceu nem o pai nem a mãe. Seu nome em hebraico era *Hadassa*, que significa 'mirto'. Mas foi mudado para o babilônico *Ester*, que significa *estrela* (cf. Est 2,7). Ester foi criada pelo tio Mardoqueu, que tomava conta dela e soube arrumar para ela um lugar entre as moças que serviam no palácio de Assuero, o rei da Pérsia. Foi a coragem de Vasti, a rainha de Assuero, que abriu espaço para Ester chegar a ser rainha da Pérsia. O rei tinha dado ordem para Vasti comparecer diante de um grupo de generais meio embriagados, para que eles pudessem admirar a beleza da rainha. Mas Vasti se recusou a comparecer diante daqueles homens (cf. Est 1,10-12). Por isso ela foi desclassificada (cf. Est 1,13-22), e Ester pôde chegar à posição de rainha (cf. Est 2,1-18). O tio Mardoqueu ajudava sua sobrinha para ela saber como se comportar no palácio (cf. Est 2,11).

Aconteceu que Amã, um alto funcionário do reino, foi promovido pelo rei Assuero para ser o vice-rei (cf. Est 3,1). Todos deviam adorá-lo e fazer genuflexão diante dele. Como bom judeu, Mardoqueu se recusava a inclinar-se diante de Amã (cf. Est 3,2-3). Amã ficou furioso e, como vingança, conseguiu um decreto do rei para que, no dia dos Purim, todos os judeus fossem assassinados (cf. Est 3,7-11). Mas o plano de Amã não deu certo. Pelo contrário! De um lado, o rei ficou sabendo que Mardoqueu, tio de Ester, tinha desmantelado uma conspiração contra a vida do próprio rei (cf. Est 6,1-3). De outro lado, Ester, orientada por Mardoqueu, entrou no meio da história e conseguiu que a trapaça de Amã fosse desmascarada. Amã foi preso e enforcado na árvore que ele mesmo já tinha preparado para Mardoqueu (cf. Est 6,1-14; 7,1-10; Est 2,21-23). Vale a pena ler a oração bonita de Ester (cf. Est 4,17, de L até Z).

2 de Julho

Serva de Naamã
Uma menina escrava que salvou a vida do seu patrão

"Meu senhor, o profeta Eliseu certamente o livraria da lepra" (2Rs 5,3).

A serva de Naamã era uma jovem israelita que, durante uma das muitas guerras, foi raptada pelos arameus e levada presa como escrava para Damasco, onde ficou a serviço da esposa de Naamã, um militar do exército do rei da Síria (cf. 2Rs 5,2). Quando a jovem ficou sabendo que Naamã, o marido da sua patroa, era leproso, ela lembrou as histórias do profeta Eliseu e contou para a patroa como o profeta Eliseu ajudava o povo a recuperar a saúde. E dizia que, se o marido dela se apresentasse a Eliseu, certamente seria curado da lepra (cf. 2Rs 5,3). Então, a mulher convenceu o marido, e ele foi encontrar o profeta Eliseu, que o ajudou a ficar livre da lepra (cf. 2Rs 5,1-19). Assim, graças à informação da escrava israelita a respeito do profeta Eliseu, Naamã pôde recuperar a saúde. Não sabemos o nome daquela jovem escrava. Mas, até hoje, ela ficou na memória de todos como uma pessoa que soube partilhar com os outros o pouco que ela sabia e possuía. Assim acontece até hoje. Por meio das conversas entre pessoas de diversos países e culturas, independentemente das posições religiosas e políticas, raciais e sociais, as pessoas se comunicam e se ajudam mutuamente.

O pano de fundo desta história bonita são as trágicas guerras que, durante séculos, abalaram a vida dos povos da Palestina. É que a Palestina é uma estreita faixa de terra entre o mar Mediterrâneo e o grande deserto. Essa faixa de terra liga três continentes: África, Ásia e Europa. O dono dessa faixa de terra controla o comércio mundial e fica rico. Por isso, durante séculos, desde o ano 3000 a.C., Palestina foi uma terra muito cobiçada, por onde passavam muitos exércitos, muitas incursões, muitas guerras, exércitos do Egito, da Assíria, da Babilônia, do próprio Israel e de tantos outros povos. Terra de muitos refugiados, mistura de muitas raças. Assim pôde acontecer que uma menina israelita fosse raptada e levada cativa para Damasco, onde foi vendida como escrava para a mulher de Naamã, o leproso. Ela levava consigo, na memória, as histórias do profeta Eliseu, que cuidava da saúde do povo, e assim pôde contribuir para a cura de um leproso.

3 de Julho

Tomé
Apóstolo de Jesus

"Vamos nós também para morrer com ele!" (Jo 11,16).

Tanto na forma hebraica (Tomé) como na forma grega (Dídimo), o nome deste apóstolo significa *gêmeo*. Não sabemos quem era o irmão gêmeo de Tomé. O apóstolo Tomé aparece mais no Evangelho de João, no qual exerce um papel importante diante de seus companheiros. Ele mostra ter uma certa liderança entre os apóstolos. Quando Jesus tomou a decisão de voltar para a Judeia devido à doença de Lázaro, os apóstolos aconselharam Jesus a não ir, pois já tinham percebido a raiva dos judeus contra Jesus e que queriam matá-lo (cf. Jo 11,7-8). Tomé, então, animou seus companheiros, dizendo: *"Vamos nós também para morrer com ele!"* (Jo 11,16). Na última ceia, durante a longa conversa de Jesus com seus discípulos, Tomé pediu mais esclarecimentos a Jesus sobre o caminho proposto por Ele: *"Senhor, nós não sabemos para onde vais; como podemos conhecer o caminho?"* (Jo 14,5). E Jesus respondeu: *"Eu sou o Caminho, a Verdade e a Vida. Ninguém vai ao Pai senão por mim"* (Jo 14,6).

Mais tarde, quando os outros discípulos comunicaram a Tomé a aparição que tiveram de Jesus ressuscitado, Tomé respondeu: *"Se eu não puder ver a marca dos pregos nas mãos de Jesus e colocar meu dedo na marca dos pregos, e se eu não colocar a minha mão no lado dele, eu não vou acreditar"* (cf. Jo 20,24-29). Neste ponto Tomé está certo. Ele não crê num Cristo aéreo, desligado da história, distante da realidade da vida, mas só no Jesus ressuscitado, que foi morto e crucificado, trazendo no corpo glorioso os sinais vergonhosos dos pregos da cruz. Mesmo assim, Jesus o chama de "incrédulo" (Jo 20,27). Por quê? É que Tomé não aceitou o testemunho dado por seus companheiros. Também nós hoje reafirmamos nossa fé em Jesus morto e ressuscitado a partir do testemunho que nos é dado pelos outros, pela Igreja. *"Tomé, você acreditou porque viu? Felizes os que acreditaram sem terem visto"* (Jo 20,29).

4 de Julho

Oseias e Gomer
Profeta e profetisa em Israel

"Oseias foi e casou com Gomer, filha de Deblaim" (Os 1,3).

O nome *Oseias* significa Y<small>HWH</small> *salva*. O nome *Gomer* significa *a acabada*. Oseias e Gomer viveram numa época (750 a.C.) em que os reis de Israel manipulavam a religião do povo e promoviam o culto ao deus Baal, deus da fertilidade e da colheita. Nos santuários dos assim chamados "lugares altos" havia moças que atuavam como prostitutas sagradas. Diziam que qualquer homem que entrasse em contato com elas poderia experimentar a força e o poder de Baal. Os reis de Israel apoiavam essa prática como agradável a Deus. Essas moças foram entregues aos santuários por seus pais para quitar as dívidas que tinham com o rei. Assim, o pai Deblaim entregou sua filha Gomer buscando amortizar uma dívida de 650 litros de cevada e 15 pesos de prata (cf. Os 3,2). Se alguém quisesse tirar Gomer dessa vida, teria que pagar tanto quanto ela valia.

Oseias, como todos os rapazes daquela época, ia para os "lugares altos". Foi lá que ele conheceu Gomer, a filha de Deblaim, uma das muitas meninas prostituídas (cf. Os 1,2-3). Mas entre Gomer e Oseias nasceu algo novo. Nasceu o amor sincero, vivido por eles como um dom de Deus. Os dois perceberam que não era possível combinar a vivência desse amor com o sistema dos santuários que prostituía a vida. E, além disso, se Gomer ficasse grávida, o filho seria de quem? Aí, Gomer e Oseias tomaram uma decisão muito corajosa. Oseias teve que trabalhar muito para poder pagar o resgate de 650 litros de cevada e 15 pesos de prata (cf. Os 3,2) e disse a Gomer: *"Por um bom tempo você ficará em sua casa para mim, sem se prostituir, sem relação com homem nenhum, e eu farei a mesma coisa por você"* (Os 3,3). Os dois recusaram o sistema idólatra dos santuários e aceitaram o apelo de Deus que se fez presente no amor entre os dois. Casal profético! Nessa decisão está a origem da vocação profética deste casal. A experiência do amor entre os dois levou-os a descobrir o amor de Deus pelo seu povo. Quase repetindo a fala de Oseias para Gomer, Deus diz ao povo: *"Eu me casarei com você para sempre, me casarei com você na justiça e no direito, no amor e na ternura. Eu me casarei com você na fidelidade e você conhecerá Javé"* (Os 2,21-22).

5 de Julho

Família de Oseias
Os filhos de um casal profético

"Comecem a chamar seus irmãos de 'Povo-Meu' e suas irmãs de 'Compadecida'" (Os 2,3).

O casal Oseias e Gomer rompeu com o sistema religioso e político dos reis de Israel. Os reis manipulavam a religião do povo. Promovendo o culto ao deus Baal, deus da fertilidade e da colheita, eles desintegravam a vida das famílias. Para Oseias e Gomer, a fidelidade mútua como casal era mais importante que obedecer àquele regime religioso corrupto e desumano, promovido pelos reis. A vida em família era mais sagrada que o santuário dos ídolos. Essa consciência profética de Oseias e Gomer se manifestava nos três nomes que eles foram dando aos três filhos. Três denúncias! O mais velho recebeu o nome de *Jezrael (Deus semea)*, o nome da planície de maior produtividade agrícola em Israel. O nome denunciava o massacre da família real pelo rei Jeú (cf. 2Rs 9,22-29). Em vez de trigo semeou sangue (cf. Os 1,4). Eles tiveram uma menina, que recebeu o nome de *Lo-Ruhamá*, que significa *Não Compadecida* (cf. Os 1,6). Denunciava a política do rei, que levava o povo a abandonar a lei de Deus e a esquecer a compaixão com que era amado por Deus. Por fim, tiveram mais um menino, que recebeu o nome de *Lo-Ammi*, que significa *Não-Meu-Povo* (cf. Os 1,9). Eram nomes simbólicos que denunciavam para todos a infidelidade do povo que se prostituía nas políticas sujas promovidas pelo rei e na idolatria ao deus Baal, praticada nos santuários.

Mas a ação profética não era só denúncia. Era também anúncio de uma nova esperança. Para manifestar a esperança, Oseias e Gomer foram mudando o nome das três crianças. O nome do menino Jezrael continua o mesmo, mas agora com um sentido oposto. Em vez de ser a planície onde o rei tinha semeado sangue (cf. Os 1,4), agora o nome *Jezrael* indica o lugar onde o próprio Deus, no futuro, vai semear: *"Eu a semearei na terra"* (Os 2,25). E Deus diz a respeito do nome dos outros dois filhos: *"Comecem a chamar seus irmãos de 'Povo-Meu' e suas irmãs de 'Compadecida'"* (Os 2,3). E acrescenta: *"Terei compaixão da 'Não Compadecida' e direi ao 'Não-Meu-Povo': 'Você é o meu povo'. E ele me responderá: 'Meu Deus'"* (Os 2,25-26). A filha *Não Compadecida* passou a ser *A Compadecida*. O filho *Não-Meu-Povo* passou a ser *Meu Povo*. Daqui vem o título da peça teatral *"O Auto da Compadecida"*.

6 de Julho

A sogra de Pedro
Dona de casa

"A sogra de Simão estava de cama com febre e eles contaram isso a Jesus" (Mc 1,30).

Entre os apóstolos de Jesus, o que mais se destaca é Simão Pedro. Tendo sido escolhido coordenador do grupo pelo próprio Jesus, ficamos sabendo de vários detalhes sobre sua vida pessoal. Simão Pedro era casado. Sua esposa, mais tarde, o acompanhou em suas viagens missionárias (cf. 1Cor 9,5). Eles tinham uma casa em Cafarnaum (cf. Mc 1,29). A sogra de Simão, a mãe de sua esposa, também morava com eles em Cafarnaum. Não sabemos o nome dela. Quando Jesus e seus discípulos saíram da sinagoga de Cafarnaum, foram para a casa de Simão Pedro. Lá Jesus ficou sabendo que a sogra de Pedro estava acamada, com febre. Jesus foi até o quarto dela, *"segurou em sua mão e ajudou-a a se levantar. Então a febre deixou a mulher"* (cf. Mc 1,31). O mais importante não é a cura em si. O mais importante é que ela, assim que se viu curada, *"começou a servi-los"* (Mc 1,31). A sogra de Pedro é a primeira mulher a colocar-se a serviço de Jesus. O Evangelho de Marcos dá muita importância ao serviço dessas mulheres. Só as mulheres que se colocaram a serviço de Jesus até o fim é que se tornaram testemunhas da ressurreição.

7 de Julho

Zebedeu
Pescador e pai de família

"Tiago e João deixaram seu pai, Zebedeu, na barca com os empregados e seguiram Jesus" (Mc 1,20).

Zebedeu era marido de Salomé, pai de Tiago e João. Seu nome significa *presente de Deus*. Era pescador no mar da Galileia. Residia em Betsaida, onde tinha uma espécie de cooperativa de pesca, com suas barcas e seus ajudantes. Desse mesmo grupo era a família de Jonas, pai de Simão Pedro e de André. Zebedeu deve ter acolhido bem a opção de seus dois filhos de entrar no caminho de Jesus. Ele e Salomé também aderiram à pregação de Jesus. Salomé era uma das mulheres que colocaram seus bens à disposição do Mestre (cf. Lc 8,2). Ela e as outras mulheres seguiram Jesus até sua crucificação, tornando-se testemunhas da ressurreição (cf. Mc 15,40; 16,1). Para Jesus, a figura do pescador é muito importante. A pesca sempre foi o modelo de missão cristã. Jesus chama seus discípulos para serem "pescadores de gente" (cf. Mc 1,17). Por isso, a barca é símbolo da comunidade cristã e a rede simboliza todo o trabalho apostólico. A Igreja de Cristo é uma imensa rede, formada por milhares de pequenas comunidades.

8 de Julho

Micol
Filha e esposa de reis

"Saul percebeu que sua filha Micol estava apaixonada por Davi" (1Sm 18,28).

Micol era a filha mais nova do rei Saul (cf. 1Sm 18,20). O nome *Micol* é a forma feminina do nome *Miguel*. Significa *"quem é como Deus?"*. Na época das provocações do gigante Golias, Saul tinha prometido: *"A quem vencer o Golias, o rei encherá de riquezas e lhe dará sua filha, além de deixar sua família livre de impostos em Israel"* (1Sm 17,25). Davi venceu Golias. O povo aclamava Davi como vitorioso, e o rei Saul ficou com tanto ciúme a ponto de querer matar Davi (cf. 1Sm 18,7-16). Saul disse a Davi: *"'Olhe! Vou lhe dar como esposa Merob, minha filha mais velha, mas com a condição de que você me sirva como guerreiro e faça as guerras de Javé'. Na verdade, Saul pensava: 'É melhor que ele seja morto pelos filisteus, e não por mim'"* (1Sm 18,17). Mas Saul não cumpriu a promessa e Merob foi dada em casamento a Adriel de Meola (cf. 1Sm 18,17-19). Micol, a outra filha de Saul, apaixonou-se por Davi, e foram dizê-lo a Saul (cf. 1Sm 18,20). Saul gostou e, pensando em seus próprios interesses, deu Micol a Davi em casamento, pensando: *"Vou dar minha filha em armadilha e assim Davi morrerá pelos filisteus"* (1Sm 18,20-27). A Davi ele disse: *"Hoje você vai ter uma segunda oportunidade para se tornar meu genro"* (1Sm 18,21). A condição era sempre a mesma: Davi devia fazer as guerras contra os filisteus. Mas Davi vencia sempre e, no fim, Saul teve que cumprir a promessa: *"Então Saul deu a Davi sua filha Micol como esposa"* (1Sm 18,27). Apesar de Davi ser o genro do rei, as brigas de Saul com Davi continuavam. Nessas brigas, Micol sempre ficava do lado de Davi, ajudando-o a escapar das ciladas de Saul (cf. 1Sm 19,11-17). Saul, sentindo-se traído pela filha, obrigou Micol a se casar com Falti de Galim (cf. 1Sm 25,44). Depois da derrota e morte de Saul no monte Gelboé (cf. 1Sm 31,1-13), Davi pediu que lhe devolvessem Micol. Ela foi morar com Davi em Jerusalém (cf. 2Sm 3,13-16).

Tempos depois, na procissão da transferência da Arca da Aliança para Jerusalém, o rei *"dançava com todo o entusiasmo diante de Javé, vestindo apenas um efod de linho"* (2Sm 6,14). *"Micol, filha de Saul, estava olhando pela janela e viu o rei Davi pulando e dançando diante de Javé; por isso, o desprezou no seu íntimo"* (2Sm 6,16). Depois da festa, *"Davi voltou para abençoar a sua família. Então Micol, filha de Saul, saiu ao encontro dele, e disse: 'Hoje o rei de Israel se honrou muito, desnudando-se diante das servas de seus servos, como se fosse um homem qualquer!' Davi respondeu a Micol: 'Diante de YHWH que escolheu a mim, e não ao seu pai e à família dele, para colocar-me como chefe sobre o povo de YHWH, sobre Israel, eu farei festa diante de YHWH, e me humilharei ainda mais. Serei desprezível aos olhos de você, mas serei honrado aos olhos das servas, de quem você está falando"*. E Micol, filha de Saul, não teve filhos até o dia de sua morte" (2Sm 6,20-23).

9 de Julho

Dan
Patriarca de Israel

"Sobre Dan ele diz: 'Dan é um filhote de leão'" (Dt 33,22).

Dan era filho de Jacó e Bala, empregada de Raquel. Quando ele nasceu, Raquel disse: "Deus me fez justiça!" Por isso o menino foi chamado de Dan ou Dã, que significa *fazer justiça*. Aludindo ao significado do nome e à região onde Dan morava, Jacó diz na sua bênção para a tribo de Dan: *"Dan julga seu povo, e também as outras tribos de Israel. Dan é uma serpente no caminho, uma víbora no atalho: morde o cavalo nos calcanhares, e o cavaleiro cai para trás. Em tua salvação eu espero, Y*HWH*"* (Gn 49,16-18). É que a tribo de Dan ocupava a região entre a Fenícia e as fontes do Jordão, região pantanosa cheia de cobras e outros répteis. Por isso, Jacó diz que Dan virou uma *"serpente no caminho, uma víbora no atalho: morde o cavalo nos calcanhares, e o cavaleiro cai para trás"* (Gn 49,17). É que Dan saqueava as caravanas que faziam o comércio entre as cidades do litoral e Damasco.

O território original da tribo de Dan era o litoral dos filisteus, na planície de Saron, à beira-mar. Por isso diz o Cântico de Débora: *"Dan continua com seus barcos"* (Jz 5,17). Mas a tribo de Dan não conseguiu manter-se ali e migrou para as nascentes do Jordão, onde conquistou a cidade de Laís e se estabeleceu definitivamente (cf. Jz 18,1-34). Dessa forma, Dan marcou a fronteira norte de Israel. Por isso se dizia que o tamanho total do país era *"de Dan até Bersabeia"* (cf. Jz 20,1). Dan no extremo norte e Bersabeia no extremo sul.

10 de Julho

Saul
Rei em Israel

"Todo o povo se reuniu em Guilgal e proclamou Saul como rei" (1Sm 11,15).

Saul foi o primeiro rei em Israel. Seu nome significa *o implorado*. Ele vinha de uma família nobre da tribo de Benjamim. Seu pai, Cis, era um "homem poderoso" (cf. 1Sm 9,1). Não sabemos o nome da mãe nem da esposa de Saul. Alguns de seus filhos são Jônatas, Melquisua e Abinadab, e algumas das suas filhas são Merob e Micol (cf. 1Sm 14,49-51). Saul governou Israel entre 1040 e 1010 a.C. Não temos as crônicas de seu governo. O que sabemos de Saul vem das crônicas da casa de Davi. Foi o profeta Samuel que, a pedido do povo, instituiu a realeza (cf. 1Sm 8,1-9). Com todos os detalhes, Samuel descreveu para o povo os direitos dos reis (cf. 1Sm 8,10-22) e, em seguida, ungiu Saul como rei de Israel (cf. 1Sm 10,1). Em outra versão, se diz que Saul foi escolhido rei por um sorteio entre as tribos (cf. 1Sm 10,17-24). Como rei, Saul conseguiu vencer os amonitas e salvou Israel do domínio estrangeiro (cf. 1Sm 11,1-11). Essa vitória sobre os amonitas fez com que todas as tribos se unissem ao redor de Saul e o aceitassem como rei (cf. 1Sm 11,12-15). Saul escolheu a pequena cidade da Gabaá, no território de Benjamim, para ser a sua capital (cf. 1Sm 13,1).

Durante o governo de Saul, o maior problema eram as contínuas invasões da parte dos filisteus, povo guerreiro que ocupou o litoral do mar Mediterrâneo (atual faixa de Gaza). Volta e meia, eles invadiam as aldeias dos israelitas. Para vencer os filisteus, Saul convocou para o exército os mais valentes israelitas. Entre eles estava o futuro rei Davi. Por causa da admiração crescente do povo por Davi, instalou-se uma disputa entre Saul e Davi (cf. 1Sm 18,6-9). O rei Saul e seus filhos morreram na batalha contra os filisteus no monte Gelboé. Seus corpos foram expostos nas muralhas de Betsã. Os cidadãos de Jabes, agradecidos por Saul os ter livrado dos amonitas, tiraram os corpos dos muros e os enterraram de forma digna (cf. 1Sm 31,1-13).

11 de Julho

Semeías
Profeta em Judá

"A história de Roboão está escrita no livro do profeta Semeías" (2Cr 12,15).

Temos poucas informações a respeito do profeta Semeías. Pelo livro das Crônicas, sabemos que existiu um livro a ele atribuído, no qual se narravam os acontecimentos da história da Casa Real depois da morte de Salomão; acontecimentos que levaram à trágica separação do reino de Salomão em dois reinos rivais: Israel, o reino do Norte, e Judá, o reino do Sul. O livro das Crônicas informa ainda que "sempre houve guerra" entre Roboão, rei de Judá, e Jeroboão, rei de Israel. Em época de crise costumam surgir muitos profetas. Nessa época da divisão trágica dos dois reinos aparecem os profetas Natã (cf. 2Sm 7,2) e Aías de Silo (cf. 1Rs 11,29), o vidente Ido (cf. 2Cr 9,29), o vidente Ado (cf. 2Cr 12,15), o vidente Hanani (2Cr 16,17) e este profeta Semeías (cf. 2Cr 12,15). Seu nome significa Y$_{HWH}$ *ouviu*. Sua atividade profética teve como cenário a cidade de Jerusalém e o templo. O livro das Crônicas, que cita o livro de Semeías, tinha sido preservado nos arquivos do templo de Jerusalém. Mas o livro do próprio Semeías se perdeu.

Diz o livro das Crônicas: *"A história de Roboão, do começo ao fim, está escrita na história do profeta Semeías e do vidente Ado. Sempre houve guerra entre Roboão e Jeroboão"* (2Cr 12,15).

12 de Julho

Abigail
Esposa de Nabal, esposa de Davi

"Abigail era mulher sensata e muito bonita" (1Sm 25,3).

Abigail era casada com um homem rico e poderoso, chamado Nabal. Nabal era criador de gado miúdo e comerciava lã. *"Tinha três mil ovelhas e mil cabras"* (1Sm 25,2). Mas era avarento, grosseiro e impiedoso. Seu nome *Nabal* significa *tolo* ou *grosseiro* (cf. 1Sm 25,25). Eles moravam em Carmel, um pequeno vilarejo no sul de Judá. A Bíblia descreve Abigail como uma mulher bonita de inteligência aguda, além de bom senso e de muita coragem (cf. 1Sm 25,3). Quando, na briga com Saul, Davi foi obrigado a fugir para o deserto de Judá, ele mandou alguns companheiros pedir comida na casa de Nabal. Nabal negou provisões e ajuda para o bando errante de Davi (cf. 1Sm 25,4-11). Davi se enfureceu e decidiu matar todos os homens da casa de Nabal (cf. 1Sm 25,21-22; 25,12-13). Os empregados de Nabal avisaram Abigail do ocorrido e pediram para ela evitar a vingança de Davi. Abigail percebeu que a avareza e a grosseria do tolo Nabal poderiam colocar em risco toda a casa dela. Ela então, escondida de seu marido, foi ao encontro da tropa de Davi, levando comida e ajuda (cf. 1Sm 25,14-19). Davi ouviu todas as explicações de Abigail (cf. 1Sm 25,24-31) e concluiu: *"Bendita seja a tua sabedoria!"* (1Sm 25,33). Foi o que salvou a família de Nabal e de Abigail.

Quando Nabal ouviu de Abigail o que tinha acontecido, teve um enfarte fulminante e morreu depois de dez dias em coma (cf. 1Sm 25,37-38). Sabendo da morte de Nabal, Davi propôs casamento a Abigail. Ela aceitou. Casando-se com Davi, ela o seguiu em sua vida errante por lugares como Gat, Siceleg e Hebron. Em Hebron ela deu à luz um filho chamado Queleab (cf. 2Sm 3,3) ou Daniel (cf. 1Cr 3,1). O nome *Abigail* significa *alegria do meu pai* ou *meu pai é grande*.

13 de Julho

Onésimo
Escravo que se tornou irmão

"Peço-lhe em favor de Onésimo, o filho que eu gerei na prisão" (Fm 10).

Onésimo era um escravo que fugiu da casa de Filêmon em Colossas para a cidade de Éfeso, onde foi preso. Na prisão encontrou-se com o apóstolo Paulo, que estava preso no mesmo cárcere. Na convivência com Paulo, Onésimo se converteu e foi batizado. O nome *Onésimo* significa *pessoa útil*. Paulo o manda de volta para Filêmon junto com uma pequena carta, na qual faz um jogo de palavras com o nome *Onésimo*: *"Outrora ele te foi inútil, mas doravante será muito útil a ti, como se tornou para mim"* (Fm 11). Paulo intercede por Onésimo, para que Filêmon o receba de volta *"não mais como escravo, mas muito mais do que escravo: você o terá como irmão querido; ele é querido para mim, e o será muito mais para você, seja como homem, seja como cristão. Assim, se você me considera como irmão na fé, receba Onésimo como se fosse eu mesmo. Se ele deu algum prejuízo ou deve a você alguma coisa, ponha isso na minha conta"* (Fm 16-18).

Essa preocupação de Paulo para com um escravo revela algo sobre a condição social dos primeiros cristãos. Eram quase todos pobres e escravos. Ele escreve aos Coríntios: *"Irmãos, vocês que receberam o chamado de Deus, vejam bem quem são vocês: entre vocês não há muitos intelectuais, nem muitos poderosos, nem muitos de alta sociedade"* (1Cor 1,26). E continua: *"Aquilo que o mundo despreza, acha vil e diz que não tem valor, isso Deus escolheu para destruir o que o mundo pensa que é importante"* (1Cor 1,28). É com esse espírito que Paulo manda o escravo Onésimo de volta para Filêmon e pede que Filêmon tenha o mesmo espírito para com o antigo *escravo*, agora *irmão* de comunidade.

14 de Julho

Jônatas
Filho de Saul e amigo de Davi

"Jônatas, meu irmão! Como eu te queria bem!" (2Sm 1,26).

Jônatas era o filho mais velho do rei Saul, destinado a ser o seu sucessor como rei em Israel. O nome *Jônatas* significa *foi Yhwh que deu*. Comandante corajoso, Jônatas obteve importantes vitórias sobre os filisteus (cf. 1Sm 14,1-46), permitindo assim que as 12 tribos pudessem viver em paz, sem medo das investidas inimigas. Tornou-se amigo e companheiro de Davi quando este entrou no exército israelita (cf. 1Sm 18,1). Quando estourou a briga entre Saul e Davi, Jônatas ficou do lado do seu amigo Davi, evitando assim que este caísse nas mãos do rei Saul (cf. 1Sm 19,1-7). Na grande batalha travada nos montes Gelboé, entre Israel e os filisteus, Israel foi derrotado. Nessa batalha morreram Saul e seus três filhos, entre eles Jônatas (1Sm 31,1-6), deixando o caminho aberto para Davi se tornar rei, primeiro em Judá (cf. 2Sm 2,4), depois em todo o Israel (cf. 2Sm 5,3).

Quando soube da morte de Saul e de Jônatas, Davi entoou um lamento fazendo um belo elogio ao rei e a seu herdeiro, ambos mortos na batalha (cf. 2Sm 1,17-27). Davi destaca a presteza de Jônatas no uso do arco nas guerras e a velocidade com que se deslocava nas batalhas (cf. 2Sm 1,22-23). Nesse cântico, Davi também demonstra toda a sua amizade por Jônatas (cf. 2Sm 1,25-26). Mais tarde, em memória do amigo, Davi acolhe em seu palácio Meribaal, filho aleijado de Jônatas (cf. 2Sm 4,4; 9,3-7).

15 de Julho

Públio
Autoridade na ilha de Malta

"Perto dali ficava a casa do Chefe da ilha, que se chamava Públio" (At 28,7).

Públio era a principal autoridade na ilha de Malta (cf. At 28,7). Quando Paulo, como prisioneiro, estava sendo levado pelo mar para Roma (cf. At 27 e 28), o navio naufragou numa ilha, depois de uma violenta tempestade de 14 dias seguidos (cf. At 27,27-41). Era um navio enorme com 276 passageiros (cf. At 27,37). Já em terra, descobriram que era a ilha de Malta, no meio do mar Mediterrâneo. Lá eles foram muito bem acolhidos pelos habitantes do lugar. Depois de ter sido milagrosamente salvo de uma mordida de cobra, Paulo foi levado para a casa de Públio, o chefe do lugar (cf. At 28,7-8). Apesar do nome latino, Públio não um oficial romano, mas sim o chefe natural dos habitantes do lugar. Pelo nome, ele deve ter sido de família nobre.

O livro de Atos diz que "o chefe os acolheu bem", com muitas gentilezas (cf. At 28,7-10). Durante três dias eles ficaram hospedados na casa de Públio (cf. At 28,7). Nessa ocasião, o pai de Públio estava muito doente, com febre e disenteria. Paulo foi visitá-lo. O apóstolo rezou sobre ele, impôs as mãos e o curou. Depois disso, muitos habitantes de Malta começaram a levar os doentes para Paulo, e ele eram curados (cf. At 28,9). Paulo ficou na ilha por uns três meses, até chegar outro navio que o levasse para Roma (cf. At 28,11).

16 de Julho

Maria do Carmo
Um dos muitos títulos da Mãe de Jesus

Maria significa amada de Y<small>HWH</small> *ou* Y<small>HWH</small> *é meu Senhor.*

Enquanto vivia em Nazaré, Maria era conhecida e amada só pelo povo de Nazaré e por mais algumas poucas pessoas da família. Tinha apenas este único nome: *Maria, a Mãe de Jesus*. Hoje, ela é a mulher mais amada e venerada de toda a história humana. Só Deus sabe quantos nomes ela recebeu e continua recebendo dos seus devotos. Centenas! Nossa Senhora da Imaculada Conceição, Nossa Senhora Aparecida, Nossa Senhora de Fátima, Nossa Senhora de Lourdes, Nossa Senhora das Dores, Nossa Senhora de Nazaré, Nossa Senhora da Paz, Nossa Senhora do Desterro, Nossa Senhora das Graças, Nossa Senhora dos Remédios, Nossa Senhora do Amparo, Nossa Senhora do Perpétuo Socorro, Nossa Senhora da Saúde, Nossa Senhora dos Navegantes, Nossa Senhora da Guia, Nossa Senhora da Natividade, Nossa Senhora da Consolação, Nossa Senhora da Igreja, Nossa Senhora da Anunciação, Nossa Senhora da Assunção, e tantos outros nomes. Hoje, 16 de julho, veneramos a Mãe de Deus sob o título de *Santa Maria do Monte Carmelo*, ou simplesmente *Nossa Senhora do Carmo*. No Brasil, esse é o nome de muitas Marias: Maria do Carmo, Carminha, Carmela. No Brasil, o título Nossa Senhora do Carmo é o nome de cidades, povoados, bairros, ruas, empresas, ordens, igrejas, capelas, congregações, associações.

O nome *Maria* significa *amada de Y<small>HWH</small>* ou *Y<small>HWH</small> é meu Senhor. Carmelo* significa *Jardim de Deus*. Na Bíblia, o Monte Carmelo evoca a beleza da criação de Deus. Evoca também o Jardim, onde Deus colocou Adão e Eva com a missão de serem jardineiros: cuidar do Jardim da Harmonia. O Monte Carmelo faz lembrar as histórias dos profetas Elias e Eliseu.

17 de Julho

Servo de Saul
Empregado na casa de Cis, o pai de Saul

"Cis disse a Saul: 'Chame um dos empregados e vá procurar as jumentas'"
(1Sm 9,3).

Nada sabemos deste servo de Saul, nem o seu nome, nem a sua idade. Ele entrou na história quase por acaso. É que as jumentas de Cis, seu patrão, pai de Saul, se extraviaram. Cis, da tribo de Benjamim, era chefe de uma família poderosa. Sua fortuna vinha do comércio, já que tinha muitas mulas e jumentos. Cis então encarregou seu filho Saul de ir em busca dos animais fugitivos. Para que Saul não fosse sozinho, Cis disse: *"Chame um dos empregados e vá procurar as jumentas"* (1Sm 9,3). Foi assim, de maneira totalmente aleatória, que o servo de Saul entrou na história. Saul e o servo percorreram o país em busca das jumentas, mas nada encontraram (cf. 1Sm 9,4-5). Diante desse fracasso, Saul decide voltar para casa: *"Vamos voltar, senão meu pai vai ficar mais preocupado conosco do que com as jumentas"* (1Sm 9,5). Foi então que o servo apontou um caminho alternativo. Ele sugere que Saul consulte um *Homem de Deus*, homem honesto e bom, que morava ali por perto (cf. 1Sm 9,6). Era o profeta Samuel. O empregado sabe da existência desse profeta. Saul, o patrão, rico e poderoso, nem sabe que existem profetas. Saul se preocupa com o que pagar ao Homem de Deus (cf. 1Sm 9,7). O servo responde: *"Tenho aqui uma pequena moeda de um quarto de siclo de prata. Vou oferecê-la ao homem de Deus, e ele nos dará uma orientação"* (1Sm 9,8). Saul só pensa na paga. O servo acredita na partilha.

Assim, graças a esse servo anônimo, Saul acaba encontrando o profeta Samuel e recebe dele a missão de ser rei em Israel (cf. 1Sm 9,27–10,1). Assim caminha a História da Salvação até hoje. História animada e conduzida por meio das pequenas contribuições de milhares de servos e servas anônimos, cujo nome só Deus conhece. Graças a Deus!

18 de Julho

Tamar
Formosa filha do rei Davi

"Absalão, filho de Davi, tinha uma irmã muito bonita, chamada Tamar" (2Sm 13,1).

Não existe nada pior do que as brigas internas que dilaceram uma família. Foi o que aconteceu com a família de Davi. Amnon, seu primogênito e sucessor, apaixonou-se perdidamente por sua meia-irmã Tamar. Naquela época, na casa dos nobres com muitas mulheres, os irmãos e irmãs moravam com suas mães. A mãe de Amnon chamava-se Aquinoam, e a mãe de Absalão e Tamar chamava-se Maaca. Ora, a paixão de Amnon por Tamar foi saindo de seu controle, *"a ponto de ele ficar doente por causa dela"* (2Sm 13,2). Ele então, com a ajuda de um primo e amigo, planeja uma maneira de atrair Tamar para a sua casa. Ele se finge de doente e, quando seu pai Davi vai visitá-lo, ele pede ao rei que envie Tamar para *"preparar na minha frente dois pastéis, e que ela mesma me sirva"* (2Sm 13,6). Davi fez o que o filho lhe pediu. Tamar foi para a casa de Amnon e preparou-lhe a comida. Na hora de ela servir a comida, Amnon mandou que todos saíssem do quarto, deixando os dois sozinhos. Quando ficaram a sós, Amnon agarrou Tamar com força, levando-a para a cama. Tamar tenta argumentar com ele: *"Não me violente, meu irmão! Não cometa esta infâmia! Será uma vergonha para nós dois! Fale com o rei e ele não recusará que eu me case contigo!"* (2Sm 13,12-13). Mas Amnon não lhe deu ouvidos: dominou-a com violência e a estuprou. E como acontece com todo machista violento, *"Amnon ficou furioso, e a aversão que teve para com Tamar foi maior que a paixão com que a tinha amado"* (2Sm 13,15). E a expulsou de sua casa.

Tamar buscou refúgio com seu irmão Absalão. Davi ficou sabendo do caso, mas não castigou Amnon. Estava aberto o caminho para o conflito entre os dois irmãos, Absalão e Amnon. Tempos depois, Absalão organizou uma festa-cilada e, durante a refeição com todos os filhos do rei, mandou matar Amnon (cf. 2Sm 13,28-34). A Bíblia informa ainda que *"Absalão tinha três filhos e uma filha chamada Tamar. Era uma linda mulher"* (2Sm 14,27). Ele deu à filha o nome da sua irmã Tamar, violentada por Amnon.

19 de Julho

Epafras
Coordenador da Igreja de Colossas

"Isso vocês aprenderam de Epafras, nosso querido companheiro de serviço" (Cl 1,7).

Epafras aparece em duas cartas de Paulo. Na Carta aos Colossenses e na Carta a Filêmon. Na Carta aos Colossenses, Paulo, ao falar dos frutos do Evangelho na vida, tece o seguinte elogio a Epafras: *"Isso vocês aprenderam de Epafras, nosso querido companheiro de serviço, que nos substituiu fielmente como ministro de Cristo. Foi ele quem nos contou sobre o amor com que o Espírito anima vocês"* (Cl 1,7-8). Muito provavelmente, Epafras é o fundador das Igrejas de Colossas e de Laodiceia (cf. Cl 4,13). Paulo recorda Epafras como *"nosso querido companheiro de serviço, e que nos substituiu fielmente como ministro de Cristo"* (Cl 1,7). Epafras deve ter sido o canal de comunicação entre essas comunidades e a equipe missionária de Paulo, já que Paulo conclui: *"Foi ele quem nos contou sobre o amor com que o Espírito anima vocês!"* (Cl 1,8). Já no final da carta, o próprio Epafras está mandando saudações para a comunidade de Colossas, e o próprio Paulo dá um testemunho muito bonito a respeito de Epafras: *"Epafras, do grupo de vocês e servo de Jesus Cristo, manda saudações. Com suas orações, ele não cessa de lutar em favor de vocês, para que se mantenham perfeitos, observando plenamente a vontade de Deus. Eu sou testemunha de que ele se empenha muito por vocês e por aqueles que estão em Laodiceia e Hierápolis"* (Cl 4,12-13). Tudo isso aconteceu na cidade de Éfeso, onde Paulo estava preso e de onde mandou a carta para a comunidade de Colossas.

O nome de Epafras aparece também na carta de Paulo a Filêmon. A Igreja que se reúne na casa do casal Filêmon e Ápia também é da cidade de Colossas. Eles recebem uma carta, na qual Paulo trata do caso de Onésimo. Nessa carta, Epafras aparece como *"companheiro de prisão em Jesus Cristo"* (Fm 23). Isso significa que Epafras foi para Éfeso levando notícias das comunidades e acabou ficando preso junto com Paulo na mesma prisão. Provavelmente, foi Epafras que falou para Paulo a respeito do escravo Onésimo, que tinha fugido da casa de Filêmon em Colossas para a cidade de Éfeso, uma vez que Paulo nunca tinha trabalhado na região de Colossas e Laodiceia. O nome Epafras significa *o encantador*.

20 de Julho

Elias
Profeta em Israel

"Vivo é o Senhor, em cuja presença estou" (1Rs 17,1).

A história do profeta Elias está descrita em seis capítulos dos livros dos Reis. Cada capítulo traz um assunto determinado: **1Rs 17** descreve sua ida para o outro lado do Jordão e para junto da viúva, da qual recebeu a confirmação da sua missão como *"o Homem de Deus em cuja boca habita a palavra de Deus"* (1Rs 17,24). **1Rs 18** narra a sua atuação no Monte Carmelo enfrentando o rei Acab, a rainha Jezabel e os falsos profetas de Baal (cf. 1Rs 18,30-40). **1Rs 19** menciona a sua fraqueza, sua crise de fé e a maneira de superá-la. Na Brisa Leve, ele se reencontra consigo mesmo, com Deus e com a missão (cf. 1Rs 19,12-13). **1Rs 21** descreve como Elias assumiu a defesa de Nabot, um agricultor, e como criticou a manipulação da religião pela rainha Jezabel (cf. 1Rs 21,17-24). **2Rs 1** mostra como Elias, sentado no alto do monte, enfrenta os que não reconhecem a Javé como o Deus da vida (cf. 2Rs 1,9-16). **2Rs 2** descreve como Elias foi arrebatado pelo Espírito e como deixou a dupla porção do seu espírito para Eliseu, seu sucessor (cf. 2Rs 2,7-15). Nessas seis histórias, o povo olhava como num espelho para descobrir sua própria missão profética como povo de Deus. Até hoje Elias é venerado por cristãos, judeus e muçulmanos. É um santo ecumênico.

Outros textos da Bíblia sobre o profeta Elias mostram a variedade da sua ação profética: o Eclesiástico valoriza nele o Homem obediente à Palavra (cf. Eclo 48,1-11). Malaquias espera a volta de Elias como o Homem da Aliança (cf. Ml 3,23-24). Uma carta do próprio profeta Elias condena a injustiça (cf. 2Cr 21,12-15). Nos Evangelhos, ele aparece como o Homem que deve reorganizar o povo (cf. Lc 1,17). Jesus fala do retorno de Elias (cf. Mt 17,10-13). Na Transfiguração, Elias aparece ao lado de Moisés como síntese da profecia que orienta Jesus na sua missão como Servo Sofredor (cf. Lc 9,28-31). Para o apóstolo Paulo, Elias é o Homem que denuncia a infidelidade do povo (cf. Rm 11,2-4). Tiago fala de Elias como o Homem da oração (cf. Tg 5,17-18). No Apocalipse, Elias aparece como o homem do testemunho corajoso, até a morte (Ap 11,3.5).

21 de Julho

Otoniel
Juiz do povo de Deus

"O Espírito de Yhwh esteve sobre Otoniel, que foi juiz em Israel" (Jz 3,10).

Otoniel é o primeiro nome na lista dos juízes. O sentido de seu nome é desconhecido. Diz o texto bíblico: "Os filhos de Israel fizeram o que é mau aos olhos de Yhwh. Esqueceram a Yhwh seu Deus para servir aos baals e às aserás. Então a ira de Yhwh se acendeu contra Israel, e os entregou nas mãos de Cusã-Rasataim, rei de Edom, e os filhos de Israel serviram a Cusã-Rasataim durante oito anos. Os filhos de Israel clamaram a Yhwh, e Yhwh lhes suscitou um salvador que os libertou, Otoniel, filho de Cenez, irmão caçula de Caleb (cf. Jz 1,13). O espírito de Yhwh esteve sobre ele, e ele julgou Israel e saiu à guerra. Yhwh entregou nas suas mãos Cusã-Rasataim, rei de Edom, e ele triunfou sobre Cusã-Rasataim. A terra descansou por quarenta anos. Depois Otoniel, filho de Cenez, morreu" (Jz 3,7-11). Segundo esses dados, Otoniel foi um líder carismático que derrotou os inimigos e libertou o povo de Israel. Ele inicia a lista dos juízes por ser o primeiro juiz-salvador. Nada mais sabemos sobre ele.

22 de Julho

Suzana, filha de Helcias
Mulher honesta e fiel

"Suzana, filha de Helcias, era muito bonita e muito religiosa" (Dn 13,2).

Suzana vivia na Babilônia, na colônia dos judeus que tinham sido exilados por Nabucodonosor no século VI a.C. O nome *Suzana* significa *lírio*. Ela era uma mulher bonita e muito religiosa (cf. Dn 13,2). Joaquim, seu marido, era um homem rico e muito respeitado junto à comunidade dos judeus naquela terra de exílio. Os dois moravam numa casa grande com um enorme jardim. Sendo pessoas respeitadas, com muita autoridade junto aos judeus exilados, Joaquim e Suzana atraíam muitas pessoas, que costumavam reunir-se com eles em sua casa e em seu jardim. Entre essas pessoas que frequentavam a casa de Joaquim e Suzana estavam dois anciãos judeus que eram juízes, chefes de família e conselheiros do povo, pessoas de uma certa importância social. Esses dois chefes, pessoas já idosas, observavam a beleza de Suzana, ardiam de paixão por ela e começaram a cobiçá-la, desejando manter relações com ela. Eles observaram como Suzana tinha o costume de, todos os dias, dar uma volta pelo jardim. Foi ali no jardim, que os dois velhos encontraram uma ocasião oportuna para assediar Suzana longe das vistas do marido. Mas Suzana resistiu ao ataque dos dois anciãos. Eles então levantaram uma falsa acusação de adultério, querendo levá-la à morte.

Diante dessa falsa acusação, o jovem profeta Daniel tomou a defesa de Suzana e, graças a um estratagema inteligente, fez os dois anciãos caírem em contradição. A história de Suzana ressalta a ação justa de Deus, que não abandona os inocentes diante das acusações maldosas e caluniosas.

23 de Julho

Obed
Filho de Rute e de Booz

> *"Booz foi o pai de Obed. Obed foi o pai de Jessé. E Jessé foi o pai de Davi"*
> (Rt 4,21-22).

A última frase do livro de Rute diz: *"Booz foi o pai de Obed. Obed foi o pai de Jessé. E Jessé foi o pai de Davi"* (Rt 4,21-22). Obed aparece aqui como o bisavô de Davi, que viveu no fim da época dos Juízes, em torno do ano 1000 a.C. Mas a história real, narrada pelo livro de Rute, é do tempo de Esdras e Neemias, época pós-exílica, em torno do ano 450 a.C. O povo tinha voltado do exílio e tentava reconstruir a vida. Muitos homens tinham se casado com mulheres estrangeiras. As pessoas ligadas a Esdras e Neemias se queixavam dizendo que as crianças não sabiam nem mais falar o hebraico e que a raça se deturpava (cf. Esd 9,1-2). Por isso, Esdras e Neemias decidiram que todas as mulheres estrangeiras fossem mandadas embora junto com seus filhos (cf. Esd 10,3.10). Muita gente não gostou. Ora, o livro de Rute é uma novela popular de quatro capítulos para denunciar essa decisão desumana de Esdras e Neemias de mandar embora as mulheres estrangeiras e seus filhos.

O livro de Rute conta uma história do período dos Juízes, de antes do rei Davi. Conta que, num período de grande seca, o casal Noemi e Elimelec saiu de Belém e migrou para o estrangeiro, para a terra de Moab. Levaram consigo os dois filhos. Estando no estrangeiro, os dois filhos se casaram com mulheres de lá, mulheres estrangeiras, chamadas Rute e Orpa. Morreu Elimelec. Morreram também os dois filhos. Ficaram só as três mulheres, três viúvas, três pobres, as três sem futuro (cf. Rt 1,1-5). Quando voltou a chover em Belém, Noemi decidiu voltar para Belém, a terra dela. As duas noras iam junto. Mas Noemi disse para elas: *"Voltem para sua casa. Y*HWH *vai dar um marido para vocês!"* Orpa voltou, mas Rute não quis voltar: *"Teu povo, meu povo. Teu Deus, meu Deus. Nada a não ser a morte nos pode separar!"* (Rt 1,16-17). Rute foi junto com Noemi até Belém. Lá um senhor chamado Booz casou-se com Rute, e dos dois nasceu um menino que eles chamaram de *Obed* (cf. Rt 4,17). O nome *Obed* significa *servo*; evoca as profecias de Isaías sobre o Messias-Servo (cf. Is 42,1-9). O livro de Rute termina com esta frase: *"Obed foi o pai de Jessé, e Jessé foi o pai de Davi"* (Rt 4,22). Nessa história, Davi, o grande rei admirado por todos, aparece como neto de uma mulher estrangeira! O recado do livro de Rute para Esdras e Neemias é este: vocês, com a sua política contra as mulheres estrangeiras, correm o perigo de mandar embora o avô e a avó de Davi, de cuja descendência irá nascer o Messias-Servo, e, assim, vocês impediriam a continuidade da história e a realização das profecias. Booz e Rute estão na genealogia de Jesus (cf. Mt 1,5).

24 de Julho

Gad
Profeta em Judá

"Yhwh havia transmitido esta mensagem ao profeta Gad, vidente de Davi"
(2Sm 24,11).

Quando Davi, fugindo de Saul, criou seu bando de descontentes, a eles se juntou o vidente Gad (cf. 1Sm 22,5). O nome *Gad* significa *boa sorte*. Provavelmente, ele era um levita que ficou sendo conhecido e lembrado como o *vidente de Davi*. Foi Gad que aconselhou Davi a conduzir seu bando para as grutas no deserto de Judá, para que eles tivessem maior segurança diante das forças do exército de Saul (cf. 1Sm 22,5). O profeta Gad aparece ainda por ocasião do recenseamento. É que Davi, quando se tornou rei, buscou organizar seu reino decretando um recenseamento (cf. Sm 24,1; 1Cr 21,1). Tal ato demonstrava a intenção de controlar e dominar o povo de Israel. Deus envia então o vidente Gad com três possibilidades de castigo pela pretensão de Davi de querer ser o dono do povo. Ele podia escolher: uma fome de três anos; fugir três meses dos inimigos ou três dias de peste para o povo. Davi optou pela peste de três dias (cf. 2Sm 24,11-15).

Segundo o livro das Crônicas, Gad foi o coautor de uma história do reinado de Davi, juntamente com Samuel e Natã (cf. 1Cr 29,29). Esse livro se perdeu. Ainda segundo o livro das Crônicas, Gad, junto com Natã, organizou o serviço dos levitas no culto do templo de Jerusalém (cf. 2Cr 29,25).

25 de Julho

Tiago
Apóstolo de Jesus

"Caminhando mais um pouco Jesus viu Tiago e João, filhos de Zebedeu"
(Mc 1,19).

Tiago, irmão de João, era filho de Zebedeu e Salomé. A família vivia da pesca, num lugar chamado Betsaida, à beira do lago de Genesaré. Jesus chamou os dois irmãos bem no início de seu apostolado (cf. Mc 1,19). Os dois eram impetuosos e de caráter forte. Não levavam desaforo para casa e queriam logo partir para a briga. Quando os samaritanos não quiseram dar hospitalidade a Jesus no povoado, os dois disseram: *"Senhor, queres que ordenemos que desça fogo do céu para consumi-los?"* (Lc 9,54). Queriam imitar o profeta Elias, que fez baixar o fogo do céu (cf. 2Rs 1,10.12.14). Mas Jesus os repreendeu. Devido a esse caráter violento, Jesus os chamava de *Boanerges*, que significa *filhos do trovão* (cf. Mc 3,17). Tiago, juntamente com Simão Pedro e o irmão João, formavam o trio predileto de Jesus (cf. Mc 5,37; 14,33). Várias vezes Jesus os chamava para algum momento mais forte, como na Transfiguração (cf. Mc 9,2) e no Horto das Oliveiras (cf. Mc 14,33; Mt 26,37). Mas lá no Horto, no momento de sua maior angústia, Jesus encontrou Pedro, Tiago e João dormindo, em vez de vigiarem com Ele (cf. Mc 14,37).

Tiago foi o primeiro dos Doze apóstolos a sofrer o martírio por sua fidelidade à mensagem de Jesus. No ano 44 d.C., o rei Herodes Agripa começou a perseguir alguns membros da Igreja e mandou matar à espada Tiago, irmão de João (cf. At 12,1-2).

26 de Julho

Ana e Joaquim
Pais de Maria de Nazaré

> *"Ana abraçou Joaquim e disse: 'Agora sei que Deus me abençoou'"*
> (Do evangelho apócrifo *Natividade de Maria*).

Do casal Ana e Joaquim não temos nenhuma informação nos livros da Bíblia. O que sabemos deles nos é informado pelos evangelhos chamados "apócrifos". Os livros apócrifos não são livros "proibidos", mas sim livros muito antigos que não entraram na lista dos livros canônicos. Vários desses livros narram a vida e a infância de Maria de Nazaré. Por um desses livros, chamado *Natividade de Maria*, ficamos sabendo que os pais de Maria se chamavam Joaquim e Ana. Ambos são nomes que pertencem à tradição do povo de Israel. Joaquim era o nome do 18º rei de Judá (cf. 2Rs 23,34). Ana era o nome da mãe de Samuel (cf. 1Sm 1,20). *Joaquim* significa *força de Y$_{HWH}$*. O nome *Ana* significa *graça* ou *misericórdia*.

Segundo esse evangelho, Joaquim apresentava suas oferendas ao Senhor pedindo uma descendência. Já Ana rezava assim: *"Ó Deus de meus pais, abençoa-me e ouve minha oração como abençoaste nossa mãe Sara e lhe deste um filho"*. Como fruto dessas orações nasceu uma menina a quem deram o nome de Maria ou Miriam, que era o nome da irmã de Moisés (cf. Ex 15,20). O nascimento da menina foi motivo de muita festa. Aos 3 anos, Joaquim e Ana ofereceram Maria ao Senhor no recinto sagrado do templo de Jerusalém, já que Ana teria feito uma promessa dizendo: *"A criança que nascer ficará a serviço de Deus todos os dias de sua vida"*. São histórias que se inspiram em Ana, mãe de Samuel, que ofereceu o menino para ser criado no templo pelo sacerdote Eli (cf. 1Sm 1,24-28).

27 de Julho

Fortunato e Acaico
Membros da Igreja em Corinto

"Eu me alegro com a visita de Estéfanas, Fortunato e Acaico" (1Cor 16,17).

Na comunidade de Corinto havia muitas tensões. Havia partidos e grupos. As pessoas se associavam a partir do missionário que as tinha batizado. Um dizia: "Eu sou de Pedro". Outros diziam: "Eu sou de Paulo!" Outros ainda: "Eu sou de Apolo!", e assim por diante (cf. 1Cor 1,12). Essas tensões estavam colocando em risco a comunhão fraterna entre as pessoas. Fizeram então uma reunião para enfrentar o problema, mas não deu certo. Então, resolveram escrever uma carta para o apóstolo Paulo, que estava em Éfeso (cf. 1Cor 7,1). Nessa carta, eles colocaram uma série de problemas, quase todos relacionados à convivência na comunidade e às celebrações. Uma delegação de três membros da comunidade foi levar a carta até Éfeso: Estéfanas, Fortunato e Acaico. Paulo diz na carta: *"Eu me alegro com a visita de Estéfanas, Fortunato e Acaico, pois eles compensaram a ausência de vocês e tranquilizaram o meu espírito e o de vocês"* (1Cor 16,17-18).

Estéfanas tinha sido batizado por Paulo (cf. 1Cor 1,16). A presença dele dava a Paulo uma garantia de que a carta era verdadeira (para Estéfanas, veja 29 de agosto). Dos outros dois, Fortunato e Acaico, nada sabemos. Mas se eles foram destacados para levar a carta, devem ter sido pessoas de confiança de toda a comunidade. O nome *Fortunato* significa *favorecido pela sorte*. E *Acaico* significa *nascido na Acaia*, o nome da província romana cuja capital era Corinto. Os três devem ter ficado em Éfeso enquanto Paulo e sua equipe escreviam a resposta para as Igrejas em Corinto. Depois, acompanharam Timóteo na viagem de volta para Corinto, levando consigo a resposta. Essa resposta de Paulo é hoje a Primeira Carta aos Coríntios.

28 de Julho

Betsabeia
Rainha em Israel

"Ela é Betsabeia, filha de Eliam e esposa de Urias, o hitita" (2Sm 11,3).

O nome *Betsabeia* significa *a viçosa*. Ela era filha de Eliam. Casou-se com um alto oficial da corte de Davi, chamado Urias. Quando seu marido estava na guerra, o rei Davi notou sua beleza enquanto ela se banhava no terraço de sua casa. Mandou chamá-la, apaixonou-se por ela, a seduziu e manteve relações com ela. Acontece que ela engravidou do rei (cf. 2Sm 11,2-5). Para evitar um escândalo, Davi mandou chamar Urias para Jerusalém, para que ele dormisse com a mulher e assumisse o filho. Só que, naquela época, os soldados que estavam em batalha não podiam manter relações com suas esposas. Urias não traiu seus ideais de soldado e não foi para casa. Davi mandou então que o general Joab fizesse um ataque suicida contra a cidade de Rabá dos amonitas, para que Urias morresse em batalha. E assim foi feito (cf. 2Sm 11,6-17). Tendo morrido Urias, Davi chamou Betsabeia para morar com ele no palácio (cf. 2Sm 11,27). Diante desse crime, o profeta Natã foi ter com Davi. Contou para ele a parábola da ovelhinha do pobre, levando Davi a pronunciar a sentença contra si mesmo (cf. 2Sm 12,1-14). Como castigo, o primeiro filho de Betsabeia com Davi ficou gravemente enfermo e morreu (cf. 2Sm 12,15-19). Mas seu segundo filho será o rei Salomão (cf. 2Sm 12,24-25).

Quando Davi já estava velho, perto do fim da sua vida, Betsabeia começou a movimentar as forças políticas para que Salomão fosse declarado sucessor de Davi (cf. 1Rs 1,11-40). Com o apoio do profeta Natã, Betsabeia atingiu seus objetivos e Salomão reinou no lugar de seu pai. Ela tornou-se assim a rainha-mãe, com muitos poderes na corte. No entanto, ela fracassou na tentativa de obter de Salomão o casamento entre a última concubina de Davi, Abisag, e Adonias (cf. 1Rs 2,13-25). Mateus coloca Betsabeia na genealogia de Jesus, mas sem citar seu nome, chamando-a apenas de *"aquela que foi mulher de Urias"*. Uma forma de denunciar o crime de Davi e o poder de Betsabeia.

29 de Julho

Lúcio de Cirene
Profeta e pregador na Igreja de Antioquia

"Havia profetas e doutores na Igreja de Antioquia. Entre eles, Lúcio de Cirene"
(At 13,1).

No início da Igreja, eram muito importantes as decisões e medidas de organização tomadas na comunidade de Antioquia. Os Atos dos Apóstolos dizem que a comunidade era coordenada por um conselho, formado por profetas e doutores: *"Havia profetas e doutores na igreja de Antioquia. Eram eles: Barnabé, Simeão, chamado o Negro, Lúcio, da cidade de Cirene, Manaém, companheiro de infância do governador Herodes, e Saulo"* (At 13,1). Na linguagem cristã primitiva, "profeta" definia um pregador do Evangelho que explicava de forma compreensível os ensinamentos relacionados a Jesus Cristo (cf. 1Cor 14,2.11). Já os "doutores" eram personagens de destaque pelo seu saber e experiência de fé, capazes de se tornarem referências para a comunidade.

Uma dessas pessoas é Lúcio, da cidade, de Cirene, no norte da África. Seu nome é latino e significa *alvorecer*. Nada mais sabemos a seu respeito. Mas por fazer parte do conselho da comunidade de Antioquia, ele deve ter sido uma pessoa de destaque e de respeito naquela comunidade. Ele era de Cirene, a mesma cidade que Simão Cireneu, aquele que ajudou Jesus a carregar a cruz (cf. Mc 15,21). O conselho de Antioquia tomou a sábia decisão de enviar uma equipe missionária para evangelizar outras cidades e outros povos. E mandaram nessa equipe dois membros do próprio conselho: Barnabé e Saulo (cf. At 13,2-3). Em missão a Igreja deve mandar pessoas bem qualificadas (cf. At 13,1-3).

30 de Julho

Urias, soldado
Soldado fiel ao rei e à esposa

"Mande que Urias, o hitita, venha falar comigo" (2Sm 11,6).

Apesar de seu nome hebraico, que significa *luz de* Y*HWH*, Urias não era israelita. Era um soldado hitita. Ele fazia parte dos "Trinta", a elite do exército israelita durante o reinado de Davi (cf. 2Sm 23,39). Enquanto Urias estava lutando na guerra contra os amonitas, no outro lado do rio Jordão, o rei Davi seduziu sua mulher, Betsabeia (cf. 2Sm 11,2-5). Tendo ela engravidado, Davi mandou chamar Urias, para que ele pudesse estar com Betsabeia e ser responsabilizado pela criança. Naquela época, durante o período de guerra, os soldados não mantinham relações com suas esposas. Urias era um soldado fiel. Ele ficou hospedado entre os guardas reais e não foi para casa (cf. 2Sm 11,6-13). Davi, percebendo que Urias não iria dormir com Betsabeia, mandou por meio do próprio Urias uma ordem para que o general Joab, comandante do exército, fizesse um ataque suicida contra as defesas da cidade de Rabá. As instruções eram claras: *"Coloque Urias no lugar mais perigoso do ataque e retirem-se, deixando-o sozinho, para que seja ferido e morra"* (2Sm 11,15). O general Joab seguiu as ordens do rei e Urias pereceu na batalha.

Tendo morrido Urias, Davi chamou a viúva, Betsabeia, para morar com ele no palácio. Diante desse crime de Davi, o profeta Natã contou a parábola do pobre com sua única ovelhinha, fazendo com que Davi pronunciasse uma sentença contra si próprio (cf. 2Sm 12,1-15).

31 de Julho

Salomão
Rei em Israel

"Davi lhe deu o nome de Salomão e Yhwh o amou" (2Sm 12,24).

Salomão foi rei em Israel entre 970 e 930 a.C. Era filho de Davi e Betsabeia. Seu nome deriva da palavra hebraica *shalôm*, que significa paz, prosperidade, harmonia. Pode ser o nome que ele assumiu ao iniciar o governo, já que o profeta Natã disse que o nome do menino seria *Jededias*, o que significa *predileto de Yhwh* (cf. 2Sm 12,25). Por meio de um golpe de estado promovido pelo profeta Natã e por sua mãe, Betsabeia (cf. 1Rs 1,11-14), Salomão apoderou-se do trono quando ainda vivia o rei Davi (cf. 1Rs 2,1). Nesse golpe ele contou com o apoio do sumo sacerdote Sadoc e de Banaías, o comandante do exército mercenário (cf. 1Rs 1,28-40). Para se manter no trono, ele matou ou exilou vários adversários políticos (cf. 1Rs 2,23-25). Salomão não conseguiu manter a unidade do reino que Davi tinha construído. Seu governo ficou marcado por amplas construções (cf. 1Rs 5,15-26; 6,37; 7,1-12) e gastos com itens luxuosos (cf. 1Rs 5,2-3) e acabaram por onerar a vida do povo com trabalhos forçados (cf. 1Rs 11,28; 12,4; 5,27-32) e provocaram várias revoltas (cf. 1Rs 11,26-40). O final de seu governo foi abalado pelas guerras com Adad de Edom (cf. 1Rs 11,14-22) e com Razon, um chefe de bando de Damasco (cf. 1Rs 11,23-24), pela revolta de Jeroboão (cf. 1Rs 11,26-40) e pela vida dissoluta do próprio rei. Salomão tinha 700 mulheres e 300 concubinas (cf. 1Rs 11,3), que levaram o rei à prática da idolatria (cf. 1Rs 11,4-8).

Quando Salomão morreu, o reino de Israel se dividiu. As tribos do norte criaram o reino de Israel. As tribos de Judá e Benjamim mantiveram o reino, agora chamado de Judá. Mesmo assim, Salomão foi considerado um rei sábio. Toda a Sabedoria em Israel tem Salomão como patrono.

Agosto

1º de Agosto

Os irmãos Macabeus
Libertaram o povo do domínio dos gregos

"Como pôde cair o herói, aquele que salvava Israel?" (1Mc 9,21).

São cinco irmãos: João, Simão, Judas, Eleazar e Jônatas. Todos os cinco tinham um apelido: João era chamado *Gadí*, Simão, *Tasi*, Judas, *Macabeu*, Eleazar, *Auarã*, e Jônatas, *Afus* (cf. 1Mc 2,2-5). O mais conhecido dos cinco é Judas, o Macabeu. Depois da morte do pai Matatias, foi ele, Judas, que organizou e conduziu a resistência armada (de 166 a 160 a.C.). Ele conseguiu recuperar e purificar o templo (cf. 1Mc 4,36-51). Durante os seis anos da sua liderança, ele conduziu muitas batalhas contra os gregos para defender e consolidar a liberdade religiosa para os judeus. Judas Macabeu morreu na batalha de Beerzet (cf. 1Mc 3,1–9,18). A luta da resistência continuou sob a liderança de Jônatas Afus (de 160 a 143 a.C.). Aproveitando da sua superioridade militar, Jônatas conseguiu vantagens em vista de uma maior liberdade para o seu povo (cf. 1Mc 9,23–12,38). Ele morreu vítima de uma traição (cf. 1Mc 12,39-53). Depois de Jônatas, Simão Tasi assumiu a liderança (de 143 a 135 a.C.). Ele conseguiu a independência política. Tornou-se sumo sacerdote e recebeu o título de "etnarca" (governador) dos judeus (cf. 1Mc 13,1–16,10). Simão foi assassinado por traição durante um banquete (cf. 1Mc 16,11-17).

Quanto aos outros irmãos, João Gadi e Eleazar Auarã: João foi morto numa emboscada (cf. 1Mc 9,35-38). Eleazar morreu na batalha. Ele avançou contra um elefante que carregava o general inimigo e morreu junto com o general, os dois esmagados pelo peso do elefante (cf. 1Mc 6,43-46).

2 de Agosto

Barac
Juiz e comandante militar

"Débora mandou chamar Barac, filho de Abinoem" (Jz 4,6).

Barac deve ter sido um líder militar respeitado. O nome *Barac* significa *raio*. Ele era filho de Abinoem, da tribo de Neftali. Nessa época, a liderança de Israel estava nas mãos da juíza Débora. Foi quando Jabin, rei cananeu de Hasor, resolveu invadir Israel pelo norte e derrotar o povo de Deus. Ele mandou seu general Sísara, junto com 900 carros de guerra (cf. Jz 4,3), ocupar o norte de Israel. A notícia da invasão chegou até a juíza Débora, que morava em Betel, mais ao sul, seis quilômetros ao norte de Jerusalém. Ela então convocou Barac para que enfrentasse e derrotasse as tropas de Sísara. Diante da convocação de Débora, Barac sabia que a sua autoridade militar dependeria da liderança dela. Por isso ele respondeu a Débora: *"Se você for comigo, eu vou. Se você não for, eu não vou!"* (Jz 4,8). E ela foi junto. Por ordem de Débora, Barac convocou para a guerra as tribos de Zabulon e de Neftali, as duas tribos mais ao norte (cf. Jz 4,6; 5,18).

Ao iniciar suas operações de guerra, Barac acampou com suas tropas, cerca de 10 mil homens, no alto do monte Tabor. Vendo que as tropas dos cananeus, com seus 900 carros de ferro (cf. Jz 4,3), estavam posicionadas junto ao riacho, Quison, Barac e suas tropas desceram do monte Tabor e venceram os cananeus (cf. Jz 4,12-16). É que, naquele terreno pantanoso perto do riacho, as centenas de carros de ferro não serviram para mais nada. As rodas emperravam (cf. Ex 14,25). O general Sísara teve que descer do carro e fugir a pé, buscando refúgio na tenda de Jael, mulher de Heber. Ela o acolheu, o fez dormir e o matou (cf. Jz 4,17-21). A vitória militar de Barac foi cantada no Cântico de Débora (cf. Jz 5 e 6). Como Deus fez com os carros do faraó do Egito na travessia do Mar Vermelho, assim *"Yhwh encheu de pânico Sísara com todos os seus carros"* (Jz 4,15).

3 de Agosto

Aías
Profeta que morava no santuário de Silo

"Ele disse a Jeroboão: 'Toma para ti dez pedaços!'" (1Rs 11,31).

O profeta Aías aparece no começo e no fim do governo de Jeroboão, o primeiro rei de Israel, reino do Norte. Jeroboão era um operário competente a serviço do rei Salomão. Sendo Jeroboão um "homem valente e forte", Salomão o colocou na frente dos trabalhos forçados na reconstrução das muralhas de Jerusalém (cf. 1Rs 11,28). Certo dia, quando estava saindo de Jerusalém, Jeroboão encontrou-se com o profeta Aías de Silo, que vestia um manto novo. Os dois estavam sozinhos no campo. Aías pegou o manto, rasgou-o em doze pedaços e disse a Jeroboão: *"Pegue dez pedaços para você, porque assim diz Javé, o Deus de Israel: 'Vou arrancar o reino das mãos de Salomão e vou dar dez tribos para você'"* (1Rs 11,29-31). Assim, depois da morte de Salomão, Jeroboão tornou-se o primeiro rei de Israel, aclamado pelo povo (cf. 1Rs 12,20). Com ele ficaram dez das 12 tribos de Israel.

Já no fim do governo de Jeroboão, Abias, o filho de Jeroboão, ficou doente. Jeroboão mandou sua esposa consultar Aías no santuário de Silo. Ela colocou um disfarce e foi. Aías, já velho e quase cego, quando ela abriu a porta, disse: *"Entre, esposa de Jeroboão. Por que você veio disfarçada? Fui enviado para dar-lhe uma triste notícia"* (1Rs 14,6). Foram duas notícias tristes. A primeira, contra Jeroboão: *"Você se comportou de modo pior do que os que reinaram antes de você. E até chegou a fazer para você outros deuses, imagens fundidas, para me irritar, e voltou as costas para mim"* (1Rs 14,9). A segunda a respeito do filho doente: *"Quando você chegar de volta na sua casa o menino morrerá"* (1Rs 14,12). A mulher voltou para a casa e, quando colocou o pé na soleira da porta, o menino acabava de morrer (cf. 1Rs 14,17). É só isso que a Bíblia nos informa sobre o profeta Aías.

4 de Agosto

Ezequias
Rei de Judá durante 29 anos

"Ele fez o que agrada aos olhos de Y<small>HWH</small>, imitando tudo o que fizera Davi"
(2Rs 18,3).

Veja como a Bíblia apresenta o rei Ezequias: *"No terceiro ano de Oseias, filho de Ela, rei de Israel, Ezequias, filho de Acaz, tornou-se rei em Judá. Tinha vinte e cinco anos quando começou a reinar e reinou vinte e nove anos em Jerusalém; sua mãe chamava-se Abia e era filha de Zacarias. Fez o que agrada aos olhos de Y<small>HWH</small>, imitando tudo o que fizera Davi, seu antepassado"* (2Rs 18,1-3). O nome *Ezequias* significa Y<small>HWH</small> *é minha força*. *Abia*, o nome da mãe, significa Y<small>HWH</small> *é meu pai*. Zacarias, o nome do pai, significa *lembra-te de* Y<small>HWH</small>. Ezequias governou de 716 até 687 a.C. Época difícil. Em 722 a.C., Salmanasar, rei da Assíria (726-722 a.C.), tinha invadido Israel, no norte, e destruído a capital Samaria (cf. 2Rs 17,5-6). Vinte anos depois, Sargon, o novo rei da Assíria (721-705 a.C.), invadiu a Judeia e obrigou Ezequias a pagar um pesado tributo (cf. 2Rs 18,13-16). Mesmo assim, apesar de tudo, Ezequias conseguiu promover reformas nos âmbitos religioso, cultural e político. Cuidou da água potável da cidade de Jerusalém cavando um túnel (cf. 2Rs 20,20; 2Cr 32,30) e mandou colecionar, preservar e registrar os provérbios do povo (cf. Pr 25,1). Também mantinha contato político com os adversários da Assíria (cf. 2Rs 20,12-13). Ele teve o apoio do profeta Isaías (cf. 2Rs 19,5-7.20-35; 20,14-19).

No fim da sua vida, Ezequias ficou doente, doença grave. Chorou muito e conseguiu mais 15 anos de vida (cf. 2Rs 20,6). Foi o profeta Isaías que sugeriu um remédio caseiro: *"Tragam aqui um pão de figos"*. Pegaram o pão de figos e o colocaram sobre a ferida, e o rei recuperou a saúde (cf. 2Rs 20,7). O azar de Ezequias foi o seu filho Manassés, que governou depois dele durante mais de 40 anos (687 a 642 a.C.). Manassés fez um péssimo governo e acabou com a reforma iniciada pelo pai (cf. 2Rs 21,1-9). Foi o começo do fim.

5 de Agosto

Rufo
Grande amigo de Paulo

"Rufo, o eleito do Senhor" (Rm 16,13).

Rufo (Ruivo) aparece duas vezes no Novo Testamento. A *primeira* vez é na Carta aos Romanos, na qual Paulo escreve: *"Saúdem Rufo, o eleito do Senhor, e sua mãe, que é minha mãe também"* (Rm 16,13). Rufo e sua mãe eram membros da comunidade de Roma. O título *"eleito do Senhor"* é sinal de que Rufo exercia uma função especial na comunidade. Se Paulo considera a mãe de Rufo como sua própria mãe, ele e Rufo devem ter sido grandes amigos. Na *segunda* vez, o nome de Rufo aparece no Evangelho de Marcos. Ao descrever a Via-Sacra de Jesus, Marcos diz: *"Passava por aí um homem, chamado Simão Cireneu, pai de Alexandre e Rufo"* (Mc 15,21). Trata-se do Simão que foi obrigado a ajudar Jesus a carregar a cruz. Os leitores do Evangelho de Marcos deviam conhecer Rufo e seu irmão Alexandre. Por isso Marcos os menciona quando fala de Simão de Cirene, o pai deles, que ajudou Jesus a carregar a cruz. Simão Cireneu e sua esposa, os pais de Rufo, devem ter sido um casal muito atuante na comunidade de Roma.

Assim, nas entrelinhas, a gente descobre coisas muito bonitas e atuais a respeito da vida e das pessoas das primeiras comunidades cristãs. Descobre, por exemplo, a grande mobilidade e comunicação entre as comunidades daquela época. Nos anos 30, Simão, o pai de Rufo, morava em Jerusalém, pois ele ajudou Jesus a carregar a cruz. Nos anos 50, quando Paulo escreveu sua Carta aos Romanos, ele morava em Roma.

6 de Agosto

Henoc
Quem vive com Deus vence a morte

> *"Ninguém na terra foi criado igual a Henoc, que foi arrebatado da terra"*
> (Eclo 49,16).

Henoc é um descendente de Set, o terceiro filho de Adão e Eva. Não se sabe o significado do nome dele. Henoc viveu *"trezentos e sessenta e cinco anos"* (Gn 5,23). Tantos anos quanto os dias dentro de um ano! É o tempo perfeito. A Bíblia diz: *"Henoc andou com Deus e desapareceu, porque Deus o arrebatou".* O livro da Sabedoria interpreta o fato: *"O justo agradou a Deus, e Deus o amou. Como ele vivia entre os pecadores, Deus o transferiu. Foi arrebatado, para que a malícia não lhe pervertesse os sentimentos, ou para que o engano não o seduzisse"* (Sb 4,10-11). O livro do Eclesiástico diz: *"Henoc agradou ao Senhor e foi arrebatado, tornando-se modelo de conversão para as gerações"* (Eclo 44,16; cf. Hb 11,5). Quem vive com Deus continua com Deus. Ele morre, sim, mas a morte já não consegue tirar dele a vida com Deus. Aqui está a semente da fé na ressurreição, confirmada por Jesus.

Na Bíblia, ao longo dos séculos, vai diminuindo o tempo de vida dos patriarcas. Adão *"viveu novecentos e trinta anos e morreu"* (Gn 5,5). Henoc *"viveu trezentos e sessenta e cinco anos"* e foi arrebatado. Taré, o pai de Abraão, *"viveu duzentos e cinco anos e morreu"* (Gn 11,32). Até chegar ao nosso tempo: *"Setenta anos é o tempo da nossa vida, oitenta anos, se ela for vigorosa; e a maior parte deles é fadiga inútil"* (Sl 90,10).

7 de Agosto

Pérside
Animadora da comunidade de Roma

"Saudai a querida Pérside, que muito se afadigou no Senhor" (Rm 16,12).

"A querida Pérside" é a 17ª das 35 pessoas que recebem ou mandam saudações no final da carta de Paulo aos Romanos. Paulo diz: *"Saúdem a querida Pérside, que muito se afadigou no Senhor"* (Rm 16,12). Mais do que isso não sabemos a respeito de Pérside. Mas o simples fato de Paulo dizer que ela *"muito se afadigou no Senhor"* é uma informação importante e um elogio muito bonito. Hoje há muitas *Pérsides* nas nossas comunidades. Mulheres que vivem e trabalham para os outros e, como Pérside, o fazem *no Senhor* ou *para o Senhor*, isto é, motivadas pela fé em Jesus.

No mesmo capítulo 16 da Carta aos Romanos, Paulo manda saudações não só para Pérside, mas também para várias outras mulheres da comunidade de Roma: *Febe*, a diaconisa (cf. Rm 16,1); *Prisca* ou Priscila, esposa de Áquila (cf. Rm 16,3); *Maria*, "que muito trabalhou por vocês" (Rm 16,6); *Júnia*, chamada de "apóstola importante" (cf. Rm 16,7); *Trifena* e *Trifosa*, *"que se afadigaram no Senhor"* (Rm 16,12); a *mãe de Rufo*, da qual Paulo diz *"é minha mãe também"* (Rm 16,13); *Júlia*, esposa de Filólogo (cf. Rm 16,15); a *irmã de Nereu* (cf. Rm 16,15); e, por fim, *Olimpas* (cf. Rm 16,15). Paulo nunca tinha estado em Roma quando escreveu a Carta aos Romanos. Se, assim mesmo, ele manda uma saudação para tantas mulheres conhecidas ou amigas, é sinal de que havia muita comunicação entre as várias comunidades e que, como hoje, a contribuição das mulheres era muito importante.

8 de Agosto

Asaf
Levita, cantor, músico e diretor do coro

"Os levitas observam a tua palavra e guardam a tua aliança" (Dt 33,9).

Asaf era levita, cantor e músico (cf. 1Cr 6,24-28). Ele vinha de uma família de músicos e cantores que, junto com Zorobabel, tinham voltado do exílio da Babilônia (cf. 2Cr 35,15; Esd 2,41; Ne 7,44). Asaf cantava e tocava címbalos de bronze (cf. 1Cr 15,17.19). Naquela época havia todo um ritual diário no templo de Jerusalém. O responsável por esse ritual diário era Asaf (cf. 1Cr 16,37). Ele fazia parte dos diretores do culto (cf. 1Cr 25,1), que eram chamados profetas (cf. 1Cr 25,1). Junto com a equipe do coro e com a ajuda dos instrumentos musicais, ele devia tocar diante da Arca da Aliança (cf. 1Cr 16,4-5). Muitos salmos são atribuídos a Asaf. Havia até uma coleção de cânticos atribuída a Asaf que entrou no livro dos Salmos. São os salmos de 50 a 83. A maior parte deles é de Asaf. O nome *Asaf* significa *Deus foi bom para mim*. Asaf era levita, membro da tribo de Levi.

Na época dos Juízes, bem no início da história do povo de Deus na Palestina, os membros da tribo de Levi, chamados levitas, animavam as celebrações nos pequenos santuários de romaria espalhados por todo o país. A música e o canto eram muito importantes nessas celebrações. Bem mais tarde, em torno do ano 620 a.C., o rei Josias mandou fechar os pequenos santuários e concentrou tudo no templo de Jerusalém. Depois do retorno do exílio (540 a.C.), Asaf coordenava grande parte do culto no templo reconstruído de Jerusalém.

9 de Agosto

Noé
Por ele a humanidade teve um novo início

"Noé, homem justo e íntegro, andava com Deus" (Gn 6,9).

Diz o livro de Gênesis: *"Eis a história de Noé. Noé era um homem justo, íntegro entre seus contemporâneos, e andava com Deus"* (Gn 6,9). O livro do Eclesiástico comenta: *"Noé foi reconhecido como homem perfeito e justo, e no tempo da ira assegurou a reconciliação: por meio dele, um resto sobreviveu na terra, quando aconteceu o dilúvio. Alianças eternas foram firmadas com ele, para que os seres não fossem mais destruídos por um dilúvio"* (Eclo 44,17-19). E o próprio Deus, por intermédio do profeta Isaías, dá a seguinte mensagem ao povo: *"Como no tempo de Noé, agora faço a mesma coisa: jurei que as águas do dilúvio nunca mais iriam cobrir a terra; da mesma forma, agora eu juro que não deixarei minha ira se inflamar contra você e que nunca mais vou castigá-la. Mesmo que os montes se retirem e as colinas vacilem, meu amor nunca vai se afastar de você, minha aliança de paz não vacilará, diz Javé, que se compadece de você"* (Is 54,9-10).

A Carta aos Hebreus comenta: *"É impossível agradar a Deus sem a fé. De fato, quem se aproxima de Deus deve acreditar que ele existe e que recompensa aqueles que o procuram. Pela fé, ao ser avisado divinamente sobre coisas que ainda não via, Noé levou isso a sério e construiu uma arca para salvar a sua família. Por essa fé, ele condenou o mundo e se tornou herdeiro da justiça que provém da fé"* (Hb 11,6-7).

10 de Agosto

Sem, Cam e Jafé
Os três filhos de Noé

"Quando Noé completou quinhentos anos, gerou Sem, Cam e Jafé" (Gn 5,32).

Sem, Cam e Jafé são os três filhos de Noé (cf. Gn 5,32; 6,10). Quando começou o dilúvio, eles entraram na arca junto com o pai (cf. Gn 7,13). Depois do dilúvio, saíram da arca de Noé para repovoar a terra (cf. Gn 9,18-19). Na Bíblia, eles são o novo começo da humanidade. Noé e seus filhos somos todos nós, pois, em cada nova geração, a humanidade tem um novo início. Nas primeiras páginas do livro de Gênesis, há várias genealogias de antes do dilúvio (cf. Gn 5,1-32) e depois do dilúvio (Gn 10,1-32; 11,10-26; 11,27-32). Essas genealogias não são registros exatos como são hoje os registros dos nascimentos nas prefeituras e nos livros dos batizados das paróquias. O significado das genealogias na Bíblia é outro. Por meio delas e das histórias ligadas a elas se explicava o relacionamento que havia entre os povos e se procurava explicar a origem e o porquê das tensões e rivalidades entre eles.

Um exemplo: *Sem*, o primeiro filho de Noé, é o pai dos *semitas*. Os *semitas* são os povos que vieram de *Sem*. A descendência de Sem tem uma longa genealogia (cf. Gn 11,10-26). Outro exemplo: a Bíblia diz que Noé plantou uvas e fabricou vinho. Bebeu, ficou bêbado e dormiu nu dentro da tenda (cf. Gn 9,20-21). Cam viu o pai nu e não teve o devido respeito. *Cam*, o segundo filho de Noé, é o pai dos povos *cananeus* ou de *Canaã*. Por isso, Cam recebe uma maldição (cf. Gn 9,25), enquanto Sem e Jafé recebem uma bênção (cf. Gn 9,26-27). Assim procuravam explicar as rivalidades que havia entre o povo *cananeu*, de *Canaã*, que vem de *Cam*, e o povo *semita*, de Israel, que vem de *Sem*.

11 de Agosto

Hulda
Profetisa do povo de Deus

"Minha ira se inflamou contra esse lugar e ela não se aplacará" (2Rs 22,17).

A profetisa Hulda aparece na Bíblia no momento em que, durante os trabalhos da restauração do templo, foi encontrada uma cópia do livro da lei de Deus (cf. 2Rs 22,8-10). A cópia foi lida diante do rei e todos ficaram preocupados, porque aquilo que dizia o texto da lei não estava sendo observado na vida do povo. Por isso mandaram consultar a profetisa Hulda, que morava em Jerusalém, na "cidade nova" (cf. 2Rs 22,14). Expuseram a ela a questão e ela respondeu: *"Assim fala Y<small>HWH</small>, Deus de Israel. Dizei ao homem que vos enviou até mim: 'Assim fala Y<small>HWH</small>: Eis que estou para fazer cair a desgraça sobre este lugar e sobre os seus habitantes, tudo o que diz o livro que o rei de Judá acaba de ler, porque me abandonaram e sacrificaram a outros deuses, para me irritar com suas ações. Minha ira se inflamou contra esse lugar e ela não se aplacará. E direis ao rei de Judá que vos enviou para consultar Y<small>HWH</small>: 'Assim fala Y<small>HWH</small>, Deus de Israel: As palavras que ouviste cumprir-se-ão. Mas porque teu coração se comoveu e te humilhaste diante de Y<small>HWH</small>, ouvindo as palavras que pronunciei contra este lugar e seus habitantes, que se tornarão objeto de espanto e de maldição, e porque rasgaste as vestes e choraste diante de mim, eu também te ouvi, oráculo de Y<small>HWH</small>. Por isso te reunirei a teus pais, serás deposto em paz no teu sepulcro e teus olhos não verão todos os males que vou mandar sobre este lugar'"* (2Rs 22,15-20). Eles levaram ao rei essa resposta.

Além de Hulda, há várias outras profetisas na Bíblia: Miriam ou Maria, a irmã de Moisés (cf. Ex 15,20); Débora, a juíza (cf. Jz 4,4); a esposa do profeta Isaías (cf. Is 8,3); Noadias, do tempo de Neemias, depois do exílio (cf. Ne 6,14); Ana, uma viúva de 84 anos de idade, que estava no templo quando Maria e José ali chegaram para oferecer o menino Jesus a Deus (cf. Lc 2,36). O Apocalipse menciona uma falsa profetisa que seduzia o povo: *"Há uma coisa que eu reprovo: você nem sequer se incomoda com Jezabel, essa mulher que se diz profetisa"* (Ap 2,20).

12 de Agosto

Clemente
Um dos coordenadores da comunidade de Filipos

"Elas me ajudaram na luta pelo Evangelho, junto com Clemente" (Fl 4,3).

Clemente só aparece uma vez na Bíblia. É na carta de Paulo aos Filipenses. Paulo diz na carta: *"Meus queridos e saudosos irmãos, minha alegria e minha coroa, continuem firmes no Senhor, ó amados. Peço a Evódia e a Síntique que façam as pazes no Senhor. E a você, Sízigo, meu fiel companheiro, peço que as ajude, porque elas me ajudaram na luta pelo Evangelho, junto com Clemente e os meus outros colaboradores. Seus nomes estão no livro da vida"* (Fl 4,1-3). Clemente foi *companheiro* e *colaborador* de Paulo na *luta pelo Evangelho*. Ele era um dos coordenadores da comunidade de Filipos. Paulo chama a comunidade de Filipos de *"minha alegria e minha coroa"* (Fl 4,1). A comunidade de Filipos, coordenada por Clemente, vivia no coração de Paulo. Paulo chegou a dizer na Carta aos Filipenses: *"Deus é testemunha de que eu quero bem a todos vocês com a ternura de Jesus Cristo"* (Fl 1,8).

Os membros da comunidade de Filipos, chamados por ele de *"irmãos da Macedônia"* (2Cor 11,9), eram a única comunidade da qual Paulo aceitava alguma ajuda para poder sobreviver (cf. Fl 4,15-16). Quando a comunidade de Corinto queria dar uma ajuda a Paulo, ele não aceitou e disse aos coríntios: *"Será que foi um erro meu humilhar-me para exaltar vocês, porque lhes anunciei gratuitamente o Evangelho de Deus? Despojei outras igrejas, recebendo delas o necessário para viver, a fim de servir a vocês. E quando passei necessidade entre vocês, não fui pesado a ninguém, porque os irmãos que vieram da Macedônia supriram às minhas necessidades. Em tudo evitei ser pesado a vocês e continuarei a evitá-lo"* (2Cor 11,7-9). Clemente deve ter sido um bom coordenador da comunidade para Paulo sentir tanta amizade por eles e aceitar deles uma ajuda para poder sobreviver.

13 de Agosto

Godolias
Responsável pela reorganização do povo depois do exílio

*"Não temais servir aos caldeus, permanecei na terra,
servi ao rei da Babilônia, e será bom para vós"* (Jr 40,9).

No mês de agosto do ano 587 a.C., o general Nabuzardã, por ordem de Nabucodonosor, rei da Babilônia, destruiu a cidade de Jerusalém, levou para o exílio o que restava dos oficiais e do povo (cf. 2Rs 25,11) e colocou Godolias como governador para tomar conta do resto que sobrou no país (2Rs 25,22). O nome *Godolias* significa Y$_{HWH}$ *é grande*. Godolias foi morar em Masfa (cf. Jr 40,6), o mesmo lugar de onde Samuel, no tempo dos juízes, coordenava o povo (cf. 1Sm 7,5; 10,17; Jz 11,11; 20,1). Isso significa que, após o fracasso total dos 400 anos de monarquia, desde Saul e Davi até Sedecias, o último rei, Godolias quis retomar a tradição antiga do tempo dos Juízes. Ele teve o apoio do profeta Jeremias, que foi morar com Godolias em Masfa (cf. Jr 40,2-6). Godolias era filho de Aicam, um dos que tinham protegido Jeremias contra os que queriam matá-lo (cf. Jr 26,24). Quando o povo soube que Godolias era o novo governador, muitos voltaram para a Palestina. Godolias os tranquilizava: *"Não tenham medo de servir aos caldeus, permaneçam na terra, sirvam ao rei da Babilônia, e será bom para vocês"* (Jr 40,9).

A vida voltou ao normal e o povo começou a plantar e colher. Fizeram uma grande colheita (cf. Jr 40,12). Mas Ismael e os oficiais do fracassado reino de Judá também voltaram e, fingindo amizade, se reuniram com Godolias em Masfa (cf. Jr 40,13-16; 2Rs 25,23-24). Durante um banquete, Ismael, *"que era de linhagem real"*, levantou-se e, com a ajuda de dez homens, matou Godolias (cf. Jr 41,1-2; 2Rs 25,25). Ismael e os oficiais não queriam o retorno à época dos Juízes. Eles queriam restaurar a monarquia fracassada e fazer de Ismael o novo rei. Ismael era o candidato deles por ser um descendente da família real. Eles não souberam ler os sinais dos tempos. Os interesses políticos impediram que eles fizessem a leitura correta dos fatos. Na sua obstinação, fecharam a porta do futuro.

14 de Agosto

Judas Macabeu
Líder político e militar da Judeia

"Matatias tinha cinco filhos. Entre eles, Judas, chamado Macabeu" (1Mc 2,2.4).

Por volta de 168 a.C., o rei Antíoco Epífanes quis acabar com a religião em Israel. Ele proibiu o culto no templo e a observância das tradicionais leis judaicas. Contra essa situação de perseguição, levantou-se em revolta um sacerdote do interior do país, chamado Matatias. Esse sacerdote tinha cinco filhos. Dentre eles destaca-se o terceiro filho, chamado Judas. Devido à sua liderança militar e ao seu estilo de lutar, era chamado de Macabeu, palavra que significa *martelo*. Com o tempo, esse apelido passou a designar toda a família de Matatias. Quando Matatias morreu, em 166 a.C., Judas passou a liderar a luta contra os gregos (cf. 1Mc 3,1). Ele formou e treinou um exército (cf. 1Mc 3,55-60) que obteve importantes vitórias, como na batalha de Emaús (cf. 1Mc 4,12-27). Vencendo os inimigos, Judas retomou Jerusalém e restaurou o culto no recinto sagrado do templo (cf. 1Mc 3,41-51).

A partir de 164 a.C., Judas conseguiu ampliar as fronteiras da Judeia. Mas algumas lideranças judaicas, favoráveis a um entendimento com os gregos, passaram a questionar sua liderança. Para fortalecer sua posição, Judas conseguiu uma aliança com os romanos. Mas a ajuda romana chegou tarde. Judas morreu em 160 a.C., numa batalha contra os gregos (cf. 1Mc 9,18). Seu irmão Jônatas ficou liderando em seu lugar. Com o tempo, os objetivos de Judas Macabeu foram alcançados. O culto foi restaurado e o país tornou-se independente.

15 de Agosto

Anunciação e Assunção
Duas festas de Maria, a Mãe de Jesus

*Desde o Sim inicial de Maria ao anjo
até o Sim final de Deus a Maria* (cf. Lc 1,28).

Na festa da *Anunciação* celebramos o *Sim* de Maria a Deus quando ela disse: *"Eis aqui a serva do Senhor. Faça-se em mim segundo a tua palavra"* (Lc 1,38). Naquele momento, *"a palavra se fez carne e começou a habitar entre nós"* (Jo 1,14). Começou a vida de Jesus no seio de Maria, sua Mãe. Para poder vir morar entre nós, Deus não pediu licença ao imperador de Roma, nem ao sumo sacerdote de Jerusalém, mas foi pedir licença a uma moça pobre de seus 15 ou 16 anos, lá de Nazaré. E ela disse sim. Se ela tivesse dito *não*, a história da humanidade teria sido bem diferente. Desse modo, Deus revelou sua predileção pelos pobres, predileção que transparece no Cântico de Maria, na visita que ela fez a Isabel: *"Ele olhou para a humilhação de sua serva. Ele dispersou os homens de coração orgulhoso. Depôs os poderosos de seus tronos e exaltou os humildes, Cumulou de bens os famintos e despediu os ricos de mãos vazias"* (Lc 1,48.51-53).

Na festa da *Assunção* celebramos o *Sim* de Deus à obediência de Maria. Em Jesus subindo ao céu aparece aquilo que professamos no Credo: *"Creio na ressurreição da carne e na vida eterna"*. É o ponto-final da nossa caminhada na fé. Jesus, nosso irmão mais velho, é o primeiro, aquele que foi na frente. Todos nós, assim o cremos, seguiremos a Ele no mesmo rumo e para o mesmo destino. Uma tradição muito antiga informa que quem seguiu Jesus antes de todos nós, foi Maria, a mãe que o gerou. Ela é a primeira a seguir Jesus na ressurreição e na assunção ao céu. É o que celebramos hoje, no dia 15 de agosto. É para reforçar em nós a fé de que em Jesus a morte foi vencida. Como vai ser esse futuro nós não sabemos. Só sabemos uma coisa: vai ser bom, muito bom! E como vai ser o corpo ressuscitado? Paulo responde de forma muito bonita aos coríntios: *"Semeado corruptível, o corpo ressuscita incorruptível; semeado desprezível, ressuscita reluzente de glória; semeado na fraqueza, ressuscita cheio de força; semeado corpo psíquico, ressuscita corpo espiritual. Se há um corpo psíquico, há também um corpo espiritual"* (1Cor 15,42-44).

16 de Agosto

Eldad e Medad
Animadores das comunidades

"Oxalá todo o povo de Javé fosse profeta e recebesse o espírito de Javé!"
(Nm 11,29).

É bonita a história destes dois homens. Eles eram do grupo dos 70 que foram escolhidos para ajudar Moisés na condução do povo (cf. Nm 11,16-17). Moisés tinha se queixado junto a Deus, dizendo que não dava conta de carregar sozinho o peso da liderança do povo (cf. Dt 1,9-12; Nm 11,14; Ex 18,13-18). Havia muitos problemas e até faltava comida para o povo. Moisés já não sabia o que fazer (cf. Nm 11,10-13). Precisava urgentemente de ajuda. Deus disse a Moisés: *"Reúna setenta anciãos de Israel, que você sabe que são anciãos e magistrados do povo. Leve-os à tenda da reunião, para que se apresentem aí com você. Eu descerei aí e falarei com você. Separarei uma parte do espírito que você possui e passarei para eles, a fim de que repartam com você o peso do povo, e você não tenha mais que o carregar sozinho"* (Nm 11,16-17). Moisés fez o que Deus pediu e o que Jetro, seu sogro, já havia sugerido (cf. Ex 18,17-23): *"Ele reuniu setenta anciãos do povo e os colocou ao redor da tenda da reunião. Então Javé desceu na nuvem, falou com Moisés, separou uma parte do espírito que Moisés possuía e a colocou nos setenta anciãos. Quando o espírito pousou sobre eles, puseram-se a profetizar"* (Nm 11,24-25).

Eldad e Medad eram do grupo dos 70, mas eles não tinham ido à tenda da reunião. Mesmo assim, o espírito pousou sobre eles e eles começaram a profetizar. Um jovem foi avisar Moisés: *"Eldad e Medad estão profetizando no acampamento!"* Até Josué interveio e disse a Moisés: *"Proíba-os de fazer isso"*. Moisés respondeu: *"Você está com ciúme por mim? Oxalá todo o povo de Y*HWH* fosse profeta e recebesse o espírito de Y*HWH*!"* (cf. Nm 11,26-29). Esse desejo tão sincero de Moisés virou profecia que se realizou no dia de Pentecostes: *"Todos ficaram repletos do Espírito Santo e começaram a falar em outras línguas, conforme o Espírito lhes concedia expressar-se"* (At 2,4). Eldad e Medad são a prova de que ninguém controla o Espírito de Deus: nem Moisés, nem Josué, nem nós! Graças a Deus! E, até hoje, o Espírito atua onde quer: não só no Papa, não só nos bispos, não só nos padres, não só nos católicos, não só nos cristãos. Ele atua onde menos se espera.

17 de Agosto

Mulher perfeita
Uma fotografia, tirada do livro dos Provérbios

"Cantem o sucesso do trabalho dela, e que suas obras a louvem na praça da cidade" (Pr 31,31).

Eis como o livro dos Provérbios descreve a mulher forte e perfeita: *"Quem poderá encontrar a mulher forte? Ela vale muito mais do que pérolas. Seu marido confia nela e não deixa de encontrar vantagens. Ela traz para ele a felicidade, e não a desgraça, em todos os dias de sua vida. Ela adquire lã e linho, e suas mãos trabalham com prazer. Ela é como navio mercante, que importa de longe a provisão. Ela se levanta ainda quando é noite, para alimentar a família e dar ordens às empregadas. Ela examina um terreno e o compra, e com o ganho do seu trabalho planta uma vinha. Ela se prepara para o trabalho com disposição e põe em ação a força dos seus braços. Ela sabe dar valor ao seu trabalho, e mesmo de noite sua lâmpada não se apaga. Ela estende a mão ao fuso e com os dedos sustenta a roca. Ela abre as mãos para o pobre e estende o braço para o indigente. Quando cai neve, ela não teme por seus familiares, porque todos eles têm roupa forrada. Ela tece mantas e se veste de linho e púrpura. Seu marido é respeitado no tribunal, quando se assenta entre os juízes do povo. Ela fabrica tecidos para vender e fornece cinturões para os comerciantes. Ela se veste de força e dignidade e sorri para o futuro. Ela abre a boca com sabedoria, e sua língua ensina com bondade. Ela supervisiona o andamento da casa, e seu alimento é fruto do seu trabalho. Seus filhos se levantam para cumprimentá-la, e seu marido a elogia: 'Muitas mulheres são fortes, mas você superou a todas elas!' A graça é enganadora e a beleza é passageira, mas a mulher que teme a Javé merece louvor. Cantem o sucesso do trabalho dela, e que suas obras a louvem na praça da cidade"* (Pr 31,10-31).

18 de Agosto

Jonadab, filho de Recab
Fiel às origens do povo, vivia como nômade

"Nós obedecemos a tudo o que nos ordenou nosso pai Jonadab, filho de Recab"
(Jr 35,8).

Recab, pai de Jonadab, está na origem dos recabitas. Eis como os próprios recabitas se apresentaram ao profeta Jeremias: *"Nós não bebemos vinho, pois nosso pai Jonadab, filho de Recab, nos deu esta ordem: 'Não bebereis jamais vinho, nem vós, nem vossos filhos; da mesma forma não construireis casas, nem semeareis, nem plantareis vinhas, nem possuireis nenhuma dessas coisas; mas durante toda a vossa vida habitareis em tendas, para que vivais longos dias na terra em que residis'. Nós obedecemos a tudo o que nos ordenou nosso pai Jonadab, filho de Recab"* (Jr 35,6-8). E acrescentou: *"Quando Nabucodonosor, rei da Babilônia, invadiu esta região, dissemos: 'Vinde! Entremos em Jerusalém para escapar do exército dos caldeus e de Aram!' E permanecemos em Jerusalém"* (Jr 35,11). O profeta Jeremias elogiou a fidelidade dos recabitas como exemplo para o povo que vivia na infidelidade: *"Os filhos de Jonadab, filho de Recab, observaram a ordem que lhes deu seu pai, mas o meu povo não me escutou!"* (Jr 35,16). E anunciou a recompensa: *"Não faltará a Jonadab, filho de Recab, um descendente, que estará diante de mim todos os dias!"* (Jr 35,19)

Os recabitas achavam que a vida na cidade fosse um abandono da sua origem nômade como povo de Deus. Eles queriam viver em estado permanente de êxodo, mantendo os costumes nômades do tempo dos 40 anos no deserto. Diante da ameaça de invasão da parte do rei da Babilônia, eles buscaram refúgio dentro das muralhas da cidade de Jerusalém. Passado o perigo, eles voltariam ao deserto. Faltou a eles uma visão mais esclarecida a respeito da importância do passado para o presente e o futuro. Não souberam reler o passado à luz dos sinais dos tempos. Eles queriam reeditar o passado ao pé da letra. A leitura fundamentalista da Bíblia impede as pessoas de perceberem os apelos de Deus na vida de hoje.

19 de Agosto

Epêneto
Animador da comunidade de Roma

"Epêneto, o primeiro fruto da Ásia para Cristo" (Rm 16,5).

Epêneto é o quarto na longa lista de mais de 30 pessoas que recebem ou mandam abraços no capítulo 16 da Carta aos Romanos. Paulo diz a respeito dele: *"Saudações ao meu caro Epêneto, o primeiro fruto da Ásia para Cristo"* (Rm 16,5). Mais do que isso a Bíblia não informa a respeito de Epêneto. Mesmo assim, essas poucas palavras trazem as seguintes informações: Epêneto era um pagão que se converteu quando ainda morava na Ásia. Como tantas outras pessoas, ele se mudou para Roma, a capital do império, que, naquela época, tinha em torno de um milhão de habitantes, vindos de todas as partes do mundo. Epêneto fazia parte da comunidade cristã daquela cidade. Paulo o chama de *"meu caro Epêneto"*. Isso significa que os dois se conheciam e eram muito amigos. Eles já deviam ter se encontrado antes.

Epêneto é o quarto da lista, logo depois de Febe e do casal Áquila e Priscila. Áquila e Priscila tinham estado na Ásia, na cidade de Éfeso (cf. At 18,18-19). Provavelmente, foram eles que contribuíram para a conversão de Epêneto para Cristo, como já tinham feito também com Apolo (cf. At 18,24-26). Tudo isso deixa transparecer várias coisas bonitas a respeito da vida das primeiras comunidades cristãs: havia muita ajuda mútua entre elas, muito intercâmbio, tanto por carta como por meio de visitas e de viagens.

20 de Agosto

Eleazar
Escriba fiel, mártir pela fé

"Em minha alma estou alegre, porque eu sofro por causa do temor a Ele"
(2Mc 6,30).

Eleazar, homem já idoso, era um dos principais doutores da lei de Deus na época dos Macabeus, em torno do ano 150 a.C. (cf. 2Mc 6,18). Era a época da perseguição por parte do Império Helenista, que queria impor a sua religião como a única religião permitida para todos os povos. Por isso, queriam obrigar o velho Eleazar a comer carne de porco, enfiando-a pela boca adentro (cf. 2Mc 6,18). Para os judeus, era proibido comer carne de porco, por ser carne impura (cf. Lv 11,7). Mas Eleazar preferiu a morte honrada a viver envergonhado. Espontaneamente, ele foi para a tortura. Alguns sugeriram que comesse carne permitida, fingindo estar comendo a carne de porco ordenada pelo rei (cf. 2Mc 6,21-22). Mas Eleazar tomou uma decisão coerente com a dignidade dos seus cabelos brancos e com as santas leis dadas pelo próprio Deus. Ele respondeu: *"Podem mandar-me para a mansão dos mortos. Em minha idade não fica bem fingir, senão muitos dos mais moços pensarão que um velho de noventa anos chamado Eleazar passou para os costumes estrangeiros. Com o seu fingimento, por causa de um pequeno resto de vida, eles seriam enganados, e eu só ganharia mancha e desprezo para a minha velhice. Ainda que no presente eu me livrasse do castigo humano, nem vivo nem morto conseguiria escapar das mãos do Todo-poderoso. É por isso que, se eu passar corajosamente para a outra vida, me mostrarei digno da minha idade"* (2Mc 6,24-27).

Dito isso, dirigiu-se para o suplício. Os torturadores se tornaram mais cruéis. Já quase morto, em meio às torturas, Eleazar ainda falava entre gemidos: *"O Senhor, que possui a santa sabedoria, sabe que eu, podendo escapar da morte, suporto em meu corpo as dores cruéis da tortura, mas em minha alma estou alegre, porque sofro por causa do temor a Ele"* (2Mc 6,30). E assim terminou sua vida. Sua morte deixou um exemplo memorável de heroísmo e virtude.

21 de Agosto

Discípulos de Isaías
A releitura do passado que eles fizeram inspirou a Jesus

*"Cada manhã, ele me desperta, para que eu o escute,
de ouvidos abertos, como fazem os discípulos"* (Is 50,4).

O profeta Isaías viveu na segunda metade do século VIII a.C., em torno do ano 740 (cf. Is 6,1). Seus discípulos continuaram a missão do profeta. A grande crise foi a destruição de Jerusalém pelo exército de Nabucodonosor (587 a.C.), seguida pelo longo exílio de 50 anos na Babilônia (587-538 a.C.). Essa derrota era a prova evidente do fracasso, tanto da monarquia como da pretensão de que, como povo eleito, eles eram um povo acima dos outros povos. Os 50 anos do exílio foram anos de escuridão para a fé do povo de Deus. Uma terrível noite escura! Muitos diziam: "Nós fomos infiéis e rompemos a aliança. Por isso Deus rompeu conosco e nos abandonou" (cf. Is 40,27; 49,14; 54,7). Os discípulos de Isaías sofreram a mesma crise, o mesmo fracasso. Mas dentro daquela escuridão, eles souberam redescobrir a luz do amor eterno de Deus: *"Pode a mãe abandonar o filho que gerou? E mesmo que ela o abandonasse, eu nunca o abandono. Vocês estão escritos na palma da minha mão!"* (Is 49,15-16). Deus diz no livro do profeta Jeremias: *"Eu amei você com amor eterno. Por isso conservei meu amor por você!"* (Jr 31,3)

Essa experiência do amor eterno de Deus animou por dentro toda a renovação da fé. Levou os discípulos de Isaías a redescobrir o sentido da sua missão como povo de Deus. Ajudou-os a fazer uma nova leitura da história, desde os tempos de Abraão e do Êxodo até o fracasso da monarquia e o exílio na Babilônia. Eles descobriram que a missão do povo eleito não consiste em ser um povo mais elevado que os outros povos, mas sim em ser um povo humilde que se coloca a serviço dos outros povos. *"Você é o meu servo"* (cf. Is 42,1-9; 49,1-6; 50,4-9; 52,13–53,12). É vivendo como servo dos outros que o povo se torna "Luz das Nações" (cf. Is 42,6; 49,6). Jesus se inspirou nas profecias do Servo de Deus para descobrir, assumir e realizar a sua missão. Foi com o texto de Isaías sobre o Servo que ele se apresentou ao povo na sinagoga de Nazaré (cf. Lc 4,16-19; Is 61,1-2). Ele dizia ao povo e aos discípulos: *"O Filho do Homem não veio para ser servido, mas para servir e dar sua vida em resgate para muitos"* (Mc 10,45).

22 de Agosto

Manaém
Profeta e doutor

"Companheiro de infância do tetrarca Herodes" (At 13,1).

O nome *Manaém* vem da palavra hebraica *nahum* e significa *consolado por Deus*. Manaém fazia parte do grupo de "profetas e doutores" da comunidade de Antioquia (cf. At 13,1). Diz o livro dos Atos dos Apóstolos: *"Havia em Antioquia, na Igreja local, profetas e doutores: Barnabé, Simeão, cognominado Níger, Lúcio de Cirene, e ainda Manaém, companheiro de infância do tetrarca Herodes, e Saulo"* (At 13,1). Quando, na Carta aos Coríntios, Paulo menciona os profetas e os doutores, ele se refere aos dons da ciência e da profecia. Ele escreve: *"Cada um recebe o dom de manifestar o Espírito para a utilidade de todos. A um, o Espírito dá a palavra de sabedoria; a outro, a palavra de ciência segundo o mesmo Espírito; a outro, o mesmo Espírito dá a fé; a outro ainda, o único e mesmo Espírito concede o dom das curas; a outro, o poder de fazer milagres; a outro, a profecia; a outro, o discernimento dos espíritos; a outro, o dom de falar em línguas; a outro ainda, o dom de as interpretar. Mas é o único e mesmo Espírito quem realiza tudo isso, distribuindo os seus dons a cada um, conforme ele quer"* (1Cor 12,7-11). Manaém está entre os doutores e profetas da comunidade de Antioquia (cf. At 13,1).

Não temos outras informações a respeito de Manaém, mas a tradição posterior, desde muito cedo, identificou Manaém como aquele funcionário real, cujo filho foi curado por Jesus. Ele e toda a sua família se converteram (cf. Jo 4,46-54). Uma outra informação indireta vem do livro dos Atos, no qual Lucas fala de *"Manaém, companheiro de infância do tetrarca Herodes"* (At 13,1). E no Evangelho, o mesmo Lucas diz que no grupo das mulheres que seguiam Jesus havia *"Joana, mulher de Cuza, o procurador de Herodes"* (Lc 8,3). Por isso, alguns identificam Manaém como este Cuza, marido de Joana, discípula de Jesus.

23 de Agosto

Jasão
Coordenador e hospedeiro dos missionários em Tessalônica

"Arrastaram Jasão e alguns irmãos diante das autoridades" (At 17,6).

Jasão era um judeu da cidade de Tessalônica. Paulo e Silas chegaram a Tessalônica durante a segunda viagem missionária e se hospedaram na casa de Jasão (cf. At 17,5.7). Conforme seu costume, aos sábados, Paulo foi procurar os judeus na sinagoga e, por três sábados seguidos, discutia com eles. *"Partindo das Escrituras, explicava e demonstrava para eles que o Messias devia morrer e ressuscitar dos mortos. E acrescentava: 'O Messias é este Jesus que eu anuncio a vocês!'. Alguns judeus se convenceram disso e se uniram a Paulo e Silas, assim como bom número de gregos que adoravam o Deus único e não poucas mulheres da alta sociedade"* (At 17,2-4). Isso provocou a inveja de alguns judeus, que conseguiram provocar um tumulto na cidade. Eles procuraram Paulo e Silas na casa de Jasão, querendo arrastá-los para a assembleia do povo da cidade (cf. At 17,5). *"Não encontrando Paulo e Silas, arrastaram Jasão e alguns irmãos diante das autoridades; e gritavam: 'Estes homens que estão transtornando o mundo inteiro chegaram agora aqui também, e Jasão deu hospedagem para eles. Todos eles vão contra a lei do Imperador, afirmando que existe outro rei chamado Jesus"* (At 17,6-7).

"Ouvindo isso, a multidão e as autoridades ficaram agitadas. E exigiram uma fiança por parte de Jasão e dos outros irmãos. Depois os soltaram. Imediatamente, os irmãos fizeram Paulo e Silas partir de noite para Bereia" (At 17,8-10). (Um outro Jasão é lembrado no dia 4 de dezembro.)

24 de Agosto

Bartolomeu
Apóstolo de Jesus

"Eis um verdadeiro israelita, em quem não há fraude" (Jo 1,47).

Bartolomeu é um dos 12 apóstolos. O nome dele significa *filho de Tolomeu*. Ele aparece como um dos 12 tanto na lista do Evangelho de Mateus (cf. Mt 10,3) como na lista dos Atos dos Apóstolos (cf. At 1,13). Pelo resto, não temos mais nenhuma informação a respeito deste apóstolo. A tradição posterior identificou Bartolomeu como Natanael, que aparece como apóstolo só no Evangelho de João. O Evangelho de João traz uma informação muito bonita a respeito de Natanael (ou Bartolomeu):

"Jesus decidiu partir para a Galileia. Encontrou Filipe e disse: 'Siga-me'. Filipe era de Betsaida, cidade de André e Pedro. Filipe encontrou Natanael e disse: 'Encontramos aquele de quem Moisés escreveu na Lei e também os profetas: é Jesus de Nazaré, o filho de José'. Natanael disse: 'De Nazaré pode sair coisa boa?' Filipe respondeu: 'Venha, e você verá'. Jesus viu Natanael aproximar-se e comentou: 'Eis aí um israelita verdadeiro, sem falsidade'. Natanael perguntou: 'De onde me conheces?' Jesus respondeu: 'Antes que Filipe chamasse você, eu o vi quando você estava debaixo da figueira'. Natanael respondeu: "Rabi, tu és o Filho de Deus, tu és o rei de Israel!" Jesus disse: 'Você está acreditando só porque eu lhe disse: 'Vi você debaixo da figueira'? No entanto, você verá coisas maiores do que essas'. E Jesus continuou: 'Eu lhes garanto: vocês verão o céu aberto, e os anjos de Deus subindo e descendo sobre o Filho do Homem'" (Jo 1,43-51).

25 de Agosto

Justo
Pagão convertido da comunidade de Corinto

"Paulo dirigiu-se à casa de Justo, adorador de Deus" (At 18,7).

Diz o livro dos Atos dos Apóstolos: *"Paulo dirigiu-se à casa de um certo Justo, adorador de Deus, cuja casa era contígua à sinagoga"* (At 18,7). Quem é esse Justo? Paulo tinha acabado de chegar a Corinto, vindo de Atenas. Chegou meio desanimado. Ele mesmo escreve na Carta aos Coríntios: *"Estive no meio de vocês cheio de fraqueza, receio e tremor; minha palavra e minha pregação não tinham brilho nem artifícios para seduzir os ouvintes"* (1Cor 2,3-4). O desânimo era tanto que só nos sábados, na sinagoga, ele conversava com os judeus procurando convencê-los a respeito da Boa Nova (cf. At 18,4). *"Mas quando Silas e Timóteo chegaram da Macedônia, Paulo começou a dedicar-se inteiramente à Palavra atestando aos judeus que Jesus é o Messias"* (At 18,5). A chegada dos dois amigos o reanimou. Mas a sua pregação provocou forte oposição da parte dos judeus. *"Então, retirando-se dali, Paulo dirigiu-se à casa de um certo Justo, adorador de Deus, cuja casa era contígua à sinagoga"* (At 18,7). Essa é a única informação que temos a respeito deste cristão que se chamava Justo.

Justo era um *"adorador de Deus"*, isto é, um pagão que simpatizava com a religião dos judeus, frequentava as celebrações aos sábados e estava interessado na Bíblia. Os *adoradores de Deus* não aderiam plenamente ao judaísmo por causa da circuncisão e das inúmeras normas e preceitos rituais a respeito da pureza legal que eles deveriam observar. Mas a pregação de Paulo dizia que, para ser acolhido por Deus e ter parte na salvação, não era necessário fazer a circuncisão nem observar todas aquelas normas da tradição dos antigos. O que Deus pede é que creiamos em Jesus. É a fé em Jesus que faz que sejamos acolhidos por Deus. A partir disso, muitos adoradores de Corinto se converteram e entraram nas comunidades. A Bíblia diz que Paulo *"permaneceu ali um ano e seis meses, ensinando entre eles a palavra de Deus"* (At 18,11). Paulo hospedou-se na casa deste Justo, que deve ter ficado muito satisfeito. Já imaginou você poder hospedar o apóstolo Paulo em sua casa durante um ano e meio?

26 de Agosto

Baruque
Secretário e amigo do profeta Jeremias

"Eu lhe darei a vida em recompensa, em qualquer lugar para onde você for" (Jr 45,5).

Baruque era de uma família nobre de Jerusalém. O nome *Baruque* significa *abençoado*. Hoje, ele se chamaria *Bento* ou *Benedito*. Baruque era um companheiro fiel do profeta Jeremias. Os dois se ajudavam mutuamente. Quando Jeremias recebeu a ordem de escrever todas as palavras que tinha ouvido de Deus, ele chamou Baruque, e este escreveu tudo num rolo, que foi lido diante de um grupo de amigos e até diante de algumas autoridades (cf. Jr 36,8.10-19). Estas achavam que as palavras de Jeremias deveriam ser levadas ao conhecimento do rei Joaquin. O rei mandou buscar o rolo e pediu a um certo Judi para fazer a leitura. Quando Judi lia uma ou duas páginas, o rei mandava parar a leitura, rasgava as duas páginas e as jogava no fogo da lareira. Assim ele fez até o fim da leitura (cf. Jr 36,21-25). Queimou tudo e mandou prender Baruque e Jeremias. Mas os dois foram mais espertos e se tinham escondido (cf. Jr 36,26). Quando soube o que o rei fez, Jeremias mandou Baruque escrever tudo de novo, acrescentando outras palavras, inclusive algumas bem fortes contra o rei que tinha mandado queimar tudo (cf. Jr 36,27-32). Num dos momentos mais escuros do cerco de Jerusalém, Deus mandou Jeremias comprar um campo na roça. Baruque o ajudou redigindo o documento da compra (cf. Jr 32,12-16). Jeremias era muito grato pela ajuda que recebia de Baruque.

Baruque tinha dito: *"Ai de mim, pois Y*HWH *acumula aflição à minha dor! Estou cansado de gemer e não encontro repouso!"* (Jr 45,3). Deus mandou Jeremias dizer a Baruque: *"Você está preocupado com grandezas? Não as procure. Pois eu já estou fazendo chegar uma desgraça para todo mundo – oráculo de Javé. Quanto a você, porém, eu lhe darei a vida em recompensa, em qualquer lugar para onde você for"* (Jr 45,5). Junto com Jeremias, Baruque foi levado para o Egito, onde morreu (cf. Jr 43,6-7).

27 de Agosto

Ebed-Melec
Africano da terra de Cush, na Etiópia

"Você terá a sua vida como despojo, porque confiou em mim" (Jr 39,18).

O nome *Ebed-Melec* quer dizer *escravo do rei*. Não era nome. Era a função dele. Escravo não tinha nome, não era tratado como gente. Ebed era um eunuco. Foi castrado. Muitas vezes, os funcionários que deviam cuidar das mulheres do harém dos ricos e dos reis eram castrados. Ebed-Melec era um africano etíope da terra de Cush (cf. Jr 38,7). Era amigo do profeta Jeremias. Durante o cerco da cidade pelo exército do rei da Babilônia, aconteceu o seguinte. Jeremias dizia a todos que quisessem ouvi-lo: *"Se quiserem sobreviver e evitar a destruição da cidade, devem entregar-se ao rei da Babilônia"* (cf. Jr 38,2-3; 38,17-18). Os militares e os príncipes do reino sentiram-se incomodados com essa pregação de Jeremias e, com a licença do rei Sedecias, condenaram Jeremias à morte (cf. Jr 38,4-5). Eles o jogaram numa grande cisterna. Sorte de Jeremias que não havia água na cisterna, mas só lodo. Por isso, Jeremias não se afogou nem morreu (cf. Jr 38,6). Ebed, soube do fato e foi falar com o rei Sedecias em favor de Jeremias. Sedecias deu licença e Ebed, com a ajuda de 30 homens, juntou uns trapos velhos e lençóis, e eles conseguiram tirar Jeremias de dentro da cisterna. Jeremias continuou preso no pátio da prisão (cf. Jr 38,7-13).

Enquanto Jeremias estava preso no pátio da prisão, recebeu a seguinte palavra de Deus: *"Vá dizer ao etíope Ebed-Melec: Assim diz Javé dos exércitos, o Deus de Israel: Eis que vou cumprir contra esta cidade as minhas palavras, para desgraça, e não para salvação. Nesses dias, tudo vai se realizar diante de você. No entanto, nesse dia eu livrarei você – oráculo de Javé. E você não cairá nas mãos desses homens, dos quais você tem medo. Farei com que você escape e não caia sob a espada. Você terá a sua vida como despojo, porque confiou em mim – oráculo de Javé"* (Jr 39,16-18).

28 de Agosto

Neftali
Patriarca do povo de Israel

*"Neftali é saciado de favores e repleto das bênçãos de Y*HWH*"* (Dt 33,23).

Neftali é filho de Jacó e de Bala, escrava de Raquel (cf. Gn 30,8). O nome *Neftali* significa *lutar* ou *competir*. Quando nasceu Neftali, Raquel, patroa da escrava Bala, disse assim: *"Deus me fez competir com minha irmã, e eu venci"*. O nascimento dele foi motivado pela briga entre as duas irmãs Lia e Raquel, ambas mulheres de Jacó (cf. Gn 30,1). Lia já tinha dado quatro filhos a Jacó e mais dois por intermédio da sua escrava Zelfa (cf. Gn 30,9-13). Raquel, que era estéril, ficou com raiva e ofereceu a Jacó sua escrava, chamada Bala. De Bala nasceram dois filhos: Dã e Neftali (cf. Gn 30,6-8). Na bênção de Jacó aos seus 12 filhos, ele diz a respeito de Neftali: *"Neftali é gazela solta que tem crias formosas"* (Gn 49,21). E a bênção de Moisés para as 12 tribos diz: *"Neftali é saciado de favores e repleto das bênçãos de Y*HWH*: ele toma posse do mar e do sul"* (Dt 33,23).

Sabemos muito pouco sobre a vida de Neftali. O nome dele é conservado na Bíblia como uma das 12 tribos que dão identidade ao povo de Israel. Inicialmente, o povo de Israel não era uma monarquia, não tinha rei. Era uma organização de 12 tribos, todas elas iguais entre si e diante de Deus, fruto da sua fé no Deus, cujo nome é YHWH, presença permanente no meio do seu povo. Neftali é lembrado no Apocalipse, quando se descreve a visão do povo de Deus no futuro: 144 mil assinalados, 12 mil de cada uma das tribos. Uma delas é Neftali (cf. Ap 7,6).

29 de Agosto

Estéfanas e família
Primeiros convertidos da Grécia

"Vocês conhecem a família de Estéfanas, eles se dedicaram ao serviço dos irmãos"
(1Cor 16,15).

Estéfanas e sua família são lembrados duas vezes na primeira carta de Paulo aos Coríntios, num contexto de tensão entre Paulo e a comunidade. Na primeira vez, Paulo escreve o seguinte: *"Agradeço a Deus o fato de eu não ter batizado ninguém de vocês, a não ser Crispo e Caio. Portanto, ninguém pode dizer que foi batizado em meu nome. Ah! Sim. Batizei também a família de Estéfanas. Além deles, não me lembro de ter batizado nenhum outro de vocês"* (1Cor 1,14-16). É que algumas pessoas se orgulhavam de terem sido batizadas por Paulo, outras por terem sido batizadas por Pedro. Outras diziam gostar mais de Apolo: *"Eu sou de Paulo! Eu sou de Apolo! Eu sou de Pedro!"* (cf. 1Cor 1,12). E deu briga na comunidade! Por isso, Paulo agradece a Deus por ter batizado só poucas pessoas em Corinto. É nesse contexto que aparece o nome de Estéfanas e sua família. Eles estão entre os primeiros de Corinto que se converteram. Eles foram de muita ajuda para Paulo.

No fim da mesma carta, Paulo lembra uma segunda vez Estéfanas. Ele escreve: *"Mais uma recomendação, irmãos: vocês conhecem a família de Estéfanas, que é o primeiro fruto da Acaia; eles se dedicaram ao serviço dos irmãos. Sejam atenciosos para com pessoas de tal valor e para com todos os que colaboram e se afadigam na mesma obra. Eu me alegro com a visita de Estéfanas, Fortunato e Acaico, pois eles compensaram a ausência de vocês e tranquilizaram o meu espírito e o de vocês. Saibam apreciar pessoas de tal valor"* (1Cor 16,15-18). É um elogio bonito de Paulo a respeito de Estéfanas que deixa entrever que se trata de um cristão de muito valor naqueles primeiros anos da Igreja em Corinto.

30 de Agosto

Ageu
Profeta em Judá

"A Palavra de Deus foi dirigida por meio do profeta Ageu" (Ag 1,1).

Ageu é o décimo na lista dos 12 Profetas Menores. Ele nasceu na Babilônia, muito provavelmente de família sacerdotal exilada. Ele retornou para Judá juntamente com as caravanas autorizadas por Ciro, o rei da Pérsia (cf. Esd 1,3). O nome Ageu significa *o festivo* ou *alguém que nasceu em dia de festa*. Depois do seu retorno a Judá, vendo as ruínas do templo de Jerusalém, Ageu, juntamente com o profeta Zacarias, encorajou os retornados a construírem um novo templo para Y$_{HWH}$ (cf. Ag 1,2-11; Esd 5,11; 6,14). As exortações proféticas de Ageu encontram-se no livro a ele atribuído. Todas as quatro exortações são datadas do ano 520 a.C., já no reinado de Dario, rei dos persas (cf. Ag 1,1; 2,1.10.20). O ponto central das exortações de Ageu era estimular a reconstrução do templo, para que o povo pudesse, novamente, sentir-se em paz, acolhido por Deus (cf. Ag 1,2-11.13; 2,4-5; 2,15-19). Reconstruir o templo era uma maneira de reconstruir a unidade do povo. O mesmo acontece hoje. Muitas vezes, a construção de uma capela ou de um salão comunitário é um estímulo para consolidar a união entre as pessoas da mesma comunidade.

O profeta tinha percebido que, naquela época difícil de penúria, os projetos pessoais de muitas pessoas eram mais importantes que o projeto comunitário. Por isso o povo de Judá enfrentava situações de calamidade (cf. Ag 1,4). Ageu afirma que, se o templo for reconstruído, a vida do povo vai melhorar e Deus se fará presente no meio da comunidade de maneira visível (cf. Ag 1,2-11). Nessa sua pregação, Ageu encoraja o governador Zorobabel e o sacerdote Josué a assumirem a liderança desse projeto comunitário de reconstrução do templo. Depois de muita resistência, o novo templo foi inaugurado em 517 a.C.

31 de Agosto

Crispo
Chefe da sinagoga de Corinto

"Crispo, o chefe da sinagoga, acreditou no Senhor com toda a sua casa" (At 18,8).

Crispo era o chefe da sinagoga na cidade de Corinto (cf. At 18,8). Fazia pouco tempo que Paulo, na segunda viagem missionária, vindo de Atenas, tinha chegado a Corinto (cf. At 18,1). Como de costume, aos sábados, ele ia à sinagoga e anunciava a Boa Nova (cf. At 18,4). Mas havia um grupo de judeus que resistiu a Paulo, enfrentando-o (cf. At 18,6). Paulo sacudiu as vestes e disse: *"De agora em diante vou dirigir-me aos pagãos"* (At 18,6). E foi para a casa de Justo, um pagão que já participava das celebrações na sinagoga (cf. At 18,7). Foi nessa ocasião que o próprio Crispo, o chefe da sinagoga, aceitou a mensagem de Paulo e acreditou em Jesus. Ele e toda a sua família se converteram, e Paulo os batizou (cf. At 18,8).

Essa breve informação sobre Crispo deixa entrever muita coisa bonita. Saindo de Atenas, Paulo tinha ficado meio desanimado, e assim chegou a Corinto. Ele mesmo escreve: *"Estive no meio de vocês cheio de fraqueza, receio e tremor; e minha palavra e minha pregação não tinham brilho nem artifícios para seduzir os ouvintes"* (1Cor 2,3-4). Mas a chegada dos amigos Timóteo e Silas (cf. At 18,5) e a conversão de Crispo, o chefe da sinagoga, o animaram, e ele sentiu Deus falando: *"Não tenha medo, continue a falar, não se cale, porque eu estou com você!"* (At 18,9-10). Paulo ficou mais de um ano em Corinto anunciando a Palavra (cf. At 18,11). Graças a Crispo e à animação de Paulo, nasceu aí uma comunidade viva que mereceu duas cartas de Paulo: as duas cartas aos Coríntios.

Setembro

1º de Setembro

Coré
Família levita responsável pelo culto no templo

"Os levitas da linhagem de Caat e de Coré puseram-se a louvar a Y$_{HWH}$"
(2Cr 20,19).

Muitos salmos são atribuídos "aos filhos de Coré" (cf. Sl 42; 44–49; 84; 85; 87; 88). Na Bíblia, a expressão "filhos de" significa "família de". Assim, esses salmos são da família de Coré. Pelas inúmeras citações na Bíblia, esta família foi muito importante na história do povo de Deus. Segundo a genealogia, a família de Coré era da tribo de Levi, da linhagem dos caatitas, indicados para diversas funções no culto celebrado no templo de Jerusalém (cf. Ex 6,16-27; Nm 26,58). Eles aparecem como porteiros (cf. 1Cr 9,19; 26,1) e como cantores (cf. 2Cr 20,19). A família de Coré exerce a atividade de cantores desde um tempo bem antigo (cf. 2Cr 20,19). Já eram levitas no antigo santuário da tribo de Judá, em Hebron (1Cr 2,43). O nome *Coré* significa *careca*, talvez devido à tonsura. Alguns acham que, sendo uma família sacerdotal, eles tinham como característica a raspagem do cabelo.

A família de Coré tem uma história confusa e conturbada. A menção de vários conflitos relacionados com o culto, preservados na Bíblia (cf. Nm 16,1-35; Eclo 45,18), deixa transparecer que a família de Coré se opunha à transferência do centro religioso de Hebron para Jerusalém, a nova capital. Essa transferência foi feita no início do reinado de Davi (1010-970 a.C.). Opunha-se também à eliminação dos "lugares altos" e à concentração de todo o culto no templo de Jerusalém, feita na época do rei Josias (640-609 a.C.). Em Jerusalém, os coreítas (de Coré) passaram a ter um papel secundário, já que o sacerdócio pertencia à família de Sadoc.

2 de Setembro

Zacarias
Profeta em Judá

"A palavra de Y<small>HWH</small> foi dirigida ao profeta Zacarias" (Zc 1,1).

O profeta Zacarias atuou, junto com o profeta Ageu, na reconstrução do templo e na reorganização do povo de Judá, depois do longo exílio na Babilônia. O nome Zacarias significa Y<small>HWH</small> *se recorda* ou *lembra-te de* Y<small>HWH</small>. Esse nome era muito comum naquele tempo. Aparece mais de 60 vezes na Bíblia, tanto no AT como no NT. Muitos pais davam esse nome aos filhos, para que se lembrassem sempre de Y<small>HWH</small> e Y<small>HWH</small> se lembrasse deles. O livro de Zacarias diz que ele era filho de Baraquias e neto de Ado (cf. Zc 1,1). Nos registros de recenseamento preservados no livro de Neemias (cf. Ne 12,16), ele é apresentado como chefe da família sacerdotal de Ado. Isso mostra que, além de profeta, Zacarias era também sacerdote de Y<small>HWH</small>. O fato de ser sacerdote explica seu interesse pela reconstrução do templo e pela restauração dos sacrifícios. Nessa sua luta pela rápida reinauguração do templo, ele sempre foi auxiliado pelo sumo sacerdote Josué (cf. Zc 3,1.8).

Zacarias nasceu no exílio. Sendo de família sacerdotal, ele deve ter sido um dos organizadores da resistência do povo durante o cativeiro. Ele voltou da Babilônia junto com a caravana comandada por Zorobabel. Sua atividade profética ocorreu entre os anos 520 e 515 a.C. O novo templo foi inaugurado em 517 a.C. Suas profecias foram reunidas no livro que leva o seu nome. Sua mensagem é um convite à conversão a partir do reconhecimento dos erros do passado (cf. Zc 1,2-6). Essa conversão no presente é que dava esperança para o futuro.

3 de Setembro

José do Egito
Patriarca do povo de Israel

"Raquel o chamou de José dizendo: 'Que Deus me dê mais um!'" (Gn 30,24).

O patriarca José era o primeiro filho de Jacó com Raquel, sua esposa predileta. José nasceu quando a família ainda estava em Harã (atual Síria) (cf. Gn 30,22-24). O nome *José* significa *Que Deus acrescente mais filhos* (cf. Gn 30,24). Jacó nunca escondeu sua simpatia por José. Querendo destacá-lo dos demais irmãos, deu-lhe uma bela túnica de mangas compridas (cf. Gn 37,3). Seus irmãos ficaram com inveja e procuraram livrar-se dele. Quando eles estavam longe de casa, pastoreando os rebanhos, Jacó mandou José ao encontro deles (cf. Gn 37,14). Seus irmãos resolveram então vender José a uma caravana de comerciantes que iam para o Egito (cf. Gn 37,28.36). José acaba tornando-se escravo na casa de Putifar, um funcionário do faraó (cf. Gn 39,1). Por resistir às investidas da esposa de Putifar, José acaba preso sob a falsa acusação de assédio sexual da parte da mulher de Putifar (cf. Gn 39,7-15). Na cadeia revela seus dotes de interpretação de sonhos (cf. Gn 40,1-19). Acontece que o faraó teve um sonho que ninguém conseguia interpretar (cf. Gn 41,1-8). José é chamado e interpreta o sonho (cf. Gn 41,14-36). O faraó então nomeia José como vice-rei de todo o Egito, responsável pelas plantações, pela colheita e pelo armazenamento do trigo durante os sete anos de abundância em vista dos sete anos de escassez (cf. Gn 41,40-43).

Quando a fome atinge Canaã, onde mora a família de José, Jacó, o pai, manda seus filhos buscar trigo no Egito (cf. Gn 42,1-2). Os irmãos são recebidos por José. José os reconhece, mas não se dá a conhecer (cf. Gn 42,8). Ele exige que na próxima viagem tragam também Benjamim, o irmão mais novo (cf. Gn 42,15). Só diante de todos os irmãos é que José se revela e perdoa seus irmãos (cf. Gn 45,3). Ele então chama seu velho pai Jacó para que vá ao Egito com toda a família. Assim, não passariam mais fome (cf. Gn 45,25-28). José se casou com a princesa egípcia Asenet e teve dois filhos: Efraim e Manassés.

4 de Setembro

Asenet
Mulher de José do Egito

"O faraó lhe deu como mulher Asenet, filha de Putifar" (Gn 41,45).

Quando José, estando ainda na prisão, foi chamado para interpretar o sonho do faraó, ele não imaginava o salto que sua vida iria dar. Ele se tornou vice-rei de todo o Egito. Seus conselhos agradaram ao faraó e a todos os seus ministros (cf. Gn 41,37). Ele se tornou administrador do palácio, ou seja, chefiava toda a burocracia do reino. Recebeu o anel de selo, tornando-se responsável por todas as leis e decretos. Recebeu um colar de ouro e o melhor carro para realizar suas viagens pelo Egito. O faraó deu-lhe o nome de Safenat Fanec, que significa *Deus disse: ele está vivo*.

Para honrar José, o faraó lhe deu como esposa Asenet, *"filha de Putifar, sacerdote de On"* (Gn 41,45). O nome *Asenet* significa *"devota da deusa Neit"*. Neit era a deusa guerreira, venerada no santuário de Sais. Asenet era de família nobre. Putifar, seu pai, era sacerdote do santuário de On, centro do culto ao deus Sol. Os sacerdotes de On tinham um papel político importante no reino do Egito. Asenet foi mãe de Manassés e Efraim (cf. Gn 41,50; 46,20). Esses dois filhos de José foram contados entre os 12 patriarcas do povo de Israel (cf. Gn 48,13-20). Nada mais sabemos da vida de Asenet, a mãe dos dois meninos.

5 de Setembro

Rute
Mulher corajosa na luta pelos direitos dos pobres

"Noemi viu que Rute estava decidida a ir com ela" (Rt 1,18).

A história de Rute é uma novela popular para ajudar o povo a entender a situação difícil em que se encontrava depois do exílio, em torno do ano 400 a.C., época de Esdras e Neemias. A política oficial de Esdras e Neemias ignorava a realidade difícil do povo. Eles proibiam o casamento com mulheres estrangeiras e levavam o povo a se fechar em si mesmo (cf. Esd 9,12; 10,2-9; Ne 10,31; 13,23-27). O livro de Rute é uma reação contra essa política de Esdras e Neemias. Eis a história de Rute: Noemi, casada com Elimelec tem dois filhos. Por causa da seca, a família migra para a terra de Moab, do outro lado do Jordão. Estando por lá, os dois filhos casam-se com moças estrangeiras. Uma delas é Rute, que significa *amiga*, e a outra é Orfa, que significa *costas*. Elimelec, o marido, acaba de morrer. Morrem também os dois filhos. Sobram três mulheres, três pobres, três viúvas, e as três sem futuro (cf. Rt 1,1-5). Ao saber que chovia na terra dela, Noemi resolve voltar para Belém. As duas noras querem ir junto. Mas Noemi pede que elas fiquem na sua própria terra e arrumem casamento por lá. Orfa aceita e volta atrás. Rute não aceita e diz: *"Aonde a senhora for, eu também vou. O seu povo será o meu povo! O seu Deus será o meu Deus!"* (Rt 1,16-17). Assim, Rute, uma estrangeira, passa a fazer parte do povo de Deus. Estando em Belém, sua nova terra, Rute resolve colher espigas para ter o que comer. Por acaso, ela vai colher espigas na terra de Booz. Booz, ao ver Rute, sente amor à primeira vista. Cresce uma amizade entre os dois. Booz é um parente de Noemi e, como tal, resolve resgatar a terra do falecido marido de Noemi para ajudá-la a sair da pobreza. Junto com a terra, ele também resgata e adquire Rute como esposa. O povo de Belém aclama o casamento e deseja que Rute seja como Raquel e Lia, isto é, que ela, uma mulher estrangeira, se torne mãe do povo de Deus. De Booz e Rute nasce um menino que é chamado Obed, que significa *servo*. Obed é o avô de Davi.

Este é o recado do livro de Rute ao governo de Esdras e Neemias: "Atenção! Expulsando as mulheres estrangeiras vocês expulsam a bisavó de Davi, que é uma estrangeira. Assim vocês tornam impossível a realização das promessas de Deus".

6 de Setembro

Timóteo
Amigo e companheiro de Paulo

> *"Seja para os fiéis um modelo na palavra, na conduta, no amor, na fé e na pureza"* (1Tm 4,12).

O nome *Timóteo* significa *o que honra a Deus*. A mãe de Timóteo se chamava Eunice, e a avó, Loide. Paulo escreve para Timóteo: *"Lembro-me da fé sincera que há em você, a mesma que havia antes na sua avó Loide, depois em sua mãe Eunice e que agora, estou convencido, também há em você"* (2Tm 1,5). Foi na segunda viagem missionária, passando pela cidade de Listra, que Paulo encontrou Timóteo, *"filho de uma judia que se tornara cristã e de pai grego. Os irmãos de Listra e de Icônio davam bom testemunho a respeito de Timóteo. Paulo então quis que Timóteo partisse com ele"* (At 16,1-3). A partir daquele momento, Timóteo tornou-se missionário e, junto com Paulo, andou pela Ásia, Grécia e Palestina, animando as comunidades. Tornou-se coautor de várias cartas: 1 Coríntios (cf. 16,10-11), 2 Coríntios (cf. 1,1), Filipenses (cf. 1,1), Colossenses (cf. 1,1), 1 Tessalonicenses (cf. 1,1), 2ª Tessalonicenses (cf. 1,1) e Filêmon (cf. 1).

A fé de Timóteo vinha da educação recebida em casa e da leitura orante da Sagrada Escritura. Paulo escreve para Timóteo: *"Quanto a você, Timóteo, permaneça firme naquilo que aprendeu e aceitou como certo; você sabe de quem o aprendeu. Desde a infância você conhece as Sagradas Escrituras; elas têm o poder de lhe comunicar a sabedoria que conduz à salvação pela fé em Jesus Cristo. Toda Escritura é inspirada por Deus e é útil para ensinar, para refutar, para corrigir, para educar na justiça, a fim de que o homem de Deus seja perfeito, preparado para toda boa obra"* (2Tm 3,14-17).

7 de Setembro

Isaías
Profeta em Judá

"Isaías foi um grande profeta e verdadeiro em suas visões" (Eclo 48,22).

Isaías era de uma família sacerdotal ligada ao templo. Apesar do papel tão importante deste profeta na história do seu povo, pouco sabemos da sua vida pessoal. Pelas poucas informações que ele deixou nas suas profecias, Isaías nasceu e viveu em Jerusalém. Ele mesmo conta que sua vocação profética se deu por meio de uma visão que ele teve no templo *"no ano da morte do rei Ozias"* (740 a.C., cf. Is 6,1). Nessa visão, Deus lhe aparece perguntando: *"Quem é que vou enviar? Quem irá de nossa parte?"* Isaías responde com simplicidade: *"Aqui estou. Envia-me!"* (cf. Is 6,8). Ele se oferece para estar a serviço de Deus. Isaías era casado com uma profetisa (cf. Is 8,3) e teve dois filhos. Sua atividade profética aconteceu durante a crise desencadeada pelas invasões assírias. Os reis de Damasco (Aram) e de Samaria (Israel) queriam forçar Acaz, o rei de Judá (736-716 a.C.), a se unir a eles na luta contra a invasão da Assíria. Mas Acaz não quis entrar nessa aliança antiassíria. Pelo contrário, para vencer os dois reis inimigos, tornou-se vassalo do rei da Assíria e implantou no templo de Jerusalém a religião dos assírios (cf. 2Rs 16,10-18). O profeta Isaías lutou contra essa submissão ao domínio dos estrangeiros e contra a exploração do povo pelo rei Acaz (cf. Is 7,18-25). Ele denunciou a riqueza dos poderosos e a degradação da vida dos mais pobres (cf. Is 1,10-20). Ele foi um importante conselheiro do rei Ezequias na reforma religiosa promovida por esse rei (cf. 2Rs 18,3-5). Quando Ezequias adoeceu, Isaías o curou com um remédio caseiro (cf. 2Rs 20,1-11). O nome *Isaías* significa YHWH *é a salvação*. De Isaías é a profecia citada no Evangelho de Mateus: *"Eis que a virgem conceberá e dará à luz um filho, e o chamarão com o nome de Emanuel"* (Mt 1,23; cf. Is 7,14).

O livro do Eclesiástico assim resume a atividade do profeta Isaías: *"No seu tempo, o sol recuou, e ele prolongou a vida do rei. Com grande inspiração, viu o fim dos tempos e consolou os aflitos de Sião. Revelou o que vai acontecer até o fim dos tempos, e as coisas ocultas antes de acontecerem"* (Eclo 48,23-25). O livro de Isaías é o maior dos livros proféticos; tem 66 capítulos, que incluem as atividades do próprio Isaías (740-690 a.C.) e dos seus discípulos do tempo do exílio (587-538 a.C.) e de depois do exílio (538-500 a.C.).

8 de Setembro

A família de Isaías
A família de um grande profeta

*"Eis que eu e os filhos que Y*HWH *me deu nos tornamos sinais e prodígios"* (Is 8,18).

O profeta Isaías era casado com uma mulher que também era profetisa (cf. Is 8,3). Infelizmente, não sabemos o nome dela nem sua atuação profética. Pelo que a Bíblia nos informa, o casal teve dois filhos, que receberam nomes simbólicos ou proféticos. O filho mais velho recebeu o nome *Sear-Jasub* (cf. Is 7,3), que significa *um resto voltará*. Sear-Jasub acompanhou o pai Isaías quando este foi ao encontro do rei Acaz para animá-lo por ocasião da guerra de Israel e Aram (Damasco) contra Judá (cf. Is 7,1-9). A cidade de Jerusalém estava cercada pelos exércitos de Israel e dos Arameus. Todos *"tremiam como árvores num bosque agitado pelo vento"* (Is 7,2). Isaías buscava encorajar o rei dizendo: *"Tome as suas precauções, sim, mas fique calmo! Não tenha medo nem vacile o seu coração por causa desses dois tições fumegantes"* (Is 7,4). Ele insistia na importância da fé em Deus: *"Se vocês não acreditam, não se manterão firmes"* (Is 7,9). Acab tinha perdido a fé. A presença do menino *Sear-Jasub* (*um resto voltará*) era uma mensagem viva de esperança naquela situação desesperadora em que tudo parecia estar perdido. "Um resto voltará!" O segundo filho recebeu como nome *Maer-Salal-Has-Baz*, que significa *pronto-saque-rápida-pilhagem* (cf. Is 8,1-4). Esse nome prenunciava que a cidade de Damasco, capital dos inimigos arameus, rapidamente seria saqueada e pilhada pelas tropas assírias que vinham em socorro do rei de Judá.

Além dessas poucas informações a respeito do sentido dos nomes dos dois filhos, nada mais sabemos da vida desta família. Isaías tem plena consciência de que sua família tinha uma missão a cumprir: *"Ser um sinal e um prodígio da parte de* Y*HWH dos Exércitos, que habita no monte Sião"* (Is 8,18). Como no tempo de Isaías, também hoje existem muitas famílias proféticas. Mesmo sem se darem conta, elas são uma fonte de animação e de coragem para os outros e fortalecem a fé de muita gente.

9 de Setembro

Êubulo e Pudente
Membros da comunidade de Roma

"Êubulo e Pudente e todos os irmãos mandam saudações" (2Tm 4,21).

Êubulo e Pudente são duas das muitas pessoas que aparecem na segunda carta de Paulo a Timóteo. Só nos últimos quatro versículos aparecem nove pessoas que recebem ou mandam saudações. Paulo diz: *"Saudações a Prisca e Áquila e à família de Onesíforo. Erasto ficou em Corinto. Deixei Trófimo doente em Mileto. Procure vir antes do inverno. Êubulo, Pudente, Lino, Cláudia e todos os irmãos enviam-lhe saudações. O Senhor esteja com o seu espírito. A graça esteja com todos vocês"* (2Tm 4,19-22). Junto com Paulo, que escreve a carta, e com Timóteo, o destinatário da carta, já são 11 pessoas. Além dessas 11 pessoas, na mesma carta, Paulo ainda menciona Loide e Eunice, a avó e a mãe de Timóteo (cf. 2Tm 1,5), Tito e Crescente (cf. 2Tm 4,10), Lucas e Marcos (cf. 2Tm 4,11), Carpo (cf. 2Tm 4,13) e Tíquico (cf. 2Tm 4,12). A família de Onesíforo é lembrada duas vezes pela boa ajuda que prestou a Paulo (cf. 2Tm 1,16; 4,19). Ele lembra também pessoas que deram ou estavam dando problemas a ele ou à comunidade: Demas (cf. 2Tm 4,10), Alexandre (cf. 2Tm 4,14), Figelo e Hermógenes (cf. 2Tm 1,15), Himeneu e Fileto (cf. 2Tm 2,17-18). Além disso, Paulo lembra as dificuldades sofridas quando passou por Antioquia, Listra e Icônio (cf. 2Tm 3,11). Ele cita por inteiro a letra de um cântico da comunidade (cf. 2Tm 2,11-13) e descreve a força da ação da Palavra de Deus na vida das pessoas e da comunidade por meio da leitura constante da Sagrada Escritura (cf. 2Tm 3,14-17). Traz uma prece tão bonita que muitos a rezam até hoje: *"Lembra-te de Jesus Cristo, ressuscitado dentre os mortos, descendente de Davi"* (2Tm 2,8).

Sim, a Segunda Carta a Timóteo é um retrato bonito e bem vivo das comunidades, tanto daquele tempo como de hoje. Pudemos encontrar muito pouca informação sobre Êubulo e Pudente, mas a lembrança dos dois foi uma janela bonita para a gente poder conhecer um pouco mais de perto a vida nas comunidades dos primeiros cristãos.

10 de Setembro

Amplíato
Membro da comunidade de Roma

"Saúdem Amplíato, meu caro amigo no Senhor" (Rm 16,8).

Amplíato era um membro ativo na Igreja de Roma. Seu nome, em latim, significa *crescido*. Ele deve ter se convertido ainda jovem. Nas saudações que Paulo envia para as comunidades em Roma, ele chama Amplíato de "querido amigo no Senhor". Sinal de que Paulo já tinha conhecido Amplíato bem antes. Os dois, provavelmente, trabalharam juntos nas viagens da equipe missionária. Agora, em Corinto, escrevendo para as comunidades em Roma, Paulo manda uma lembrança especial para Amplíato, seu "querido amigo". A presença de Amplíato em Roma deve ter sido muito marcante, já que, até hoje, existe um túmulo em sua memória nas catacumbas de Santa Domitila. Mas nada sabemos de suas atividades ou de seus ministérios na comunidade de Roma.

O mesmo acontece hoje. Muita gente cria laços de amizade ao longo dos trabalhos pastorais e missionários. Trabalhar em conjunto reforça a amizade. Esses laços de amizade, como lembra Paulo na saudação a Amplíato, são "dons do Senhor".

11 de Setembro

Mãe dos Macabeus
Mãe de sete filhos, mulher fiel e corajosa

"A mãe morreu por último, depois dos sete filhos" (2Mc 7,41).

O imperador Antíoco queria obrigar todos os povos a abandonar sua própria religião para seguir a religião do império. Os judeus reagiram com força. Houve então intensa perseguição. Uma família de sete irmãos, junto com sua mãe, resistiu e foi detida pela polícia do rei Antíoco. No interrogatório, um deles disse a Antíoco: *"Que pretendes interrogar e saber de nós? Estamos prontos a morrer, antes que a transgredir as leis de nossos pais"* (2Mc 7,2). O rei mandou torturá-lo com garfos incandescentes, cortar-lhe a língua, arrancar-lhe couro cabeludo e cortar as extremidades de suas mãos e pés. Tudo isso aos olhos dos irmãos e da mãe. Diante dessa violência, os outros irmãos e a mãe se animavam a morrer generosamente. E diziam: *"O Senhor Deus nos olha e tem compaixão de nós"* (2Mc 7,6). O rei Antíoco fez o mesmo com o segundo filho, que, quase morto, disse ao rei: *"Tu nos tiras desta vida presente. Mas o Rei do mundo nos fará ressurgir para uma vida eterna, a nós que morremos por suas leis!"* (2Mc 7,9). E assim o rei fez com todos eles, um depois do outro. Um dizia: *"Do céu recebi estes membros, e é por causa de tuas leis que os desprezo, pois espero de Deus recebê-los de novo"* (2Mc 7,11). O quinto disse: *"Tendo autoridade sobre os homens, tu fazes o que bem queres. Não penses, porém, que o nosso povo tenha sido abandonado por Deus. Quanto a ti, espera um pouco e verás o seu grande poder: como ele há de atormentar a ti e à tua descendência!"* (2Mc 7,16-17). O sexto disse antes de morrer: *"Não te iludas em vão! Nós sofremos tudo isto por nossa própria causa, porque pecamos contra o nosso Deus. Tu, porém, não creias que ficarás impune, depois de teres empreendido fazer guerra contra Deus!"* (2Mc 7,18-19).

A mãe, vendo morrer seus sete filhos no espaço de um só dia, a cada um deles exortava na língua materna: *"Não sei como é que viestes a aparecer no meu seio, nem fui eu que vos dei o espírito e a vida. É o Criador do mundo, que formou o homem em seu nascimento e deu origem a todas as coisas, quem vos retribuirá, na sua misericórdia, o espírito e a vida"* (2Mc 7,20-23). Antíoco começou a exortar o mais moço, prometendo dinheiro e altos encargos. Mas o jovem respondeu: *"Que estais esperando? Eu não obedeço ao mandamento do rei! Nossos irmãos já estão na Aliança de Deus. Quanto a mim, entrego o corpo e a vida pelas leis de nossos pais"* (2Mc 7,30). Enfurecido, o rei tratou a este com crueldade ainda mais feroz que aos outros. Assim também este passou para a outra vida, confiando totalmente no Senhor. *"Por último, depois dos filhos, morreu a mãe"* (2Mc 7,41).

12 de Setembro

Josaba
A princesa que salvou a dinastia davídica

"Josaba, filha do rei Jorão, raptou Joás e o escondeu" (2Rs 11,2).

Movido por interesses de poder, Jorão, rei de Judá (848-841 a.C.), casou seu filho Ocozias com a princesa Atália, filha de Acab, o rei de Israel (874-853 a.C.). As duas famílias se entrelaçaram e os dois reinos passaram a caminhar juntos; mas juntos na idolatria. Os dois reis passaram a ser adoradores de Baal. Os seguidores de Y<small>HWH</small>, animados pelo profeta Eliseu, iniciaram uma revolução comandada pelo general Jeú (cf. 2Rs 9–10). Nessa revolução, morre Ocozias, rei de Judá. Vendo que seu marido morreu, a rainha Atalia *"resolve exterminar toda a descendência real"* do reino de Judá (cf. 2Rs 11,1). Ela manda massacrar todos os príncipes da casa real de Davi e, assim, torna-se rainha de Judá (841-835 a.C.). É aqui que Josaba entra na história. Ela era filha de Jorão, rei de Judá, irmã do finado rei Ocozias e cunhada de Atália. Além disso, ela era esposa do sumo sacerdote Joiada (cf. 2Cr 22,11). O nome *Joiada* significa Y<small>HWH</small> *se compromete*. Quando os soldados, a mando da rainha Atália, estavam massacrando os filhos do rei Ocozias, Josaba consegue raptar Joás, um dos filhos de Ocozias, de apenas 1 ano de idade, junto com sua ama de leite (cf. 2Rs 11,2-3). Josaba esconde Joás no templo de Jerusalém, sob a proteção dos sacerdotes. O menino fica escondido e protegido durante seis anos.

Quando Joás completa 7 anos, o sumo sacerdote Joiada, marido de Josaba, promove uma revolução em Jerusalém. Atália é destronada e executada. Joiada, os sacerdotes e o povo colocam Joás como rei de Judá. Dessa forma, Josaba salvou a dinastia de Davi, conforme a promessa de Deus a Salomão (cf. 2Sm 7,16).

13 de Setembro

Simão
Sumo sacerdote em Jerusalém

"Simão, filho de Onias, o sumo sacerdote que restaurou o templo" (Eclo 50,1).

Simão era da família sacerdotal de Sadoc, a família que controlava o culto no templo de Jerusalém desde o tempo do rei Davi. Simão era filho do sumo sacerdote Onias II e substituiu seu pai na presidência dos serviços litúrgicos no templo após a morte dele, por volta de 230 a.C. Simão morreu em torno de 190 a.C. Foi, portanto, sumo sacerdote durante mais ou menos 40 anos. Jesus de Sirac, autor do livro do Eclesiástico, diz que Simão foi um homem empreendedor. Durante seu pontificado, Simão restaurou e reformou o templo, fortificou as muralhas do santuário e construiu reservatórios de água e cisternas para o abastecimento da cidade em época de seca. Enfim, *"preocupado em evitar a ruína do seu povo, ele fortificou a cidade contra a possibilidade de um cerco prolongado"* (cf. Eclo 50,4). Ao relatar a vida de Simão, o livro do Eclesiástico nos conta em detalhes uma celebração no templo de Jerusalém, presidida por Simão (cf. Eclo 50,5-21). Vale a pena dar uma lida para ter uma ideia de como era o culto no templo de Jerusalém. Eis como o Eclesiástico descreve o próprio Simão: "[6]*Ele era como a estrela da manhã entre as nuvens, como a lua nos dias em que está cheia!* [7]*Era como o sol fulgurante sobre o templo do Altíssimo, como o arco-íris brilhando entre nuvens de glória!* [8]*Era como a rosa na primavera, como lírio junto da água corrente, como ramo de árvore de incenso no verão!* [9]*Era como fogo e incenso no turíbulo, como vaso de ouro maciço ornado com todo tipo de pedras preciosas!* [10]*Era como oliveira carregada de frutos e como cipreste elevando-se até as nuvens!* [11]*Como ele era majestoso quando vestia os paramentos solenes e usava seus enfeites mais belos! Quando subia ao altar sagrado e enchia de glória todo o santuário!"*

O cargo de sumo sacerdote permitia que seu ocupante entrasse no lugar mais sagrado do santuário, o Santo dos Santos, para os rituais de expiação e perdão para todo o povo (cf. Eclo 50,5). A presença do sumo sacerdote nesse lugar sagrado, uma única vez ao ano, garantia ao povo o perdão de todos os pecados. Por isso a Carta aos Hebreus diz que Jesus é para nós o único e definitivo sumo sacerdote, pois entrou uma vez por todas no Santo dos Santos do céu (cf. Hb 9,24-28).

14 de Setembro

Raguel e Edna
Exemplo de casal que acredita na oração

"Raguel disse para sua mulher Edna: 'Como esse rapaz parece com meu irmão!'"
(Tb 7,2).

A vida do casal Raguel e Edna faz parte da história narrada no livro de Tobias. Eles moravam em Ecbátana, capital do reino da Média. Raguel era irmão de Tobit, um exilado judeu que morava em Nínive (cf. Tb 1,10). O casal tinha uma filha, chamada Sara. Sara era atormentada por um demônio mau, chamado de Asmodeu, que já tinha matado, sucessivamente, sete noivos de Sara em sua noite de núpcias (cf. Tb 3,7-15). Diante de tanto sofrimento, Sara pensava em se enforcar. Mas ela resiste e lança seu grito desesperado numa oração a Deus (cf. Tb 3,11-15). *"No mesmo instante, o Deus da glória escutou a oração"* (Tb 3,16). A resposta de Deus ao clamor de Sara é o arcanjo Rafael. A missão de Rafael era fazer com que Sara, filha de Raguel, se casasse com Tobias, filho de Tobit, livrando-a de Asmodeu, o pior dos demônios (cf. Tb 3,17).

Aconteceu que Tobit tinha enviado seu filho Tobias, junto com Rafael, que se apresentou como Azarias (cf. Tb 5,13), para Ecbátana, a fim de buscar uma quantia em dinheiro na casa de Raguel e Edna, pais de Sara (cf. Tb 4,1-2.20-21). Entrando na cidade, Rafael levou Tobias para a casa de Raguel e Edna (cf. Tb 7,1). O casal os acolheu bem, *"dando-lhes uma calorosa recepção"* (Tb 7,8). Rafael pediu a Raguel que permitisse o casamento entre Tobias e Sara. O casamento foi firmado e Rafael ensinou a Tobias o remédio para expulsar Asmodeu (cf. Tb 8,1-3). Como tudo ocorreu na mais perfeita normalidade, Raguel e Edna deram uma festa para comemorar a vitória sobre o demônio (cf. Tb 8,19-21). E assim a paz foi reinar na casa de Raguel e Edna. O nome *Raguel* significa *amigo de Deus*. *Edna* significa *alicerce, base, pedestal*. Nada pode acontecer a uma pessoa cujo alicerce é a amizade com Deus.

15 de Setembro

Maria
A Mãe de Jesus

"Eis aqui a serva do Senhor!" (Lc 1,38).

Uma tradição diz que Maria, depois da morte de Jesus, foi com o apóstolo João para Éfeso e por lá viveu até ser levada ao céu. Outra tradição diz que a Mãe de Jesus morreu já bem idosa, com mais de 90 anos de idade. Na Pietá de Michelangelo, Maria aparece bem jovem, mais jovem que o próprio filho crucificado, quando já devia ter em torno de 50 anos. Perguntado por que tinha esculpido o rosto da Maria tão jovem, Michelangelo respondeu: *"As pessoas apaixonadas por Deus não envelhecem nunca"*. Na Bíblia, se fala muito pouco de Maria. Apenas sete livros do Novo Testamento mencionam a Mãe de Jesus: Gálatas (cf. Gl 4,4), Marcos (cf. Mc 3,20-21.31-35), Mateus (cf. Mt 1,1–2,23), Lucas (cf. Lc 1,1–2,52; 11,27-28), Atos dos Apóstolos (cf. At 1,12-14), João (cf. Jo 2,1-13; 19,25-27) e (talvez) o Apocalipse (cf. Ap 12,1-17). Maria, ela mesma, fala menos ainda. Desses sete livros, só dois trazem alguma palavra de Maria: o Evangelho de Lucas e o Evangelho de João. Ao todo, relatam apenas sete palavras. Cada uma dessas sete palavras é uma pequena janela que permite olhar para dentro da vida de Maria e descobrir como ela se relacionava com Deus.

Eis as sete palavras de Maria: Primeira palavra: *"Como pode ser isso se eu não conheço homem algum!"* (Lc 1,34). Segunda palavra: *"Eis aqui a serva do Senhor, faça-se em mim segundo a tua palavra!"* (Lc 1,38). Terceira palavra: o cântico *"Minha alma louva o Senhor, exulta meu espírito em Deus!"* (Lc 1,46). Quarta palavra: *"Meu filho, por que fizeste isso? Teu pai e eu, aflitos, te procurávamos"* (Lc 2,48). Quinta palavra: *"Eles não têm mais vinho!"* (Jo 2,3). Sexta palavra: *"Fazei tudo o que ele vos disser!"* (Jo 2,5). Sétima palavra: o silêncio ao pé da cruz, mais eloquente que mil palavras (cf. Jo 19,25s).

16 de Setembro

Elon
Juiz do povo de Deus

"Elon foi juiz em Israel durante dez anos" (Jz 12,11).

De Elon o livro dos Juízes diz o seguinte: *"Depois de Abesã, o juiz em Israel foi Elon, de Zabulon. Foi juiz em Israel durante dez anos. Depois morreu e foi sepultado em Aialon, na terra de Zabulon"* (Jz 12,11-12). Elon é o juiz a respeito do qual se dá menos informação. Nem sequer uma pequena informação pitoresca como nos outros Juízes Menores. Na história do povo de Deus, o período dos Juízes vai desde a entrada do povo na Terra Prometida até a época de Samuel, o último juiz, que ajudou a fazer a transição para o período da monarquia. Ao todo, durou mais ou menos uns 200 anos, de 1200 a 1000 a.C. Dois assuntos importantes marcam o período dos Juízes: a distribuição das terras entre as 12 tribos, e a reorganização do povo numa vida tribal igualitária com a sua luta constante para manter a independência e a liberdade diante dos frequentes ataques dos inimigos.

Há duas categorias de Juízes. Há os líderes que surgiram em períodos críticos. Eles conquistavam a liderança por meio de gestos de bravura. Conseguiam reunir as tribos e libertavam o povo. São os assim chamados *Juízes Maiores*: Otoniel, Aod, Barac (Débora), Gedeão, Jefté e Sansão. Eles são mais libertadores do que Juízes. E há os líderes que surgiram em períodos normais, com a função de *julgar* o povo. Deles se diz que julgaram o povo durante um tempo bem determinado. Elon é um deles. São os *Juízes Menores*: Samgar, Tola, Jair, Abesã, Elon e Abdon. Temos poucas informações a respeito das atividades desses Juízes Menores.

17 de Setembro

Gaio de Derbe
Membro da equipe missionária de Paulo

*"Os companheiros de Paulo eram:
Gaio de Derbe; Timóteo, Tíquico e Trófimo"* (At 20,4)

O nome Gaio ou Caio era muito comum entre os romanos. O significado do nome vem de uma raiz que significa *alegre, contente, feliz*. Existem vários Gaios no Novo Testamento. Não sabemos quando Gaio de Derbe converteu-se para Cristo. Derbe era uma cidade estratégica na Galácia. Paulo passou por Derbe em todas as suas viagens (cf. At 14,6.20; 16,1; 18,23). Na terceira viagem, Paulo engajou Gaio na equipe missionária. Ele acompanhou a equipe missionária pelas comunidades espalhadas pelas províncias da Ásia e da Macedônia. Nas visitas pela Macedônia, a equipe estava formada por pessoas vindas de várias cidades evangelizadas por Paulo: Sópatros era de Bereia; Aristarco e Segundo eram de Tessalônica; Gaio era de Derbe; Timóteo era de Listra; Tíquico e Trófimo eram da Ásia (cf. At 20,4).

O engajamento dessas pessoas era um sinal de que a missão feita por Paulo e sua equipe produzia resultados. À medida que vai evangelizando, Paulo também vai engajando outras pessoas na equipe. A vocação dessas pessoas é o grande fruto do trabalho de Paulo.

18 de Setembro

Rafael
Um dos Arcanjos de Deus

"Deus ouviu a oração deles e enviou Rafael para curá-los" (Tb 3,17).

Rafael é *"um dos sete anjos que estão sempre diante do Senhor"* (cf. Tb 12,15). O nome *Rafael* significa *Deus cura*. Rafael desempenha um papel central na história de Tobias. Ao ouvir as orações de súplica feitas tanto pelo cego Tobit, pai de Tobias (cf. Tb 3,1-6), como pela desesperada Sara, filha de Raguel (cf. Tb 3,11-15), *"o Deus da glória [...] mandou Rafael para curá-los: tirar as manchas dos olhos de Tobit, a fim de que ele pudesse ver a luz de Deus; e fazer com que Sara, filha de Raguel, se casasse com Tobias, filho de Tobit"* (Tb 3,16-17). Aconteceu assim: Tobias, filho de Tobit, recebeu de seu pai a difícil missão de ir até a Média (atual Irã) e trazer de lá uma enorme quantia de dinheiro (cf. Tb 1,14) que ele, Tobit, 20 anos antes (cf. Tb 5,3), tinha guardado por lá na casa de um tal de Gabael para o sustento da família (cf. Tb 4,1-2.20-21). Logo que Tobias inicia sua viagem, o anjo Rafael se oferece para acompanhá-lo (cf. Tb 5,4). Mas Rafael não se deu a conhecer como anjo. Apresentou-se como "um israelita, um compatriota" de nome Azarias, que significa Y$_{HWH}$ socorre (cf. Tb 5,5.13). Rafael será o amigo e o guia de Tobias em sua longa viagem. Acampados junto ao rio Tigre, ele manda Tobias agarrar um peixe, do qual vai tirar o remédio para curar a cegueira de Tobit (cf. Tb 6,3-4). Rafael ajuda Tobias a encontrar a casa de Raguel, pai de Sara (cf. Tb 6,10; 7,1-2). Entre Tobias e Sara cresce um grande amor (cf. Tb 6,19) e os dois acabam se casando (cf. Tb 7,9.13-16). Rafael ajuda Sara e Tobias mostrando que a oração e o amor vencem qualquer maldição, e assim vencem a ameaça de Asmodeu (cf. Tb 8,1-21). Tobias pede que Rafael vá à casa de Gabael buscar o dinheiro (cf. Tb 9,1-6). E assim, sempre guiado pelo arcanjo Rafael, Tobias chega são e salvo à casa de seus pais, junto com Sara, sua esposa (cf. Tb 11,1-19).

Depois de todos esses acontecimentos, Rafael se revela (cf. Tb 12,15) como instrumento da bondade e da gratuidade de Deus. Rafael é a prova de que Deus sempre atende às súplicas dos bons e justos. No fim, Rafael se despede transmitindo seus ensinamentos: a fidelidade dos justos se manifesta na esmola, na oração e no jejum (cf. Tb 12,8). Esses mesmos ensinamentos foram assumidos por Jesus (cf. Mt 6,1-18).

19 de Setembro

Neemias
Governador da Judeia

"Neemias reergueu as nossas casas" (Eclo 49,13).

Neemias, filho de Helcias, estava exilado em Susa, capital do Império Persa (atual Irã). Seu nome significa Y_HWH_ *consola*. Ele tinha um cargo de confiança na corte de Artaxerxes, rei da Pérsia. Neemias era o copeiro-mor, ou seja, o encarregado de preparar e de apresentar a bebida do rei. Em 445 a.C., ele foi nomeado governador da província persa da Judeia. Sua principal tarefa era fazer com que Jerusalém voltasse a ser a capital daquela província. Para isso, era necessário reconstruir a cidade e suas muralhas. Nessa tarefa ele enfrentou muitas dificuldades e resistências. Alguns opositores eram das províncias vizinhas, como os samaritanos, comandados por Sanbalat (cf. Ne 3,33-37). Mas também havia uma oposição interna contra a restauração do culto, comandada pela profetisa Noadias (cf. Ne 6,14). Neemias conseguiu reconstruir os muros rapidamente (cf. Ne 6,1).

Mas o seu grande feito foi a reestruturação econômica da província da Judeia, por meio de uma anistia aos endividados, combatendo os latifundiários e os credores (cf. Ne 5,1-13). Após um governo de 12 anos, ele voltou para Susa (cf. Ne 13,6). Mais tarde, ele voltou ao governo, destacando-se na exigência da observância do sábado e na exigência de casamentos puros, proibindo o casamento de judeus com mulheres estrangeiras (cf. Ne 13,15-31). Grande parte do atual livro de Neemias é cópia de um livro de memórias que ele mesmo escreveu. Ele também é lembrado pela sua antiga coleção dos livros sagrados e pela biblioteca que fundou (cf. 2Mc 2,13).

20 de Setembro

Gamaliel
Rabino fariseu e doutor da lei

"Levantou-se no Sinédrio um fariseu chamado Gamaliel. Todo o povo o estimava" (At 5,34).

Gamaliel foi um grande rabino judeu. Era escriba, doutor da lei e fariseu. Seu nome significa *Deus me fez bem*. Neto de Hillel, famoso estudioso da Escritura, ele viveu em Jerusalém, onde se formou e, posteriormente, lecionou. Naquela época, o mestre formava seus alunos em sua escola particular. Entre seus formandos estava o jovem Saulo de Tarso (cf. At 22,3), o futuro apóstolo Paulo. Sendo membro do Sinédrio, Gamaliel tomou parte na reunião em que se decidia o que fazer diante da formação da comunidade cristã em Jerusalém (cf. At 5,34-39). Como Pedro e João estavam fazendo suas pregações no recinto do templo em Jerusalém, o sumo sacerdote mandou prendê-los. Mas os apóstolos foram soltos milagrosamente e voltaram ao templo para continuar a pregação. Convocando o Sinédrio, ou seja, o conselho das pessoas importantes em Israel, o sumo sacerdote mandou trazer Pedro e João de maneira pacífica. Tendo iniciado o julgamento, alguns membros do Sinédrio queriam matar Pedro e João.

Levantou-se então o rabino Gamaliel e fez uma intervenção, chamando a assembleia ao bom senso. Fazendo memória de movimentos anteriores, nos quais líderes tinham agregado muita gente, para logo depois desaparecerem na história, Gamaliel conclui raciocinando assim: *"Se o projeto ou atividade destes homens é de origem humana, será destruído; mas se vem de Deus, vocês não conseguirão aniquilá-los. Cuidado para não se colocarem contra Deus"* (cf. At 5,38-39). O Sinédrio acatou a sugestão de Gamaliel e os apóstolos foram colocados em liberdade. Sendo uma pessoa sábia e sensata, Gamaliel foi respeitado tanto pelos judeus quanto pelos cristãos.

21 de Setembro

O servo de Deus
A missão do povo de Deus

"O Filho do Homem não veio para ser servido, mas para servir" (Mc 10,45).

Os 400 anos da monarquia (de 1000 a 597 a.C.), desde Saul e Davi até Sedecias, o último rei de Judá, terminaram no cativeiro da Babilônia (596 a 538 a.C.). Foi um fracasso total! A monarquia é o poder concentrado na mão de uma única pessoa, de uma única família, a ponto de se tornar propriedade familiar e passar de pai para filho. Muitos reis manipularam o poder em proveito próprio. Todos os reis do reino de Israel, no norte, são criticados e condenados pelos profetas. E quase todos os reis do reino de Judá, no sul, também são criticados e condenados pelos mesmos motivos: exploração, vida devassa, quebra do compromisso, idolatria, favorecer a corrupção e a devassidão. Uma grande parte do povo foi levada para o cativeiro e por lá ficou por mais de 50 anos. Foi na escuridão do cativeiro que eles redescobriram que ser o povo de Deus não significa ser um povo mais forte que os outros povos, nem significa ser um povo mais favorecido por Deus do que os outros, mas significa ser um povo humilde e pobre, cuja missão consiste em servir a humanidade, ser um povo servo. Foi esta a descoberta que fizeram durante os longos anos do cativeiro: *"Israel, você é meu servo!"* (cf. Is 41,9; 44,21; 49,3).

Os quatro cânticos do Servo são uma cartilha para ajudar o povo de Deus, tanto de ontem como de hoje, a descobrir que eles são o Servo de Javé. Descrevem os quatro passos que o Servo deve percorrer para conhecer, descobrir e assumir a sua missão. *O primeiro cântico* (cf. Is 42,1-9): descreve como Deus escolhe o povo oprimido para ser o seu Servo. *O segundo cântico* (cf. Is 49,1-6): mostra como foi difícil para o povo ainda sem fé em si mesmo descobrir a sua missão como servo. *O terceiro cântico* (cf. Is 50,4-9): relata como o povo assume a sua missão e a executa apesar da perseguição. *O quarto cântico* (cf. Is 52,13–53,12): é uma profecia a respeito do futuro do Servo e da sua missão. Ele vai ser morto, mas a sua morte será fonte de salvação para todos. Jesus se apresentou como o Messias Servo diante da comunidade de Nazaré, lendo o resumo dos quatro cânticos de Isaías: *"Hoje se cumpriu essa passagem da Escritura, que vocês acabam de ouvir"* (Lc 4,21; cf. Is 61,11-13).

22 de Setembro

Mateus
Apóstolo de Jesus

"Jesus viu um homem chamado Mateus, sentado na coletoria" (Mt 9,9).

Mateus é filho de Alfeu (cf. Mc 2,14). Ele era um publicano, ou seja, um judeu que se colocava a serviço da ocupação romana. Seu trabalho consistia em coletar os impostos na alfândega de Cafarnaum. Seu nome era Levi (cf. Mc 2,14; Lc 5,27). Não sabemos se foi Jesus quem mudou seu nome para Mateus. O nome *Mateus* significa *presente de Deus*. Nas narrativas da vocação dele, Marcos e Lucas usam o nome Levi. No Evangelho de Mateus ele é chamado de Mateus (cf. Mt 9,9). Mas todas as narrativas confirmam que ele era um publicano, coletor de impostos. Aos olhos do povo, todo coletor de impostos era corrupto e ladrão. Jesus o encontrou *"sentado na coletoria de impostos e disse para ele: 'Segue-me!'"* (Mt 9,9). Mateus abandona seu serviço e entra no seguimento de Jesus. Ele marca essa ruptura em sua vida dando um banquete a Jesus e a seus amigos publicanos (cf. Mt 9,9-13). Sendo publicano, Mateus deveria saber ler e escrever. Deveria também falar hebraico, aramaico, grego e um pouco de latim, as línguas próprias do comércio na Galileia daquela época.

Nas listas dos 12 apóstolos, Mateus aparece sempre entre o sétimo e oitavo nome. Ele acompanhava Jesus nas andanças pela Galileia e no dia de Pentecostes estava no cenáculo junto com os outros apóstolos. A ele é atribuído o Evangelho que leva o seu nome. O Evangelho de Mateus foi escrito para os judeus cristãos que viviam na região da Galileia e da Síria. Nada mais sabemos de sua vida e de suas atividades. Também não sabemos nada sobre a data e o local de sua morte.

23 de Setembro

Jonas
Profeta em Israel

"Jonas foi um sinal para os ninivitas" (Lc 11,30).

Na Bíblia aparecem duas pessoas com o nome de Jonas: o profeta Jonas e o Jonas do livro de Jonas. O profeta Jonas é o quinto na lista dos Profetas Menores. Seu nome significa *pomba*. Ele é filho de Amati (cf. 2Rs 14,25; Jn 1,1). Ele veio da aldeia de Get-Hefer, nas terras da tribo de Zabulon, perto de Nazaré, na Galileia. Ele teve a sua atuação durante o reinado de Jeroboão II (783-743 a.C.). Ele predisse ao rei que o seu governo seria bom e que seu território seria aumentado (cf. 2Rs 14,25-26). Já o Jonas do livro é bem diferente. O livro é uma grande parábola que traz uma mensagem importante para o povo que, naquela época, queria fechar-se em si mesmo, sem olhar a sua missão a serviço da humanidade. A história do livro diz que Jonas recebe de Deus a ordem de pregar na cidade de Nínive, capital do império: caso o povo não fizesse penitência, a cidade seria totalmente destruída por causa de seus muitos pecados (cf. Jn 1,2). Mas Jonas, fugindo de sua missão, embarca num navio cujo destino, Társis, estava o mais longe possível de Nínive (cf. Jn 1,3). Veio uma tempestade violenta. Todos rezam e invocam seus deuses. Jonas não reza. Ele dorme no porão do navio. Os marinheiros suspeitam que alguém no navio esteja atraindo a ira divina. Jonas confessa sua culpa e é lançado ao mar (cf. Jn 1,5-16). Um enorme peixe o engole e, depois de três dias, o leva de volta ao lugar de onde ele fugiu (cf. Jn 2,1-11). Jonas parte então para Nínive. Logo no primeiro dia de pregação, a cidade inteira se converte. Diante disso, Deus desiste do castigo (cf. Jn 3,1-10). Irritado com essa decisão divina, Jonas fica tão depressivo que quer até morrer (cf. Jn 4,1-4). Ele se afasta e se senta à sombra de uma planta. Mas a planta seca, e ele fica sem a sombra. Jonas se irrita mais ainda e reclama até com vontade de morrer (cf. Jn 4,5-8). Deus pergunta: *"Jonas, será que está certo você ficar com tanta raiva de uma planta que secou?"* Jonas responde: *"Sim, está certo eu ficar com raiva, a ponto de pedir a morte"*.

Vem então a mensagem da parábola, e Deus responde a Jonas: *"Você está com dó de uma mamoneira, que não lhe custou trabalho, que não foi você quem a fez crescer, que brotou numa noite e na outra morreu? E eu, será que não vou ter pena de Nínive, esta cidade enorme, onde moram mais de cento e vinte mil pessoas, que não sabem distinguir a direita da esquerda, além de tantos animais?"* (Jn 4,10-11) Jesus lembrou o sinal de Jonas, que ficou três dias na barriga do peixe. Assim Jesus ficará três dias nas entranhas da terra (cf. Mt 12,40).

24 de Setembro

Qohelet
Sábio em Israel

"Qohelet encontrou palavras agradáveis e verdadeiras" (Ecl 12,10).

Qohelet ou Eclesiastes é o nome da pessoa que escreveu o livro de mesmo nome. O nome indica alguém que falava na comunidade; porta-voz da comunidade. A sua fala desconcerta. Ele questiona tudo. Para ele, tudo passa, nada tem consistência. "Tudo é vaidade e ilusão!" Corrida atrás do vento. Sempre o mesmo estribilho com palavras diferentes. Na ponta do lápis: 29 vezes. É muito (Ecl 1,2.14.17; 2,1.11.15.17.19.21.23.26; 3,19; 4,4.8.16; 5,9.15.19; 6,2.9.12; 7,6.15; 8,10.14; 9,9; 11,8.10; 12,8)! Mas, ao mesmo tempo, ele diz e sugere que nem tudo passa. Há alguma coisa que não passa, que não é vaidade, algo que tem valor e que nos pode ajudar a experimentar a eternidade de Deus no meio desta vida tão passageira. São sete frases quase iguais, ao longo do livro. Mudam só algumas palavras, mas o assunto é sempre o mesmo. Eis um resumo: *Nada há melhor para o ser humano do que alegrar-se, comer e beber, desfrutar o fruto do trabalho, pois tudo isso vem da mão de Deus, nos poucos dias da vida* (cf. Ecl 2,24-25; 3,12-15; 3,22; 5,17-19; 7,13-14; 8,15; 9,7-10).

Pelo estilo do livro, Qohelet tomava parte nos círculos dos sábios, nos quais, à luz da fé em Y<small>HWH</small>, eles discutiam a situação do povo e os problemas da comunidade. Ele se apresenta como "filho de Davi" (Ecl 1,1). Ou seja, ele se identifica com o rei Salomão, patrono da Sabedoria em Israel, que ficou conhecido como um rei muito sábio (cf. 1Rs 5,9-14). Mas o livro não foi escrito por Salomão, que viveu no século IX a.C. Pelos assuntos e pelos problemas discutidos no livro, ele foi escrito por volta do ano 250 a.C. É provável que Qohelet seja uma mulher, já que a palavra *Qohelet* é feminina. Pelas suas reflexões no livro, ela deve ter sido uma mulher sábia e sensata, mãe de família, gente de pé no chão, boa observadora das coisas do dia a dia, que sabe encontrar uma saída para as dificuldades e impasses que atrapalham a vida do povo de Deus. Ela era uma mulher forte, conforme descrito no livro dos Provérbios (cf. Pr 31,10-31). A Sabedoria é o rosto feminino de Y<small>HWH</small>. Por isso, muitas vezes, nos livros sapienciais, a Sabedoria aparece personificada como mulher (cf. Pr 8,12-31).

25 de Setembro

Sasabassar
Príncipe de Judá e guia do povo

"Sasabassar levou tudo isso junto com os exilados que voltaram" (Esd 1,11).

Sasabassar era um descendente da Casa de Davi que vivia exilado na Babilônia. Seu nome é de origem babilônica e significa *que o Sol guarde sua descendência*. Quando Ciro, o rei da Pérsia, derrotou a Babilônia, ele permitiu o retorno dos exilados para sua terra natal. Sendo Sasabassar príncipe de Judá e uma liderança da colônia de judeus exilados na Babilônia (cf. Esd 1,8), ele recebe do rei da Pérsia a missão de reconduzir a primeira caravana de retornados para Judá e Jerusalém. Em 538 a.C., um ano após o decreto de libertação, Ciro o nomeou governador da Judeia e lhe confiou todos os vasos sagrados e demais utensílios de uso no culto do templo em Jerusalém. No ato da nomeação, Ciro disse a Sasabassar: *"Pegue estes objetos, coloque-os no templo de Jerusalém e reconstrua o templo de Deus no mesmo lugar"* (Esd 5,15).

Sasabassar conduziu os primeiros retornados para a Judeia. Com ele vieram as lideranças de Judá e de Benjamim, bem como muitos sacerdotes e levitas (cf. Esd 1,5). Cumprindo as ordens de Ciro, Sasabassar lançou os fundamentos do novo templo (cf. Esd 5,14-16). Mas essa tarefa só foi completada por seu sucessor, Zorobabel, 20 anos mais tarde. Não sabemos quando ele deixou o governo nem o local e a data de sua morte. Sasabassar simboliza o novo começo para o povo de Israel.

26 de Setembro

Erasto
Membro da equipe missionária de Paulo

"Paulo enviou à Macedônia dois de seus ajudantes, Timóteo e Erasto" (At 19,22).

Estando em Corinto, Paulo escreve na Carta aos Romanos: *"Erasto, que é o administrador da cidade, e o irmão Quarto também mandam saudações"* (Rm 16,23). Erasto era de Corinto. Ele se converteu à fé cristã na primeira estadia de Paulo naquela cidade (cf. At 18,1-4). Nas saudações de Paulo para os cristãos de Roma, Erasto aparece como *"administrador da cidade"* de Corinto, um cargo de muita importância. O nome *Erasto* significa *o amado*. Depois da sua conversão, Erasto ajudou Paulo nas viagens e visitas às comunidades. Assim, quando Paulo tomou a decisão de ir a Jerusalém levando os donativos da coleta (cf. At 19,21), ele enviou Timóteo e Erasto para a Macedônia, região onde estavam as comunidades de Filipos e Tessalônica. Quando Paulo escreve a Carta aos Romanos, Erasto está novamente com a equipe em Corinto. Ele é um dos que se associam às saudações que Paulo envia aos cristãos romanos (cf. Rm 16,23). E quando Paulo, preso em Roma, envia a carta para Timóteo, ele confirma que *"Erasto ficou em Corinto"* (2Tm 4,20), provavelmente trabalhando naquela Igreja.

Na ausência de Paulo, Erasto deve ter sido um grande líder da comunidade de Corinto. Depois disso não temos mais notícias dele. Erasto é mesmo um exemplo de missionário fiel e competente, que soube colocar suas qualidades de administrador a serviço da comunidade.

27 de Setembro

Aser
Patriarca do povo de Israel

"Zelfa, serva de Lia, gerou um segundo filho para Jacó. Lia o chamou Aser"
(Gn 30,12).

Aser era filho de Jacó com Zelfa, serva de Lia. Isso significa que, juridicamente, a verdadeira mãe da criança era Lia. Quando nasceu, Lia assim exclamou: *"Que felicidade! As mulheres me felicitarão"* (Gn 30,13). O nome do menino passou a ser Aser, que significa *o que é feliz*. Aser está relacionado com a abundância de pão e com delícias que agradam aos reis. Diz a bênção de Jacó para as 12 tribos: *"Aser, seu pão é abundante e fornece delícias de reis"* (Gn 49,20). Isso porque sua tribo estabeleceu-se nas extremidades das montanhas da Galileia, em direção ao litoral da Fenícia. Área de muita chuva e de ricas colheitas. A *felicidade* presente no nome de Aser está relacionada com essa fartura de bens. Quase não temos notícias sobre a tribo de Aser. Vemos pelo recenseamento após o êxodo que a tribo era numerosa (cf. Nm 26,44-47; 1Cr 7,40).

Quando Jesus foi apresentado no templo, lá estava a profetisa Ana, *"filha de Fanuel, da tribo de Aser"* (Lc 2,36). Ela tinha 84 anos. Uma longa vida de serviço a Deus e muita oração. Deus lhe concedeu a *felicidade* de acolher o Messias em nome de todos os pobres que permanecem fiéis.

28 de Setembro

Hermas
Membro da comunidade de Roma

"Saúdem Hermas e os irmãos que vivem com ele" (Rm 16,14).

Nas saudações que Paulo envia para a comunidade de Roma, ele diz assim: *"Saúdem Asíncrito, Flegonte, Hermes, Pátrobas, Hermas e os irmãos que vivem com eles"* (Rm 16,14). São cinco nomes, todos masculinos. E Paulo insinua que há outros mais, pois ele diz: *"os irmãos que vivem com eles"*. Isso pode significar uma comunidade de homens consagrados ao serviço da evangelização, uma equipe missionária local. O nome Hermas é uma abreviação em grego do nome Hermodoro, que significa *presente do deus Hermes*. Sinal de que Hermas se converteu do paganismo, já que tinha um nome dedicado a um deus pagão. Nada mais sabemos de sua atividade na comunidade cristã de Roma.

Naquela mesma época, lá pelo fim do primeiro século, surgiu em Roma um livro cristão muito popular, chamado *"O Pastor"*. Esse livro foi atribuído a um certo Hermas. Por isso também é chamado *"Pastor de Hermas"*. Não sabemos se o autor é o mesmo Hermas da equipes missionária de Paulo. Hoje também temos muitas equipe missionárias formadas por homens ou mulheres, todos consagrados ao serviço da evangelização, que ajudam muito na caminhada das comunidades.

29 de Setembro

Santos e santas anônimos
Tanto do Antigo como do Novo Testamento

*"Não deixaram nenhuma lembrança, desapareceram
como se não tivessem existido"* (Eclo 44).

Hoje lembramos os santos anônimos do tempo da Bíblia, tanto do Antigo como do Novo Testamento. São muitos! São todos os que morreram durante os 400 anos de escravidão do povo no Egito, antes do êxodo. São os 24 mil que morreram com a praga no tempo do deserto (cf. Nm 25,9). São os que saíram da escravidão do Egito, mas não chegaram à Terra Prometida; morreram todos no deserto, menos Josué e Caleb (cf. Nm 14,24.30). São os que morreram no tempo dos Juízes, vítimas das muitas guerras entre irmãos. São as 70 mil vítimas da peste no tempo de Davi (cf. 2Sm 24,15). São os que morreram nas guerras entre os reis de Israel e de Judá. São os que foram massacrados por Nabucodonosor na tomada de Jerusalém (cf. 2Rs 24,10–25,21). São os milhares que morreram nas guerras conduzidas por Judas Macabeu (cf. 1Mc 3,23; 4,15.34; 5,22.28.34.44; etc.). São também os avós e bisavós de Jesus, de São José, de Nossa Senhora, de Santa Isabel, de Zacarias. Alguns deles são lembrados na genealogia de Jesus (cf. Mt 1,1-17; Lc 3,23-38). São os milhares de pessoas que iam em romaria a Jerusalém nas grandes festas do ano: Páscoa, Pentecostes, Festa dos Tabernáculos. São as multidões que escutavam Jesus falar na sinagoga ou na praia do lago de Genesaré. Marcos diz que o povo procurava Jesus, ficava admirado com as palavras dele e gostava de escutá-lo (cf. Mc 1,22.39; 2,2.13; 3,8.20; 4,1-2.33-34; 6,2; etc.). É muita gente anônima. Deus conhece o nome de todos eles.

São todos que, no tempo da Bíblia, simplesmente viveram e morreram, transmitindo sua fé e sua vida às gerações futuras. A respeito de todos eles, diz o livro do Eclesiástico: *"Eles não deixaram nenhuma lembrança e desapareceram como se não tivessem existido. Foram-se embora como se nunca tivessem estado aqui, tanto eles como os filhos que tiveram"* (Eclo 44,9). Mas Deus os conhece, acolhe e abraça. Graças a eles, nós estamos vivos.

30 de Setembro

Jesus Ben Sirac
Sábio em Israel

"Jesus, filho de Sirac, neto de Eleazar de Jerusalém" (Eclo 50,27).

Jesus Ben Sirac viveu em Jerusalém. Ele era de uma família de escribas, pertencendo à elite intelectual da sociedade, no começo do II século a.C. Seu nome significa *Jesus filho de Sirac*. Ele é o autor de um livro que, originalmente, se chamava *"Sabedoria de Jesus, filho de Sirac"*. Mas por ser muito usado como manual de catequese na Igreja cristã de Roma, o livro passou a ser chamado de *"O Livro da Igreja"*, em latim: *"Liber Eclesiasticus"*. Nas nossas Bíblias, é o *Eclesiástico*. Nesse livro, Jesus Ben Sirac descreve a formação que recebeu, desde menino, na *escola* ou "Casa da Doutrina" (Eclo 51,23). Lá estudou a lei mosaica e as tradições dos antigos (cf. Eclo 39,1-3). Ele se formou na Sabedoria do povo de Deus para ensinar a juventude a viver no temor de Deus e no respeito à Torá (a lei). Suas experiências de vida caseira foram enriquecidas por suas muitas viagens (cf. Eclo 34,9-12). Ele tomou lugar no conselho da cidade e ajudou nas decisões políticas de seu país (cf. Eclo 39,4). Devido à sua sabedoria, Jesus Ben Sirac foi muito estimado por seus contemporâneos (cf. Eclo 30,9-11).

No final de sua vida, ele reuniu toda a sua experiência e piedade no livro que leva seu nome. Nesse livro, após um pequeno prólogo, Jesus Ben Sirac vai organizando os muitos provérbios de acordo com os assuntos (cf. Eclo 1,1–42,14). Em seguida, influenciado pela cultura grega, ele descreve como a sabedoria de Deus se manifesta na natureza (cf. Eclo 42,15–43,33) e na história do povo de Deus, por meio dos homens e mulheres que souberam viver a sua fé na Aliança (cf. Eclo 44,1–50,29). Ele termina o livro com um hino de ação de graças (cf. Eclo 51,1-30), no qual transmite alguma informação a respeito de si mesmo e da sua maneira de viver, estudar e aprofundar a sabedoria. Mais tarde, por volta de 132 a.C., seu neto traduziu esse livro para o grego, na cidade de Alexandria, no Egito. Lá esse livro acabou entrando na relação ou lista (Cânon) dos Livros Sagrados.

Outubro

1º de Outubro

Tobias e Sara
Casal que soube enfrentar as dificuldades

"Vamos rezar e suplicar ao Senhor que nos conceda misericórdia e salvação"
(Tb 8,4).

O nome *Tobias* significa *Deus é bom* ou *bondade de Deus*. O nome *Sara* significa *princesa*. Seu nome é o mesmo da esposa de Abraão (cf. Gn 17,15). Dar esse nome à filha era um sinal de que a família, mesmo no exílio, queria assumir a caminhada que vinha de longe. Assim, eles reforçavam e aprofundavam sua identidade e sua missão. Sara e Tobias não se conheciam, viviam muito distantes um do outro. Tobias era filho de Tobit, que tinha sido deportado pelos assírios para o exílio em Nínive (cf. Tb 1,3). Sara, filha de Raguel, vivia em Ecbátana, na terra de Média (cf. Tb 3,7). Sara era muito infeliz. Ela havia tido sete maridos, e os sete morreram logo na primeira noite de casados. O povo achava que fosse um castigo de Deus, uma praga. Ela vivia muito triste, com vontade de morrer (cf. Tb 3,7-10).

Tobias, filho de Tobit, foi enviado pelo pai para buscar uma herança de "dez talentos de prata" que ele tinha deixado na terra de Média na casa de um parente (cf. Tb 4,1-3.20-21; 5,1-3). O anjo Rafael se apresentou para acompanhar Tobias na viagem, pois este não conhecia o caminho. Tobias não sabia que se tratava de um anjo de Deus (cf. Tb 5,4-22). Rafael o protegeu várias vezes de um perigo (cf. Tb 6,2-9). Quando, finalmente, chegou à casa do parente na terra de Média, onde ia buscar a herança, Tobias encontrou Sara na casa de Raguel (cf. Tb 6,10-19). Enamorou-se dela e aceitou casar-se com ela. Os pais de Sara, com medo do que iria acontecer, já tinham preparado o túmulo para enterrar Tobias como o oitavo marido morto na primeira noite (cf. Tb 8,10-14). Mas nada disso aconteceu, pois os dois resolveram rezar e pedir ajuda a Deus (cf. Tb 8,4-9). Aconselhados pelo anjo Rafael, Tobias e Sara venceram a maldição e chegaram sãos e salvos à casa dos pais de Tobias (cf. Tb 11,1-18).

2 de Outubro

Santos Anjos
Eles nos guardam e protegem

"Eu sou Rafael, um dos sete anjos que estão sempre prontos para entrar na presença do Senhor glorioso" (Tb 12,15).

A palavra *anjo* (ângelo) quer dizer *mensageiro*. Desde o Antigo Testamento, os Santos Anjos aparecem na Bíblia como mensageiros de Deus. Bem no início, eles eram vistos como o próprio Deus (cf. Gn 16,7). Aos poucos, sob a influência da cultura persa, a figura do anjo se destaca como um ser distinto do próprio Deus, mas sempre como mensageiro (anjo) de Deus. Os anjos acompanham-lhes as pessoas e as defendem nos perigos, ajudam-nas a superar os problemas e indicam-lhes o caminho. Um exemplo concreto é o anjo Rafael na vida de Tobias (cf. Tb 5,4; 6,2-6; 6,14-19). Aos poucos, os anjos começam a receber nomes: *Miguel, "quem é como Deus?"* (cf. Ap 12,7), *Gabriel, "Deus é forte"* (cf. Lc 1,19.26), *Rafael, "Deus cura"* (cf. Tb 3,17), e outros. O livro do Apocalipse fala em "milhões e milhões de anjos" que ficam perto e ao redor do trono de Deus (cf. Ap 5,11). O povo imaginava o trono de Deus como os tronos dos reis daquela época. Os ministros dos reis ficavam sempre perto do trono para atenderem a qualquer pedido que o rei quisesse transmitir. Assim são os anjos; eles estão sempre perto do trono de Deus, prontos para executar qualquer ordem de Deus. Foi o que disse Rafael a Tobit, o pai de Tobias: *"Eu sou Rafael, um dos sete anjos que estão sempre prontos para entrar na presença do Senhor glorioso"* (Tb 12,15).

A fé na presença protetora dos anjos de Deus que nos acompanham tem a sua forma mais bonita na devoção ao *Anjo da Guarda*, o anjo que é um companheiro para cada um de nós. O anjo da guarda é a expressão concreta da fé no fato de que Deus está sempre perto de nós e nós estamos sempre perto de Deus. Ele nos acompanha e nos orienta. Ele é Emanuel, Deus conosco. O anjo da guarda assume muitas formas, visíveis e invisíveis: pessoas amigas, conversas iluminadoras, oração fervorosa, sofrimentos superados com fé, convicção de fé que fortalece e anima, muitos anjos. Tantos sinais de que Deus está sempre perto de nós!

3 de Outubro

Bartimeu
O cego mendigo, sentado à beira da estrada

"Jesus, filho de Davi! Tem dó de mim" (Mc 10,48).

O nome Bartimeu significa *filho (bar) de Timeu*. Bartimeu era um mendigo cego que ficava sentado perto da porta da cidade de Jericó (cf. Mc 10,46). Quando Jesus, na sua última viagem a Jerusalém, passou por lá, Bartimeu começou a gritar: *"Jesus, filho de Davi, tem dó de mim"* (Mc 10,47). Os que acompanhavam Jesus mandavam que ele calasse a boca, pois aquela gritaria incomodava a todos. Mas Bartimeu, em vez de ficar calado, começou a gritar mais alto, e a sua voz cegou até os ouvidos de Jesus (cf. Mc 10,48). Jesus mandou chamá-lo. E os que tinham mandado que ele calasse a boca foram obrigados a levar Bartimeu até Jesus. Jesus perguntou: *"O que você quer que eu faça?"* Respondeu: *"Eu quero ver de novo"* (Mc 10,51). Jesus disse: *"Veja de novo! Sua fé o salvou!"* (Mc 10,52; Lc 18,42). E Bartimeu acabou enxergando. Bartimeu tinha invocado Jesus com o título *"Filho de Davi"*. Jesus não gostava muito do título "filho de Davi" (cf. Mc 12,35-37). Com outras palavras, a doutrina na cabeça de Bartimeu não era lá muito correta, mas a sua fé era perfeita, pois ele acabou enxergando. Bartimeu é a imagem de muitos de nós. A doutrina que temos na cabeça nem sempre é totalmente correta, mas a fé de muitos é perfeita; às vezes, até mais perfeita que a fé daqueles que têm a doutrina correta na cabeça.

Pedro tinha a doutrina correta na cabeça quando disse: *"Tu és o Cristo. O Filho do Deus vivo!"* (Mc 8,29; Mt 16,16). E Jesus o elogiou: *"Tu és Pedro e sobre esta pedra edificarei a minha igreja"* (Mt 16,18). Mas a fé de Pedro não era tão perfeita, pois ele não aceitava Jesus como messias sofredor: *"Deus não o permita. Isso jamais te acontecerá!"* (Mt 16,22). E Jesus lhe disse: *"Afasta-te de mim, Satanás!"* (Mt 16,23). O que é melhor: ser como Bartimeu ou como Pedro? Diante da fé de Bartimeu e de tantas outras pessoas, Jesus rezava e reza: *"Eu te louvo, Pai, Senhor do céu e da terra, porque escondeste estas coisas aos sábios e inteligentes e as revelaste aos pequeninos. Sim, Pai, porque assim foi do teu agrado"* (Mt 11,25-26).

4 de Outubro

Francisco de Assis (de 1182 a 1226 d.C.)
O santo que mais de perto encarnou Jesus em sua vida

*"Se queres ser perfeito, vai, vende tudo o que tens, dá-o aos pobres
e terás um tesouro nos céus, e vem e segue-me"* (Mt 19,21).

"São vivificados pelo espírito das Sagradas Escrituras aqueles que buscam penetrar mais a fundo em cada letra que conhecem sem atribuir o seu saber ao próprio eu, mas a Deus, seu supremo Senhor, ao qual todo bem pertence"
(Admoestações de São Francisco aos irmãos).

Poucas pessoas deslumbraram tanto seus contemporâneos quanto Francisco de Assis. Até hoje ele é uma figura reverenciada e admirada por todos. Francisco nasceu na pequena cidade italiana de Assis, na região da Úmbria, por volta de 1182 d.C. Na pia batismal recebeu o nome de João. Mas seu pai, Pietro Bernardone, um rico comerciante de tecidos, voltou encantado de uma viagem de negócios em várias regiões da França. Dessa forma, mudou o nome do menino para Francesco, palavra que, no dialeto local, significava *francês*. Filho de pai rico, Francisco foi um jovem que soube aproveitar a vida com o dinheiro do pai, levando uma existência fútil e vazia. Era vaidoso e buscava constantemente se destacar com suas vestimentas caras e exuberantes. Líder nas festas e nas noitadas, era muito popular entre os jovens da cidade, a ponto de ser conhecido como "o rei da juventude". Dentro do espírito de sua época, empolgou-se pela cavalaria e foi lutar na guerra entre as cidades de Assis e Perugia. Seus conterrâneos foram derrotados e ele caiu prisioneiro. Ficou preso por um ano (1202), definhando no cárcere sob violentos maus tratos. Libertado após seu pai pagar pesado resgate, Francisco voltou doente para Assis, permanecendo acamado por mais de um ano. No meio de sua doença começou a mudar de vida. O que verdadeiramente provocou sua conversão foi, como ele mesmo conta em seu Testamento, seu encontro com um leproso. Ao descer de seu cavalo e abraçar e beijar o doente, como ele mesmo diz em seu Testamento, *"o que antes me parecia doce se tornou amargo e o que antes me parecia amargo, tornou-se doce"*. Foi uma radical mudança de vida. Ele abandona sua antiga vida e se refugia numa pequena igreja na roça. Nesta igreja de São Damião o crucifixo lhe fala: "Vai Francisco e restaura minha Igreja que, como você vê, está em ruínas..." Em resposta a este apelo, Francisco rompe com os esquemas eclesiásticos da época e funda uma maneira nova de viver a vida religiosa.

Surge a espiritualidade mendicante, com comunidades de vida fraterna congregadas na pobreza e na partilha, itinerantes em constante deslocamento. Francisco soube ser uma resposta de Deus para os anseios dos pobres e marginalizados de sua época. Assim como Jesus. Em 1210 ele funda a Ordem dos Frades Menores. Morreu em Assis, em 1226, trazendo em seu corpo as marcas da cruz de Cristo. Foi aclamado santo pelo povo no mesmo dia de sua morte. Hoje, ele é o patrono da Ecologia e da Reconciliação Universal.

5 de Outubro

Demétrio
Criticado por seguir o rumo novo da Igreja

"Quanto a Demétrio, todos dão testemunho dele" (3Jo 12).

O nome *Demétrio* significa *consagrado a Demeter*, que era uma divindade pagã. Demétrio é mencionado uma única vez na Bíblia, na Terceira Carta de João. Nessa carta, João escreve: *"Quanto a Demétrio, todos dão testemunho dele, inclusive a própria Verdade. Nós também testemunhamos a seu favor, e tu sabes que o nosso testemunho é verdadeiro"* (3Jo 12). Nas entrelinhas dessas palavras de João, a gente percebe que havia tensões na comunidade. De um lado, havia os que eram fiéis a João, e, do outro lado, os que eram contrários à sua orientação. João menciona um tal de Diótrefes e diz: *"Ele não nos aceita"* e *"nos difama com palavras mal-intencionadas"* (3Jo 9-10). Demétrio, ao contrário, é um dos que eram fiéis a João. A comunidade dá testemunho a seu favor, pois a verdade está do lado dele. O próprio João, autor da carta, diz a respeito de Demétrio: *"Nós também testemunhamos a seu favor!"* Tudo isto mostra que, já naquele tempo, não era tão fácil ser um bom cristão. Uma das causas dessas dificuldades era o amor ao dinheiro. *"Porque a raiz de todos os males é o amor ao dinheiro"* (1Tm 6,10). Jesus dizia: *"Vocês não podem servir a Deus e ao dinheiro"* (Lc 16,13).

Era o caso de um outro Demétrio que vivia na cidade de Éfeso, mencionado nos Atos dos Apóstolos (cf. At 19,24). Ele servia ao dinheiro, e não a Deus. Esse Demétrio era um ourives que vendia pequenas estátuas de ouro de Ártemis (Diana), uma divindade pagã, padroeira da cidade de Éfeso. Por causa da difusão da pregação da Boa Nova do Reino de Deus, estava diminuindo a venda das estátuas de Ártemis, e diminuía também o lucro do comércio de Demétrio. Para defender o seu negócio, Demétrio conseguiu agitar a cidade toda contra os cristãos (cf. At 19,23-40). Não é desse Demétrio dinheirista que falamos aqui.

6 de Outubro

A esposa de Pedro
Dona de casa

"Não temos o direito de levar conosco nas viagens uma mulher cristã, como fazem os outros apóstolos e Pedro?" (1Cor 9,5).

Dentre os apóstolos de Jesus, o que mais se destaca é Simão Pedro. Tendo sido escolhido coordenador do grupo pelo próprio Jesus, ficamos sabendo de vários detalhes sobre sua vida pessoal. Simão Pedro era casado. Sua esposa, mais tarde, o acompanhava em suas viagens missionárias (cf. 1Cor 9,5). Eles tinham uma casa em Cafarnaum (cf. Mc 1,29). A sogra de Simão, a mãe de sua esposa, também morava com eles em Cafarnaum. Mas os textos dos Evangelhos nada falam sobre a esposa de Pedro. Nem sabemos o nome dela. O que sabemos é que Paulo, fazendo a defesa de seu apostolado, diz que Pedro viajava acompanhado de sua esposa, chamada de "mulher cristã" (cf. 1Cor 9,5). Sinal de que ela também se converteu e entrou no caminho de Jesus.

No começo da missão cristã, vários casais se engajaram nos trabalhos missionários. Entre esses casais se destacam Priscila e Áquila, Andrônico e Júnia (cf. Rm 16,3.7); Filólogo e Júlia (cf. Rm 16,15); Filêmon e Ápia (cf. Fm 1-2) e muitos outros. Pedro, provavelmente acompanhado de sua esposa, viajou de Jerusalém para Antioquia (cf. Gl 2,11). De lá seguiu para Corinto (cf. 1Cor 1,12) e, posteriormente, para Roma. Em Roma, segundo a mais antiga tradição da Igreja, morreu martirizado no reinado de Nero (por volta de 67 d.C.). Não sabemos mais nada a respeito de sua fiel companheira de vida e de viagens.

7 de Outubro

Urbano
Membro da comunidade de Roma

"Saúdem Urbano, nosso colaborador em Cristo" (Rm 16,9).

"Saúdem Urbano, nosso colaborador em Cristo" (Rm 16,9). Nessa breve saudação de Paulo para a comunidade de Roma, Urbano aparece como *"nosso colaborador em Cristo"*. Mais do que isso não sabemos a respeito dele. Urbano é uma das mais de 30 pessoas que recebem ou mandam abraços no capítulo 16 da carta de Paulo aos romanos. O nome *Urbano* significa *morador da cidade (urbe)*. Urbano vivia em Roma, que tinha em torno de um milhão de habitantes. Grande parte dessa população tinha vindo de outros lugares, de quase todas as partes do grande império. Era como hoje. Muitos dos que vivem nas periferias das grandes cidades nasceram na roça. Urbano, muito provavelmente, era nascido na cidade. Daí o nome *urbano*.

O elogio que Urbano recebe na saudação de Paulo diz tudo: *"Nosso colaborador em Cristo"*. Os dois, Paulo e Urbano, trabalharam juntos como agentes de pastoral. Pode até ser que Urbano, como Áquila, tenha sido "colaborador" de Paulo como fabricante de tendas (cf. At 18,3). Mas não é nesse ponto que consistia a colaboração entre os dois. Eles colaboravam juntos *"em Cristo"*. Os dois se ajudavam mutuamente no anúncio da Boa Nova de Jesus.

8 de Outubro

Simeão
Homem idoso, aberto para o futuro

"Ele esperava a consolação de Israel, e o Espírito Santo estava com ele" (Lc 2,25).

O velho Simeão aparece bem no início do Evangelho de Lucas. Foi quando Maria e José levavam o menino Jesus ao templo para ser apresentado a Deus, conforme exigia a lei de Deus a respeito do resgate de todo filho primogênito (cf. Lc 2,22-24). Naquela ocasião, Simeão estava no templo. Lucas diz: *"Havia em Jerusalém um homem chamado Simeão. Era justo e piedoso. Esperava a consolação de Israel, e o Espírito Santo estava com ele"* (Lc 2,25). Avançado em idade, Simeão tinha dentro de si o grande desejo e a convicção de um dia poder experimentar de perto a realização das profecias a respeito do Messias: *"O Espírito Santo tinha revelado a Simeão que ele não morreria sem primeiro ver o Messias prometido pelo Senhor"* (Lc 2,26). Quando Simeão viu aquele casal pobre com o menino nos braços, a mente dele se abriu e o Espírito o fez experimentar a chegada da hora de Deus. Ele tomou o menino nos braços, agradeceu a Deus e fez um cântico bonito: *"Agora, Senhor, podeis deixar o vosso servo ir em paz, porque meus olhos viram a salvação de Israel"* (Lc 2,29-30).

O que é que viram os olhos de Simeão? Ele viu um casal pobre lá da Galileia com um menino nos braços. Mas a sua fé enxergou *"a salvação de Israel"*. Em seguida, *"Simeão os abençoou e disse a Maria, mãe do menino: 'Eis que este menino vai ser causa de queda e elevação de muitos em Israel. Ele será um sinal de contradição. Quanto a você, uma espada há de atravessar-lhe a alma'"* (Lc 2,34-35).

9 de Outubro

Dionísio
Filósofo grego que se converteu

"Entre os convertidos estava Dionísio, o areopagita" (At 17,34).

Dionísio aparece na Bíblia por ocasião da pregação do apóstolo Paulo no areópago em Atenas, na Grécia (cf. At 17,34). O areópago era o centro da cultura helenista. Paulo tinha sido convidado pelos filósofos para falar para eles. *"Tomando Paulo consigo, eles o levaram ao Areópago, dizendo: 'Podemos saber qual é a nova doutrina que você está expondo? De fato, as coisas que você diz soam estranhas para nós; queremos, portanto, saber do que se trata'"* (At 17,19-20). Paulo foi com eles e no areópago fez um discurso bem articulado (cf. At 17,22-31). Eles o escutavam com muita atenção. Mas quando ele começou a falar da fé na ressurreição, alguns deram risada. Lucas diz que *"quando ouviram falar de ressurreição dos mortos, alguns caçoavam e outros diziam: 'Nós ouviremos você falar disso em outra ocasião'"* (At 17,32). É que, para a filosofia dos gregos, a ressurreição dos mortos era coisa impossível; um absurdo! Pouca gente se converteu. *"Alguns, porém, se uniram a Paulo e abraçaram a fé. Entre esses estava também Dionísio, o areopagita, uma mulher chamada Dâmaris e outros com eles"* (At 17,34).

É só isso que sabemos a respeito de Dionísio. Mas pelo simples fato de ele estar no areópago e de ter aceitado a Boa Nova da ressurreição, podemos concluir que Dionísio era uma pessoa letrada, aberta para a verdade. Ele não se fechou nos preconceitos dos filósofos helenistas, mas soube discernir a verdade. Fez a conversão e aceitou a Boa Nova de Jesus.

10 de Outubro

A viúva de Naim
Viúva que perdeu o filho único

"Ao vê-la, o Senhor teve compaixão dela e lhe disse: 'Não chore!'" (Lc 7,13).

Não sabemos o nome desta viúva. Ela era de Naim. Lugar pequeno, onde todo mundo conhece todo mundo e onde todos compartem a dor e a alegria de todos. Morreu o filho único desta viúva. Todo o povoado se solidariza com ela e a acompanha, levando o filho para o cemitério que ficava fora dos muros da cidade. No exato momento de a multidão sair da cidade, Jesus chega acompanhado de outra multidão de gente. Os dois grupos se encontram na porta da cidade (cf. Lc 7,11-12). Vida e Morte se encontram! Jesus vê e sente a dor da mãe que perdeu o filho único. Ele manda o cortejo parar, chega perto do caixão e diz: *"Moço, eu te ordeno: levanta-te"* (Lc 7,14). O moço se levantou, e Jesus o devolveu à mãe. O povo comentou o fato dizendo: *"Um grande profeta apareceu entre nós, e Deus veio visitar o seu povo"* (Lc 7,16). Eles souberam discernir a visita de Deus nos fatos da vida.

Hoje também tem gente que sabe discernir a visita de Deus nas casas do povo: *"Irmã, ontem Deus passou aqui em casa e nos fez uma visita"*. *"Como assim?"* – *"Pois é. Meu menino estava passando mal, e no posto de saúde me deram a receita de um remédio, mas eu não tinha dinheiro para comprar aquele remédio de 15 reais. À tarde, uma senhora passou em casa e deixou 7 reais em cima daquela mesa. E eu não tinha falado nada para ela. Foi Deus! Não foi?"* Como o povo de Naim, essa senhora pobre soube discernir a presença de Deus na visita que recebeu naquela tarde. Será que eu sei discernir?

11 de Outubro

Carpo
Líder na Igreja em Trôade

"Traga-me o manto que deixei na casa de Carpo" (2Tm 4,13).

Desde a sua prisão em Roma, Paulo escreve a Timóteo: *"Procure vir logo ao meu encontro, pois Demas me abandonou, preferindo o mundo presente. Ele partiu para Tessalônica, Crescente para a Galácia, Tito para a Dalmácia. Somente Lucas está comigo. Procure Marcos e traga-o com você, porque ele pode ajudar-me no ministério. Mandei Tíquico para Éfeso. Quando você vier, traga-me o manto que deixei em Trôade, na casa de Carpo"* (2Tm 4,9-13). São diversas pessoas que aparecem nessas recomendações de Paulo para os membros de sua equipe missionária. Uma delas é Carpo. Todos esses recados de Paulo para Timóteo nos dão uma ideia do dia a dia das comunidades cristãs. Paulo pede a Timóteo que, quando for a Roma, *"passe em Trôade, na casa de Carpo, e traga-me o manto que deixei lá"*. Nada mais sabemos de Carpo, nome que significa *fruto*. Mas podemos deduzir que Paulo fazia da casa de Carpo o seu lugar de pouso e de descanso, sentindo-se tão em casa com ele que chegou a deixar por lá objetos de uso pessoal.

A comunidade cristã em Trôade foi muito importante para a caminhada das comunidades. Foi lá que Paulo, na sua segunda viagem, teve a visão do macedônio pedindo ajuda. Essa visão levou-o a optar pela evangelização da Macedônia, entrando assim pela primeira vez na Europa (cf. At 16,8-11). Provavelmente, foi nessa ocasião que Lucas entrou na equipe missionária para acompanhar Paulo na sua viagem missionária, pois é a partir desse momento que Lucas começa a descrever a viagem de Paulo na primeira pessoa do plural. Ele diz: *"Logo após a visão procuramos partir para a Macedônia"* (At 16,10). Na terceira viagem, a comunidade de Trôade foi o lugar escolhido para a equipe missionária se encontrar depois de eles terem evangelizado várias cidades (cf. At 20,5-6). Durante esse encontro da equipe, Paulo celebrou com eles a Eucaristia antes de partir. Foi durante essa celebração que aconteceu aquele acidente com o jovem Êutico, que dormiu e caiu da janela (cf. At 20,7-12). Tudo isso aconteceu na casa de Carpo. Casas como a de Carpo continuam existindo até hoje nas nossas comunidades. Graças a Deus!

12 de Outubro

Malaquias
Profeta que insistia na reconstrução da vida comunitária

"Voltem para mim, que eu também voltarei para vocês" (Ml 3,7).

Malaquias é o último na lista dos doze Profetas Menores. Temos poucas informações a respeito deste profeta. O nome *Malaquias* significa *mensageiro de Y*HWH. Pelo que se pode deduzir dos três capítulos do livro atribuído a ele, Malaquias atuou como profeta em torno de ano 400 a.C., quando o templo estava sendo reconstruído sob a orientação de Neemias e Esdras. A mensagem de Malaquias é muito simples e muito envolvente. Ele insiste no cumprimento da lei de Deus e na fidelidade à Aliança: *"Lembrem-se da Lei do meu servo Moisés, que eu mesmo lhe dei no monte Horeb, estatutos e normas para todo o Israel"* (Ml 3,22). Além disso, Malaquias insiste na reconstrução da convivência humana bem na base, entre os membros da mesma família, da mesma comunidade. Ele diz que, no fim dos tempos, Deus vai mandar o profeta Elias: *"Ele há de fazer que o coração dos pais volte para os filhos, e o coração dos filhos, para os pais"* (Ml 3,24). Malaquias procurava refazer o relacionamento na vida familiar, entre pais e filhos, que é a base de toda a convivência humana. É hoje a base firme do atual movimento das Comunidades Eclesiais de Base.

De certo modo, todos nós, homens ou mulheres, devemos ser outros *Malaquias*, mensageiros de Deus: irradiar para os outros o dom que Deus colocou dentro de cada um nós e, assim, contribuir para refazer o relacionamento nas famílias e nas comunidades; fazer com que as famílias se unam em comunidade para reforçar a fé, partilhar a esperança e irradiar o amor.

13 de Outubro

Simão
Curtidor de peles que hospedou Pedro

"Pedro ficou vários dias na casa de Simão" (At 9,43).

Simão, o curtidor de peles, morava em Jope, pequena cidade à beira-mar na Palestina. Nas suas viagens missionárias, Pedro se hospedava na casa deste Simão, e é só isso que sabemos a respeito dele (cf. At 10,6). Mas trata-se de uma notícia significativa. Naquela época, a profissão de quem trabalhava num curtume era considerada impura. Este Simão de profissão impura foi a pessoa de contato para que Cornélio, o primeiro pagão, pudesse encontrar Pedro e ser acolhido por ele na comunidade cristã (cf. At 10,1-5). Graças à hospitalidade de Simão, o primeiro pagão pôde ser acolhido na comunidade, ser batizado e tornar-se cristão (cf. At 10,44-48). Simão abriu a porta para todos nós, pois todos nós somos pagãos batizados. Ele mesmo, provavelmente, não se dava conta da importância e das consequências da hospitalidade que oferecia a Pedro.

O nome Simão ou Simeão é muito frequente nos Atos dos Apóstolos: Simão, o curtidor de peles (cf. At 9,43); Simão Pedro, discípulo de Jesus (cf. At 10,5); Simão, o mago que morava na Samaria (cf. At 8,9); Simão Zelotes, discípulo de Jesus (cf. At 1,13). O nome *Simeão* é um diminutivo de *Simão*. Seria *Simãozinho* ou pequeno Simão. *Simão* significa *Deus ouviu*. Simeão era o nome do segundo filho de Jacó e Lia, um dos 12 patriarcas de Israel.

14 de Outubro

Jair
Juiz do povo de Deus

"Jair julgou Israel durante vinte e dois anos" (Jz 10,3).

Diz a Bíblia: *"Depois de Tola, surgiu Jair de Galaad, que julgou Israel durante vinte e dois anos. Jair tinha trinta filhos, que montavam trinta jumentos e possuíam trinta cidades, que ainda hoje se chamam Aldeias de Jair, em Galaad. Depois Jair morreu, e o sepultaram em Camon"* (Jz 10,3-5). O nome *Jair* significa *que YHWH o ilumine*. Tola foi juiz durante 23 anos. Jair o foi durante 22 anos. Assim como Tola, ele *surgiu*. Sua liderança era fruto da sua atuação junto ao povo; não era uma herança familiar. A expressão *julgou Israel* define a função de juiz. Em que consistia essa atividade de *julgar o povo*? Ser juiz implicava nas seguintes atividades: receber o povo; conversar, aconselhar, consolar, puxar a orelha, instruir; ajudá-lo a discernir e resolver seus problemas e brigas; defendê-lo contra as invasões dos inimigos; tomar decisões e dar sentenças na linha da fé libertadora no Deus YHWH.

Diz a Bíblia: *"Jair tinha trinta filhos, que montavam trinta jumentos e possuíam trinta cidades, chamadas ainda hoje de Aldeias de Jair"* (Jz 10,4). Informações semelhantes também são dadas de outros juízes: Samgar matou 600 filisteus com uma vara de tocar os bois (cf. Jz 3,31); Abesã tinha 30 filhos e 30 filhas (cf. Jz 12,8); Abdon tinha 40 filhos e 30 netos que montavam 70 jumentos (cf. Jz 12,14). Sem falar dos grandes feitos de Sansão (cf. Jz 14,6; 14,19; 15,4-5; 15,14-15; 16,3; 16,29-30). Essas histórias populares são um sinal da liderança bem popular dos juízes que ficou na memória do povo: "Quem conta um conto aumenta um ponto". Aumenta não para enganar, mas para transmitir a fé e a confiança que os animava. As histórias dos Juízes na Bíblia são como as histórias de Lampião no Nordeste.

15 de Outubro

Séfora
Esposa de Moisés

"E Jetro deu a Moisés sua filha Séfora" (Ex 2,21).

Séfora, esposa de Moisés, era do país de Madiã, atual Arábia Saudita (cf. Ex 2,15). O nome *Séfora* significa *pássaro*. Seu pai, Jetro, era sacerdote do povo de Madiã. Ele tinha sete filhas (cf. Ex 2,16). Quando Moisés teve que fugir do Egito, escapando da polícia do faraó, ele se refugiou na terra de Madiã e foi acolhido na casa de Jetro (cf. Ex 2,11-20). *"Moisés concordou em morar com ele. E Jetro deu a Moisés sua filha Séfora. Ela deu à luz um menino, a quem Moisés deu o nome de Gérson, dizendo: 'Sou imigrante em terra estrangeira'"* (Ex 2,21-22). Depois deu à luz um segundo filho, a quem deu o nome de *Eliezer*, que significa *Deus é minha ajuda* (cf. Ex 18,4). Séfora queria acompanhar Moisés de volta para o Egito, quando Deus o chamou para enfrentar o faraó. Mas diante dos perigos e das ameaças do faraó, Moisés a enviou de volta para a casa do pai Jetro (cf. Ex 18,2). Lá ela ficou até Moisés levar o seu povo da terra do Egito para o deserto de Horeb, a Montanha de Deus. Quando Jetro soube que o povo estava acampado na Montanha de Deus, ele levou Séfora de volta a Moisés, junto com os dois filhos. A família então se reuniu de novo no acampamento dos israelitas em Horeb (cf. Êx 18,5-6), e fizeram uma festa (cf. Ex 18,7-12).

Hoje, também, muitas famílias são obrigadas a viver divididas por causa das dificuldades da vida: emprego, desemprego, viagem, estudo, doença, perseguição. Mas apesar de divididas, elas mantêm viva a esperança de um dia poderem reunir-se de novo, para tocarem juntos a vida. É essa a esperança que a história de Séfora nos comunica.

16 de Outubro

Pármenas
Um dos sete diáconos

"O filho do homem não veio para ser servido, mas para servir" (Mc 10,45).

O nome *Pármenas* significa *perseverante*. Ele era um dos sete diáconos (cf. At 6,5). Da maioria deles conhecemos apenas o nome, nada mais. Qual era a missão de Pármenas como diácono? Pedro convocou uma assembleia: *"Não está certo que nós deixemos de lado a pregação da palavra de Deus para servir às mesas"* (At 6,2). Ele pediu à comunidade para escolher *"sete homens de boa fama, repletos do Espírito e de sabedoria"* (At 6,3), que pudessem atender às necessidades que iam aparecendo na convivência comunitária. Aqui está a origem do diaconato como serviço. Foi para essa missão de *serviço* que Pármenas foi chamado. Quem busca o diaconato como autopromoção não serve para ser diácono. "Quem não vive para servir não serve para viver", diz o para-choque do caminhão.

A palavra *diácono* quer dizer *servidor*. A missão do povo de Deus como servidor, como serviço à humanidade, já vinha de longe, desde a época do cativeiro da Babilônia. Anteriormente, na época dos reis, muitos achavam que sua missão era ser um povo rei, um povo glorioso. Mas, para os profetas, o que importava não era ser um povo rei, maior que os outros povos, mas sim ser um povo *servidor* dos outros povos. Assim nasceu a profecia do messias como Servidor de Deus e do povo (cf. Is 42,1-9; 49,1-6; 50,4-9; 52,13–53,12; 61,1-2). Maria, a Mãe de Jesus, disse ao anjo: *"Eis aqui a serva do Senhor!"* (Lc 1,38). Jesus dizia: *"O filho do homem não veio para ser servido, mas para servir e dar a vida em resgate para muitos"* (Mc 10,45).

17 de Outubro

A mulher sábia de Técua
Conselheira do rei Davi

"Joab mandou buscar em Técua uma mulher sábia" (2Sm 14,2)

A família do rei Davi foi marcada por vários acontecimentos trágicos. Amnon, filho primogênito e sucessor de Davi, apaixonou-se por sua meia-irmã Tamar. Nessa paixão obcecada, acabou por violentá-la. Depois dessa violência, desprezou-a e despediu-a (cf. 2Sm 13,1-18). O irmão de Tamar, Absalão, vingou a violência matando Amnon. Devido a esse assassinato, Absalão teve que fugir para a casa de seu sogro (cf. 2Sm 13,23-34). Três anos se passaram. O general Joab queria forçar Davi a perdoar Absalão para que o príncipe pudesse voltar a morar em Jerusalém. Então o general foi buscar uma mulher sábia que vivia na aldeia de Técua. A mulher teria autoridade suficiente para fazer Davi mudar de opinião. A sabedoria em Israel era um atributo de pessoas habilidosas, experimentadas e espertas. A mulher, com muita esperteza, põe em prática a ideia de Joab, levando Davi a perdoar seu filho Absalão. Para isso, ela recorre a uma parábola, dizendo que vive uma situação semelhante a que Davi está passando (cf. 2Sm 14,5-7). Davi acabou por perceber todo o plano da mulher, mas deixou-se convencer e perdoou Absalão, permitindo que o filho regressasse a Jerusalém (cf. 2Sm 14,21).

Ao que parece, esse é o episódio mais antigo que fala da sabedoria como arte de governar. No final, a mulher reconhece que Davi, ao perceber o plano de Joab, revelou-se mais sábio do que ela (cf. 2Sm 14,20).

18 de Outubro

Lucas
Evangelista e companheiro de Paulo

"Somente Lucas, o querido médico, está comigo!" (2Tm 4,11).

Lucas, o evangelista, era um pagão convertido. Muito provavelmente, ele já fazia parte dos "adoradores" ou "tementes a Deus", pagãos que frequentavam a sinagoga aos sábados, atraídos pela mensagem da Bíblia. Lucas era de Antioquia. Participando das reuniões da sinagoga aos sábados, ele deve ter presenciado quando lá chegaram os cristãos que tinham sido perseguidos por Paulo em Jerusalém (cf. At 11,20-24). A comunidade de Antioquia foi a primeira a acolher e batizar os pagãos (cf. At 11,22-26). Lucas deve ter sido um dos primeiros pagãos que foram batizados. Ele se tornou companheiro fiel de Paulo durante a segunda viagem missionária. Descrevendo a viagem de Paulo, Lucas começa a usar a primeira pessoa do plural, dizendo: *"Procuramos partir para a Macedônia"* (At 16,10). Sinal de que, naquele momento, ele se tornou companheiro de viagem de Paulo. Junto com Paulo e com toda a equipe missionária, ele andou pelas comunidades da Ásia e da Grécia. Foi para essas comunidades dos pagãos convertidos que ele escreveu o Evangelho e os Atos dos Apóstolos. Com seus escritos, Lucas os ajudava a superar o complexo de inferioridade dos pagãos convertidos frente aos judeus convertidos. Os pagãos convertidos, eles mesmos deviam poder *"verificar a solidez dos ensinamentos que receberam"* (Lc 1,4).

Lucas é mencionado em três cartas de Paulo. Na Carta aos Colossenses: *"Lucas, o querido médico"* (Cl 4,14); na Segunda Carta a Timóteo, escrita na prisão: *"Somente Lucas está comigo"* (2Tm 4,11). Na Carta a Filêmon, na qual Paulo o chama de: *"Lucas, meu colaborador"* (Fm 24).

19 de Outubro

Onesíforo
Animador na comunidade de Roma

"Que o Senhor conceda misericórdia à família de Onesíforo, porque ele muitas vezes me confortou" (2Tm 1,16).

Onesíforo é um nome grego que significa *aquele que traz utilidade*. Onesíforo é mencionado duas vezes na segunda carta de Paulo a Timóteo. Ele escreve: *"Que o Senhor conceda misericórdia à família de Onesíforo, porque ele muitas vezes me confortou e não se envergonhou de eu estar preso. Ao contrário, quando chegou a Roma, ele me procurou com insistência, até me encontrar. Que o Senhor lhe conceda misericórdia junto a Deus naquele Dia. E quanto aos serviços que ele me prestou em Éfeso, você sabe melhor do que eu"* (2Tm 1,16-18). E no fim da carta, de novo, Paulo manda um abraço para Onesíforo: *"Saudações a Prisca e Áquila e à família de Onesíforo"* (2Tm 4,19).

Três coisas chamam atenção. A primeira é que, nas duas vezes, Onesíforo aparece não sozinho, mas também sempre ligado à sua família: *"A família de Onesíforo"*. Não só a pessoa de Onesíforo mas também a família inteira se envolvem na vida da comunidade. A segunda é a qualidade da contribuição e do testemunho de Onesíforo e sua família: *"Ele muitas vezes me confortou e não se envergonhou de eu estar preso. Ao contrário, quando chegou a Roma, ele me procurou com insistência, até me encontrar"* (2Tm 1,16-17). A terceira é a gratidão e o reconhecimento público de Paulo para com o amigo Onesíforo. Paulo sabia dizer: "Muito obrigado!"

20 de Outubro

O Filho do Homem
O título de que Jesus mais gostava

"O Filho do Homem não veio para ser servido, mas para servir e dar sua vida em resgate para muitos" (Mc 10,45).

De todos os títulos de Jesus, o mais frequente é *Filho do Homem*. Ocorre mais de 80 vezes só nos quatro Evangelhos! Jesus gostava de identificar-se como Filho do Homem. Esse título vem do Antigo Testamento. Em Ezequiel, ele acentua a condição humana do profeta, identificado por Deus como "filho do homem". A Bíblia Pastoral traduz esse título de Ezequiel como "criatura humana", que ocorre mais de 90 vezes no livro de Ezequiel. Ser *Filho do Homem* era o mesmo que ser uma pessoa bem humana. No livro de Daniel, o mesmo título "Filho do Homem" ocorre na visão dos grandes impérios do mundo (cf. Dn 7,1-28). Na visão de Daniel, esses impérios são apresentados sob a figura de animais: leão, urso, leopardo e fera medonha (cf. Dn 7,4-7). É que os reinos deste mundo são animalescos; "animalizam" as pessoas, desumanizam a vida. O Reino de Deus, ao contrário, é apresentado sob a figura não de um animal, mas de um *Filho do Homem*, de um ser humano (cf. Dn 7,13). Os reinos imperiais desumanizavam a vida. O povo de Deus não se deixa desumanizar nem enganar pela propaganda dos reinos "animalescos" ou do atual reino neoliberal. A sua missão consiste em assumir e viver o Reino de Deus como um reino *humano*, reino que promove a vida e humaniza as pessoas.

Jesus gostava de apresentar-se como *Filho do Homem* (cf. Mt 8,20; 9,6; 11,19; 12,40; 16,13; 17,9.12.22; 18,11; 19,28; 20,18; etc.). Ele assume como *sua* essa missão humanizadora, expressa no título *Filho do Homem*. Ele realiza o Reino de Deus humanizando a vida. É como se dissesse: "Venham comigo! Vamos juntos realizar a missão que Deus nos entregou. Vamos realizar o Reino humano que ele sonhou!" Quanto mais humano, tanto mais divino! Quanto mais "filho do Homem", tanto mais "filho de Deus!" Dizia o papa Leão Magno: *"Jesus foi tão humano como só Deus pode ser humano"*. Tudo que desumaniza uma pessoa afasta de Deus. É *humanizando* a vida que nós nos tornamos filhos e filhas de Deus. Sendo de condição divina, Jesus se fez semelhante a nós em tudo, menos no pecado (cf. Fl 2,6-7; Hb 4,15).

21 de Outubro

Jesus
Um resumo do seu jeito de anunciar a Boa Nova de Deus

"Encontramos aquele de quem Moisés escreveu na Lei e também os profetas: é Jesus, filho de José de Nazaré" (Jo 1,45).

Bondade, ternura e simplicidade caracterizam o jeito com que Jesus acolhia pessoas: Zaqueu, que subiu numa árvore (cf. Lc 19,1-10), as crianças em todo canto (cf. Mt 19,13-14), o leproso que gritava à beira da estrada (cf. Mt 8,2; Mc 1,40-41), o paralítico de 38 anos (cf. Jo 5,5-9), a moça do perfume na casa do fariseu (cf. Lc 7,36-50), o cego de nascimento na praça do templo (cf. Jo 9,1-13), a mulher curvada na sinagoga (cf. Lc 13,10-13), a viúva de Naim no enterro do filho único (cf. Lc 7,11-17). Jesus defendia os pequenos, reconhecia neles a sabedoria de Deus (cf. Mt 11,25-26). Alguns fariseus e escribas chamavam o povo de ignorante e maldito e achavam que ele não tinha nada para ensinar a eles (cf. Jo 7,48-49; 9,34). Jesus acolhe a todos como irmãos e irmãs. Não exclue ninguém. Ele anuncia o Reino de Deus para todos, mas o anuncia a partir dos excluídos: prostitutas são preferidas aos fariseus (cf. Mt 21,31-32; Lc 7,37-50); publicanos têm precedência sobre os escribas (cf. Lc 18,9-14; 19,1-10); leprosos são limpos (cf. Mc 1,44; Mt 8,2-3; 11,5; Lc 17,12-14); doentes são curados em dia de sábado (cf. Mc 3,1-5; Lc 14,1-6; 13,10-13); mulheres fazem parte do grupo que acompanha Jesus (cf. Lc 8,1-3; 23,49.55; Mc 15,40-41); crianças e viúvas são apresentadas como mestras (cf. Mt 18,1-4; 19,13-15; Lc 9,47-48; Lc 21,1-4); famintos são acolhidos e alimentados (cf. Mc 6,34-44; Mt 9,36; 15,32; Jo 6,5-11); cegos recebem a visão (cf. Mc 8,22-26; Mc 10,46-52; Jo 9,6-7); possessos são libertados (cf. Lc 11,14-20); a mulher adúltera é defendida contra os que a condenavam em nome da lei de Deus (cf. Jo 8,2-11); estrangeiros são acolhidos (cf. Lc 7,2-10; Mc 7,24-30; Mt 15,22).

O povo percebeu a novidade e dizia: *"Um ensinamento novo dado com autoridade!"* (Mc 1,27), diferentemente dos escribas e dos fariseus (cf. Mc 1,22). Assim Jesus revelava um novo rosto de Deus como Pai, Abba, Papai. *"Quem vê a mim, vê o Pai"* (Jo 14,9; cf. Jo 12,45).

22 de Outubro

Susana
Discípula de Jesus

"Elas ajudavam a Jesus e aos discípulos com os bens que possuíam" (Lc 8,3).

O nome *Susana* significa *lírio*. Susana fazia parte do grupo de mulheres que acompanhavam Jesus. Diz o Evangelho de Lucas: *"Depois disso, Jesus andava por cidades e povoados, pregando e anunciando a Boa Notícia do Reino de Deus. Os Doze iam com ele, e também algumas mulheres que haviam sido curadas de espíritos maus e doenças: Maria, chamada Madalena, da qual haviam saído sete demônios; Joana, mulher de Cuza, alto funcionário de Herodes; Susana, e várias outras mulheres, que ajudavam a Jesus e aos discípulos com os bens que possuíam"* (Lc 8,1-3). Jesus permitia que um grupo de mulheres o "seguisse" (cf. Lc 8,2-3; 23,49). A expressão *seguir Jesus* tem aqui o mesmo significado de quando é aplicada aos homens. Elas eram *discípulas* que *seguiam* Jesus, desde a Galileia até Jerusalém. O Evangelho de Marcos define a atitude delas com três palavras: *seguir, servir, subir*. Ele diz: *"Elas o **seguiam** e **serviam** enquanto esteve na Galileia. E ainda muitas outras que **subiram** com Ele para Jerusalém"* (Mc 15,41). Os primeiros cristãos não chegaram a elaborar uma lista dessas discípulas que seguiam Jesus como fizeram com os 12 discípulos. É pena! Mas nas páginas do Evangelho de Lucas aparecem os nomes de várias discípulas, seguidoras de Jesus.

A tradição posterior não valorizou esse dado do mesmo modo que valorizou o seguimento de Jesus por parte dos 12 discípulos. Mas os nomes de *sete* discípulas estão espalhados pelas páginas dos Evangelhos: Maria Madalena (cf. Lc 8,2), Joana, mulher de Cuza (cf. Lc 8,3), Susana (cf. Lc 8,3), Salomé (cf. Mc 15,40), Maria, mãe de Tiago e José (cf. Mc 15,40), a mãe dos filhos de Zebedeu (cf. Mt 27,56) e Maria, mulher de Cléofas (cf. Jo 19,25). Em todos esses textos, exceto João 19,25, Maria Madalena é citada primeiro, indicando sua liderança no grupo das discípulas de Jesus.

23 de Outubro

Salomé
Mãe de Tiago e João, filhos de Zebedeu

*"Promete que meus dois filhos se sentem,
um à tua direita e o outro à tua esquerda, no teu Reino"* (Mt 20,21).

Salomé, casada com Zebedeu, é a mãe de Tiago e João. Certa vez, ela foi falar com Jesus para pedir algo para seus dois filhos. Jesus perguntou: *"O que a senhora quer?"* (Mt 20,21). Ela respondeu: *"Promete que meus dois filhos se sentem, um à tua direita e o outro à tua esquerda, no teu Reino"*. Jesus, então, disse: *"Vocês não sabem o que estão pedindo. Por acaso, vocês podem beber o cálice que eu vou beber?"* (Mt 20,22). Eles responderam: *"Podemos!"* Então Jesus disse: *"Vocês vão beber do meu cálice. Mas não depende de mim conceder o lugar à minha direita ou esquerda. É meu Pai quem dará esses lugares àqueles para os quais ele mesmo preparou"* (Mt 20,23).

No Evangelho de Marcos, Maria Salomé aparece como a Salomé que estava ao pé da cruz junto com outras mulheres que *"seguiram e serviram a Jesus, desde quando ele estava na Galileia. Muitas outras mulheres estavam aí, pois subiram com Jesus a Jerusalém"* (Mc 15,40-41). Salomé, junto com Maria Madalena e com Maria, a mãe de Tiago, foi ao sepulcro na manhã do primeiro dia da semana. Elas encontraram o sepulcro vazio. Essas três Marias foram as primeiras pessoas a receber a Boa Nova da ressurreição de Jesus (cf. Mc 16,1-7). O nome *Maria* significa *amada de Yhwh* ou *Yhwh é meu Senhor*. O nome *Salomé* significa *bem-feita* ou *salva*.

24 de Outubro

Gaio da Macedônia
Membro da equipe missionária de Paulo

"A multidão se dirigiu ao teatro, arrastando os macedônios Gaio e Aristarco"
(At 19,29).

Temos vários Gaios no Novo Testamento. O nome Gaio, ou Caio, era muito comum entre os romanos. O significado do nome vem de uma raiz que significa *alegre, contente, feliz*. Gaio era da Macedônia, uma província romana cuja capital era Tessalônica. A equipe missionária, formada por Paulo, Silas e Timóteo, evangelizou a Macedônia na segunda viagem apostólica (cf. At 17,1-15). Pode ser que uma das pessoas convertidas nessa viagem tenha sido Gaio. Paulo passou várias vezes pela Macedônia. Na terceira viagem, Paulo ficou uns três anos residindo na cidade de Éfeso. Segundo Atos dos Apóstolos, nessa ocasião Gaio já fazia parte da equipe. Ora, a pregação de Paulo em Éfeso acabou despertando a ira dos fabricantes de lembranças da deusa Ártemis. Os ourives da cidade, reunidos num poderoso sindicato dirigido por um tal Demétrio, acusaram Paulo de *"colocar em descrédito o santuário da poderosa deusa Ártemis"* (At 19,27). Eles tinham medo de que a perda da credibilidade de Ártemis colocasse em risco seus lucros obtidos com a venda de lembranças do templo e da deusa. Nesse tumulto provocado pelos ourives, Gaio e seu companheiro Aristarco foram arrastados pela multidão enfurecida para o teatro da cidade. Quase foram linchados.

No final, a intervenção de um funcionário da cidade acabou acalmando os grevistas, afirmando que Gaio e Aristarco *"não profanaram o templo nem blasfemaram contra a nossa deusa"* (At 19,37). E assim os dois missionários foram libertados. Depois desses acontecimentos, não temos mais nenhuma notícia de Gaio da Macedônia.

25 de Outubro

Gad
Patriarca do povo de Israel

"Tornou-se chefe do povo, executando a justiça de Javé e suas normas sobre Israel" (Dt 33,21).

Gad é um dos 12 filhos de Jacó, um dos 12 patriarcas, a partir dos quais vieram as 12 tribos de Israel. Gad é filho de Jacó e Zelfa, escrava de Lia, mulher de Jacó. De Zelfa Jacó teve dois filhos, Gad e Aser (cf. Gn 35,26). Na bênção de Jacó para os seus 12 filhos, Gad recebeu a seguinte definição: *"Gad, os guerrilheiros o atacarão, e ele os atacará pelas costas"* (Gn 49,19). E na bênção de Moisés para as 12 tribos, Gad recebe a seguinte definição: *"Sobre Gad ele diz: 'Abençoado aquele que amplia Gad. Ele se agacha como leoa, destroçando braços e crânio. Ele escolheu para si os primeiros frutos, a parte reservada ao chefe. Tornou-se chefe do povo, executando a justiça de Javé e suas normas sobre Israel'"* (Dt 33,20-21). O nome *Gad* significa *boa sorte*. Era o nome de uma divindade dos semitas. Era um nome muito frequente naqueles tempos.

Aqui é bom lembrar o nome de todos os 12 patriarcas: Lia gerou para Jacó Rúben, Simeão, Levi e Judá (cf. Gn 29,31-35). Por intermédio da sua escrava Zelfa, Lia teve Gad e Aser (cf. Gn 30,9-13). Mais tarde, ela mesma gerou ainda Issacar e Zabulon (cf. Gn 30,14-20). Ao todo, oito dos 12 patriarcas. Além disso, teve a filha Dina (cf. Gn 30,21). Raquel, que era estéril, teve Dan e Neftali por intermédio da sua escrava Bala (cf. Gn 30,1-8). Mais tarde, ela mesma teve dois filhos, José (cf. Gn 30,22-24) e Benjamim (cf. Gn 35,16-18). Raquel morreu no parto de Benjamim (cf. Gn 35,19).

26 de Outubro

A mulher cananeia
Ajudou Jesus a entender melhor sua missão como Messias

"Também os cachorrinhos comem as migalhas que caem da mesa de seus donos"
(Mt 15,27).

Devemos muito a esta mulher. Não sabemos o nome dela. Sabemos apenas que ela era de Canaã e que tinha uma filha doente em casa. O desejo de ver curada sua filha levou-a a um gesto corajoso que acabou beneficiando a todos nós. Quando soube que Jesus estava na região de Tiro e Sidônia, ela foi atrás dele pedindo a cura para a filha. Mas Jesus não lhe dava nenhuma atenção. Interpelado pelos discípulos, Ele disse: *"Eu fui enviado somente para as ovelhas perdidas do povo de Israel"* (Mt 15,24). Mas argumento assim não tem muito valor para uma mãe, cuja filha está doente. Ou é agora, ou nunca! O amor pela filha levou a mãe a continuar pedindo: *"Ajuda-me!"* Jesus disse: *"Não está certo tirar o pão dos filhos e jogá-lo para os cachorrinhos"* (Mt 15,26). Ela respondeu: *"Sim, Senhor, é verdade, mas também os cachorrinhos comem as migalhas que caem da mesa de seus donos"* (Mt 15,27). É como se dissesse: "Se sou cachorrinho, tenho o direito dos cachorrinhos. As migalhas são minhas. E há muitas migalhas. Sobraram 12 cestos" (cf. Mt 14,20). Jesus respondeu: *"Grande é a tua fé. Vai, tua filha está boa!"* (Mt 15,28).

Uma mulher desconhecida, de outra raça e de outra religião, ajudou Jesus a entender melhor todo o alcance da sua missão como Messias. Na conversa com esta mulher, Jesus descobre que sua missão não é só para as ovelhas perdidas de Israel, mas também para os pagãos, para toda a humanidade, também para nós. Graças ao amor desta mãe pela filha, nós somos cristãos, pois somos todos pagãos batizados (cf. Mt 15,21-28).

27 de Outubro

Fineias
Cheio de zelo pela causa do Senhor

"O sacerdócio pertencerá a ele e aos seus descendentes para sempre" (Nm 25,13).

Fineias é filho de Eleazar, neto de Aarão, da tribo de Levi (cf. Ex 6,25; 1Cr 5,30; 6,35; Esd 7,5). O nome *Fineias* significa *moreno* ou *mouro*. Era um nome comum naquela época. Por causa do seu zelo pela causa de Y<small>HWH</small>, Fineias recebeu um sacerdócio perene. Foi quando Zambri, um israelita, publicamente, à vista de todos, foi se unir a Cozbi, uma moça madianita. Naquela hora, o zelo surgiu dentro de Fineias, e com a lança ele matou os dois na alcova onde estavam. A Bíblia acrescenta: *"A praga que feria os israelitas cessou"* (Nm 25,7-8). Naquela praga ou epidemia já tinham morrido 24 mil israelitas (cf. Nm 25,9). O zelo de Fineias fez cessar a praga. Por causa disso, foi-lhe prometido: *"O sacerdócio pertencerá a ele e aos seus descendentes para sempre em recompensa do seu zelo por Deus e por ter feito a expiação pelos filhos de Israel"* (Nm 25,13). Mais tarde, já como sacerdote, na guerra contra os madianitas, foi Fineias que comandou o exército. *"Moisés enviou-os para a guerra, mil de cada tribo, sob as ordens de Fineias, filho do sacerdote Eleazar, com as armas sagradas e as trombetas para o toque de combate"* (Nm 31,6).

Por esses seus feitos Fineias é lembrado no salmo: *"Fineias se levantou e fez justiça, e o flagelo foi contido"* (Sl 106,30; cf. Eclo 45,23-24). O livro dos Macabeus, quando descreve o zelo do velho Matatias, que iniciou a revolta dos macabeus contra os helenistas, evoca a lembrança de Fineias (cf. 1Mc 2,26).

28 de Outubro

Simão, o Zelota
Um dos 12 apóstolos de Jesus

"Eles deixaram as redes e seguiram Jesus" (Mt 4,20).

No grupo dos 12 apóstolos, havia dois com o mesmo nome: Simão Pedro e o Simão de hoje. O nome *Simão* significa *Deus ouviu*. Nome muito frequente na Bíblia. Simão é um dos 12 apóstolos. Em Marcos (cf. Mc 3,18) e em Mateus (cf. Mt 10,4), ele aparece como Simão *Cananeu*. Em Lucas ele é chamado de Simão *Zelota* (cf. Lc 6,15; At 1,13). O apelido *Cananeu* (hebraico) ou *Zelota* (grego) significa *zeloso* ou *cheio de zelo*. Muito provavelmente, Simão era membro do grupo dos Zelotes, uma organização subterrânea que surgiu na primeira metade do primeiro século contra a dominação romana. Não sabemos muito da vida do apóstolo Simão, mas o simples fato de ele ter sido chamado por Jesus para fazer parte dos 12 discípulos deixa entrever uma pessoa que deve ter crescido muito na convivência com Jesus.

Mostra também que no grupo dos 12 discípulos havia pessoas de movimentos opostos. Havia Simão Zelota, politicamente contrário aos romanos, e havia Mateus, um cobrador de impostos (cf. Mt 9,9-10), considerado conivente com o poder opressor e explorador dos romanos. Jesus pede a conversão dos dois. Pede a conversão de todos nós.

29 de Outubro

Débora
Juíza, profetisa e mãe em Israel

"Nesse tempo era juíza em Israel a profetisa Débora, mulher de Lapidot" (Jz 4,4).

Débora foi uma grande heroína em Israel no tempo dos Juízes. Seu nome significa *abelha*. Ela era casada com um homem chamado Lapidot. Débora exercia o seu ministério como juíza recebendo e atendendo o povo debaixo de uma palmeira, localizada entre os santuários de Betel e Ramá, um pouco ao norte de Jerusalém. Essa palmeira ficou conhecida como *"a palmeira de Débora"* (cf. Jz 4,5). No período em que ela exercia o seu ministério, o rei cananeu de Hasor, chamado Jabin, planejou invadir e conquistar a parte norte de Israel. Ele enviou seu general Sísara, junto com 900 carros de guerra (cf. Jz 4,3.13), para ocupar todo o norte de Israel. Débora então convocou Barac, líder militar da tribo de Neftali, para enfrentar e vencer Sísara. Mas Barac sabia que a autoridade de Débora era necessária para manter a moral da tropa. Por isso, ele disse a Débora: *"Se você vier comigo eu vou. Se você não vier, eu não vou!"* (Jz 4,8). Débora então respondeu: *"Eu vou com você. Mas a glória desta expedição não será sua, porque Y*HWH *entregará Sísara nas mãos de uma mulher!"* (Jz 4,9).

Com o apoio de Débora, Barac venceu os cananeus na batalha do riacho Quison (cf. Jz 4,12-16). Mas mesmo Barac vencendo o inimigo, a vitória é atribuída a Débora. Essa vitória foi cantada por todo o Israel no Cântico de Débora (cf. Jz 5,1-31). Esse texto é um dos mais antigos e mais belos cânticos de triunfo de Israel. Nele se destaca a figura de Débora: *"Israel ficou saciado quando você, Débora, surgiu, quando você, mãe de Israel, se levantou!"* (Jz 5,7). Sísara morreu pela mão de Jael, mulher de Héber (cf. Jz 5,24-26).

30 de Outubro

Jairo
Chefe da sinagoga em Cafarnaum

"Não tenha medo. Apenas tenha fé!" (Mc 5,36).

Jairo era um dos chefes da sinagoga em Cafarnaum (cf. Mc 5,22). O nome *Jairo* significa YHWH *faça brilhar a sua face*. A pequena filha de Jairo estava muito doente. Ele foi procurar Jesus e pediu com insistência: *"Minha filhinha está morrendo. Vem e põe as mãos sobre ela, para que sare e viva"* (Mc 5,23). Jesus foi com ele. Uma grande multidão o acompanhava. No caminho, uma senhora de hemorragia irregular chegou perto de Jesus, dizendo consigo mesma: *"Basta eu tocar na roupa dele para ficar curada"* (Mc 5,28). Dito e feito. Ela tocou e no mesmo instante ficou curada. Até Jesus ficou admirado e disse a ela: *"Foi a tua fé que te curou!"* Nesse exato momento, Jairo recebe o aviso: "Tua filha acaba de morrer, não adianta mais chamar Jesus". Jesus escutou e disse a Jairo: *"Não tenha medo. Apenas tenha fé!"* (Mc 5,36). Jairo teve essa fé. Chegando à casa dele, Jesus mandou todo mundo para fora e disse: *"A criança não morreu. Ela está dormindo!"* Zombaram de Jesus, pois o povo sabe discernir entre sono e morte.

Jesus levou só os pais e os três apóstolos para o quarto onde estava a menina. Chegou perto dela, pegou sua mão e disse: *"Talita Kumi!",* que quer dizer: *"Menina, levanta!"* (Mc 5,41). Ela levantou-se e *"Jesus recomendou com insistência que ninguém ficasse sabendo disso. E mandou dar comida para ela"* (Mc 5,43). A menina tinha 12 anos.

31 de Outubro

Talita e as crianças
As mães levam crianças até Jesus

*"Deixem vir as crianças até mim e não as impeçam,
porque delas é o reino dos céus!"* (Mt 19,14).

"Jesus pegou a menina pela mão e disse: "Talita Kumi", que quer dizer: 'Menina, eu lhe digo, levante-se!' A menina levantou-se imediatamente e começou a andar, pois já tinha doze anos" (Mc 5,41-42). Assim Marcos descreveu como Jesus, a pedido dos pais, fez viver de novo a menina que tinha morrido. Talita representa todas as crianças. O povo levava as crianças até Jesus para serem abençoadas ou curadas. Os apóstolos proíbem e afastam as crianças, mas Jesus intervém e diz: *"Deixem vir as crianças até mim e não as impeçam, porque delas é o reino dos céus!"* (Mt 19,14). Várias vezes, Jesus acrescenta uma lição que existe nas crianças e que nos ajuda a viver melhor a Boa Nova do Reino de Deus. Em Cafarnaum: *"Jesus pegou uma criança e colocou-a no meio deles. Abraçou a criança e disse: 'Quem receber em meu nome uma destas crianças, estará recebendo a mim. E quem me receber, não estará recebendo a mim, mas àquele que me enviou'"* (Mc 9,36-37). Em Jerusalém, na praça do templo, os chefes dos sacerdotes e os doutores da lei reclamavam das crianças que gritavam: "Hosana ao Filho de Davi!" Jesus respondeu citando um salmo: *"Da boca das crianças preparaste um louvor"* (Sl 8,3; Mt 21,15-16). E acrescentou: *"Eu vos digo, se eles se calarem, até as pedras vão gritar"* (Lc 19,40).

Em outra ocasião, os apóstolos queriam saber quem é o maior no Reino dos céus. *"Jesus chamou uma criança, colocou-a no meio deles e disse: 'Eu lhes garanto: se vocês não se converterem, e não se tornarem como crianças, vocês nunca entrarão no Reino do Céu. Quem se abaixa e se torna como esta criança, esse é o maior no Reino do Céu. E quem recebe em meu nome uma criança como esta, é a mim que recebe"* (Mt 18,2-5). Para Jesus, criança é professora dos adultos.

Novembro

1° de Novembro

Todos os santos vivos
Todos os que procuram viver bem a vida humana

"Eu vim para que todos tenham vida e vida em abundância" (Jo 10,10).

Hoje, dia de *Todos os Santos*, queremos lembrar não os santos já falecidos, mas todos os santos que estão vivos hoje, no meio de nós. Os Santos Falecidos vão ser lembrados amanhã. No Antigo Testamento Deus já pedia ao povo: *"Sede santos, porque eu, Y$_{HWH}$, vosso Deus, sou santo"* (Lv 19,2; cf. 20,7). O apóstolo Paulo até escreve para a comunidade de Corinto: *"Saúdam-vos todos os santos"* (2Cor 13,12). Paulo se refere aos membros vivos da comunidade e os chama todos de *santos*. Participar da santidade de Deus continua sendo o grande ideal a ser alcançado por todos nós. Todos nós somos chamados de santos. *"Como escolhidos de Deus, santos e amados, vistam-se de sentimentos de compaixão, bondade, humildade, mansidão, paciência"* (Cl 3,12).

Lembrando todos os santos vivos, estamos incluindo todos os que fazem parte da Igreja. Não só da Igreja católica, mas de todas as Igrejas. Não só das Igrejas cristãs, mas também das outras religiões que procuram viver bem a vida humana. Não só aqueles que fazem parte das Igrejas e das religiões, mas todos os seres humanos, do mundo inteiro, que procuram viver bem a vida humana, que procuram humanizar a vida, que lutam contra tudo que desumaniza a vida. Eles estão realizando a nossa principal missão como seres humanos: *"Sede santos, porque eu, Y$_{HWH}$, vosso Deus, sou santo"*. Sim, se Deus nos criou como seres humanos, nossa primeira e única missão é *ser humano*, ser muito humano, humanizar a vida. É muito importante ser membro de uma religião, ser membro de uma Igreja, ser membro da Igreja católica, ser seguidor de Jesus, pois tudo isso nos ajuda a realizar esta nossa principal missão: *ser humano*. Jesus nos deu o exemplo. Papa Leão Magno dizia: *"Jesus foi tão humano como só Deus pode ser humano!"*

2 de Novembro

Todos os santos falecidos
Todos os que procuraram viver bem a vida humana

"Eu vim para que todos tenham vida e vida em abundância" (Jo 10,10).

Ontem lembramos *todos os santos vivos*. Hoje fazemos memória de *todos os santos falecidos*. Não só os canonizados pela Igreja, mas todos os seres humanos, do mundo inteiro, de todas as Igrejas, de todas as religiões, de todas as culturas, de todas as convicções, de todos os tempos, irmãs e irmãos nossos, que se esforçaram para realizar bem nossa única e principal missão como seres humanos: procuraram ser humanos, muito humanos, procuraram humanizar a vida. Fazendo memória dos santos falecidos, diz o autor do Eclesiástico: *"Vamos fazer o elogio dos homens ilustres, nossos antepassados por meio das gerações. O Senhor neles criou imensa fama, pois mostrou sua grandeza desde os tempos antigos"* (Eclo 44,1-2). E ele comenta: *"Alguns deixaram o nome, que ainda é lembrado com elogios. Outros não deixaram nenhuma lembrança e desapareceram como se não tivessem existido. Foram-se embora como se nunca tivessem estado aqui, tanto eles como os filhos que tiveram"* (Eclo 44,8-9). Mas tanto faz: ser lembrado ou não ser lembrado. O que importa é ser lembrado e amado por Deus, criador de todos, e ter realizado nossa principal missão como seres humanos.

Hoje fazemos memória de todos aqueles que viveram antes de nós, tanto os que deixaram nome como os que não deixaram nome. Nós, cristãos, lembramos sobretudo Jesus, nosso irmão mais velho. Jesus nos convida, nos ajuda, nos ensina a realizar nossa missão. Somos agradecidos a Ele e a todos que procuraram viver bem a vida humana, tanto os que tinham fé como os que não participavam de nenhuma religião, de nenhuma Igreja, mas que foram humanos, muito humanos.

3 de Novembro

Noemi
Mulher sofredora, corajosa e fiel

*"Parti com as mãos cheias, e Y*HWH *me traz de volta de mãos vazias"* (Rt 1,21).

A história de Noemi e Rute é uma novela popular que foi escrita em torno do ano 400 a.C. para ajudar o povo a entender a situação difícil em que eles se encontravam. Era a época de Esdras e Neemias. A política oficial de Esdras e Neemias ignorava a realidade difícil do povo. Eles proibiam o casamento com mulheres estrangeiras, levando as pessoas a se fecharem em si mesmas e em sua própria raça. Grande parte do povo não concordava com essa política. A novela de Noemi e Rute é uma reação contra essa política de Esdras e Neemias. Ela conta o seguinte:

Noemi e seu marido Elimelec eram de Belém, na Judeia. Tinham dois filhos: Maalon e Quelion. *Maalon* significa *fraqueza* e *Quelion* significa *doença*. Era no fim da época dos Juízes, bem antes da época do rei Davi. Por causa da seca, eles migraram para a terra estrangeira de Moab, do outro lado do Jordão. Estando por lá, os dois filhos, Maalon e Quelion, casaram-se com moças estrangeiras. Uma delas é Rute, que significa *amiga*, e a outra é Orpa, que significa *costas*. Elimelec, o marido, acaba de morrer. Morrem também os dois filhos. Sobram três mulheres, três pobres, três viúvas, as três sem futuro. Ao saber que chovia na terra dela, Noemi resolve voltar para Belém. As duas noras querem ir junto. Mas Noemi pede para elas ficarem na sua própria terra e arrumarem casamento por lá. Orfa aceita e volta atrás. Ela dá as *costas*. Rute não aceita e diz: *"Não adianta insistir comigo para eu deixar a senhora e voltar atrás. Aonde a senhora for, eu também vou. Onde a senhora passar a noite, eu também passo a noite. O seu povo será o meu povo! O seu Deus será o meu Deus! Onde a senhora morrer, quero eu também morrer e ser sepultada!"* (Rt 1,16-17). Noemi aceita a decisão de Rute e a acolhe como membro do povo de Deus. Assim, Rute, uma estrangeira, vai ser mãe de Obed, avó de Davi. Recado para Esdras e Neemias: expulsando as mulheres estrangeiras, vocês expulsam a avó de Davi e contrariam todo o projeto de Deus. Muita coragem dessas duas mulheres!

4 de Novembro

Filólogo e Júlia
Casal da comunidade de Roma

"Saúdem Filólogo e Júlia e todos os cristãos que vivem com eles" (Rm 16,15).

Em Roma, na casa de Filólogo e Júlia, reunia-se uma comunidade cristã. Paulo lembra que nesta comunidade participavam *"Filólogo e Júlia, Nereu e sua irmã Olimpas, e todos os cristãos que vivem com eles"* (Rm 16,15). Trata-se de uma igreja doméstica: uma família abre a sua casa para a comunidade. A partir de uma antiga tradição judaica, as celebrações feitas nas casas eram presididas pelos donos da casa, ou seja, pelo casal Filólogo e Júlia. Paulo cita ainda *"Nereu e sua irmã"*, que são, provavelmente, os filhos desse casal. O nome *Filólogo* significa *falador*. Não sabemos se é o nome dele ou apenas um apelido. Já o nome *Júlia* vem de uma família romana aristocrática, parentes do imperador Júlio César.

Nada mais sabemos desta família e da Igreja que se reunia em sua casa. Mas, apesar de breve, essa informação revela um aspecto muito importante sobre a vida comunitária dos primeiros cristãos. Também hoje muitas comunidades surgem e crescem por meio da generosidade de casais que abrem sua casa para as reuniões da comunidade. São famílias que, como Filólogo e Júlia, evangelizam por meio da partilha do seu espaço familiar, colocando sua casa à disposição da comunidade.

5 de Novembro

Zacarias
Sacerdote e pai de João Batista

"Havia um sacerdote chamado Zacarias, e sua esposa se chamava Isabel" (Lc 1,5).

O nome *Zacarias* significa *lembra-te de Y<small>HWH</small>*. Nome muito comum naquele tempo. Aparece mais de 60 vezes na Bíblia. Muitos pais davam esse nome aos filhos, para que se lembrassem de Y<small>HWH</small> e Y<small>HWH</small> se lembrasse deles. O Zacarias que hoje lembramos é o esposo de Isabel. Os dois não tinham filhos. Moravam no interior, perto de Jericó. Zacarias era sacerdote. Uma vez por ano, de acordo com o sorteio do seu grupo, Zacarias devia oficiar no templo de Jerusalém. Ele "era do grupo de Abias" (Lc 1,5), a oitava entre as 24 famílias sacerdotais que podiam oficiar no templo (cf. 1Cr 24,10). Quando chegou a vez do seu grupo de oficiar no templo, Zacarias *"foi sorteado para entrar no Santuário e fazer a oferta de incenso"* (Lc 1,9), ou seja, ele devia entrar no Santo dos Santos, o lugar mais sagrado do templo, para incensar a Arca da Aliança, enquanto o povo ficava do lado de fora, acompanhando a cerimônia. Enquanto Zacarias incensava, apareceu a ele o anjo Gabriel. Zacarias ficou assustado e perturbado. Mas Gabriel disse: *"Não tenha medo, Zacarias! Deus ouviu a sua oração, sua esposa Isabel vai ter um filho e você lhe dará o nome de João. Você ficará alegre e feliz e muita gente se alegrará com o nascimento do menino!"* (Lc 1,13-14). Mas Zacarias não acreditou, nem na visão nem na promessa. O anjo então disse: *"Você ficará mudo até que estas coisas aconteçam!"* (Lc 1,20).

Quando Isabel deu à luz o filho, os vizinhos e parentes quiseram dar ao menino o nome do pai, Zacarias. Mas Isabel bateu o pé e insistiu: *"Não! Ele vai se chamar João"* (Lc 1,60). Então perguntaram ao pai como deveria ser chamado o menino. Zacarias tomou uma tabuinha com cera e escreveu: *"O nome dele é João"* (Lc 1,63). Nesse instante, a boca de Zacarias se abriu e ele entoou um belo salmo ao Senhor (Lc 1,68-79). No salmo ele diz: *"Deus realizou a misericórdia que teve com nossos pais, recordando sua santa Aliança"* (Lc 1,72). É que o nome *Zacarias* significa *Deus recorda*. De fato, Deus nunca esquece o sofrimento dos pobres. O nome *João* significa *consolador* ou *aquele que consola*.

6 de Novembro

Raquel
Matriarca do povo de Deus

"Jacó amou Raquel" (Gn 29,18)

O nome *Raquel* significa *ovelha*. Raquel era filha de Labão (cf. Gn 29,5-6). Jacó a encontrou perto do poço, quando fugia de Esaú, seu irmão, que queria matá-lo (cf. Gn 26,6). Foi amor à primeira vista (cf. Gn 29,18). Raquel tornou-se a mulher preferida de Jacó (cf. Gn 29,30). Mas ela era estéril. Não podia ter filhos (cf. Gn 29,31). Por isso, disse a Jacó: *"Aqui está minha serva Bala. Una-se a ela, para que ela dê à luz sobre os meus joelhos. Assim terei filhos por meio dela"* (Gn 30,3). Nasceu um filho de Bala, a quem Raquel deu o nome de *Dã*, que significa *Deus me fez justiça* (cf. Gn 30,5-6). Bala gerou um segundo filho, que ela chamou de Neftali (cf. Gn 30,7-8). Mas Raquel, ela mesma, continuava estéril. Ela chegou a tomar um remédio caseiro de fertilidade, mas não adiantou (cf. Gn 30,14-15).

No fim, *"Deus se lembrou de Raquel e a tornou fecunda"* (Gn 30,22). Nasceu um menino a quem deu o nome de José, que significa *que Deus me dê mais um* (cf. Gn 30,24). Anos depois, já no retorno de Jacó para a sua terra natal na Palestina, Raquel engravidou de novo (cf. Gn 35,16-17). Parto muito doloroso. A parteira disse: *"Não tenha medo, este também é um menino"* (Gn 35,17). Raquel morreu no parto. Antes de morrer, ela deu ao menino o nome de Benôni, *filho da minha infelicidade*. Mas Jacó mudou o nome dele para Benjamim, *filho da minha felicidade* (cf. Gn 35,18). Raquel foi enterrada no caminho de Efrata, que hoje é Belém. O túmulo dela está lá até hoje (cf. Gn 35,19).

7 de Novembro

Ana, a profetisa
Falava a todos do menino Jesus

"Havia ali uma profetisa chamada Ana, de idade bem avançada" (Lc 2,36).

A profetisa Ana era *"filha de Fanuel, da tribo de Aser. Ela casou bem jovem e viveu sete anos com seu marido. Depois ficou viúva e viveu assim até os oitenta e quatro anos de idade. Nunca deixava o recinto do Templo, servindo a Deus noite e dia, com jejuns e oração"* (Lc 2,36-37). Para a cultura daquele tempo, Ana tinha a idade perfeita. Ter 84 anos significa a vivência de 12 ciclos de sete anos. Depois dessa longa vida, entre jejum, oração e serviço, Deus a recompensou por tanta dedicação, e Ana teve a alegria de contemplar o menino Jesus. Ela estava no templo quando Maria e José chegaram por lá para oferecer o menino Jesus. Segundo a lei, Jesus, sendo o primogênito, pertencia a Deus (cf. Nm 3,11-13). Caso José e Maria quisessem levá-lo consigo de volta para casa, deveriam fazer uma oferta de resgate. Eles fizeram a oferta dos pobres: um casal de pombinhas (cf. Lc 2,22-24). Nessa ocasião da visita de Jesus ao templo, junto com Ana estava também o velho Simeão, homem justo e piedoso (cf. Lc 2,25-32). Depois dessa acolhida ao casal e ao menino, Ana *"louvava a Deus e falava do menino a todos os que esperavam a libertação de Jerusalém"* (Lc 2,38).

Hoje também em nossas comunidades há muitas "Anas". São as senhoras que se dedicam ao serviço comunitário e à animação das celebrações. Elas dão uma contribuição muito importante à caminhada do povo de Deus. Muitas delas, com a idade bem avançada, como Ana, ainda participam dos estudos bíblicos, das pastorais sociais e das romarias. Que Deus as abençoe sempre!

8 de Novembro

Manassés
Patriarca do povo de Israel

"José teve dois filhos com Asenet. O mais velho era Manassés" (Gn 41,51).

Manassés é o primogênito de José do Egito e de Asenet, princesa egípcia, esposa de José (cf. Gn 41,50-51). Manassés nasceu no Egito (cf. Gn 46,20), quando José, seu pai, era o vice-rei de todo o Império Egípcio. Quando o menino nasceu, José disse assim: *"Deus me fez esquecer minhas fadigas e a casa paterna"* (Gn 41,51). O nome Manassés significa *aquele que me faz esquecer*. Fez esquecer tanto os muitos perigos e as brigas com os irmãos quanto a saudade da família. Manassés ganhou um irmão mais novo, chamado Efraim (cf. Gn 41,52). Quando Jacó, o pai de José, já bem velho, ficou doente, José levou seus dois filhos para que o patriarca os conhecesse e os abençoasse (cf. Gn 48,1-20). Jacó resolveu adotar os dois filhos de José como se fossem seus próprios filhos. José colocou então os dois meninos no colo de Jacó. Colocou Manassés do lado direito, já que ele era o primogênito, e Efraim do lado esquerdo (cf. Gn 48,13). Mas Jacó, na hora de abençoar as duas crianças, apesar do aviso de José, fez questão de trocar as coisas. Ele *"cruzou os braços, estendeu a mão direita sobre a cabeça de Efraim, o mais novo, e a mão esquerda sobre a cabeça de Manassés, o mais velho"* (Gn 48,14). Assim, Jacó abençoou primeiro Efraim. Só depois abençoou Manassés. Com esse gesto inesperado do avô, Manassés perdeu para Efraim o direito de primogenitura.

Essa história da troca dos dois meninos no colo do avô veio para explicar as razões pelas quais, na história do povo de Israel, a tribo de Efraim se tornou mais importante que a tribo de seu irmão Manassés. Na distribuição das terras entre as 12 tribos, não existe um pedaço para José, mas só para seus dois filhos, Efraim e Manassés. E Efraim ficou com a melhor parte.

9 de Novembro

Gaio, o amado
Coordenador de comunidade

"O Ancião ao caríssimo Gaio, a quem amo sinceramente" (3Jo 1).

O nome Gaio, ou Caio, era muito comum entre os romanos. O significado do nome vem de uma raiz que significa *alegre, contente, feliz*. O Gaio celebrado neste dia pertenceu à Comunidade do Discípulo Amado. Ao escrever a carta para a comunidade, o Ancião ou o Presbítero João louva a pessoa de Gaio com estas palavras: *"O Ancião ao caríssimo Gaio, a quem amo sinceramente. Caro amigo: desejo que você prospere em tudo e que a saúde do seu corpo esteja tão bem quanto a de sua alma"* (3Jo 1-2).

Esse reconhecimento se deve à maneira como Gaio enfrentou os problemas de sua comunidade. Certo Diótrefes estava provocando divisões e tumultos na comunidade. Fofoqueiro e dono de uma língua ferina, Diótrefes "ambiciona dominar" (3Jo 9). Ele quer o poder dentro da comunidade. Preocupado, o Ancião enviou para lá uma delegação de missionários, coordenada por Demétrio. Esses missionários encontraram abrigo e ajuda da parte de Gaio. Mas Diótrefes, autoritário e dominador, rejeitou qualquer intervenção da parte do Ancião e expulsou os missionários, sem consultar a comunidade. Demétrio volta ao Ancião, fazendo um relatório de sua fracassada missão. O Ancião resolve então escrever a carta elogiando as atitudes de Gaio e condenando o autoritarismo de Diótrefes. Essa carta é a atual Terceira Carta de João (3Jo).

10 de Novembro

Trifena e Trifosa
Irmãs participantes da Igreja de Roma

"Saúdem Trifena e Trifosa, que trabalharam pelo Senhor" (Rm 16,12).

Paulo escreve na carta aos romanos: *"Saúdem Trifena e Trifosa, que trabalharam pelo Senhor"* (Rm 16,12). Não sabemos se esses são, de fato, os nomes dessas duas irmãs, ou se Paulo as chama carinhosamente pelos apelidos. É que *Trifena* significa *a divertida*, e *Trifosa* significa *a bagunceira*. Pelos apelidos, deveriam ser duas irmãs muito animadas, dessas que divertem e animam qualquer comunidade. Mas Paulo lembra que *"elas trabalhavam no serviço do Senhor"*. Ou seja, as duas irmãs eram pessoas tão dedicadas à evangelização na cidade de Roma que Paulo se lembrou delas nas saudações finais na carta para a comunidade de Roma. As duas irmãs, juntamente com outras mulheres, são lembradas porque elas se destacavam pelos *"trabalhos no Senhor"*. Sim, havia muitas mulheres trabalhando como missionárias nas comunidades em Roma. Eis a lista completa das que são lembradas só no capítulo 16 da Carta aos Romanos: Febe, Prisca, Maria, Júnia, Trifena, Trifosa, Pérside, a mãe de Rufo, Júlia e Olimpas (cf. Rm 16,1-15).

Também hoje muitas mulheres se consagram ao trabalho comunitário. Nas comunidades sempre encontramos mulheres animadas, divertidas e bagunceiras como Trifena e Trifosa. São elas que animam os encontros e as festas nas comunidades, com reflexões, comida, música e dança, fazendo das comunidades um lugar de alegria e de festa. É como a gente canta até hoje: *"Celebrar o Deus da vida com festa e comida! Ó que coisa bonita!"*

11 de Novembro

O etíope
Primeiro africano batizado

"Nisto apareceu um eunuco etíope, ministro de Candace, rainha da Etiópia"
(At 8,27).

Diz o livro dos Atos dos Apóstolos: *"Um etíope, eunuco e alto funcionário de Candace, rainha da Etiópia, que era superintendente de todo o seu tesouro, viera a Jerusalém para adorar e ia voltando. Sentado na sua carruagem, estava lendo o profeta Isaías"* (At 8,27-28). Não sabemos o nome desse etíope, mas sabemos que ele era um homem de muita fé, pois tinha vindo lá da Etiópia, na África, para adorar a Deus no templo de Jerusalém. Uma romaria de centenas de quilômetros. Ele gostava de ler a Bíblia, pois estava lendo até durante a viagem pela estrada de Gaza, sentado numa carroça que balançava muito. Naquela época, não havia asfalto liso como hoje, nem pneus que amortizam as sacudidas do carro. O etíope lia a Bíblia e queria saber seu significado. Deu carona para o evangelista Filipe e pediu ajuda para poder entender o texto de Isaías que falava do Servo Sofredor (cf. At 8,32-33). Os dois foram conversando sobre a Bíblia e a vida. O etíope gostou da explicação de Filipe e disse: *"Aí tem água. Que impede que eu seja batizado?"* Ele mandou parar o carro. Os dois desceram até a água e Filipe o batizou (cf. At 8,37-38). Quando subiram da água, o Espírito do Senhor arrebatou Filipe, e o etíope não o viu mais. Ele prosseguiu sua viagem, alegremente (cf. At 8,39).

Esse etíope, cujo nome não conhecemos, é o primeiro africano que aceitou Jesus na sua vida e entrou na comunidade. Por causa dele, a África foi o primeiro continente, depois da Ásia, o continente de Jesus, a ser evangelizado. Nós todos somos como este etíope: somos sem nome diante da humanidade toda, mas somos conhecidos e amados por Deus.

12 de Novembro

Teófilo
Cristão a quem Lucas dedicou o seu livro

"Decidi escrever para ti, ó excelentíssimo Teófilo" (Lc 1,3).

Quando Lucas, *"após cuidadosa pesquisa, decidiu escrever ordenadamente"* (Lc 1,3) tudo aquilo que se ensinava nas primeiras comunidades sobre Jesus, ele fez um grande livro. Na nossa Bíblia, esse livro está dividido em duas partes. A primeira parte é o Evangelho de Lucas, que nos mostra o caminho de Jesus. A segunda parte é o livro dos Atos dos Apóstolos, que descreve o caminho da Igreja, das comunidades. Quando o livro ficou pronto, Lucas dedicou essa sua obra ao *"excelentíssimo Teófilo"* (cf. Lc 1,3; At 1,1). Quem é esse Teófilo que mereceu de Lucas a dupla dedicatória do seu livro sobre as origens do cristianismo?

Teófilo deve ter sido um cristão da comunidade de Éfeso. Ele não era judeu de nascimento, mas era de origem grega. Seu nome, *Teófilo*, significa *amado por Deus*. Não sabemos nada da vida de Teófilo. O que sabemos é que ele se tornou um símbolo de todo cristão que quer aprofundar a sua fé por meio do estudo, buscando *"verificar a solidez dos ensinamentos que recebeu"* (Lc 1,4). Eis o que Lucas escreve: *"No meu primeiro livro, ó Teófilo, já tratei de tudo o que Jesus começou a fazer e ensinar, desde o princípio, até o dia em que foi levado para o céu"* (At 1,1-2). E esclareceu o objetivo que tinha em mente ao escrever o livro: *"Após fazer um estudo cuidadoso de tudo o que aconteceu desde o princípio, também eu decidi escrever para você uma narração bem ordenada, excelentíssimo Teófilo. Desse modo, você poderá verificar a solidez dos ensinamentos que recebeu"* (Lc 1,3-4). O livro de Lucas, Evangelho e Atos, tornou-se um importante manual de catequese para os cristãos batizados que queriam seguir melhor o caminho de Jesus. Um cristão que aprofunda a fé assumida no dia de seu batismo torna-se um *Teófilo*, uma pessoa amada por Deus. Teófilo simboliza a todos nós, cristãos que, como Teófilo, viemos do paganismo.

13 de Novembro

Maria Madalena
Apóstola dos apóstolos

"No primeiro dia da semana, Maria Madalena foi ao túmulo de Jesus" (Jo 20,1).

Maria Madalena, a grande amiga de Jesus, era uma moça da cidade de Magdala, à beira do lago da Galileia. Por isso era chamada Maria Ma(g)dalena ou Maria de Magdala. Deve ter sido uma moça cheia de problemas. Talvez ela tivesse uma doença grave, já que se dizia que "dela haviam saído sete demônios" (cf. Lc 8,2; Mc 16,9). Pessoas assim não costumam ter muita autoestima, e a vizinhança as rejeita e marginaliza. Mas Maria Madalena foi acolhida por Jesus e soube crer no amor de Jesus, amor tão grande que regenerou a Madalena e lhe devolveu toda a sua autoestima e vocação. Maria se tornou discípula de Jesus e liderava as mulheres da Galileia que seguiam a Jesus e *"ajudavam a ele e aos discípulos com os bens que possuíam"* (Lc 8,3; cf. Mc 15,41). Madalena acompanhou todo o processo das autoridades dos judeus contra Jesus. Ela é testemunha da crucificação, "olhando de longe" (Mc 15,40). Assistiu à deposição de Jesus da cruz e ao enterro dele no túmulo de José de Arimateia (cf. Mc 15,47). Passado o sábado, Maria Madalena, junto com Salomé e Maria, mãe de Tiago, foi ao sepulcro, e as três foram testemunhas da ressurreição. Bem cedo elas foram ao sepulcro para um último serviço dos ritos fúnebres. Elas tinham comprado resinas e perfumes para embalsamar o corpo de Jesus (cf. Mc 16,1). Mas, quando lá chegaram, encontraram o túmulo aberto e vazio (cf. Mc 16,5). Um "jovem vestido de branco" (Mc 16,5) mostrou o sepulcro vazio e enviou as três mulheres para anunciar aos demais discípulos que Jesus tinha ressuscitado.

Todos os Evangelhos são unânimes em dizer que Jesus ressuscitado apareceu primeiro a Maria Madalena (cf. Mc 16,1-10; Mt 28,1-10; Lc 24,10; Jo 20,11-18). O próprio Jesus a envia em missão: *"Vá dizer aos meus irmãos!"* (Jo 20,17). Ela é a "apóstola dos apóstolos". Até hoje, a Igreja anuncia o testemunho dado por Maria Madalena: *"Eu vi o Senhor"* (Jo 20,18). Saber crer no amor, apesar das nossas deficiências e defeitos, é a mensagem que Maria Madalena nos transmite.

14 de Novembro

Aod
Juiz do povo de Deus

*"Y*HWH *fez surgir um salvador: Aod, filho de Gera"* (Jz 3,15).

Aod, filho de Gera, era da tribo de Benjamim (cf. 1Cr 7,10). Seu nome significa *meu pai é glorioso*. Naquela época, Eglon, o rei moabita, fez uma aliança com os amonitas e os amalecitas para invadir e dominar Israel. A invasão foi bem-sucedida e Eglon dominou e oprimiu Israel durante 18 anos (cf. Jz 3,14). Mas os dominados começaram um movimento de resistência. Clamaram a YHWH, que lhes mandou um juiz salvador. Era Aod, filho de Gera, da tribo de Benjamim (cf. Jz 3,15).

Aod tinha uma característica: era canhoto. Quando os israelitas foram levar a Eglon os impostos que o rei exigia deles, era Aod que comandava a caravana. Antes, ele tinha mandado fazer um punhal com um palmo de comprimento, que cortava dos dois lados. Com o punhal escondido em suas vestes do lado direito, Aod fez a entrega dos tributos e pediu ao rei uma audiência particular para entregar-lhe uma mensagem secreta da parte de Deus. Os canhotos carregam as armas do lado direito. Os não canhotos as carregam do lado esquerdo. Por isso, ao ser revistado para poder entrar no palácio do rei, Aod era revistado só do lado esquerdo. Por isso, não descobriram a arma escondida. Quando estava a sós com Eglon, o rei moabita, o canhoto Aod, com a mão esquerda, pegou o punhal escondido debaixo da roupa do lado direito e o enfiou na barriga do rei, que era muito gordo. O punhal ficou encoberto pela gordura do rei, e Aod nem conseguiu retirá-lo. Ninguém percebeu nada. Aod conseguiu fugir sorrateiramente do local. O rei Eglon morreu (cf. Jz 3,15-25). Aod fez a convocação de todos os exércitos israelitas e venceu os moabitas, trazendo uma paz de 80 anos para Israel (cf. Jz 3,26-30).

15 de Novembro

Maria de Betânia
Irmã de Marta e de Lázaro

"Maria era aquela que tinha ungido o Senhor com perfume" (Jo 11,2).

Entre as muitas Marias mencionadas no Novo Testamento, Maria de Betânia é uma das figuras femininas mais destacadas. Ela morava em Betânia, perto de Jerusalém, junto com sua irmã Marta e seu irmão Lázaro. Aquela vez que Jesus visitou a casa dela, Maria ficou sentada aos pés de Jesus escutando as palavras dele com muita atenção, enquanto Marta preparava a comida (cf. Lc 10,39). A certa altura, Marta, a irmã, sobrecarregada com os serviços da casa, pediu a Jesus que mandasse Maria ajudá-la. Jesus respondeu: *"Marta, Marta! Você se preocupa e anda agitada com muitas coisas. Uma só coisa é necessária. Maria escolheu a melhor parte, e esta não lhe será tirada"* (Lc 10,41-42). Essa resposta de Jesus sobre a importância da escuta da Palavra de Deus orientou os apóstolos quando disseram na reunião da comunidade dos primeiros cristãos: *"Não está certo que nós deixemos a pregação da Palavra de Deus para servir às mesas. Irmãos, é melhor que escolham entre vocês sete homens de boa fama, repletos do Espírito e de sabedoria, e nós os encarregaremos dessa tarefa. Desse modo, nós poderemos dedicar-nos inteiramente à oração e ao serviço da Palavra"* (At 6,2-4). Essas mesmas palavras de Jesus para Marta ensinam também que a mulher não deve ocupar-se só com os trabalhos domésticos. Ela também deve escutar e pregar a Palavra de Jesus e atuar nas pastorais.

Na última vez que Jesus foi passar a Páscoa em Jerusalém, ele se hospedou de novo em Betânia na casa de Marta e Maria. Durante o jantar (cf. Jo 12,2), enquanto Marta servia a mesa para Jesus e Lázaro, Maria ungiu os pés de Jesus com *"meio litro de um perfume feito de nardo puro e muito caro"* (Jo 12,3). Com esse gesto, Maria antecipava o ritual de sepultamento de Jesus (cf. Mt 26,12), acolhendo Jesus como o Servo sofredor que iria morrer na cruz para depois ressuscitar. Um lindo gesto de amor a respeito do qual Jesus profetizou: *"Por toda parte, onde a Boa Notícia for pregada, também contarão o que ela fez, e ela será lembrada"* (Mc 14,9).

16 de Novembro

Marta de Betânia
Dona de casa que acreditou

"Certa mulher, de nome Marta, recebeu Jesus em sua casa" (Lc 10,38).

Marta e Maria, irmãs de Lázaro, moravam em Betânia, perto de Jerusalém (cf. Jo 11,1). Jesus estava a caminho de Jerusalém (cf. Lc 9,51). Como de costume, entrou na casa de Marta e Maria (Lc 10,38). Maria escutava a Palavra aos pés de Jesus, e Marta se dedicava ao serviço da mesa (cf. Lc 10,39-40). Enquanto uns conversam, outros preparam a comida. Nesse momento, *"Marta aproximou-se e falou: 'Senhor, não te importas que minha irmã me deixe servir sozinha? Manda que ela venha ajudar-me!'"* (Lc 10,40). Marta se apresenta a Jesus como *serva*. Para ela, o *serviço* de *serva* é preparar a comida. Aquilo que Maria faz não é *serviço*, pois Marta diz: *"Não te importas que minha irmã me deixe servir sozinha?"* Jesus respondeu: *"Marta, Marta! Você se preocupa e anda agitada com muitas coisas; porém, uma só coisa é necessária, Maria escolheu a melhor parte, e esta não lhe será tirada".* Marta não é a única *serva*. Jesus também é servo, pois Ele está assumindo a missão do servo anunciada pelo profeta Isaías (cf. Is 53,2-10; 61,1-2; Lc 4,16-21). E faz parte do serviço do servo estar diante de Deus em escuta orante. Diz o servo: *"O Senhor me concedeu o dom de falar como seu discípulo, para eu saber dizer uma palavra de conforto a quem está desanimado. Cada manhã, ele me desperta, para que eu o escute, de ouvidos abertos, como o fazem os discípulos"* (Is 50,4). Era a atitude de Maria: atitude orante diante de Jesus. As duas irmãs são servas, cada uma do seu jeito.

Quando Lázaro ficou doente, Marta mandou avisar Jesus. Mas Jesus se demorou e Lázaro acabou morrendo. Quando, finalmente, Jesus resolveu ir para Betânia, Marta foi ao encontro dele e disse: *"Se o senhor tivesse estado aqui, meu irmão não teria morrido!"* (Jo 11,21). Mas Jesus disse: *"Eu sou a ressurreição e a vida. Você acredita nisso?"* Marta então fez sua bela profissão de fé: *"Sim, Senhor. Eu acredito que o senhor é o Messias, o Filho de Deus que deve vir a este mundo"* (cf. Jo 11,25-27). Essa profissão de fé de Marta é tão importante quanto a profissão de fé de Pedro nos outros Evangelhos: *"Tu és o Cristo, o Filho do Deus vivo"* (Mt 16,16; cf. Mc 8,29; Lc 9,20). A profissão de fé de Marta traz a certeza de que Lázaro ressuscitará. A vida plena trazida por Jesus está presente numa comunidade de fé na qual existe gente como Marta, Maria e Lázaro.

17 de Novembro

Zaqueu
Cobrador de impostos

> *"Zaqueu era chefe dos cobradores de impostos e muito rico"* (Lc 19,2).

Em Jericó morava um judeu muito rico. Chamava-se Zaqueu, nome que significa *o puro*. Apesar desse nome, ele era um pecador, já que a sua riqueza vinha da corrupção. Ele era o chefe dos publicanos, ou seja, cobrava os impostos para os romanos, desviando muito dinheiro para o próprio bolso. Tendo ouvido falar de Jesus, Zaqueu desejava muito ver de perto esse profeta. Assim, quando Jesus entrou em Jericó e estava atravessando a cidade, Zaqueu tentou vê-lo, mas não conseguia, porque havia muita gente e ele era baixinho. Mas ele não desistiu. Correu na frente da multidão e subiu numa figueira, esperando Jesus passar. Quando Jesus chegou perto, ele olhou para Zaqueu no alto da árvore e disse: *"Zaqueu, desça depressa porque hoje eu preciso ficar em sua casa"* (Lc 19,5). Zaqueu desceu e com muita alegria recebeu Jesus em sua casa. Muita gente criticou Jesus por ele se hospedar na casa de um corrupto. Mas Zaqueu ficou de pé diante de Jesus e disse: *"Vou dar a metade de meus bens aos pobres. E, se roubei alguém, vou restituir quatro vezes mais"* (Lc 19,8).

Devolver quatro vezes o que roubou era obrigação da lei (cf. Ex 21,37; 2Sm 12,6). Mas partilhar a metade dos bens com os pobres era algo novo, resultado do contato de Zaqueu com Jesus! Muito contente com esse gesto, Jesus proclamou: *"Hoje a salvação entrou nesta casa, porque também este homem é um filho de Abraão, porque o Filho do Homem veio procurar e salvar o que estava perdido"* (Lc 19,9-10).

18 de Novembro

Alfeu
Chefe de família e pai de dois apóstolos

"Caminhando, Jesus viu Levi, filho de Alfeu" (Mc 2,14).

Na lista dos Apóstolos temos dois "filhos de Alfeu". Um deles é Tiago, filho de Alfeu (cf. Mc 3,18; Mt 10,3; At 1,13). O outro é Levi, filho de Alfeu (Mc 2,14), também chamado Mateus (cf. Mt 9,9). Provavelmente, o nome *Mateus* lhe foi dado por Jesus, que gostava de dar apelidos a seus discípulos (cf. Mc 3,16-17). O nome significa *dom de Deus*. Levi e Tiago devem ter sido irmãos, ambos filhos de Alfeu. Assim, no grupo dos Doze, havia três duplas de irmãos: Simão Pedro e André (cf. Mc 1,16; Jo 1,40), Tiago e João (cf. Mc 1,19), Mateus e Tiago. Além dessas informações relacionadas aos seus dois filhos apóstolos, não sabemos mais nada a respeito da vida, da família ou da profissão de Alfeu. Seu nome, *Alfeu*, significa *Deus substituiu*. Provavelmente, Alfeu veio "substituir" para seus pais um filho falecido.

Alfeu foi, antes de tudo, um bom pai de família, que encaminhava seus filhos pelo caminho de Deus por meio do estudo da Palavra. Como já dizia um pai de família no livro dos Provérbios: *"Meu filho, não esqueça a minha instrução. Conserve na memória os meus preceitos, porque eles trarão para você longos dias e muitos anos, e também vida e prosperidade. Que o amor e a verdade não abandonem você. Assim, você alcançará favor e aceitação diante de Deus e diante das pessoas"* (Pr 3,1-4).

19 de Novembro

Abdias
Profeta em Israel

"Visão que teve Abdias" (Ab 1).

Abdias é o quarto na lista dos 12 Profetas Menores. O livro a ele atribuído é o menor dos livros proféticos do Antigo Testamento. Apenas um único capítulo! O profeta tem um nome bonito. *Abdias* significa *servo de* Y$_{HWH}$. Sua profecia é uma acusação contra os edomitas, povo irmão de Israel, por eles se colocarem contra Judá, aliando-se à Babilônia, a maior inimiga tanto de Israel como dos edomitas. Abdias acusa Edom de faltar com a solidariedade com Israel, povo fraco, e de se colocar ao lado do forte e do opressor. O profeta Abdias alerta que os opressores, quando não precisarem mais da ajuda dos outros, também vão oprimir os que agora são seus aliados. Abdias anuncia que Edom terá o mesmo destino de Israel e será destruído pelos próprios babilônios. As palavras de Abdias afirmam que Y$_{HWH}$ colocará Edom em julgamento e que virá para os edomitas o mesmo castigo, *"porque o Dia de Y$_{HWH}$ está chegando!"* (Ab 15).

Abdias dá um terrível recado aos soberbos e prepotentes. Ele diz que toda arrogância acaba provocando a ira de Deus. Assim diz ele aos soberbos: *"Os atos que você praticaram cairão sobre sua própria cabeça [...] e vocês desaparecerão como se nunca tivessem existido!"* (Ab 15-16). E diz que chegará o tempo em que a honra do povo de Israel será restabelecida e Sião será reconstruída para ser a sede do futuro Reino de Deus (cf. Ab 21).

20 de Novembro

Natanael
Um discípulo de Jesus

"Jesus viu Natanael e disse: 'Eis aí um israelita autêntico!'" (Jo 1,47).

Natanael era de Caná da Galileia (cf. Jo 21,2), a mesma aldeia onde Jesus tinha transformado água em vinho. Natanael tornou-se discípulo de Jesus por intermédio do chamado de Filipe (cf. Jo 1,43-51). Filipe tinha dito a Natanael: *"Encontramos aquele de quem escreveram Moisés, na Lei, e os profetas: é Jesus de Nazaré, o filho de José"* (Jo 1,45). Natanael desconfiou e perguntou a Filipe: *"Pode vir alguma coisa boa de Nazaré?"* (Jo 1,46). Natanael era de Caná, uma aldeia vizinha a Nazaré. O bairrismo de Natanael era mesmo muito forte! Mas assim que Jesus viu Natanael se aproximando, fez-lhe um grande elogio dizendo: *"Eis aí um verdadeiro israelita, sem falsidade!"* (Jo 1,47). Diante desse elogio, Natanael, sempre desconfiado, pergunta: *"De onde o senhor me conhece?"* Jesus responde: *"Antes que Filipe o chamasse, eu vi você debaixo da figueira"* (Jo 1,48). A figueira era a árvore símbolo do povo de Israel. Ou seja, Natanael era um piedoso israelita que esperava a chegada do Reino de Deus *"debaixo da figueira"* (cf. Mq 4,4). Diante da afirmação e do reconhecimento de Jesus, Natanael faz uma bonita profissão de fé: *"Rabi, tu és o Filho de Deus, tu és o rei de Israel"* (Jo 1,49). Natanael simboliza todos os verdadeiros israelitas, aqueles que acolhem Jesus como um sinal dado pelo Pai. O nome *Natanael* significa *dado por Deus*. No Evangelho de João, Jesus fala várias vezes daqueles discípulos que lhe são "dados pelo Pai" (cf. Jo 6,39; 10,29; 17,2).

Pelo fato de o nome de Natanael não constar na lista dos Doze, alguns começaram a dizer que Natanael e Bartolomeu são a mesma pessoa. Porém, analisando bem o evangelho de João, a gente percebe que Natanael é mesmo um discípulo de Jesus, diferente de Bartolomeu. Natanael não foi chamado a fazer parte do grupo dos Doze. Deve ter sido um dos 72 outros discípulos que Jesus chamou (cf. Lc 10,1).

21 de Novembro

A Senhora Eleita
A comunidade cristã

"O Ancião à Senhora Eleita e a seus filhos, a quem amo sinceramente" (2Jo 1).

A Segunda Carta de João é endereçada a uma comunidade personificada como a Senhora Eleita. Não sabemos de que comunidade se trata. Quem assina a carta é uma pessoa que chama a si mesma de Ancião ou Presbítero. Esse título honroso era dado às lideranças da Igreja que exerciam papel de coordenação ou se tornavam figuras de referência devido à sua experiência com Jesus Cristo. Como a segunda carta se inspira na Primeira Carta de João, essa comunidade, chamada de Senhora Eleita, estaria na província romana da Ásia. Ela pode ser uma das sete comunidades lembradas no livro do Apocalipse (Éfeso, Esmirna, Pérgamo, Tiatira, Sardes, Filadélfia ou Laodicéia). Uma delas foi escolhida para receber uma carta na qual o autor pede empenho na caridade fraterna (cf. 2Jo 4-6) e fidelidade à fé que professaram no batismo (cf. 2Jo 7-11).

O autor também adverte a comunidade contra os falsos profetas, pregadores que *"não reconhecem Jesus como o Messias encarnado"* (2Jo 7). Essa exortação mostra que havia gente dentro da comunidade que não aceitava mais a humanidade de Jesus. Essa discussão termina com a profissão de fé contida no Prólogo do Evangelho de João: *"A Palavra se fez carne e veio morar no meio de nós"* (Jo 1,14). Essa carta está endereçada a todas as nossas comunidades. Todas elas são hoje a Senhora Eleita.

22 de Novembro

Filêmon e Ápia
Casal que abriu sua casa para a comunidade

"A Filêmon, nosso amigo e colaborador, e à irmã Ápia" (Fm 1,1-2).

Filêmon e Ápia eram coordenadores de uma comunidade cristã na cidade de Colossas. Eles transformaram sua casa em igreja doméstica. Não sabemos quando e onde os dois se converteram ao caminho de Jesus. Filêmon tinha um escravo, chamado Onésimo, que fugiu da casa deles e foi para Éfeso. Em Éfeso, Onésimo foi preso pela polícia e acabou ficando na mesma prisão que Paulo. Na conversa com Paulo, Onésimo se converteu e decidiu voltar para a casa de Filêmon e Ápia. Voltando para lá, Onésimo levou consigo uma carta de Paulo, endereçada ao casal Filêmon e Ápia. Nessa carta, com uma linguagem delicada, mas firme, Paulo pede que o casal não puna Onésimo, mas que o perdoe e o receba na comunidade não mais como escravo, mas como um irmão querido na fé (cf. Fm 15-20). Deve ter sido um duro teste para Filêmon, já que a lei romana permitia que um patrão crucificasse o escravo fugitivo. Mas Filêmon e Ápia tinham entrado no caminho de Jesus, e essa opção triunfou sobre a lei romana.

Paulo nunca evangelizou Colossas, mas sabia da conversão de Filêmon e Ápia. Pela carta de Paulo para Filêmon, vemos que o casal soube seguir as orientações de Paulo. Perdoaram e acolheram Onésimo em sua casa e em sua comunidade, não mais como um escravo, mas como um *"querido irmão na fé"* (Fm 16). Nada mais sabemos da vida deste casal. *Filêmon* significa *aquele que ama*. O nome *Ápia* é latino, vem de uma antiga e aristocrática família romana e significa *pura, limpa*.

23 de Novembro

Cristo Rei
Um rei diferente dos reis deste mundo

"Ele é pobre e vem montado num jumento" (Zc 9,9).
"Sim, eu sou rei. Mas o meu reino não é deste mundo" (Jo 18,36.37).

"Sim, eu sou rei!" (Jo 18,37). Foi o que Jesus respondeu a Pilatos, e esclareceu: *"Mas não como os reis deste mundo"* (Jo 18,36). Jesus é rei, não rei dominador, mas rei servidor, que se faz o menor de todos: *"O maior entre vocês seja como o mais novo; e quem governa, seja como aquele que serve"* (Lc 22,26; cf. Mt 23,11). Jesus, o rei, iniciou sua pregação com estas palavras: *"Esgotou-se o prazo. O Reino de Deus chegou! Mudem de vida! Acreditem nesta boa notícia!"* (Mc 1,15). Anunciou a chegada do Reino. Por meio da sua maneira de viver e de ensinar, Ele revelava o Reino presente na vida: *"O Reino de Deus está no meio de vocês"* (Lc 17,21). Por meio das parábolas tirava o véu e apontava os sinais do Reino de Deus nas coisas mais comuns da vida: sal, semente, luz, caminho, festa, trabalho, estrelas, sol, lua, chuva. Jesus deixou o Reino entrar nele mesmo. Deixou Deus reinar e tomar conta de tudo. *"Eu só faço aquilo que o Pai me mostra que é para fazer"* (cf. Jo 5,36; 8,28). Jesus, Ele mesmo, era uma amostra do Reino.

Essa maneira tão simples de anunciar o Reino de Deus incomodou os grandes. Por isso, Jesus foi perseguido e condenado. O *rei* foi desautorizado pelos seus súditos como alguém que não vem de Deus (cf. Jo 9,16), como um samaritano (cf. Jo 8,48), que engana o povo (cf. Jo 11,12), como amigo dos pecadores (cf. Lc 7,34), como louco (cf. Mc 3,21), como pecador (cf. Jo 9,24), como possuído pelo demônio (cf. Jo 7,20; 10,20), comilão e beberrão (cf. Mt 11,19), que viola o sábado (cf. Jo 5,18; 9,16). Jesus recebeu o castigo dos criminosos e bandidos. E na cruz colocaram o título INRI: Jesus Nazareno Rei dos Judeus. E assim morreu: ridicularizado pelos sacerdotes, pelo povo e pelo ladrão ao lado dele. Cristo, nosso Rei. Graças a Deus!

24 de Novembro

Dimas
O bom ladrão

"Eu te garanto: hoje mesmo estarás comigo no Paraíso" (Lc 23,43).

Jesus não foi crucificado sozinho. Junto com Ele foram crucificados dois outros condenados, que a Bíblia chama de "ladrões" ou "criminosos" (cf. Lc 23,32). Um deles se chamava Dimas. Na época de Jesus havia muita violência na Palestina. Os camponeses pobres, expulsos de suas terras, formavam grupos de rebeldes contra o domínio romano. Barrabás era um deles (cf. Jo 18,40), acusado de provocar revoltas na cidade e homicídio (cf. Lc 23,19). Ora, um desses dois ladrões que tinham sido crucificados com Jesus começou a insultá-lo dizendo: *"Não és tu o Messias? Salva a ti mesmo e a nós também!"* (Lc 23,39). Mas o outro o repreendeu dizendo: *"Nem você teme a Deus, sofrendo a mesma condenação? Para nós é justo, porque estamos recebendo o que merecemos. Mas ele não fez nada de mal"* (Lc 23,40-41). E, virando-se para Jesus, pediu: *"Jesus, lembra-te de mim quando vieres em teu Reino!"* (Lc 23,42). Jesus, acolhendo a súplica desse condenado, respondeu: *"Eu te garanto, hoje mesmo estarás comigo no Paraíso!"* (Lc 23,43).

A tradição posterior diz que esse ladrão arrependido se chamava Dimas. É um nome simbólico. Nos evangelhos apócrifos esse mesmo nome aparece como *Dismes* e significa *o que nasce ao entardecer*. De fato, Dimas nasceu para o Reino no entardecer de sua vida e no entardecer da missão de Jesus. Ele é mesmo o convertido da última hora. Nos últimos momentos da sua vida, este bom ladrão conseguiu roubar o próprio Paraíso.

25 de Novembro

Febe
Diaconisa da Igreja de Cencreia

"Recomendo a vocês nossa irmã Febe. Recebam-na no Senhor" (Rm 16,1-2).

Febe foi uma liderança importante na comunidade de Corinto. Seu nome significa *a pura*. Segundo a carta de Paulo aos romanos, ela era diaconisa da Igreja de Cencreia, um dos portos da cidade de Corinto (cf. Rm 16,1). No fim da segunda viagem missionária, "Paulo permaneceu vários dias em Corinto" (At 18,18), esperando poder embarcar de volta para Antioquia, onde faria o relatório da sua viagem missionária. Foi nesse período que surgiu uma comunidade cristã em Cencreia, entregue aos cuidados de Febe. Tempos depois, quando Paulo volta a Corinto, escreve lá sua Carta aos Romanos. É provável que ele tenha entregue essa carta nas mãos de Febe, para que ela a entregasse nas comunidades de Roma. Pois Paulo escreve aos romanos: *"Recomendo a vocês nossa irmã Febe, diaconisa da Igreja de Cencreia. Recebam-na no Senhor, como convém a cristãos. Deem a ela toda a ajuda que precisar, pois ela tem ajudado muita gente e a mim também"* (Rm 16,1-2). Visto que na carta Paulo recomenda Febe às comunidades de Roma, é provável que Febe tenha deixado Cencreia para trabalhar na pastoral como diaconisa na cidade de Roma.

Nas suas recomendações, Paulo pede que os romanos recebam Febe como convém *"aos santos"* (Rm 16,2). Alguns traduzem a palavra *santos* (agioon) como *consagrados*. Ao chamar Febe de "pessoa consagrada", Paulo estaria destacando a consagração de mulheres no serviço da Igreja. Essa notícia mostra que havia mulheres nos serviços diaconais nas comunidades cristãs. Hoje temos muitas Febes, mulheres consagradas ao serviço das comunidades e da evangelização.

26 de Novembro

Nicodemos
Doutor da lei que se converteu

"Entre os fariseu havia um homem chamado Nicodemos" (Jo 3,1).

Apesar de seu nome grego, Nicodemos era um judeu da linha dos fariseus. Era um magistrado e membro importante do Sinédrio (cf. Jo 3,1). Nicodemos percebeu a veracidade e a importância da proposta de Jesus. Mas ainda não o mostrava publicamente. Ele procurava conversar com Jesus em particular, de noite (cf. Jo 3,1-21). Nessas conversas entre Jesus e Nicodemos, o evangelista João destaca o significado do batismo cristão. Ao contrário do batismo de João Batista, que era um banho de purificação, Jesus ensina que o batismo é um novo nascimento, um renascimento pela água e pelo Espírito, uma condição necessária para poder ser recebido no Reino (cf. Jo 3,3-7). Essas conversas noturnas com Jesus iniciaram uma transformação em Nicodemos. Ele foi perdendo o medo de revelar-se um seguidor de Jesus. Corajosamente, ele fez a defesa de Jesus quando os chefes dos sacerdotes procuravam prender Jesus (cf. Jo 7,50-51). E quando José de Arimateia conseguiu descer o corpo de Jesus da cruz, Nicodemos venceu o medo e foi ajudar José no sepultamento de Jesus. Ele levou "mais de trinta quilos de uma mistura de mirra e resinas perfumadas" para preparar o corpo de Jesus para o sepultamento (Jo 19,39).

O nome *Nicodemos* significa *o que vence com o povo*. Ele simboliza todos os convertidos, tanto judeus como pagãos, que se colocam no seguimento de Jesus, vencendo barreiras e preconceitos de religião e de cultura, de raça e de classe.

27 de Novembro

Lia
Matriarca do povo de Deus

"Y$_{HWH}$, vendo que Lia não era amada, tornou-a fecunda" (Gn 29,31).

O nome *Lia* significa *vaca*. Lia era a filha mais velha de Labão (cf. Gn 29,16). Sua irmã mais nova se chamava Raquel. O nome *Raquel* significa *ovelha*. Jacó gostava mais de Raquel do que de Lia e pediu a Labão para casar com ela em troca de sete anos de trabalho (cf. Gn 29,18). Labão aceitou a proposta de Jacó, mas, na noite do casamento, enganou-o e lhe deu Lia (cf. Gn 29,20-23). Jacó reclamou, mas teve que trabalhar mais sete anos para conseguir Raquel. Assim, as duas irmãs se tornaram esposas de Jacó. Lia era fecunda e deu para Jacó quatro filhos: Rúben, Simeão, Levi e Judá (cf. Gn 29,32-35). Depois, ofereceu sua empregada Zelfa e por intermédio dela gerou mais dois filhos para Jacó: Gad e Aser (cf. Gn 30,10-13).

Quando Lia deixou de ser fecunda, Rúben, o filho mais velho, arrumou para ela um remédio caseiro de mandrágoras que faz aumentar a fertilidade das mulheres (cf. Gn 30,14). Raquel, que era estéril, pediu para tomar o remédio dizendo para Lia: *"Se você me der o remédio, você pode dormir com Jacó esta noite"* (Gn 30,15). Lia concordou e deu o remédio a Raquel. Lia dormiu com Jacó e ficou grávida de novo, dando a Jacó mais dois filhos: Issacar e Zabulon (cf. Gn 30,16-20). Ela teve também uma filha chamada Dina (cf. Gn 30,21). Ao todo, dos 12 filhos de Jacó, oito vêm de Lia. Lia era fecunda, mas não era amada. Raquel era amada, mas não era fecunda. Essa diferença era fonte eterna de briga entre as duas irmãs.

28 de Novembro

Farés e Zara
Filhos gêmeos de Judá e Tamar

"Quando chegou o tempo do parto, Tamar teve gêmeos" (Gn 38,27).

Farés e Zara são os filhos gêmeos de Tamar e Judá. Tamar, a mãe, era uma mulher cananeia que Judá tinha escolhido para casar com seu filho Her (cf. Gn 38,6). Mas Her veio a falecer. Judá então a entregou, como era o costume, para seu outro filho, chamado Onã, que também morreu (cf. Gn 38,7-10). Judá então acusou Tamar de trazer uma maldição para sua casa e a mandou de volta para a casa dos pais, até Sela, o terceiro filho, crescer e tornar-se adulto (cf. Gn 38,11). Mas quando Sela cresceu e se tornou adulto, Judá, contrariando a lei do levirato, negou o casamento dele com Tamar. Então, Tamar procurou um jeito para conseguir os seus direitos (cf. Gn 38,14).

Quando seu sogro Judá ia tosquiar as ovelhas, Tamar disfarçou-se de prostituta e sentou-se à beira do caminho por onde Judá ia passar. Sem saber que era sua nora, Judá teve relações com Tamar. Ela engravidou e teve gêmeos. Na hora do parto, *"um deles estendeu a mão para fora e a parteira amarrou nele uma fita vermelha, dizendo: 'Foi este que saiu primeiro'. Mas ele retirou a mão e foi seu irmão quem saiu na frente. Então a parteira disse: 'Que brecha você abriu!' E o chamou Farés* [significa *brecha*]. *Depois saiu o irmão com a fita vermelha na mão, e o chamaram Zara* [significa *o que brilha*]*"* (Gn 38,28-30). Judá reconheceu o direito de Tamar e a trouxe de volta para sua própria casa, pois ela estava grávida dos filhos do próprio Jacó (cf. Gn 38,26). Esse episódio é lembrado na genealogia de Jesus no Evangelho de Mateus, mostrando que Farés, filho de Tamar, é continuador da linhagem. Assim, Tamar, uma estrangeira, é uma das bisavós de Jesus (cf. Mt 1,3).

29 de Novembro

Arquipo
Animador da comunidade de Colossas

"Arquipo, nosso companheiro de luta" (Fm 2).

O nome de Arquipo aparece duas vezes nas cartas de Paulo. Uma vez na carta para Filêmon e outra na Carta aos Colossenses. Escrevendo para o casal Filêmon e Ápia, na cidade de Colossas, Paulo lembra Arquipo, chamando-o de *"nosso companheiro de luta"* (Fm 2). Sinal de que Arquipo trabalhou com Paulo na equipe missionária e, depois, começou a fazer parte da comunidade que se reunia na casa de Filêmon e Ápia na cidade de Colossas. Lá Arquipo deve ter ocupado um cargo importante na comunidade, já que Paulo, quando escreve para os colossenses, pede que a comunidade incentive Arquipo a "exercer bem o ministério que recebeu do Senhor" (cf. Cl 4,17).

A palavra *Arquipo* significa *supervisor de cavalos*. Não sabemos se o nome de Arquipo era mesmo esse ou, antes, se era a sua profissão. Pode ser que ele trabalhasse num estábulo ou num quartel, cuidando dos animais como mestre de estábulo. Também não sabemos onde Arquipo nasceu nem quando se converteu ao caminho de Jesus. Mas, pela lembrança de Paulo, ele foi um dedicado missionário e um bom ministro na sua comunidade em Colossas. Também hoje muita gente nas comunidades é lembrada por sua profissão ou por suas ocupações. Jesus também foi conhecido pelo povo por ser carpinteiro, e Paulo, por ser tecelão. Pedro e seu irmão André eram pescadores. O trabalho, muitas vezes, ajuda na identificação das pessoas.

30 de Novembro

André
Apóstolo de Jesus

"Simão e seu irmão André estavam jogando a rede" (Mc 1,16).

André e seu irmão Simão eram naturais de Betsaida, na Galileia (cf. Jo 1,44). Eram pescadores profissionais e moravam em Cafarnaum (cf. Mc 1,29). André tinha entrado no movimento de João Batista. Ele já era discípulo do Batista quando encontrou Jesus e começou a segui-lo (cf. Jo 1,40). André chamou Simão, seu irmão, para entrar no movimento de Jesus dizendo: *"Nós encontramos o Messias!"* (Jo 1,41). Simão aceitou o convite. Foi André que o apresentou a Jesus. André aparece em todas as listas dos 12 apóstolos. Ele se destaca quando, junto com Pedro, Tiago e João, pergunta a Jesus sobre o fim dos tempos (cf. Mc 13,3-4). Na multiplicação dos pães é ele, André, que apresenta a Jesus o menino que trazia consigo cinco pães, e dois peixes (cf. Jo 6,8-9). Também é André que consegue uma entrevista com Jesus para alguns gregos que queriam conhecer Jesus de perto (cf. Jo 12,20-22). Após a Ressurreição, André aparece na lista dos apóstolos que estavam presentes na vinda do Espírito Santo (cf. At 1,13). Depois não temos mais notícias dele.

Apesar de ele ser um galileu, o nome *André* é grego e significa *viril*. Hoje também há pessoas nascidos no Brasil com o nome americano de *Washington*, enquanto a mãe se chama Maria da Silva. Uma tradição antiga informa que André teria sido martirizado na Grécia, numa data que não conhecemos. A ele é atribuída a fundação da comunidade de Bizâncio ou Constantinopla, atual Istambul. Até hoje, André é o patrono do Patriarcado ecumênico de Constantinopla.

Dezembro

1º de Dezembro

A viúva das duas moedas
Sua partilha foi elogiada por Jesus

"Na sua penúria, ela deu tudo que possuía para viver" (Lc 21,4).

Era a semana antes da festa de Páscoa, a última semana de Jesus em Jerusalém, antes de ser preso e morto na cruz. Diz a Bíblia: *"Jesus estava sentado diante do Tesouro do Templo e olhava a multidão que depositava moedas no Tesouro. Muitos ricos depositavam muito dinheiro. Então, chegou uma viúva pobre e depositou duas pequenas moedas, que valiam uns poucos centavos. Então Jesus chamou os discípulos e disse: 'Eu garanto a vocês: essa viúva pobre depositou mais do que todos os outros que depositaram moedas no Tesouro. Porque todos depositaram do que estava sobrando para eles. Mas a viúva, na sua pobreza, depositou tudo o que tinha, tudo o que possuía para viver"* (Mc 12,41-44)

Deus se revelou na partilha daquela pobre viúva. Para Jesus, dez centavos valem mais que mil reais. Como entender essa contabilidade de Jesus? Hoje, o povo diz: "Pobre não deixa pobre morrer de fome". De um lado: gente rica que tem tudo, mas não quer partilhar. Do outro lado: gente pobre que não tem quase nada, mas quer partilhar o pouco que tem. Jesus disse ao jovem rico: *"Vai, vende tudo o que tens, dá para os pobres"* (Mc 10,21; cf. Lc 12,33-34; Mt 6,19-20). E o porquê dessa exigência: *"Pois onde está o teu tesouro, aí estará também o teu coração"* (Mt 6,21). A prática da partilha e da solidariedade é uma das características que o Espírito de Jesus quer suscitar em nós. A Bíblia diz a respeito dos primeiros cristãos: *"Não havia entre eles necessitado algum. De fato, os que possuíam terrenos ou casas, vendendo-os, traziam o resultado da venda e o colocavam aos pés dos apóstolos"* (At 4,34-35a; cf. 2,44-45). As esmolas recebidas do povo não eram acumuladas, mas *"distribuíam-se, então, a cada um, segundo a sua necessidade"* (At 4,35b; cf. 2,45). Dar esmola é uma maneira de reconhecer que todos os bens e dons pertencem a Deus e que nós somos apenas administradores desses dons. Somos chamados a dar um passo e partilhar os bens e dons que temos (cf. Lc 10,41; 12,33).

2 de Dezembro

Abel
Segundo filho de Adão e Eva

"Abel ofereceu a Deus um sacrifício melhor que o de Caim" (Hb 11,4).

Abel é o segundo filho de Adão e Eva. O primeiro filho, o primogênito, é Caim. Dois irmãos! Caim era lavrador, Abel era pastor. Abel foi morto pelo irmão. Caim e Abel somos todos nós. Em todos nós existe um Abel, existe um Caim. O mesmo que aconteceu com os primeiros filhos de Adão e Eva, continua acontecendo até hoje. Só nas duas guerras mundiais do século passado Caim matou mais de cem milhões de irmãos. Caim e Abel, os dois oferecem sacrifícios a Deus. O sacrifício de Abel era agradável a Deus; o de Caim não agradava a Deus (cf. Gn 4,4-5). Não se diz o motivo pelo qual o sacrifício de um agradava a Deus e o de outro não agradava. A Carta aos Hebreus faz o seguinte comentário: *"Pela fé, Abel ofereceu a Deus um sacrifício melhor que o de Caim. E por causa da fé, ele foi declarado justo, e o próprio Deus afirmou que aceitava os seus dons. Embora estando morto, Abel continua falando pela sua fé"* (Hb 11,4). Não basta oferecer sacrifícios como Caim. É precisa praticar o bem como Abel.

Caim teve um descendente. Abel também teve um descendente. O descendente de Caim é Lamec, que dizia: *"Caim foi vingado sete vezes, Lamec será vingado setenta e sete vezes"* (Gn 4,24). Lamec continua imitando e ultrapassando o exemplo do pai Caim. Abel também teve um descendente. O descendente de Abel é Set. Diz a Bíblia: *"No lugar de Abel, que Caim matou"* veio um terceiro filho chamado Set. Este *"também teve um filho, a quem deu o nome de Enós"* (Gn 4,25-26). De Enós se diz: *"Ele foi o primeiro a invocar o nome de Javé"*. Set e Enós, os dois continuam imitando o exemplo do pai Abel. Todos lutamos para que em nós prevaleçam Abel, Set e Enós e para que Caim e Lamec aprendam com seus irmãos a não matar.

3 de Dezembro

Sofonias
Profeta em Israel

*"Vou deixar no meio de ti um povo humilde e pobre, que procurará o seu refúgio no nome de Y*HWH*"* (Sf 3,12).

O nome *Sofonias* significa Y*HWH me guarda* ou *Deus me segura*. Sofonias é o número nove na lista dos doze Profetas Menores. O livro a ele atribuído informa que Sofonias atuou como profeta "nos dias de Josias, filho de Amon, rei de Judá" (Sf 1,1), isto é, entre os anos 640 e 609 a.C. Era uma época conturbada, de invasões e ameaças da parte de Nabucodonosor, rei da Babilônia. Antes de Josias houve o longo e péssimo governo de Manassés (687-642 a.C.). Mais de 40 anos! Por isso mesmo, muita gente desacreditava de tudo. Para ajudar o povo a ter esperança, Sofonias tem uma das profecias mais bonitas sobre o futuro do povo de Deus. Ele diz que o mundo novo de Deus virá dos pobres e dos humildes que conservam a fé: *"Nesse dia, você não terá mais vergonha das suas más ações, pelas quais se revoltou contra mim, porque vou tirar do seu meio esses orgulhosos fanfarrões; e você não continuará mais a se orgulhar na minha montanha santa. Vou deixar no meio de você um povo humilde e pobre, um resto de Israel, que vai procurar o seu refúgio no nome de Y*HWH*. Eles não praticarão mais a injustiça, não contarão mais mentiras; não se encontrará em sua boca língua enganadora. Sim, eles poderão apascentar e descansar e ninguém os incomodará"* (Sf 3,11-13).

E Sofonias termina dizendo: *"Y*HWH*, o seu Deus, o valente libertador, está no meio de você. Por causa de você, ele está contente e alegre e renova o seu amor por você; está dançando de alegria por sua causa, como em dias de festa"* (Sf 3,17). Imaginação criativa do profeta: ele apresenta o próprio Deus dançando de alegria! Aos pobres Sofonias diz: *"Procurem a Y*HWH*, como todos os pobres da terra que obedecem aos seus mandamentos; procurem a justiça, procurem a pobreza. Quem sabe, assim, vocês acharão um refúgio no dia da ira de Y*HWH*"* (Sf 2,3).

4 de Dezembro

Lúcio, Jasão e Sosípatro
Membros ativos da comunidade de Roma

"Meus parentes Lúcio, Jasão e Sosípatro mandam saudações" (Rm 16,21).

Numa única frase do último capítulo da Carta aos Romanos, Paulo cita quatro colaboradores ou agentes de pastoral que, junto com ele, Paulo, mandam um abraço para a comunidade de Roma. Paulo escreve: *"Meu colaborador Timóteo e os meus parentes Lúcio, Jasão e Sosípatro mandam saudações"* (Rm 16,21). Timóteo é lembrado no dia 6 de setembro. Hoje, 4 de dezembro, lembramos Lúcio, Jasão e Sosípatro. Paulo os chama de "meus parentes". Eles eram membros permanentes da equipe missionária. Quase uma família de irmãos! O nome *Lúcio* significa *nascido na primeira luz do dia*. Não se sabe o significado de Jasão. *Sosípatro*, também chamado *Sópatros*, significa *salvador de seu pai*. Sosípatro aparece também nos Atos dos Apóstolos como companheiro de Paulo na última viagem a Jerusalém (cf. At 20,4). Pela maneira de Paulo falar dessas três pessoas a gente percebe que se trata de pessoas ativas na vida da comunidade. Elas chegaram a engajar-se nas longas viagens de Paulo e estavam interessadas em ajudar as outras comunidades para as quais mandam saudações.

Para nós, que vivemos quase 2 mil anos depois e que não fazemos parte da comunidade de Roma, Lúcio, Jasão e Sosípatro são apenas três nomes, mas, para quem fazia parte daquela comunidade, cada um dos três era uma pessoa conhecida e muito amiga. É como hoje. Quem faz parte ativa de uma comunidade conhece o nome de todos os irmãos e irmãs da sua comunidade e os guarda no coração. Não é assim?

5 de Dezembro

Menásson
Discípulo de Jesus, natural de Chipre

"Eles nos levaram para nos hospedarmos na casa de certo Menásson" (At 21,16).

Nos Atos dos Apóstolos, Lucas diz o seguinte a respeito de Menásson: *"Depois de alguns dias, terminamos os nossos preparativos e subimos a Jerusalém. Alguns discípulos de Cesareia nos acompanharam e nos levaram para nos hospedarmos na casa de certo Menásson, que era antigo discípulo, natural de Chipre"* (At 21,15-16). Mais do que isso a Bíblia não informa a respeito de Menásson. Mesmo assim, essas poucas palavras são como uma pequena janela que nos permite olhar para dentro da vida deste Menásson. Ele era "natural de Chipre", do mesmo lugar de Barnabé (cf. At 4,36). Era "antigo discípulo", isto é, deve ter sido um convertido da primeira hora. Tanto Menásson como Barnabé, ambos eram judeus convertidos. Os dois devem ter sido motivo de muitas outras pessoas terem aderido à Boa Nova de Jesus.

Menásson morava a meio caminho entre Cesareia e Jerusalém. Foram os discípulos de Cesareia que levaram Paulo e toda a sua comitiva para hospedarem-se na casa de Menásson. Isso significa que Menásson era uma pessoa conhecida nas comunidades pela sua hospitalidade. Lucas informa que *"os companheiros de Paulo eram: Sópatros, filho de Pirro, da Bereia; Aristarco e Segundo, de Tessalônica; Gaio de Derbe; Timóteo, Tíquico e Trófimo, da província da Ásia"* (At 20,4). Junto com Paulo e Lucas, eram nove pessoas. Todos eles baixaram de uma vez na casa de Menásson. Eles não tinham celular para avisar antes para ver se era possível receber tanta gente de uma vez. É muita hospitalidade! Muita confiança mútua.

6 de Dezembro

Apolo
Animador das comunidades

"Homem eloquente, instruído nas Escrituras" (At 18,24).

O nome *Apolo* significa *consagrado a Apolo*, uma divindade grega. Apolo era um judeu formado em retórica e escritura. Ele era de Alexandria, no norte da África, e foi para Éfeso, onde foi acolhido pelos irmãos (cf. At 18,24). *"Ele tinha sido instruído no Caminho do Senhor e, com muito entusiasmo, falava e ensinava com exatidão a respeito de Jesus, embora só conhecesse o batismo de João"* (At 18,25). O casal Áquila e Priscila se deram conta de que a fala de Apolo não era inteiramente de acordo com o Evangelho de Jesus, pois ele só conhecia o batismo de João Batista. Por própria iniciativa, eles o chamaram à parte e o instruíram nas coisas da fé (cf. At 18,26). Com o apoio dos irmãos de Éfeso, Apolo foi para Corinto (cf. At 18,27).

Apolo tinha uma grande facilidade em se comunicar com as pessoas. A ponto de criar um grupo de fãs ao redor dele na comunidade de Corinto, que diziam: *"Eu sou de Apolo!"* (1Cor 1,12). Outros diziam: *"Eu sou de Paulo!"* E outros: *"Eu sou de Pedro!"* Outros ainda: *"Eu sou de Cristo!"* (1Cor 1,12). Na Carta aos Coríntios, Paulo trata dessas divisões e escreve: *"Quem é Apolo? Quem é Paulo? Apenas servidores, por meio dos quais vocês foram levados à fé; cada um deles agiu conforme os dons que o Senhor lhe concedeu. Eu plantei, Apolo regou, mas era Deus que fazia crescer. Assim, aquele que planta não é nada, e aquele que rega também não é nada: só Deus é que conta, pois é ele quem faz crescer"* (1Cor 3,5-7). Talvez por causa dessa questão Apolo tenha se recusado a voltar a Corinto, provavelmente para não colocar mais lenha na fogueira (cf. 1Cor 16,12). Na Carta a Tito, Paulo recomenda Apolo e pede que Tito *"se esforce para ajudar Zenas, o jurista, e Apolo, de modo que nada lhes falte"* (Tt 3,13).

7 de Dezembro

Áquila e Priscila
Casal que animava as comunidades de base

"Saudações a Prisca e Áquila, meus colaboradores em Jesus Cristo" (Rm 16,3).

Áquila e Priscila eram um casal bem atuante nas primeiras comunidades cristãs. O nome *Áquila* significa *alguém do Norte*. *Priscila* significa *anciã* ou *venerável*. Áquila era de Ponto, uma região no nordeste da Ásia Menor. Eles moraram um tempo em Roma, de onde foram expulsos em 54 d.C., quando o imperador Cláudio expulsou os judeus de Roma (cf. At 18,1-2). Depois de Roma, eles foram morar em Corinto, onde Paulo os encontrou, quando passou por lá na segunda viagem missionária (cf. At 18,3). Paulo se hospedou na casa deles, pois Paulo e Áquila tinham a mesma profissão. Eram fabricantes de tendas (cf. At 18,1-3). Áquila e Priscila viajaram com Paulo até Éfeso (cf. At 18,18-19). Paulo seguiu viagem para Jerusalém prometendo voltar logo. O casal continuou em Éfeso, bem atuante, ajudando o missionário Apolo a se firmar melhor na doutrina (cf. At 18,26). Áquila e Priscila devem ter voltado para Roma, pois Paulo, na Carta aos Romanos, diz assim: *"Saudações a Prisca e Áquila, meus colaboradores em Jesus Cristo, que arriscaram a própria cabeça para salvar a minha vida. A eles não somente eu sou grato, mas também todas as igrejas dos pagãos"* (Rm 16,3-4).

A casa de Áquila e Priscila era acolhedora e, por onde os dois passavam, sua casa se tornava a casa da comunidade, na qual os cristãos se reuniam para suas celebrações e encontros, tanto em Corinto (cf. At 18,1-3) como em Éfeso (cf. At 18,24-26) e, mais tarde, de volta a Roma (cf. Rm 16,3-4). Hoje, nas nossas comunidades, há muitos casais que, como Áquila e Priscila, abrem sua casa para a comunidade.

8 de Dezembro

Silas
Membro da equipe missionária de Paulo

"Escolheram Judas, chamado Barsabás, e Silas, que eram muito respeitados pelos irmãos" (At 15,22).

Silas (ou Silvano) foi o encarregado dos apóstolos para, junto com Judas Barsabás, levar a carta do Concílio de Jerusalém para as comunidades da Ásia (cf. At 15,22.27). Silas e Judas Barsabás, os dois são chamados de *profetas* (cf. At 15,32). Silas foi convidado pelo apóstolo Paulo para acompanhá-lo na visita às comunidades que tinham surgido durante a primeira viagem missionária (cf. At 15,36). Pouco antes, Paulo já tinha convidado Barnabé, mas deu problema. É que Barnabé queria levar João Marcos, mas Paulo não quis, porque João Marcos os tinha abandonado na primeira viagem (cf. At 13,13). Por isso, Paulo convidou Silas e com ele começou a segunda viagem missionária (cf. At 15,40). Quando os dois chegaram a Filipos, foram alvo de um tumulto popular por causa de um senhor daquela cidade que se sentiu prejudicado financeiramente pela ação missionária de Paulo e Silas. Os dois foram presos e muito maltratados (cf. At 16,16-25). Mesmo assim, em vez de tristes, Paulo e Silas, na prisão, passaram a noite cantando e louvando a Deus. De repente, meia-noite, aconteceu um terremoto, e soltaram-se as algemas de todos os prisioneiros (cf. At 16,26). O carcereiro pensava que todos tivessem escapado e já ia suicidar-se, mas Paulo gritou: *"Não faça isto! Estamos todos aqui!"* (At 16,28). O carcereiro, impressionado, converteu-se, levou Paulo e Silas para sua casa, cuidou das feridas deles. Ele e toda a sua família se fizeram batizar.

Em seguida, Paulo e Silas foram para Tessalônica, onde novamente foram perseguidos (cf. At 17,1-9). Em seguida, passando por Bereia, Paulo viajou para Atenas (cf. At 17,15). Silas e Timóteo ficaram em Tessalônica para confirmar a comunidade na fé (cf. At 17,14-15). Mais tarde, Timóteo e Silas (Silvano) foram encontrar Paulo em Corinto, onde colaboraram com ele no anúncio da Boa Nova (cf. At 17,15; 2Cor 1,19).

9 de Dezembro

Judas Barsabás
Membro da equipe missionária de Paulo

"Escolheram Judas, chamado Barsabás, e Silas, que eram muito respeitados pelos irmãos" (At 15,22).

O nome Judas era muito comum. Ocorre mais de 200 vezes na Bíblia, tanto no Antigo como no Novo Testamento. Era o nome de um dos 12 filhos de Jacó, o patriarca das 12 tribos de Israel. O nome *Barsabás* significa *filho de Sabas* ou *filho do sábado*. O nome *Barsabás* era um apelido que deram a ele, para distingui-lo de tantos outros Judas. Junto com Silas, Judas Barsabás foi o delegado do primeiro Concílio Ecumênico de Jerusalém para levar as conclusões conciliares para as comunidades da Ásia. *"Escolheram Judas, chamado Barsabás, e Silas, que eram muito respeitados pelos irmãos"* (At 15,22.27). *"Judas e Silas foram para Antioquia, reuniram a assembleia e entregaram a carta. Sua leitura causou alegria por causa do estímulo que ela continha. Judas e Silas, que também eram profetas, falaram muito, para encorajar e fortificar os irmãos. Depois de algum tempo, foram despedidos em paz pelos irmãos e voltaram para aqueles que os tinham enviado"* (At 15,30-33). O motivo principal dessa alegria tão grande era a Boa Notícia de que os pagãos, para terem participação nas promessas de Deus, não precisavam praticar a circuncisão nem observar todas as normas da lei de Moisés, bastava ter fé em Jesus (cf. At 15,28-29).

Pouco sabemos a respeito da vida de Judas Barsabás. Mas sabemos que ele *"era muito respeitado pelos irmãos"* (At 15,22) e que era um *"profeta"* (At 15,32). Não sabemos onde nasceu e onde foi criado, nem como se converteu ao Evangelho. Não conhecemos os pais dele, nem os irmãos e as irmãs. Judas Barsabás não procurou sobressair nem se promover, como tinham feito Ananias e Safira (cf. At 5,1-11). Ele apenas queria servir, como tantos e tantas hoje nas nossas comunidades. Sim, também hoje há muitos Judas Barsbás em todo canto. Deus conhece o nome de todos eles, e isso basta.

10 de Dezembro

Eunice e Loide
Mãe e avó de Timóteo

"A fé sincera que há em você, a mesma que havia na sua avó Loide e na sua mãe Eunice" (2Tm 1,5).

Eunice e Loide são os nomes da mãe e da avó de Timóteo (cf. 2Tm 1,5). O nome *Eunice* significa *boa vitória*, ou simplesmente *vitoriosa*. Não se sabe o sentido do nome *Loide*. Eis o que Paulo escreve para Timóteo a respeito destas duas mulheres: *"Lembro-me da fé sincera que há em você, a mesma que havia antes na sua avó Loide, depois em sua mãe Eunice, e que agora, estou convencido, também há em você"* (2Tm 1,5). E um pouquinho mais adiante, na mesma carta, Paulo mostra como Eunice e Loide faziam para transmitir esta "fé sincera" para o filho e neto. Era sobretudo por meio da meditação e da prática da Palavra de Deus. Escreve Paulo na mesma carta: *"Quanto a você [Timóteo], permaneça firme naquilo que aprendeu e aceitou como certo; você sabe de quem o aprendeu. Desde a infância você conhece as Sagradas Escrituras; elas têm o poder de lhe comunicar a sabedoria que conduz à salvação pela fé em Jesus Cristo. Toda Escritura é inspirada por Deus e é útil para ensinar, para refutar, para corrigir, para educar na justiça, a fim de que o homem de Deus seja perfeito, preparado para toda boa obra"* (2Tm 3,14-17).

Essas duas afirmações de Paulo a respeito de Eunice e Loide, mãe e avó de Timóteo, falam por si e mostram como era a convivência nas comunidades e como se transmitia a fé nas famílias. Assim deve ter sido a catequese familiar na casa de Maria e José junto com Jesus e de tantas outras famílias: de Paulo, de Lucas, de Mateus, de Marcos, de Pedro, de Joana, de Suzana, de Salomé, de Madalena, e de muitos outros, tanto ontem como hoje.

11 de Dezembro

A irmã e o sobrinho de Paulo
Gente da família de Paulo

"O filho da irmã de Paulo soube da trama e foi prevenir Paulo" (At 23,16).

Paulo tinha uma irmã casada que morava em Jerusalém (At 23,16). Foi o filho dessa irmã que salvou a vida de Paulo. O menino ficou sabendo que mais de 40 judeus de Jerusalém tinham feito um solene juramento de não comer nem beber nada até que conseguissem matar Paulo (cf. At 23,12-13). O sobrinho avisou o tio Paulo que estava na prisão. Paulo tinha sido preso na véspera. Ele estava andando na praça do templo de Jerusalém quando um grupo de judeus o sequestrou. Queriam linchá-lo na hora, lá mesmo na praça do templo. Foram os soldados romanos que o arrancaram das mãos dos judeus e o prenderam na fortaleza ou quartel que ficava junto ao templo (cf. At 21,27-36). Paulo pediu ao sobrinho para avisar o comandante a respeito do juramento dos judeus de matá-lo. Pois se Paulo fosse morto na prisão por algum sicário, o próprio comandante seria responsabilizado e poderia até perder a vida. Imediatamente, naquela mesma noite, o comandante mandou colocar de prontidão *"duzentos soldados, setenta cavaleiros e duzentos lanceiros"* para levar Paulo até Cesareia (At 23,23). Assim, graças ao filho da sua irmã, Paulo foi salvo. Pena que a Bíblia não conservou o nome, nem do menino, nem da irmã de Paulo.

A família de Paulo era de Tarso, na Cilícia, Ásia Menor (cf. At 22,3; 21,39). Ele mesmo, Paulo, morou um tempo em Jerusalém, onde estudou com o doutor Gamaliel (cf. At 22,3). Além disso, conforme as lembranças e saudações que ele mesmo manda para a comunidade de Roma, ele tinha outros parentes que moravam em Roma: *"Saudai Andrônico e Júnia, meus parentes"* (Rm 16,7). *"Saudai Herodião, meu parente"* (Rm 16,11). Não sabemos se se trata de *"parentes"* mesmo, como nós entendemos hoje, ou se Paulo usa o termo para dizer que eram grandes amigos.

12 de Dezembro

Aristóbulo
Excelente conselheiro

"Alguns deixaram o nome, que ainda é lembrado com elogios" (Eclo 44,8).

No final da Carta aos Romanos, Paulo escreve: *"Saúdem os familiares de Aristóbulo"* (Rm 16,10). Aristóbulo é uma das mais de 30 pessoas que recebem ou mandam saudações no final da Carta aos Romanos. O nome *Aristóbulo* significa *excelente conselheiro*. Não sabemos se esse elogio, implicado no nome, diz respeito à pessoa ou ao emprego de Aristóbulo. O fato de Paulo se referir aos *familiares* de Aristóbulo, e não diretamente ao próprio Aristóbulo, foi motivo de muitas suposições não esclarecidas até hoje. De qualquer maneira, a família de Aristóbulo receber saudações na carta de Paulo é um sinal de que ela exercia um papel importante na comunidade de Roma.

Até hoje é assim nas nossas comunidades e paróquias. Muitas vezes, como aconteceu com a família de Aristóbulo, a família de uma determinada pessoa coordena e anima toda uma comunidade. Às vezes, acontece que a família se considera quase dona da comunidade e, assim, impede o surgimento de novas lideranças. Esse não era o caso da família de Aristóbulo. Pelo contrário! Ao lado dela, várias outras lideranças são mencionadas por Paulo na sua carta.

13 de Dezembro

Efraim
Patriarca do povo de Israel

"A sua descendência se tornará uma multidão de nações" (Gn 48,19).

Efraim é o segundo filho de José do Egito. Depois que José recuperou a liberdade e foi nomeado vice-rei do Egito, o faraó deu a ele como esposa Asenet, filha de Putifar, sacerdote de On (cf. Gn 41,45), com a qual José teve dois filhos: Manassés e Efraim (cf. Gn 46,20) (para Asenet, veja 4 de setembro). Manassés é o filho mais velho, o primogênito. Mas quando Jacó, o pai de José e avô dos meninos, foi dar a bênção de primogênito para o mais velho dos dois netos, ele colocou Efraim antes de Manassés, de modo que Efraim passaria a ser o filho primogênito. *"José viu que seu pai tinha posto a mão direita sobre a cabeça de Efraim e não gostou. Pegou a mão do pai, retirou-a da cabeça de Efraim e a colocou sobre a cabeça de Manassés, explicando: 'Não é assim, pai! O primogênito é este; coloque a mão direita sobre a cabeça dele'. Mas o pai recusou, dizendo: 'Eu sei, meu filho, eu sei. Ele também se tornará um povo e crescerá, mas seu filho mais novo será maior do que ele, e sua descendência se tornará uma multidão de nações'"* (Gn 48,17-19). Não se sabe bem o significado do nome *Efraim*. Às vezes, ele indica a pessoa, outras vezes aparece como o nome de uma região geográfica da Palestina.

Geralmente, os dois irmãos, Efraim e Manassés, aparecem juntos como duas das 12 tribos de Israel. Na bênção de Jacó para seus 12 filhos, não aparecem Efraim e Manassés, só aparece José, o pai dos dois (cf. Gn 49,1-27). Na bênção de Moisés para as 12 tribos, aparecem tanto o pai, José (Dt 33,13), como os dois filhos, Efraim e Manassés (Dt 33,17).

14 de Dezembro

Lídia
Animadora da comunidade de Filipos

"Se vocês me consideram fiel ao Senhor, venham hospedar-se na minha casa"
(At 16,15).

Lídia era a coordenadora da comunidade de Filipos. Filipos é a primeira cidade da Europa onde foi anunciada a Boa Nova de Deus que Jesus nos trouxe. Foi quando Paulo chegou por lá na segunda viagem missionária (cf. At 16,12). Ele procurou uma sinagoga e não a encontrou. Mas encontrou um grupo de mulheres que costumavam rezar aos sábados perto do rio, fora da cidade (cf. At 16,13). Lídia era uma delas. Ela gostou da conversa de Paulo. Deus abriu o coração dela e ela aderiu à mensagem (cf. At 16,14-15). Foi na casa de Lídia que começaram as reuniões da nova comunidade (cf. At 16,40). Assim, a primeira pessoa a coordenar uma comunidade cristã na Europa foi uma mulher, e não um homem. A comunidade de Filipos ficou na memória de Paulo como comunidade acolhedora. Ele a chama *"minha alegria e coroa"* (Fl 4,1). Era a única comunidade da qual Paulo aceitava alguma ajuda para poder sobreviver (Fl 4,15).

Durante a sua estadia em Filipos, Paulo curou *"uma moça escrava que tinha um espírito de adivinhação"* e dava muito lucro ao seu patrão (cf. At 16,16). Por ter perdido a fonte do seu lucro, o patrão da moça mandou prender Paulo e Silas e fez com que os dois fossem hostilizados e flagelados (cf. At 16,19-24). Paulo apelou para a sua condição de "cidadão romano" e foi solto (cf. At 16,37). Depois de soltos, Paulo e Silas foram para a casa de dona Lídia e, em seguida, continuaram sua viagem missionária para Tessalônica (cf. At 16,40).

15 de Dezembro

Jessé
Pai do rei Davi

"Obed foi o pai de Jessé. E Jessé foi o pai de Davi" (Rt 4,22).

O profeta Isaías diz: *"Do tronco de Jessé sairá um ramo"* (Is 11,1). E ainda: *"Nesse dia a raiz de Jessé se erguerá como bandeira para os povos"* (Is 11,10). Isaías estava se referindo a Davi. Davi é *"o ramo que sairá do tronco de Jessé"*. Jessé é o pai do rei Davi. Saul foi o primeiro rei de Israel, mas ele desagradou a Deus, e o profeta Samuel foi enviado para Belém, para a casa de Jessé, pois um dos filhos de Jessé seria o novo rei, no lugar de Saul (cf. 1Sm 16,1). Jessé tinha oito filhos (cf. 1Sm 17,12). Samuel pediu para Jessé chamar todos os seus filhos. Eles foram, e Jessé, o pai, os apresentou a Samuel, um depois do outro: Eliab, Abinadab, Sama e mais quatro, cujo nome não foi registrado. Mas nenhum deles era o eleito de Deus. Samuel então disse a Jessé: *"Não foi nenhum desses que Yhwh escolheu"* (1Sm 16,10). Aí ele perguntou a Jessé: *"Estão aqui todos os seus filhos?"* Jessé respondeu: *"Falta o menor, que está tomando conta do rebanho"* (cf. 1Sm 16,11). Samuel mandou buscá-lo. Era Davi. Quando Davi chegou, Deus disse a Samuel: *"Levante-se e faça a unção no rapaz, porque é esse!"* (1Sm 16,12). Até Jessé, o pai, se esqueceu de chamar Davi! Deus escolheu aquele a quem nem o próprio pai dava muita importância! Mais tarde, durante a perseguição de Saul contra Davi, Davi protegeu seu pai Jessé e sua mãe contra uma possível vingança da parte de Saul e os levou para a terra de Moab, onde estariam em segurança (cf. 1Sm 22,3).

O livro de Rute completa as informações sobre Jessé, dizendo que Rute, nora de Noemi, é avó de Jessé, bisavó de Davi. Diz a Bíblia: *"Noemi pegou o menino, o pôs no colo e foi para ele uma verdadeira mãe de criação. As vizinhas deram um nome ao menino, dizendo: 'Nasceu um filho para Noemi'. E lhe deram o nome de Obed. Obed foi o pai de Jessé. E Jessé foi o pai de Davi"* (Rt 4,16-17).

16 de Dezembro

Ananias, Azarias e Misael
Três jovens, amigos e companheiros do profeta Daniel

*"Os três cantavam hinos, glorificavam e louvavam a Deus,
a uma só voz, dentro da fornalha"* (Dn 3,51).

Os nomes *Ananias, Azarias* e *Misael* aparecem juntos na recomendação do velho Matatias a seus filhos pouco antes da sua morte. Ele diz: *"Ananias, Azarias e Misael foram salvos da fornalha por causa da sua fé"* (1Mc 2,59). O nome *Ananias* significa *Deus teve misericórdia*. *Azarias* significa *Deus ajudou*. Não se sabe o significado do nome *Misael*. Os três, junto com Daniel, foram escolhidos para servirem na corte do rei Nabucodonosor (cf. Dn 1,3-7). Lá eles receberam outros nomes: *"Daniel passou a chamar-se Baltassar; Ananias, Sidrac; Misael, Misac; e Azarias, Abdênago"* (Dn 1,7). *"Terminado o tempo que o rei havia fixado para os rapazes serem apresentados, o chefe dos eunucos levou-os à presença de Nabucodonosor. O rei conversou com eles e não encontrou ninguém melhor do que Daniel, Ananias, Misael e Azarias. E a partir daí, eles ficaram servindo diretamente ao rei"* (Dn 1,18-19). Com as suas orações, Ananias, Azarias e Misael ajudaram Daniel a interpretar bem o sonho do rei (cf. Dn 2,17-18).

Anos depois, aconteceu que os três, Ananias, Azarias e Misael, foram condenados à morte na fornalha ardente por não quererem adorar a estátua de 30 metros de altura que Nabucodonosor mandara fazer de si mesmo (cf. Dn 3,1-23). Mas, quando foram jogados na fornalha, o fogo não lhes fez nenhum mal (cf. Dn 3,24). Pelo contrário! O fogo da fornalha era tão forte que chegou a matar aqueles que jogaram os três jovens ali dentro (cf. Dn 3,22). E os três andavam no meio das chamas cantando e louvando a Deus (cf. Dn 3,24-50). Até hoje, o Cântico dos três jovens é cantado no ofício divino da Igreja (cf. Dn 3,51-90).

17 de Dezembro

Lázaro
Irmão de Marta e Maria, amigo de Jesus

"Jesus gritou bem forte: 'Lázaro, saia para fora!' E o morto saiu" (Jo 11,43-44).

Lázaro morava em Betânia. O nome *Lázaro* significa *Deus ajuda*. O nome *Betânia* significa *'casa da pobreza'*. Era um bairro pobre que ficava no monte das Oliveiras, perto de Jerusalém. Lázaro tinha duas irmãs, Marta e Maria. Jesus gostava de passar na casa deles quando ia a Jerusalém em romaria. Quando Lázaro ficou doente, os amigos avisaram Jesus: *"Aquele que o senhor ama está muito doente"* (Jo 11,3). Mesmo assim, Jesus não foi logo para lá, e Lázaro acabou morrendo. Quando, finalmente, Jesus chega a Betânia, acontece aquela conversa bonita entre Marta e Jesus: *"'Senhor, se estivesses aqui, meu irmão não teria morrido. Mas ainda agora eu sei: tudo o que pedires a Deus, ele te dará'. Jesus disse: 'Seu irmão vai ressuscitar'. Marta disse: 'Eu sei que ele vai ressuscitar na ressurreição, no último dia'. Jesus disse: 'Eu sou a ressurreição e a vida. Quem acredita em mim, mesmo que morra, viverá. E todo aquele que vive e acredita em mim, não morrerá para sempre. Você acredita nisso?' Ela respondeu: 'Sim, Senhor. Eu acredito que tu és o Messias, o Filho de Deus que devia vir a este mundo'"* (Jo 11,21-27).

Depois dessa conversa, eles foram até o sepulcro e Jesus falou: *"'Tirem a pedra'. Marta disse: 'Senhor, já está cheirando mal. Faz quatro dias'. Jesus disse: 'Eu não lhe disse que, se você acreditar, verá a glória de Deus?' Então tiraram a pedra. Jesus levantou os olhos para o alto e disse: 'Pai, eu te dou graças porque me ouviste. Eu sei que sempre me ouves. Mas eu falo por causa das pessoas que me rodeiam, para que acreditem que tu me enviaste'. Dizendo isso, Jesus gritou bem forte: 'Lázaro, saia para fora!' O morto saiu. Tinha os braços e as pernas amarrados com panos e o rosto coberto com um sudário. Jesus disse aos presentes: 'Desamarrem e deixem que ele ande'"* (Jo 11,39-44). Mensagem para nós: o Jesus em que nós acreditamos tem poder sobre a vida e sobre a morte!

18 de Dezembro

O homem de Deus
Aquele que traz uma mensagem de Deus

"Um homem de Deus se apresentou a Eli e lhe disse" (1Sm 2,27).

No início do primeiro livro de Samuel aparece *"um homem de Deus"* que se apresentou ao sacerdote Eli para criticar o mau comportamento dos dois filhos de Eli. Eis a fala do homem de Deus para o sacerdote Eli: *"Assim diz Javé: Eu me revelei à família de seu pai, quando eles estavam no Egito e eram escravos do Faraó. Eu a escolhi entre todas as tribos de Israel para exercer o meu sacerdócio, para subir ao meu altar a fim de queimar a oferta e trazer o efod diante de mim. Eu concedi à família de seu pai toda a carne que os israelitas oferecessem a Javé. Por que vocês tratam com desprezo os sacrifícios e as ofertas que mandei fazer em meu santuário? Por que você respeita mais os seus filhos do que a mim, engordando-os com todas as ofertas de Israel, meu povo, diante de mim? Por causa disso – oráculo de Javé, Deus de Israel –, embora eu tenha prometido que sua família e a família de seu pai estariam sempre na minha presença, agora – oráculo de Javé – não será mais assim. Porque eu honro os que me honram, mas aqueles que me desprezam serão humilhados"* (1Sm 2,27-30). Não sabemos quem foi esse *"homem de Deus"*. Ele desapareceu do jeito que apareceu.

De certo modo, o "homem de Deus" (ou "mulher de Deus") representa nossa consciência, que, em certos momentos, aflora e nos avisa qual o rumo a ser tomado na vida. Também hoje, como no tempo da Bíblia, há muitas pessoas, homens e mulheres de Deus, que nos ajudam a descobrir o caminho de Deus na vida.

19 de Dezembro

Cléofas
Andou com Jesus no caminho de Emaús

"Tu és o único peregrino em Jerusalém que não sabe o que aí aconteceu nesses últimos dias?" (Lc 24,18).

O nome *Cléofas* é uma forma abreviada de Cleópatros e significa *pai Ilustre*. Cléofas aparece duas vezes na Bíblia: uma vez no Evangelho de João, e a outra vez no Evangelho de Lucas. No Evangelho de João, ele aparece como esposo de uma tal de Maria. João diz que *"Maria de Cléofas"* era uma das três mulheres que estavam ao pé da cruz de Jesus (cf. Jo 19,25). No Evangelho de Lucas, Cléofas é um dos dois que andavam com Jesus na estrada de Emaús (cf. Lc 24,18). A pessoa que acompanha Cléofas, muito provavelmente, é Maria, a esposa de que fala o Evangelho de João. Cléofas e sua esposa devem ter sido um casal bem atuante em Jerusalém nos primeiros anos depois da morte e ressurreição de Jesus.

Na descrição do encontro de Jesus com Cléofas e sua esposa no caminho de Emaús, Jesus ensina como devemos ler e interpretar a Escritura. O processo de interpretação seguido por Jesus no caminho de Emaús tem três passos: o *primeiro passo é*, como Jesus, aproximar-se das pessoas, escutar a realidade, fazer perguntas para conhecer a realidade que faz sofrer (cf. Lc 24,13-24). O *segundo passo é*, como fez Jesus, iluminar a realidade com a luz da Bíblia e assim transformar a cruz, sinal de morte, em sinal de vida e de esperança (cf. Lc 24,25-27). O *terceiro passo é*, como Jesus fez com os dois discípulos, criar um ambiente orante de fé e de fraternidade, onde possa atuar o Espírito que nos faz abrir os olhos para reconhecer a presença de Jesus na fração do pão e para entender o sentido das palavras de Jesus (cf. Lc 24,28-32). O resultado da leitura da Bíblia é *ressuscitar, superar o medo, voltar para Jerusalém*; é partilhar a experiência da ressurreição (cf. Lc 24,33-35). É o que acontece nos nossos encontros comunitários, nos quais atua o espírito de Jesus, que abre nossos olhos sobre a Bíblia e sobre a realidade e nos leva a partilhar a experiência de Ressurreição com os irmãos.

20 de Dezembro

O rapaz dos cinco pãezinhos
Soube partilhar o pouco que possuía

"Aqui está um rapaz com cinco pães de cevada e dois peixes" (Jo 6,9).

Uma grande multidão seguia Jesus. Jesus perguntou a Filipe: *"Onde é que vamos arrumar pão para tanta gente?"* (Jo 6,5). Filipe respondeu: *"Duzentos denários de pão não bastariam!"* Filipe constatou e lamentou a impossibilidade. Mas não fez nada. André, ao contrário, conseguiu encontrar um rapaz que tinha cinco pãezinhos e dois peixes. Levou o rapaz até Jesus e disse: *"Mas o que é isso para tanta gente?"* (Jo 6,7-9). Tanto Filipe como André, os dois constatam a impossibilidade de providenciar pão para tanta gente. O rapaz não disse nada, não lamentou, nem constatou a impossibilidade, apenas partilhou o pouco que tinha: cinco pãezinhos e dois peixes. Silenciosamente, o rapaz está dizendo: *"O que eu tenho não dá para todo mundo, mas o que eu tenho eu ofereço!"* Deve ter sido o pouco que tinha recebido da mãe para poder passar o dia sem fome. Oferecer cinco pãezinhos para alimentar uma multidão de 5 mil pessoas: ou é gesto de loucura, ou é sinal de muita fé. Passado pela mão de Jesus, o pouco que a criança partilhou deu para todos e ainda sobrou. Sobraram 12 cestos (cf. Jo 6,13).

Para cada um de nós, tudo o que temos não passa de cinco pãezinhos e dois peixes. Mas se houvesse partilha no Brasil, não haveria fome e sobraria bem mais que 12 cestos; haveria comida até para o resto da América Latina. Seria um verdadeiro milagre! Jesus manda ser como criança. Ser como criança, ter a coragem de partilhar como este menino, e o mundo seria diferente. Jesus disse: *"Eu garanto a vocês: quem não receber como criança o Reino de Deus, nunca entrará nele"* (Lc 18,17).

21 de Dezembro

Gaio de Corinto
Liderança da comunidade de Corinto

"Agradeço a Deus não ter batizado ninguém de vocês, a não ser Crispo e Gaio"
(1Cor 1,14).

O nome Gaio ou Caio era muito comum entre os romanos. O significado do nome vem de uma raiz que significa *alegre, contente, feliz*. Este Gaio de Corinto foi uma das poucas pessoas que Paulo batizou durante sua estadia naquela importante cidade (cf. At 18,1-18). Corinto era a capital da província da Acaia e lá se formou uma importante comunidade cristã. Mas havia muitas divisões na comunidade de Corinto. Os partidos agrupavam as pessoas que tinham sido batizadas por determinados apóstolos. Conforme atesta o próprio Paulo (cf. 1Cor 1,12-16), "uns dizem: 'Eu sou de Paulo'; outros dizem: 'Eu sou de Apolo!' E outros mais dizem: 'Eu sou de Pedro!' Agradeço a Deus o fato de eu não ter batizado ninguém de vocês, a não ser Crispo e Gaio". Havia uma forte amizade entre Paulo e Gaio.

Mais tarde, depois de ter sido libertado da prisão em Éfeso, Paulo volta a Corinto. Lá ele escreve sua longa Carta aos Romanos. No final da carta, junto às saudações enviadas pelas pessoas que estão com Paulo em Corinto, ficamos sabendo que Gaio hospedava o apóstolo e toda a sua equipe missionária. Diz assim a carta: *"Saudações de Gaio, que está hospedando a mim e a toda a comunidade"* (Rm 16,23).

22 de Dezembro

A Mãe do Emanuel
Para nós, é Maria, a Mãe de Jesus

"A jovem concebeu e dará à luz um filho, e o chamará pelo nome de Emanuel" (Is 7,14).

A mãe do Emanuel é mencionada pela primeira vez nesta frase do profeta Isaías para Acaz, o rei de Judá: *"Eis que a jovem está grávida e dará à luz um filho, e você o chamará pelo nome de Emanuel"* (Is 7,14). Acaz foi rei de Judá durante 20 anos (735-715 a.C.). Época difícil de ameaça mortal da parte do poder crescente do Império da Assíria contra os pequenos reinados do Médio Oriente. Por isso, os reis de Damasco e de Samaria queriam forçar Acaz a unir-se a eles numa aliança militar contra a Assíria. Acaz se recusou. Por isso, a terra de Judá foi invadida pelos reis de Damasco e de Samaria. Acaz não sabia o que fazer e começou a fortalecer Jerusalém para poder evitar o pior. Confiava nas armas, e não em Deus. Por sua falta de fé, ele chegou a sacrificar seu próprio filho (cf. 2Rs 16,3-4). Humanamente falando, a situação era sem futuro para o povo. Cercado, e agora também sem um descendente do rei no trono, o povo estava condenado a desaparecer. Então, Deus mandou o profeta Isaías dizer a Acab: *"'Pede para você um sinal a Javé, seu Deus, nas profundezas da mansão dos mortos ou na sublimidade das alturas'. Acaz respondeu: 'Não vou pedir! Não vou tentar a Y*HWH*!' Disse-lhe Javé: 'Escute, herdeiro de Davi, será que não basta a vocês cansarem a paciência dos homens? Precisam cansar também a paciência do próprio Deus? Pois saibam que Javé lhes dará um sinal: A jovem concebeu e dará à luz um filho, e o chamará pelo nome de Emanuel. Ele vai comer coalhada e mel, até que aprenda a rejeitar o mal e escolher o bem. Mas, antes que o menino aprenda a rejeitar o mal e escolher o bem, a terra desses dois reis que lhe estão causando medo será arrasada. Y*HWH* há de trazer para você, para o seu povo e para toda a família do seu pai dias de felicidade como nunca houve desde o dia em que Efraim se separou de Judá"* (Is 7,11-17).

No Novo Testamento, essas palavras de Isaías se realizaram. Diz o Evangelho de Mateus a respeito de Maria, a Mãe de Jesus: *"Vejam: a virgem conceberá e dará à luz um filho. Ele será chamado pelo nome de Emanuel, que quer dizer: Deus está conosco"* (Mt 1,23). Maria é a Mãe do Emanuel.

23 de Dezembro

A sabedoria personificada
O rosto feminino de Deus

> *"Eu estava junto com ele, como mestre de obras.*
> *Eu era o seu encanto todos os dias"* (Pr 8,30).

"Eu, a Sabedoria, sou vizinha da sagacidade e tenho o conhecimento e a reflexão. Temer a Javé é odiar o mal. Por isso, eu detesto o orgulho e a soberba, o mau comportamento e a boca falsa. Eu possuo o conselho e o bom senso; a inteligência e a fortaleza me pertencem. É por meio de mim que os reis governam e os príncipes decretam leis justas. Por meio de mim, os chefes governam e os nobres dão sentenças justas. Eu amo os que me amam, e os que me procuram me encontrarão. Comigo estão a riqueza e a honra, a prosperidade e a justiça. O meu fruto vale mais do que ouro puro, e a minha renda vale mais do que prata de lei. Eu caminho pela trilha da justiça e ando pelas veredas do direito, para levar riquezas aos que me amam e encher os seus cofres. Javé me produziu como primeiro fruto de sua obra, no começo de seus feitos mais antigos. Fui estabelecida desde a eternidade, desde o princípio, antes que a terra começasse a existir. Fui gerada quando o oceano ainda não existia, e antes que existissem as fontes de água. Fui gerada antes que as montanhas e colinas fossem implantadas, quando Javé ainda não tinha feito a terra e a erva, nem os primeiros elementos do mundo. Quando ele fixava o céu e traçava a abóbada sobre o oceano, eu aí estava. Eu me achava presente quando ele condensava as nuvens no alto e fixava as fontes do oceano; quando punha um limite para o mar, de modo que as águas não ultrapassassem a praia; e também quando assentava os fundamentos da terra. Eu estava junto com ele, como mestre de obras. Eu era o seu encanto todos os dias e brincava o tempo todo em sua presença; brincava na superfície da terra e me deliciava com a humanidade" (Pr 8,12-31).

24 de Dezembro

Os pastores
Trabalhadores fazendo hora extra

"Vamos a Belém, ver esse acontecimento que o Senhor nos revelou" (Lc 2,15).

Um anjo apareceu aos pastores e disse: *"Não tenham medo! Eu anuncio para vocês a Boa Notícia, que será uma grande alegria para todo o povo: hoje, na cidade de Davi, nasceu para vocês um Salvador, que é o Messias, o Senhor. Isto lhes servirá de sinal: vocês encontrarão um recém-nascido, envolto em faixas e deitado na manjedoura"* (Lc 2,10-12). Os pastores se levantaram e foram até Belém, "a cidade de Davi". Eles foram para ver *"o Salvador, o Messias, o Senhor"*, e encontraram um nenê recém-nascido, deitado numa manjedoura (cf. Lc 2,16), *"pois não havia lugar para eles dentro da casa"* (Lc 2,7). Eles viram e acreditaram. *"Voltaram, glorificando e louvando a Deus por tudo o que haviam visto e ouvido, conforme o anjo lhes tinha anunciado"* (Lc 2,20). Naquele tempo, as hospedarias eram de dois andares. O andar de cima, *"a casa"*, era para as pessoas. O andar de baixo era para os animais. Hoje seria como o estacionamento para os carros. Para aquele casal pobre de Nazaré não havia lugar na *casa*, no andar de cima da hospedaria. Jesus nasceu no estacionamento, no meio dos animais. Maria, a Mãe de Jesus, *"conservava todos esses fatos e meditava sobre eles em seu coração"* (Lc 2,19). É provável que a própria Mãe de Jesus tenha contado tudo isso para Lucas, que o anotou para nós no seu Evangelho.

A vida é cheia de contrastes e de surpresas. As coisas nem sempre acontecem como a gente imagina e espera. Deus nem sempre age como a gente gostaria. Você espera por uma manifestação poderosa de Deus como Salvador e Rei do mundo inteiro e encontra um nenê chorando numa estrebaria de animais. Foi o que aconteceu com os pastores. Mas eles acreditaram. Você acreditaria?

25 de Dezembro

Jesus menino
Igual a nós em tudo, menos no pecado

> *"Jesus crescia em sabedoria, estatura e graça,
> diante de Deus e dos homens"* (Lc 2,52).

Ele nasceu menino. Veio ao mundo no dia de Natal. Mas Ele já estava no meio de nós desde aquele *Sim* de Maria ao anjo Gabriel: *"Eis aqui a serva do Senhor; faça-se em mim segundo a tua palavra"* (Lc 1,38). A primeira viagem que Jesus fez, ainda no seio da Mãe, foi de Nazaré até a casa de Isabel e Zacarias, ida e volta (cf. Lc 1,39). A segunda viagem que Ele fez, ainda no seio de Maria, mas já perto de nascer, foi de Nazaré até Belém (cf. Lc 2,4-5). Foi lá em Belém que o menino nasceu (cf. Lc 2,6-7). Nasceu fora de casa, numa estrebaria de animais, porque na hospedaria não havia lugar para aquele casal pobre que vinha lá da Galileia (cf. Lc 2,7). Logo depois, Ele teve que viajar de novo, fugindo para o Egito, carregado nos braços da Mãe Maria, para escapar da fúria de Herodes que queria matar o menino (cf. Mt 2,13-15). Depois da morte de Herodes, outra longa viagem, de volta desde o Egito, via Belém, até Nazaré (cf. Mt 2,19-23). Ao todo, desde o *Sim* de Maria até o retorno a Nazaré, depois do nascimento de Jesus, foram centenas de quilômetros! Tudo a pé, no lombo do animal!

Em Nazaré, lugar bem pequeno, o menino foi crescendo, aprendendo a falar, a comer, a escutar, a rezar, a conviver no meio da família e do povo da cidade: *"O menino crescia e ficava forte, cheio de sabedoria. E a graça de Deus estava com ele"* (Lc 2,40). Quando alcançou a idade de 12 anos, pôde acompanhar os pais na romaria até Jerusalém (Lc 2,42). Menino precoce! Pois o costume era sair em romaria só depois dos 13 anos de idade. Lá no templo, Ele se sentiu na casa do Pai. Sentiu-se tão à vontade na casa do Pai que se esqueceu de acompanhar os pais na volta para Nazaré (cf. Lc 2,49). Depois que Maria e José o reencontraram, *"Jesus desceu com seus pais para Nazaré e permaneceu obediente a eles. E sua mãe conservava no coração todas essas coisas. E Jesus crescia em sabedoria, em estatura e graça, diante de Deus e dos homens"* (Lc 2,51-52). Aí deixou de ser menino e começou a ser rapaz.

26 de Dezembro

Estêvão
Diácono, primeiro mártir

"Escolheram Estêvão, homem cheio de fé e do Espírito Santo" (At 6,5).

Estêvão é o primeiro mártir. Sua festa é logo no primeiro dia depois do Natal. Parece um contraste. Num dia, Jesus nasce; no outro dia, Estêvão é morto a pedradas. Estêvão era o primeiro dos sete diáconos. É que *"os fiéis de origem grega começaram a queixar-se contra os fiéis de origem hebraica. Os de origem grega diziam que suas viúvas eram deixadas de lado no atendimento diário"* (At 6,1). Para resolver o problema, os apóstolos sugeriram escolher *"sete homens de boa fama, cheios do Espírito e de sabedoria"* (At 6,3). O primeiro dos sete é Estêvão, *"homem cheio de fé e do Espírito Santo"* (At 6,5). Estêvão teve uma atuação importante no anúncio da Boa Nova. Os judeus discutiam com ele, *"mas não conseguiam resistir à sabedoria e ao Espírito com que Estêvão falava"* (At 6,10). Eles até arrumaram falsas testemunhas dizendo que Estêvão era contra o templo e contra a lei de Deus (cf. At 6,11-14). Mas não adiantou nada. Em sua longa defesa (cf. At 7,1-53), Estêvão mostrava como, já desde o início da história do povo de Deus, as lideranças reclamavam contra Moisés.

A essa altura da sua defesa, Estêvão deixou de lado a história do passado e fez a aplicação direta dizendo: *"Homens teimosos, insensíveis e fechados à vontade de Deus! Vocês sempre resistiram ao Espírito Santo. Vocês são como foram seus pais! A qual dos profetas os pais de vocês não perseguiram? Eles mataram aqueles que anunciavam a vinda do Justo, do qual agora vocês se tornaram traidores e assassinos. Vocês receberam a Lei, promulgada por meio dos anjos, e não a observaram!"* (At 7,51-53). Nesse momento, os judeus fecharam os ouvidos, pegaram Estêvão, o arrastaram para fora da cidade e o mataram a pedradas. Enquanto estava morrendo, Estêvão disse: *"Estou vendo o céu aberto e Jesus à direita de Deus"* (At 7,56). E já quase morto, Estêvão, como Jesus, pediu perdão pelos seus assassinos (cf. At 7,60; Lc 23,34). Um senhor, chamado Saulo, assistiu a tudo e aprovou a morte de Estêvão (cf. At 8,1). Era o futuro apóstolo Paulo (cf. At 22,20). Estêvão e Paulo eram colegas de estudo.

27 de Dezembro

João, o apóstolo
Discípulo que Jesus amava

"O discípulo que Jesus amava disse a Pedro: 'É o Senhor'" (Jo 21,7).

O apóstolo João é filho de Zebedeu e irmão de Tiago. Jesus encontrou os dois irmãos quando eles, junto com o pai, Zebedeu, estavam consertando as redes. Eram pescadores. Jesus os chamou. Eles deixaram o pai na barca e seguiram a Jesus (cf. Mc 1,20). Desde o início da Igreja, o apóstolo João foi identificado como o discípulo que, no Evangelho de João, aparece como o *discípulo amado* (cf. Jo 13,23; 20,2; 21,7.20). A ele se atribui o quarto Evangelho. Este João e seu irmão Tiago eram pessoas que não levavam desaforo para casa, mas reagiam na hora. Jesus lhes deu o apelido de *Boanerges*, filhos do trovão (cf. Mc 3,17). Quando o povo de um povoado na Samaria não quis dar hospitalidade a Jesus, os dois reagiram na hora e queriam fazer baixar o fogo do céu para matar o povo daquele lugar (cf. Lc 9,54). Jesus os repreendeu e não quis saber. Na última ceia, o discípulo amado ficava bem perto de Jesus e, a pedido de Pedro, procurou saber de Jesus quem seria o traidor (cf. Jo 13,23-25). Depois que Jesus foi preso, ele e Pedro seguiram Jesus até a casa do sumo sacerdote (cb. Jo 18,15). João era conhecido do sumo sacerdote (cf. Jo 18,15-16) e conseguiu licença para que também Pedro pudesse entrar. Depois que Jesus foi condenado, o discípulo amado (João) estava ao pé da cruz junto com a Mãe de Jesus, Maria Madalena e Maria de Cléofas (cf. Jo 19,25-27). *"Jesus viu a mãe e, ao lado dela, o discípulo que ele amava. Então disse à mãe: 'Mulher, eis aí o seu filho'. Depois disse ao discípulo: 'Eis aí a sua mãe'. E dessa hora em diante, o discípulo a recebeu em sua casa"* (Jo 19,26-27). Depois da ressurreição, por ocasião da pesca milagrosa, foi o discípulo amado que reconheceu Jesus e disse a Pedro: *"É o Senhor!"* (Jo 21,7).

Foi João que, no seu Evangelho, conservou para nós estas palavras de Jesus: *"Eu sou o pão da vida"* (Jo 6,35.48). *"Eu sou a luz do mundo"* (Jo 8,12; 9,5). *"Eu sou a porta"* (Jo 10,7.9). *"Eu sou o bom pastor"* (Jo 10,11.14). *"Eu sou a ressurreição e a vida"* (Jo 11,25). *"Eu sou o caminho, a verdade e a vida"* (Jo 14,6). *"Eu sou a videira"* (Jo 15,1.5). *"Eu sou"* (Jo 8,24.28).

28 de Dezembro

Santos inocentes
Os meninos assassinados pelo rei Herodes

"Ouviu-se um grito em Ramá, choro e grande lamento" (Mt 2,18).

Os *Santos Inocentes* são aqueles meninos recém-nascidos que foram assassinados pela brutalidade do rei Herodes. Quando, por meio dos magos do Oriente, Herodes ficou sabendo que havia nascido *"o rei dos judeus"* (cf. Mt 2,1-2), ele ficou preocupado e resolveu matar o menino recém-nascido. Pediu aos magos que lhe dessem todas as informações e, na volta, ele também iria adorar o menino (cf. Mt 2,8). Mas os magos, avisados em sonho, voltaram por um outro caminho. *"Quando Herodes percebeu que os magos o haviam enganado, ficou furioso. Mandou matar todos os meninos de Belém e de todo o território ao redor, de dois anos para baixo, calculando a idade pelo que tinha averiguado dos magos. Então se cumpriu o que fora dito pelo profeta Jeremias: 'Ouviu-se um grito em Ramá, choro e grande lamento: é Raquel que chora seus filhos, e não quer ser consolada, porque eles não existem mais'"* (Mt 2,16-18).

Em sua vida, Herodes matou muita gente, inclusive a própria mãe e vários parentes. Ele era uma pessoa doentia, criminosa e maníaca, vidrado no poder. Qualquer fato que pudesse ameaçar o seu poder, mesmo vindo de um menino, era eliminado com fúria. Herodes continua vivo hoje, matando muitas crianças. Só que hoje ninguém o conhece. Ele não usa mais o nome Herodes. Hoje, o nome dele é outro: fome, guerra, aborto, bala perdida, droga, tráfico, bandidos, máfia etc.

29 de Dezembro

Davi
Rei do povo de Deus

*"Desse dia em diante, o espírito de Y*HWH *permaneceu sobre Davi"* (1Sm 16,13).

Davi, o filho mais novo de Jessé, nasceu em Belém. Ele tomava conta do rebanho do pai. O profeta Samuel o ungiu para ser o rei do povo de Deus no lugar de Saul (cf. 1Sm 16,11-12). *"Desse dia em diante, o espírito de Javé permaneceu sobre Davi"* (1Sm 16,13). Após muita luta, ele conquistou o poder e foi aclamado rei, primeiro pelo povo de Judá (cf. 2Sm 2,4), depois pelo povo todo (cf. 2Sm 5,3). Governou ao todo 40 anos (1010-970 a.C.), sete em Hebron e mais 33 em Jerusalém (cf. 2Sm 5,4-5). Construiu um palácio para si e quis fazer um templo para Deus (cf. 2Sm 7,2), mas Deus não permitiu que Davi lhe construísse um templo (cf. 2Sm 7,4-12). A construção do templo ficou como tarefa para Salomão, o filho sucessor de Davi (cf. 2Sm 7,13-15). Deus fez uma aliança com Davi: *"Sempre haverá um descendente seu sobre o trono de Davi"* (2Sm 7,12-13; At 2,30). Essa profecia se realizou em Jesus nas palavras do anjo Gabriel a Maria, a Mãe de Jesus: *"Ele será grande e será chamado Filho do Altíssimo. E o Senhor dará a ele o trono de seu pai Davi, e ele reinará para sempre sobre os descendentes de Jacó. E o seu reino não terá fim"* (Lc 1,32-33). Davi foi um homem de grandes qualidades. Fez muitos salmos, soube defender o povo na hora do perigo.

Mas ninguém é imune à tentação que vem do poder e do dinheiro. Quase todos os reis da Bíblia se deixaram corromper pela ganância. Oprimiram o povo e cometeram grandes crimes. Davi cometeu adultério com Betsabeia, mulher de Urias (cf. 2Sm 11,2-5), e, para disfarçar o pecado, mandou matar Urias, o marido dela (cf. 2Sm 11,14-24). Criticado pelo profeta Natã, ele se arrependeu (cf. 2Sm 12,1-14). A mania do poder o levou a querer fazer um recenseamento do povo (cf. 2Sm 24,1-9). Criticado pelo profeta Gad, Davi teve que escolher entre três pragas (cf. 2Sm 24,10-13). Ele escolheu a mais breve, a peste de três dias, e humilhou-se, arrependido, diante de Deus (cf. 2Sm 24,14-17).

30 de Dezembro

Natã
Profeta do povo de Deus

> *"Davi disse a Natan: 'Pequei contra Javé. Natã disse a Davi: 'Javé perdoou o seu pecado. Você não morrerá'"* (2Sm 12,13).

O nome *Natã* é uma abreviação de Natânia que significa *dádiva de Deus* ou *Deus doou*. Nome frequente no Antigo Testamento. O mais conhecido deles é o profeta Natã. Natã era profeta da corte. Não sabemos a origem dele. *"Ele profetizou no tempo do rei Davi"* (Eclo 47,1). Ele exerceu uma grande influência sobre Davi, dando apoio nas decisões boas e criticando os erros dele. Denunciou o pecado do adultério de Davi com Betsabeia, esposa de Urias, e o crime do assassinato de Urias (cf. 2Sm 11,1-27; 12,1-15). Impediu o rei Davi de construir o templo (cf. 2Sm 7,1-10) que, mais tarde, foi construído pelo rei Salomão (cf. 2Sm 7,13). Em nome de Deus, Natã formulou a profecia da dinastia de Davi: *"Eu livrarei você de todos os seus inimigos. Javé informa que vai fundar uma dinastia para você. E quando esgotarem seus dias e você repousar junto a seus antepassados, eu exaltarei a sua descendência depois de você, aquele que vai sair de você. E firmarei a realeza dele. Ele é que vai construir uma casa para o meu nome. E eu estabelecerei o trono real dele para sempre. Serei para ele um pai e ele será um filho para mim. Se ele falhar, eu o corrigirei com bastão e chicote, como se costuma fazer. Mas eu não desistirei de ser fiel para com ele, como desisti de Saul, que tirei da frente de você. A dinastia e a realeza dele permanecerão firmes para sempre diante de mim; e o seu trono será sólido para sempre"* (2Sm 7,11-16). Natã comunicou todas essas palavras a Davi.

No fim da vida de Davi, o profeta Natã, junto com Betsabeia, mulher de Davi, participou da conspiração para que Davi indicasse Salomão como sucessor no trono, e não Adonias, que já estava articulando a sua aclamação como rei pelo povo (cf. 1Rs 1,10-40). Já bem velho, Davi não conseguia mais dormir por causa do frio. Encontraram Abisag, uma moça muito bonita, para dormir com Davi e servi-lo (cf. 1Rs 1,1-3). *"Mas o rei não teve relações com ela"* (1Rs 1,4).

31 de Dezembro

O anônimo desconhecido
A pessoa mais importante da história do povo de Deus

"Um homem encontrou José que andava errante pelos campos" (Gn 37,15).

Durante os 365 dias deste ano, lembramos muitos santos e santas da Bíblia. Hoje, o último dia do ano, vale a pena lembrar esta conversa de um rabino com as crianças da sua escola. O rabino perguntou às crianças: "Qual foi a pessoa mais importante da história do nosso povo?" Elas responderam: "Abraão!" Ele dizia: "Não!" – "Moisés!" – "Não!" – "Jacó!" – "Não!" – "Sara!" – "Não!" – Muitos nomes. A resposta era sempre a mesma: "Não!" No fim, as crianças perguntaram: "Então, quem foi a pessoa mais importante da história do nosso povo?" Ele respondeu: "Foi uma pessoa da qual não sabemos nem o nome". As crianças perguntaram: "Quem foi?" E o rabino abriu a Bíblia e leu a história na qual Jacó pede a José para visitar seus irmãos e trazer notícias (cf. Gn 37,12-14). José foi, mas não encontrava os irmãos. Um homem o encontrou andando errante pelos campos e perguntou: "O que é que você está procurando?" José respondeu: "Procuro meus irmãos. Por favor, diga-me: onde eles estão apascentando os rebanhos?" O homem disse: "Eles partiram daqui, e os ouvi dizer que iam para Dotain". José foi à procura de seus irmãos e os encontrou em Dotain (cf. Gn 37,15-17).

E o rabino concluiu: se José não tivesse encontrado aquele homem, não teria encontrado seus irmãos (cf. Gn 37,17) e não teria sido vendido aos ismaelitas (cf. Gn 37,25-30); não teria sido escravo de Putifar (cf. Gn 39,1); não teria sido vice-rei do Egito (cf. Gn 41,40-43); não teria levado toda a sua família para o Egito (cf. Gn 46,1-30); o povo não teria se multiplicado no Egito (cf. Ex 1,7); as parteiras não teriam desobedecido às ordens do faraó (cf. Ex 1,15-19); não teria nascido Moisés (cf. Ex 2,1-10); não teria acontecido o êxodo, e nós não seríamos hoje o povo de Israel, o povo de Deus. Sem este homem, desconhecido e anônimo, nossa história não teria acontecido.

Sábia e bonita essa reflexão do rabino: Deus age por meio de pessoas simples e anônimas. Faz pensar, depois de termos percorrido estes 365 santos e santas da Bíblia! Palavra do Senhor! Graças a Deus.

Lista mensal dos santos e santas
com nome do santo ou da santa para cada dia

JANEIRO

1º de janeiro	Adão	17 de janeiro	Nemrod
2 de janeiro	Eva	18 de janeiro	Pedro em Roma
3 de janeiro	Jetro	19 de janeiro	Ártemas
4 de janeiro	Andrônico e Júnia	20 de janeiro	Taré
5 de janeiro	Judas, irmão de Tiago	21 de janeiro	Vasti
6 de janeiro	Reis magos	22 de janeiro	Noadias
7 de janeiro	Ciro	23 de janeiro	A moça do perfume
8 de janeiro	Josias	24 de janeiro	Matatias
9 de janeiro	Matusalém	25 de janeiro	Conversão de Saulo
10 de janeiro	Nicanor	26 de janeiro	Ananias de Damasco
11 de janeiro	Rúben	27 de janeiro	Abesã
12 de janeiro	Naum	28 de janeiro	Urias, profeta
13 de janeiro	Herodião	29 de janeiro	Maria de Roma
14 de janeiro	Abraão	30 de janeiro	Ninfas
15 de janeiro	Nabot	31 de janeiro	Ismael
16 de janeiro	Judite		

FEVEREIRO

1º de fevereiro	Efron	5 de fevereiro	Ló
2 de fevereiro	Purificação de Maria	6 de fevereiro	Cloé
3 de fevereiro	Cornélio	7 de fevereiro	Cetura
4 de fevereiro	A samaritana	8 de fevereiro	Resfa

9 de fevereiro	Zorobabel	20 de fevereiro	Dina
10 de fevereiro	Jacó	21 de fevereiro	Joana
11 de fevereiro	Isabel	22 de fevereiro	Sara
12 de fevereiro	Demas	23 de fevereiro	José de Arimateia
13 de fevereiro	Ágabo	24 de fevereiro	Matias
14 de fevereiro	Zelfa e Bala	25 de fevereiro	Gedeão
15 de fevereiro	Zenas	26 de fevereiro	José Barsabás
16 de fevereiro	Joel	27 de fevereiro	Rebeca
17 de fevereiro	Simeão, patriarca	28 de fevereiro	Servo fiel de Abraão
18 de fevereiro	Melquisedec	29 de fevereiro	Cordeiro de Deus
19 de fevereiro	Narciso		

MARÇO

1º de março	Débora, empregada	17 de março	Isaque
2 de março	Tabita	18 de março	Simão Cireneu
3 de março	Josué, sacerdote	19 de março	José, esposo de Maria
4 de março	Nicolau	20 de março	Mulher adúltera
5 de março	Aarão	21 de março	Moisés
6 de março	Levi	22 de março	Epafrodito
7 de março	Hur	23 de março	Mulher encurvada
8 de março	Rosa	24 de março	Gabriel
9 de março	Miqueias, profeta	25 de março	Anunciação a Maria
10 de março	Judá	26 de março	Sóstenes
11 de março	Crescente	27 de março	Tamar de Judá
12 de março	Jocabed e Amran	28 de março	Tola
13 de março	Sízigo	29 de março	Gerson e Eliezer
14 de março	Sefra e Fua	30 de março	Asíncrito e Flegonte
15 de março	Longino	31 de março	Amós
16 de março	Mulher que ungiu Jesus		

ABRIL

1º de abril	Esaú	16 de abril	Filipe, evangelista
2 de abril	Vítimas da violência	17 de abril	Eneias
3 de abril	Samgar	18 de abril	Issacar
4 de abril	Filhas de Salfaad	19 de abril	Tímon
5 de abril	Eliacim	20 de abril	Tito
6 de abril	Miqueias de Jemla	21 de abril	O nome de Deus
7 de abril	Set	22 de abril	Tobit e Ana
8 de abril	Mulher do fluxo de sangue	23 de abril	Mardoqueu
9 de abril	Maria de Cléofas	24 de abril	Hermes e Pátrobas
10 de abril	Ezequiel	25 de abril	Marcos
11 de abril	Antipas	26 de abril	Segundo
12 de abril	Agur	27 de abril	Balaão
13 de abril	Dâmaris	28 de abril	Booz
14 de abril	Azeviche, Cássia e Rola	29 de abril	Tíquico
15 de abril	Aristarco	30 de abril	Daniel

MAIO

1º de maio	Caleb	12 de maio	Tiago, filho de Alfeu
2 de maio	Jeremias	13 de maio	Raab
3 de maio	Tiago, irmão do Senhor	14 de maio	Sulamita
4 de maio	Enós	15 de maio	Aicam
5 de maio	Abiatar	16 de maio	Nereu e Olimpas
6 de maio	Evódia e Síntique	17 de maio	Benjamim
7 de maio	Miriam, a profetisa	18 de maio	Cláudia
8 de maio	Miguel	19 de maio	Mulher que elogiou Jesus
9 de maio	Sópatros	20 de maio	Abdon
10 de maio	Jó	21 de maio	Josué
11 de maio	Filipe, apóstolo	22 de maio	Lamuel

23 de maio	Jeú, profeta	28 de maio	Apeles
24 de maio	Êutico	29 de maio	Jefté
25 de maio	Maria, mãe de Tiago	30 de maio	Filha de Jefté
26 de maio	Esdras	31 de maio	Agar
27 de maio	Judas Tadeu		

JUNHO

1º de junho	Oded	16 de junho	Sansão
2 de junho	O leproso	17 de junho	Quarto
3 de junho	Tércio	18 de junho	Levita de Judá
4 de junho	Manué e esposa	19 de junho	Abdias, servo do rei
5 de junho	Maria, mãe de João Marcos	20 de junho	Sunamita
6 de junho	Zacarias, filho de Joiada	21 de junho	Samuel
7 de junho	Obed-Edom	22 de junho	Eli
8 de junho	Jael	23 de junho	Simeão, o Negro
9 de junho	Zabulon	24 de junho	João Batista
10 de junho	Trófimo	25 de junho	O carcereiro
11 de junho	Barnabé	26 de junho	Lino
12 de junho	Viúva de Sarepta	27 de junho	Ana e Elcana
13 de junho	Habacuc	28 de junho	Naamã
14 de junho	Eliseu	29 de junho	Pedro
15 de junho	Irmãos profetas	30 de junho	Paulo

JULHO

1º de julho	Ester	4 de julho	Oseias e Gomer
2 de julho	Serva de Naamã	5 de julho	Família de Oseias
3 de julho	Tomé	6 de julho	A sogra de Pedro

7 de julho	Zebedeu		20 de julho	Elias
8 de julho	Micol		21 de julho	Otoniel
9 de julho	Dan		22 de julho	Suzana, filha de Helcias
10 de julho	Saul		23 de julho	Obed, filho de Rute
11 de julho	Semeías		24 de julho	Gad
12 de julho	Abigail		25 de julho	Tiago, filho de Zebedeu
13 de julho	Onésimo		26 de julho	Ana e Joaquim
14 de julho	Jônatas		27 de julho	Fortunato e Acaico
15 de julho	Públio		28 de julho	Betsabeia
16 de julho	Maria do Carmo		29 de julho	Lúcio de Cirene
17 de julho	Servo de Saul		30 de julho	Urias, soldado
18 de julho	Tamar, filha de Davi		31 de julho	Salomão
19 de julho	Epafras			

AGOSTO

1º de agosto	Os irmãos Macabeus		17 de agosto	Mulher perfeita
2 de agosto	Barac		18 de agosto	Jonadab
3 de agosto	Aías de Silo		19 de agosto	Epêneto
4 de agosto	Ezequias		20 de agosto	Eleazar
5 de agosto	Rufo		21 de agosto	Discípulos de Isaías
6 de agosto	Henoc		22 de agosto	Manaém
7 de agosto	Pérside		23 de agosto	Jasão
8 de agosto	Asaf		24 de agosto	Bartolomeu (Natanael)
9 de agosto	Noé		25 de agosto	Justo
10 de agosto	Sem, Cam e Jafé		26 de agosto	Baruque
11 de agosto	Hulda		27 de agosto	Ebed-melec
12 de agosto	Clemente		28 de agosto	Neftali
13 de agosto	Godolias		29 de agosto	Estéfanas e família
14 de agosto	Judas Macabeu		30 de agosto	Ageu
15 de agosto	Assunção de Maria		31 de agosto	Crispo
16 de agosto	Eldad e Medad			

SETEMBRO

1º de setembro	Coré	16 de setembro	Elon
2 de setembro	Zacarias, profeta	17 de setembro	Gaio de Derbe
3 de setembro	José do Egito	18 de setembro	Rafael
4 de setembro	Asenet	19 de setembro	Neemias
5 de setembro	Rute	20 de setembro	Gamaliel
6 de setembro	Timóteo	21 de setembro	O servo de Deus
7 de setembro	Isaías	22 de setembro	Mateus
8 de setembro	A família de Isaías	23 de setembro	Jonas
9 de setembro	Êubulo e Pudente	24 de setembro	Qohelet
10 de setembro	Amplíato	25 de setembro	Sasabassar
11 de setembro	Mãe dos Macabeus	26 de setembro	Erasto
12 de setembro	Josaba	27 de setembro	Aser
13 de setembro	Simão, sumo sacerdote	28 de setembro	Hermas
14 de setembro	Raguel e Edna	29 de setembro	Santos e santas anônimos
15 de setembro	Maria, Mãe de Jesus	30 de setembro	Jesus Ben Sirac

OUTUBRO

1º de outubro	Tobias e Sara	11 de outubro	Carpo
2 de outubro	Santos Anjos	12 de outubro	Malaquias
3 de outubro	Bartimeu	13 de outubro	Simão, o curtidor
4 de outubro	Francisco de Assis	14 de outubro	Jair
5 de outubro	Demétrio	15 de outubro	Séfora
6 de outubro	A esposa de Pedro	16 de outubro	Pármenas
7 de outubro	Urbano	17 de outubro	A mulher sábia de Técua
8 de outubro	Simeão, o velho		
9 de outubro	Dionísio	18 de outubro	Lucas
10 de outubro	A viúva de Naim	19 de outubro	Onesíforo

20 de outubro	O Filho do Homem	25 de outubro	Gad
21 de outubro	Jesus, filho de José de Nazaré	26 de outubro	A mulher cananeia
		27 de outubro	Fineias
22 de outubro	Susana, discípula de Jesus	28 de outubro	Simão, o Zelota
		29 de outubro	Débora, juíza
23 de outubro	Salomé	30 de outubro	Jairo
24 de outubro	Gaio da Macedônia	31 de outubro	Talita e as crianças

NOVEMBRO

1º de novembro	Todos os santos vivos	15 de novembro	Maria, irmã de Marta
2 de novembro	Todos os santos falecidos	16 de novembro	Marta, irmã de Maria
		17 de novembro	Zaqueu
3 de novembro	Noemi	18 de novembro	Alfeu
4 de novembro	Filólogo e Júlia	19 de novembro	Abdias
5 de novembro	Zacarias, pai de João Batista	20 de novembro	Natanael
		21 de novembro	A Senhora Eleita
6 de novembro	Raquel	22 de novembro	Filêmon e Ápia
7 de novembro	Ana, a profetisa	23 de novembro	Cristo Rei
8 de novembro	Manassés	24 de novembro	Dimas
9 de novembro	Gaio, o amado	25 de novembro	Febe
10 de novembro	Trifena e Trifosa	26 de novembro	Nicodemos
11 de novembro	O etíope	27 de novembro	Lia
12 de novembro	Teófilo	28 de novembro	Farés e Zara
13 de novembro	Maria Madalena	29 de novembro	Arquipo
14 de novembro	Aod	30 de novembro	André

DEZEMBRO

1º de dezembro	A viúva das duas moedas	2 de dezembro	Abel
		3 de dezembro	Sofonias

4 de dezembro	Lúcio, Jasão e Sosípatro
5 de dezembro	Menásson
6 de dezembro	Apolo
7 de dezembro	Áquila e Priscila
8 de dezembro	Silas
9 de dezembro	Judas Barsabás
10 de dezembro	Eunice e Loide
11 de dezembro	A irmã e o sobrinho de Paulo
12 de dezembro	Aristóbulo
13 de dezembro	Efraim
14 de dezembro	Lídia
15 de dezembro	Jessé
16 de dezembro	Ananias, Azarias e Misael
17 de dezembro	Lázaro
18 de dezembro	O homem de Deus
19 de dezembro	Cléofas
20 de dezembro	Rapaz dos cinco pãezinhos
21 de dezembro	Gaio de Corinto
22 de dezembro	A mãe do Emanuel
23 de dezembro	A sabedoria personificada
24 de dezembro	Os pastores
25 de dezembro	Jesus menino
26 de dezembro	Estêvão
27 de dezembro	João, apóstolo
28 de dezembro	Meninos assassinados
29 de dezembro	Davi
30 de dezembro	Natã
31 de dezembro	O anônimo desconhecido

Lista alfabética dos Santos com datas e textos

A

Aarão	5 de março	Êx 4,14; 7,1-5
Abdias, profeta	19 de novembro	Ab 1
Abdias, servo do rei	19 de junho	1Rs 18,3
Abdon	20 de maio	Jz 12,13-15
Abel	2 de dezembro	Gn 4,8-10; Hb 11,4
Abesã	27 de janeiro	Jz 12,8-10
Abiatar	5 de maio	1Sm 22,20-21; 2Sm 8,17
Abigail	12 de julho	1Sm 25,1-42
Abraão	14 de janeiro	Gn 12,1-5; Hb 11,8-10
Acaico	27 de julho	1Cor 16,17
Adão	1º de janeiro	Gn 4,25; Eclo 49,16
Ágabo	13 de fevereiro	At 11,28; 21,10
Agar	31 de maio	Gn 16,3; 21,9; Gl 4,24
Ageu	30 de agosto	Ag 1,1; Esd 5,1
Agur	12 de abril	Pr 30,1
Aías de Silo	3 de agosto	1Rs 11,30; 12,15; 14,2-5
Aicam	15 de maio	Jr 26,24
Alfeu	18 de novembro	Mt 10,3; Mc 2,14
Amós	31 de março	Am 1,1; 7,10-17
Amplíato	10 de setembro	Rm 16,8
Amram	12 de março	Êx 6,20; Nm 26,59
Ana de Elcana	27 de junho	1Sm 1,1-28
Ana de Joaquim	26 de julho	Da Tradição
Ana de Tobit	22 de abril	Tb 1,20; 2,1
Ana, profetisa	7 de novembro	Lc 2,36-38

Ananias da fornalha	16 de dezembro	Dn 1,6-7; 1Mc 2,59
Ananias de Damasco	26 de janeiro	At 9,10-19
André	30 de novembro	Jo 1,40-42
Andrônico	4 de janeiro	Rm 16,7
Anônimo	31 de dezembro	Gn 37,15-17
Anônimos santos	29 de setembro	Eclo 44,9
Antipas	11 de abril	Ap 2,12-13
Anunciação a Maria	25 de março	Lc 1,26-38
Aod	14 de novembro	Jz 3,12-30
Apeles	28 de maio	Rm 16,10
Ápia	22 de novembro	Fm 2
Apolo	6 de dezembro	At 18,24; 1Cor 1,12.
Áquila	7 de dezembro	At 18,1-4; Rm 16,3
Aristarco	15 de abril	Cl 4,10; Fm 24
Aristóbulo	12 de dezembro	Rm 16,10
Arquipo	29 de novembro	Cl 4,17
Ártemas	19 de janeiro	Tt 3,12
Asaf	8 de agosto	1Cr 16,5-7.37; 25,1-2
Aser	27 de setembro	Êx 1,4
Asenet	4 de setembro	Gn 41,45; 46,20
Asíncrito	30 de março	Rm 16,14
Assunção de Maria	15 de agosto	Ap 12,6.14; 21,2
Azarias	16 de dezembro	1Mc 2,59; Dn 1,6-7
Azeviche	14 de abril	Jó 42,14-15

B

Bala	14 de fevereiro	Gn 37,2
Balaão	27 de abril	Nm 22,5
Barac	2 de agosto	Jz 4,6

Barnabé	11 de junho	At 4,36-37; Gl 2,13
Bartimeu	3 de outubro	Mc 10,46
Bartolomeu	24 de agosto	Mc 3,18; Lc 6,14
Baruque	26 de agosto	Jr 32,16; 36,4-5
Benjamim	17 de maio	Ex 1,3
Betsabeia	28 de julho	2Sm 11,3; 1Rs 1,11
Booz	28 de abril	Rt 2,1

C

Caleb	1º de maio	Nm 14,6
Cam	10 de agosto	Gn 5,32
Cananeia	26 de outubro	Mt 15,21-28
Carcereiro	25 de junho	At 16,25-34
Carpo	11 de outubro	2Tm 4,13
Cássia	14 de abril	Jó 42,14-15
Cetura	7 de fevereiro	Gn 25,1
Ciro	7 de janeiro	Is 45,1
Cláudia	18 de maio	2Tm 4,21
Clemente	12 de agosto	Fl 4,3
Cléofas	19 de dezembro	Lc 24,18; Jo 19,25
Cloé	6 de fevereiro	1Cor 1,11
Cordeiro de Deus	29 de fevereiro	Jo 1,36; Is 53,7
Coré	1º de setembro	Sl 42,1; 44,1; 45,1
Cornélio	3 de fevereiro	At 10,1-31
Crescente	11 de março	2Tm 4,10
Crispo	31 de agosto	At 18,8
Cristo Rei	23 de novembro	Jo 18,37; 20,19

D

Dâmaris	13 de abril	At 17,34
Dan	9 de julho	Ex 1,4
Daniel	30 de abril	Dn 1,6
Davi	29 de dezembro	1Sm 16,13; Eclo 47,2-11
Débora, empregada	1º de março	Gn 35,8
Débora, juíza	29 de outubro	Jz 4,4
Demas	12 de fevereiro	Cl 4,14; 2Tm 4,10
Demétrio	5 de outubro	3Jo 12
Dimas	24 de novembro	Lc 23,39-43
Dina	20 de fevereiro	Gn 30,21
Dionísio	9 de outubro	At 17,34
Discípulos de Isaías	21 de agosto	Is 50,4-9

E

Ebed-Melec	27 de agosto	Jr 38,7-13
Edna	14 de setembro	Tb 7,7-8
Efraim	13 de dezembro	Gn 46,20
Efron	1º de fevereiro	Gn 23,7
Elcana	27 de junho	1Sm 1,1
Eldad	16 de agosto	Nm 11,26
Eleazar	20 de agosto	2Mc 6,18-31
Eli	22 de junho	1Sm 1,12-18
Eliacim	5 de abril	Is 22,20-28
Elias	20 de julho	1Rs 17,1; Eclo 48,1-11
Eliezer	29 de março	Ex 18,4
Eliseu	14 de junho	1Rs 19,19-21; 2Rs 1-15
Elon	16 de setembro	Jz 12,11-12
Eneias	17 de abril	At 9,33

Enós	4 de maio	Gn 4,26
Epafras	19 de julho	Cl 1,7; 4,12; Fm 23
Epafrodito	22 de março	Fl 2,25; 4,18
Epêneto	19 de agosto	Rm 16,5
Erasto	26 de setembro	Rm 16,23; 2Tm 4,20
Esaú	1º de abril	Gn 25,25; 33,1
Esdras	26 de maio	Esd 7,1; Ne 8,4
Esposa de Pedro	6 de outubro	1Cor 9,5
Estéfanas	29 de agosto	1Cor 1,16; 16,17
Ester	1º de julho	Est 2,7
Estêvão	26 de dezembro	At 6,5; 7,54-60
Etíope	11 de novembro	At 8,27
Êubulo	9 de setembro	2Tm 4,21
Eunice	10 de dezembro	2Tm 1,5
Êutico	24 de maio	At 20,9
Eva	2 de janeiro	Gn 3,20; 4,1; Tb 8,6
Evódia	6 de maio	Fl 4,2
Ezequias	4 de agosto	2Rs 18,1
Ezequiel	10 de abril	Ez 1,3

F

Família de Isaías	8 de setembro	Is 7,3; 8,1-4
Família de Oseias	5 de julho	Os 1,6-8
Farés	28 de novembro	Gn 38,29; Mt 1,3
Febe	25 de novembro	Rm 16,1
Filêmon	22 de novembro	Fm 1
Filha de Jefté	30 de maio	Jz 11,29-40
Filhas de Jó	14 de abril	Jó 42,14-15
Filhas de Salfaad	4 de abril	Nm 26,33; 27,1-11; 36,10-12
Filho do Homem	20 de outubro	Ez 2,1; Dn 7,13; Mc 10,45
Filipe, apóstolo	11 de maio	Mc 3,18; Jo 1,43-44

Filipe, evangelista	16 de abril	At 6,5; 8,26; 21,8
Filólogo	4 de novembro	Rm 16,15
Fineias	27 de outubro	Nm 25,7
Flegonte	30 de março	Rm 16,14
Fortunato	27 de julho	1Cor 16,17
Francisco de Assis	4 de outubro	Devoção
Fua	14 de março	Êx 1,15

G

Gabriel	24 de março	Dn 8,16; Lc 1,19.26
Gad, patriarca	25 de outubro	Ex 1,4
Gad, profeta	24 de julho	1Sm 22,5
Gaio, o amado	9 de novembro	3Jo 1
Gaio, da Macedônia	24 de outubro	At 19,29
Gaio, de Corinto	21 de dezembro	1Cor 1,14; Rm 16,23
Gaio, de Derbe	17 de setembro	At 20,4
Gamaliel	20 de setembro	At 5,34
Gedeão	25 de fevereiro	Jz 6,11; 1Sm 12,11
Gerson	29 de março	Ex 2,22; 18,4
Godolias	13 de agosto	2Rs 25,22-26; Jr 39,14
Gomer	4 de julho	Os 1,3

H

Habacuc	13 de junho	Hab 1,1; 3,1
Henoc	6 de agosto	Gn 5,21-24; Hb 11,5-6
Hermas	28 de setembro	Rm 16,14
Hermes	24 de abril	Rm 16,14
Herodião	13 de janeiro	Rm 16,11

Homem de Deus	18 de dezembro	1Sm 2,27
Hulda	11 de agosto	2Rs 22,11-20
Hur	7 de março	Ex 17,10-12

I

Irmã e sobrinho de Paulo	11 de dezembro	At 23,16
Irmãos Macabeus	1º de agosto	2Mc 7,1-41
Irmãos Profetas	15 de junho	2Rs 2,1-18
Isabel	11 de fevereiro	Lc 1,5
Isaías	7 de setembro	Is 1,1; 6,1-13
Isaque	17 de março	Gn 21,1-4; 22,1-3; Rm 9,7; Hb 11,17
Ismael	31 de janeiro	Gn 16,15-16
Issacar	18 de abril	Êx 1,3

J

Jacó	10 de fevereiro	Gn 25,26
Jael	8 de junho	Jz 4,17-22
Jafé	10 de agosto	Gn 5,32
Jair	14 de outubro	Jz 10,3-5
Jairo	30 de outubro	Mc 5,22.35-41
Jasão	23 de agosto	At 17,5-9; Rm 16,21
Jefté	29 de maio	Jz 11,1; 1Sm 12,11
Jeremias	2 de maio	Jr 1,1-3; 20,7-18
Jessé	15 de dezembro	1Sm 16,3; Rt 4,17
Jesus Ben Sirac	30 de setembro	Eclo 50,27-29; 51,30
Jesus menino	25 de dezembro	Lc 2,12.17
Jesus, filho de José de Nazaré	21 de outubro	Jo 1,45
Jetro	3 de janeiro	Ex 3,1; 4,18
Jeú	23 de maio	1Rs 16,1

Jó	10 de maio	Jó 1,1; Ez 14,14
Joana	21 de fevereiro	Lc 8,3; 24,10
João, apóstolo	27 de dezembro	Mc 1,19
João Batista	24 de junho	Mc 1,4; Jo 1,6
Joaquim de Ana	26 de julho	Da Tradição
Jocabed	12 de março	Ex 6,20; Nm 26,59
Joel	16 de fevereiro	Jl 1,1
Jonadab, filho de Recab	18 de agosto	2Rs 10,15; Jr 35,6
Jonas	23 de setembro	Jn 1,1; 2Rs 14,25
Jônatas	14 de julho	1Sm 14,1; 18,1-5
Josaba	12 de setembro	2Rs 11,2-3
José Barsabás	26 de fevereiro	At 1,23
José de Arimateia	23 de fevereiro	Mt 27,57; Jo 19,38
José do Egito	3 de setembro	Gn 30,22-24
José, esposo de Maria	19 de março	Mt 1,16.18-25; Jo 1,45
Josias	8 de janeiro	2Rs 22,1
Josué, sucessor de Moisés	21 de maio	Nm 13,8; Js 1,1
Josué, sacerdote	3 de março	Esd 3,2; Ag 1,1
Judá	10 de março	Ex 1,2
Judas Barsabás	9 de dezembro	At 15,22
Judas, irmão de Tiago	5 de janeiro	Jd 1
Judas Macabeu	14 de agosto	1Mc 2,4
Judas Tadeu	27 de maio	Mc 3,18; Lc 6,16; Jo 14,22
Judite	16 de janeiro	Jt 8,1
Júlia	4 de novembro	Rm 16,15
Júnia	4 de janeiro	Rm 16,7
Justo	25 de agosto	At 18,7

L

Lamuel	22 de maio	Pr 31,1
Lázaro	17 de dezembro	Jo 11,1

Leproso	2 de junho	Mc 1,40
Levi	6 de março	Gn 29,34
Levita de Judá	18 de junho	Jz 17,7
Lia	27 de novembro	Gn 29,16
Lídia	14 de dezembro	At 16,14-15
Lino	26 de junho	2Tm 4,21
Ló	5 de fevereiro	Gn 12,4
Lóide	10 de dezembro	2Tm 1,5
Longino	15 de março	Da Tradição
Lucas	18 de outubro	Cl 4,14
Lúcio de Cirene	29 de julho	At 13,1
Lúcio de Éfeso	4 de dezembro	Rm 16,21

M

Mãe do Emanuel	22 de dezembro	Is 7,14
Mãe dos Macabeus	11 de setembro	2Mc 7,1-42
Magos	6 de janeiro	Mt 2,1-12
Malaquias	12 de outubro	Ml 1,1
Manaém	22 de agosto	At 13,1
Manassés	8 de novembro	Gn 46,20
Manué e esposa	4 de junho	Jz 13,2
Marcos	25 de abril	At 12,12; Cl 4,10
Mardoqueu	23 de abril	Est 2,5
Maria, Anunciação	25 de março	Lc 1,26-38
Maria, Assunção	15 de agosto	Ap 12,6.14; 21,2
Maria de Cléofas	9 de abril	Jo 19,25
Maria de Roma	29 de janeiro	Rm 16,6
Maria do Carmo	16 de julho	Devoção
Maria, irmã de Marta	15 de novembro	Lc 10,39; Jo 11,1
Maria Madalena	13 de novembro	Lc 8,2
Maria, mãe de Jesus	15 de setembro	Mt 1,18; Jo 19,25

Maria, mãe de Marcos	5 de junho	At 12,12
Maria, Mãe de Tiago	25 de maio	Mc 16,1
Maria, profetisa	7 de maio	Ex 15,20-21; Mq 6,4
Maria, purificação	2 de fevereiro	Lc 2,22-24
Marta, irmã de Maria	16 de novembro	Lc 10,38; Jo 11,1
Matatias	24 de janeiro	1Mc 2,1
Mateus	22 de setembro	Mt 9,9
Matias	24 de fevereiro	At 1,23
Matusalém	9 de janeiro	Gn 5,21
Medad	16 de agosto	Nm 11,26
Melquisedec	18 de fevereiro	Gn 14,18; Hb 5,6-10
Menásson	5 de dezembro	At 21,16
Meninos assassinados	28 de dezembro	Mt 2,16
Micol	8 de julho	1Sm 18,20
Miguel	8 de maio	Dn 10,13; Ap 12,7
Miqueias de Jemla	6 de abril	1Rs 22,8
Miqueias, profeta	9 de março	Mq 1,1
Miriam ou Maria, profetisa	7 de maio	Ex 15,20-21; Mq 6,4
Misael	16 de dezembro	Dn 1,6; 1Mc 2,59
Moça do perfume	23 de janeiro	Lc 7,36-38
Moisés	21 de março	Ex 2,10; Eclo 45,1-5
Mulher adúltera	20 de março	Jo 8,1-11
Mulher cananeia	26 de outubro	Mt 15,21-28
Mulher do fluxo	8 de abril	Mc 5,25-34; Lc 8,43
Mulher encurvada	23 de março	Lc 13,10-13
Mulher perfeita	17 de agosto	Pr 31,10-31
Mulher que elogiou Jesus	19 de maio	Lc 11,27-28
Mulher que ungiu Jesus	16 de março	Mc 14,3-9
Mulher sábia de Técua	17 de outubro	2Sm 14,2

N

Naamã	28 de junho	2Rs 5,1
Nabot	15 de janeiro	1Rs 21,1
Narciso	19 de fevereiro	Rm 16,11
Natã	30 de dezembro	2Sm 7,2
Natanael	20 de novembro	Jo 1,45
Naum	12 de janeiro	Na 1,1
Neemias	19 de setembro	Ne 1,1
Neftali	28 de agosto	Ex 1,4
Nemrod	17 de janeiro	Gn 10,8
Nereu	16 de maio	Rm 16,15
Nicanor	10 de janeiro	At 6,5
Nicodemos	26 de novembro	Jo 3,1; 7,50
Nicolau	4 de março	At 6,5
Ninfas	30 de janeiro	Cl 4,15
Noadias	22 de janeiro	Ne 6,14
Noé	9 de agosto	Gn 6,9; Hb 11,7
Noemi	3 de novembro	Rt 1,2
Nome de Deus	21 de abril	Êx 3,7-15

O

Obed-Edom	7 de junho	2Sm 6,10
Obed, filho de Rute	23 de julho	Rt 4,17
Oded	1º de junho	2Cr 28,9
Onesíforo	19 de outubro	2Tm 4,19
Onésimo	13 de julho	Fm 10
Oséias	4 de julho	Os 1,1
Otoniel	21 de julho	Jz 3,9

P

Pármenas	16 de outubro	At 6,5
Pastores	24 de dezembro	Lc 2,8
Pátrobas	24 de abril	Rm 16,14
Paulo	30 de junho	At 13,9
Paulo Conversão	25 de janeiro	At 9,1-19
Pedro	29 de junho	Jo 1,42
Pedro em Roma	18 de janeiro	1Pd 5,13
Pérside	7 de agosto	Rm 16,12
Priscila	7 de dezembro	At 18,1-4; Rm 16,3
Públio	15 de julho	At 28,7
Pudente	9 de setembro	2Tm 4,21
Purificação de Maria	2 de fevereiro	Lc 2,22-24

Q

Qohelet	24 de setembro	Ecl 1,1
Quarto	17 de junho	Rm 16,23

R

Raab	13 de maio	Js 2,1; Mt 1,5
Rafael	18 de setembro	Tb 3,17
Rapaz dos cinco pães	20 de dezembro	Jo 6,9
Raguel	14 de setembro	Tb 7,1
Raquel	6 de novembro	Gn 29,9
Rebeca	27 de fevereiro	Gn 24,15
Recab	18 de agosto	2Rs 10,15; Jr 35,6
Resfa	8 de fevereiro	2Sm 21,10

Rola	14 de abril	Jó 42,14-15
Rosa	8 de março	At 12,13
Rúben	11 de janeiro	Ex 1,2
Rufo	5 de agosto	Rm 16,13
Rute	5 de setembro	Rt 1,4; Mt 1,5

S

Sabedoria personificada	23 de dezembro	Pr 8,1-9
Salomão	31 de julho	2Sm 12,24-25
Salomé	23 de outubro	Mc 15,40; 16,1
Samaritana	4 de fevereiro	Jo 4,7-30
Samgar	3 de abril	Jz 3,31
Samuel	21 de junho	1Sm 1,20
Sansão	16 de junho	Jz 13,24-25
Santos Anjos	2 de outubro	Ap 5,11
Santos e santas anônimos	29 de setembro	Eclo 44,9
Santos inocentes	28 de dezembro	Mt 2,16
Sara de Abraão	22 de fevereiro	Gn 12,5
Sara de Tobias	1º de outubro	Tb 3,7
Sasabassar	25 de setembro	Esd 1,8
Saul	10 de julho	1Sm 9,2
Séfora	15 de outubro	Ex 2,21
Sefra, parteira	14 de março	Ex 1,15-22
Segundo	26 de abril	At 20,4
Sem	10 de agosto	Gn 5,32
Semeías	11 de julho	2Cr 12,15
Senhora Eleita	21 de novembro	2Jo 1
Serva de Naamã	2 de julho	2Rs 5,2-5
Servo de Abraão	28 de fevereiro	Gn 24,2
Servo de Deus	21 de setembro	Is 41,8-9
Servo de Saul	17 de julho	1Sm 9,3-10

Set	7 de abril	Gn 4,25
Silas	8 de dezembro	At 15,22; 1Ts 1,1
Simão Cireneu	18 de março	Mc 15,21; Lc 23,26
Simão, o curtidor	13 de outubro	At 10,6
Simão, o zelota	28 de outubro	Mt 10,4; At 1,13
Simão Pedro	29 de junho	Jo 1,42
Simão, sumo sacerdote	13 de setembro	Eclo 50,1-21
Simeão, o negro	23 de junho	At 13,1
Simeão, o velho	8 de outubro	Lc 2,25-35
Simeão, patriarca	17 de fevereiro	Ex 1,2
Síntique	6 de maio	Fl 4,2
Sízigo	13 de março	Fl 4,3
Sobrinho de Paulo	11 de dezembro	At 23,16
Sofonias	3 de dezembro	Sf 1,1
Sogra de Pedro	6 de julho	Mc 1,30
Sópatros	9 de maio	At 20,4
Sosípatro	4 de dezembro	Rm 16,21
Sóstenes	26 de março	At 18,17; 1Cor 1,1
Sulamita	14 de maio	Ct 7,1
Sunamita	20 de junho	2Rs 4,8.25.36
Susana, discípula de Jesus	22 de outubro	Lc 8,3
Suzana, filha de Helcias	22 de julho	Dn 13,2

T

Tabita	2 de março	At 9,36
Talita e as crianças	31 de outubro	Mc 5,41; Mt 19,13-15
Tamar, filha de Davi	18 de julho	2Sm 13,1
Tamar de Judá	27 de março	Gn 38,6; Mt 1,3
Taré	20 de janeiro	Gn 11,24
Teófilo	12 novembro	Lc 1,3; At 1,1
Tércio	3 de junho	Rm 16,22

Tiago, filho de Alfeu	12 de maio	Mt 10,3
Tiago, filho de Zebedeu	25 de julho	Mt 4,21
Tiago, irmão do Senhor	3 de maio	Mt 13,55; Gl 1,19; Tg 1,1
Tímon	19 de abril	At 6,5
Timóteo	6 de setembro	At 16,1; Rm 16,21; 1Ts 1,1
Tíquico	29 de abril	At 20,4; 2Tm 4,12
Tito	20 de abril	Tt 1,4
Tobias de Sara	1º de outubro	Tb 2,1
Tobit de Ana	22 de abril	Tb 1,1
Todos os santos falecidos	2 de novembro	Da Liturgia
Todos os santos vivos	1º de novembro	Da Liturgia
Tola, juiz	28 de março	Jz 10,1-2
Tomé	3 de julho	Mc 3,18; Jo 20,24-28
Trifena	10 de novembro	Rm 16,12
Trifosa	10 de novembro	Rm 16,12
Trófimo	10 de junho	At 20,4

U

Urbano	7 de outubro	Rm 16,9
Urias, profeta	28 de janeiro	Jr 26,20-24
Urias, soldado	30 de julho	2Sm 11,6

V

Vasti	21 de janeiro	Est 1,9-22
Vítimas da violência	2 de abril	Gn 4,23-24; Ap 6,9-10
Viúva das duas moedas	1º de dezembro	Mc 12,41-44
Viúva de Naim	10 de outubro	Lc 7,11-17
Viúva de Sarepta	12 de junho	1Rs 17,7-16

Z

Zabulon	9 de junho	Ex 1,3
Zacarias, filho de Joiada	6 de junho	2Cr 24,19-20
Zacarias, pai de João Batista	5 de novembro	Lc 1,5-25
Zacarias, profeta	2 de setembro	Zc 1,1
Zaqueu	17 de novembro	Lc 19,1-10
Zara	28 de novembro	Gn 38,29
Zebedeu	7 de julho	Mc 1,20
Zelfa	14 de fevereiro	Gn 37,2
Zenas	15 de fevereiro	Tt 3,13
Zorobabel	9 de fevereiro	Esd 3,2; Ag 1,1